DROIT DE LA LAÏCITÉ

Logiques Juridiques

Fondée par Gérard Marcou

Dirigée par Jean-Claude Némery et Thomas Perroud

Le droit n'est pas seulement un savoir, il est d'abord un ensemble de rapports et pratiques que l'on rencontre dans presque toutes les formes de sociétés. C'est pourquoi il a toujours donné lieu à la fois à une littérature de juristes professionnels, produisant le savoir juridique, et à une littérature sur le droit, produite par des philosophes, des sociologues ou des économistes notamment.
Parce que le domaine du droit s'étend sans cesse et rend de plus en plus souvent nécessaire le recours au savoir juridique spécialisé, même dans des matières où il n'avait jadis qu'une importance secondaire, les ouvrages juridiques à caractère professionnel ou pédagogique dominent l'édition, et ils tendent à réduire la recherche en droit à sa seule dimension positive. À l'inverse de cette tendance, la collection « Logiques juridiques » des éditions L'Harmattan est ouverte à toutes les approches du droit. Tout en publiant aussi des ouvrages à vocation professionnelle ou pédagogique, elle se fixe avant tout pour but de contribuer à la publication et à la diffusion des recherches en droit, ainsi qu'au dialogue scientifique sur le droit. Comme son nom l'indique, elle se veut plurielle.

Dernières parutions

Nadine NAJEM, *Théorie des intérêts moratoires*, 2024.

Caroline PELOSO, *L'autorité de la chose jugée au pénal à l'égard des décisions européennes, Essai de droit comparé franco-italien*, 2023.

Bamba Nonféni Michel ZARATIONON, *Les mesures provisoires de la CourADHD. Le contentieux du provisoire devant la Cour Africaine des droits de l'Homme et des Peuples*, 2023.

Jean LEFEBVRE, *Le droit du financement participatif (crowdfunding). Deuxième édition*, 2023.

Henri Bouillon

DROIT DE LA LAÏCITÉ

L'Harmattan

Du même auteur :

Le préfet. Histoire, statut, fonctions, L'Harmattan, coll. Logiques politiques, 2022.

Le droit administratif à l'ère de la gouvernance. Les idées politiques du droit administratif, Mare & Martin, coll. Droit public, 2021.

Recherche sur la définition du droit public, IRJS éditions, coll. Bibliothèque de l'Institut de recherche juridique de la Sorbonne – André Tunc, t. 98, 2018.

La technique juridique, L'Harmattan, 2016.

En codirection :

En codirection avec Béatrice Lapérou-Scheneider et Renaud Bueb, *Les grandes lois de la Ve République*, Mare & Martin, 2023.

5-7, rue de l'Ecole-Polytechnique, 75005 Paris
http://www.editions-harmattan.fr
ISBN : 978-2-336-45408-5
EAN : 9782336454085

ABRÉVIATIONS

AC	*L'année canonique*
ADR	*Annuaire Droit et religion*
AJCT	*Actualités juridiques. Collectivités territoriales*
AJDA	*Actualités juridiques. Droit administratif*
AJFP	*Actualités juridiques. Fonction publique*
AJ Pénal	*Actualités juridiques. Droit pénal*
ASSR	*Archives de sciences sociales des religions*
APD	*Archives de philosophie du droit*
BJCL	*Bulletin juridique des collectivités locales*
BJCP	*Bulletin juridique des contrats publics*
CA	Cour d'appel
CAA	Cour administrative d'appel
Cass.	Cour de cassation
CE	Conseil d'État
CEDH	Cour européenne des droits de l'homme
CESDH	Convention européenne de sauvegarde des droits de l'homme
CGCT	Code général des collectivités territoriales
CJUE	Cour de justice de l'Union européenne
coll.	collection
Cons. const.	Conseil constitutionnel
CRPA	Code des relations du public avec l'administration
DDHC	Déclaration des droits de l'homme et du citoyen
dir.	sous la direction de
Dr. Adm.	*Droit administratif*
Dr. soc.	*Droit social*
DUDH	Déclaration universelle des droits de l'homme
éd.	éditions
EDCE	Études et documents du Conseil d'État
Gaz. pal.	*Gazette du Palais*
ibid.	même référence
JCP A	*La semaine juridique. Édition Administration et collectivités territoriales*
JCP E	*La semaine juridique. Édition Entreprise*
JCP G	*La semaine juridique. Édition Générale*
JCP S	*La semaine juridique. Édition Sociale*

Lebon	*Recueil Lebon. Recueil des arrêts du Conseil d'État statuant au contentieux*
LPA	*Les Petites affiches*
n°	numéro
NCCC	*Nouveaux cahiers du Conseil constitutionnel*
not.	notamment
op. cit.	ouvrage précité
p.	page
PFRLR	Principes fondamentaux reconnus par les lois de la République
préc.	précité
PUF	Presses universitaires de France
RDI	*Revue de droit immobilier*
RDL	*Revue du droit local*
RDLF	*Revue des droits et libertés fondamentaux*
RDP	*Revue du droit public et de la science politique en France et à l'étranger*
RDR	*Revue de droit des religions*
RDS	*Revue Droit & santé*
RDSS	*Revue de droit sanitaire et social*
RDT	*Revue de droit du travail*
rééd.	réédition
RFDA	*Revue française de droit administratif*
RFDC	*Revue française de droit constitutionnel*
RJEP	*Revue juridique de l'économie publique*
RJO	*Revue juridique de l'ouest*
RJPF	*Revue juridique Personnes et famille*
RRJ	*Revue de la recherche juridique. Droit prospectif*
RTD civ.	*Revue trimestrielle de droit civil*
RTD eur.	*Revue trimestrielle de droit européen*
RTDH	*Revue trimestrielle des droits de l'homme*
s.	suivants
SDR	*Société, droit et religion*
t.	tome
TA	Tribunal administratif
TC	Tribunal des conflits
TFUE	Traité sur le fonctionnement de l'Union européenne
v.	voir
vol.	volume

INTRODUCTION

1. Idéologie et étymologie. Peut-être est-il excessif de dire, bien que la formule soit plaisante, qu'« il existe au moins autant de conceptions de la laïcité que de variétés de fromages »[1]. Mais il est indéniable que la notion recouvre diverses définitions et théorisations. Et entre ces conceptions éclatent de nombreuses querelles de clocher, souvent acharnées, parfois violentes. Au-delà des récupérations partisanes et des affects irraisonnés que génère la notion, le *casus belli* provient aussi, au moins en partie, de son ambiguïté.

Le terme laïcité est un lointain héritage de la césure, admise au sein de l'Église catholique dès le IIIe siècle, entre les clercs, qui constituent le clergé ordonné ou consacré (*clerus*), et les laïcs, qui forment le peuple des fidèles n'occupant pas de rôle particulier dans la hiérarchie de l'Église (les *laici*). Les mots clerc et laïc étaient ainsi adaptés, par le vocabulaire ecclésial, du grec *klêros* qui signifie « clerc » et *laos* qui veut dire « peuple »[2]. Étymologiquement donc, le terme *laïc* désigne tout ce qui est hors du *religieux*, qui est profane, qui s'arrête devant le temple (*pro* : devant ; *fanum* : sanctuaire, temple).

Le terme laïcité fut forgé à partir de l'adjectif laïc, dans les années 1870, pour désigner une organisation des pouvoirs publics fondée sur le peuple et coupée de tout socle religieux[3].

Par sa racine, le mot *laïcité*, employé pour aborder les relations du laïc et du clerc, induit la priorité du premier sur le second. Le terme laisse entendre que, dans l'opposition entre ce qui est laïc et ce qui est religieux, le premier sera privilégié. Il semble donc que le terme possède, lors de sa formation, une certaine charge anticléricale, et les républicains l'ont d'ailleurs forgé pour témoigner de leur volonté de tenir l'Église catholique éloignée de la sphère politique. La connotation

---

[1] Christophe Roux, « Les nouvelles "tables" du service public. À propos des cantines scolaires », *Dr. Adm.*, 2019, n° 2, alerte 17, p. 4.

[2] « Le nom grec *laos* design[e] le "peuple" et en particulier la masse populaire dont se distinguait le clergé dans les communautés chrétiennes primitives. » (Pierre Fiala, « Les termes de la laïcité. Différenciation morphologique et conflits sémantiques », *Mots*, n° 27, 1991, p. 53)

[3] V. Corinne Bonafoux, « Laïcité en quête de sens : des mots aux paradigmes », *La laïcité dans les services publics. Aspects pratiques, entre renouveau et renoncement*, Clément Benelbaz et Charles Froger (dir.), Institut francophone pour la justice et la démocratie, coll. Colloques et essais, 2022, p. 13.

antireligieuse de la laïcité peut encore marquer certains discours laïcistes, qui veulent y voir une manière de neutraliser la religion, notamment dans l'espace public. D'autres ont au contraire répudié cet arrière-fond anticlérical pour promouvoir une laïcité d'ouverture, une laïcité positive, une laïcité plurielle, une laïcité active, etc., faisant alors de la laïcité une manière d'assurer l'égale visibilité de toutes les croyances, notamment dans l'espace public.

2. L'apport du droit au débat sur la laïcité. Le droit peut apporter un peu de sérénité dans ce débat qui « sent la poudre »[1], selon le mot fameux de Jean Rivero. Car la laïcité est d'abord une notion juridique. Les débats idéologiques peuvent continuer inlassablement sans que les opposants s'accordent ; tel est d'ailleurs le cas pour ce qui regarde la laïcité. Mais le droit en donne une définition qui, même si elle peut être critiquée au nom de postures intellectuelles diverses, apporte des réponses, qui sont *effectives* parce qu'elles encadrent les relations sociales et fondent les sanctions et la contrainte publiques.

Le droit donne donc, mieux que tout autre prisme, une vision épurée de la laïcité. Il permet de cerner ce qu'elle est *vraiment*, c'est-à-dire la conception pragmatique qu'en a le système juridique (ce qui ne veut pas dire qu'il n'existe pas d'autres définitions possibles du concept, ni que la définition juridique soit intellectuellement plus satisfaisante qu'une autre). L'étude du droit permet ainsi de dépeindre *la* laïcité, et non pas *une* (conception de la) laïcité.

Laïcité et liberté

3. La laïcité, obligation de neutralité religieuse des pouvoirs publics. Telle qu'elle est interprétée par le droit et telle qu'on peut l'y déceler, la laïcité se condense essentiellement dans l'obligation de neutralité religieuse qui s'impose aux personnes publiques, aux gestionnaires des services publics, ainsi qu'aux agents qui concourent à cette gestion[2]. Bien entendu, cette obligation a de nombreuses

---

[1] Jean Rivero, « La notion juridique de laïcité », *Recueil Dalloz*, 1949, reproduit dans : *APD*, 2004, p. 259.

[2] V. not. Jean Rivero, « La notion juridique de laïcité », *Recueil Dalloz*, 1949 (rééd. *APD*, 2004, p. 259) ; Maurice Barbier, « Pour une définition de la laïcité française », *Le débat*, n° 134, 2005/2 ; Pierre-Henri Prélot, « Définir juridiquement la laïcité », *Laïcité, liberté de religion et Convention européenne des droits de l'homme*, Gérard Gonzalez (dir.), Bruylant, coll. Droit et justice, 2006, p. 115 ; Henri Bouillon, « Quelles obligations impose la laïcité ? », *La revue administrative*, n° 399, 2014, p. 315.

conséquences juridiques, qui font de la laïcité un régime juridique complexe. Mais une telle définition synthétique donne une claire vision de ce qu'est aujourd'hui le cœur nucléaire de la laïcité et la clef de voûte de son régime juridique.

4. Un principe politique. Ainsi appréhendée, la laïcité est d'abord et avant tout un principe politique. En précisant que la République est laïque, l'article 1er de la Constitution fait entrer la laïcité dans l'ADN de la République, au même titre que sa nature indivisible, démocratique et sociale. La laïcité est ainsi un principe d'organisation et de fonctionnement des pouvoirs publics, qui innerve pour ainsi dire la réalisation de toutes leurs missions et gouverne les relations qu'ils peuvent nouer.

La laïcité garantit notamment que l'État est autonome vis-à-vis des instances religieuses (v. §301 s.). Plus encore, la neutralité religieuse revendiquée par l'État est pour lui un moyen de s'ériger au-dessus des religions. En s'affirmant religieusement neutre, l'État proclame son indépendance par rapport à toute doctrine religieuse, aucune n'ayant force de doctrine d'État. Dès lors que l'État est religieusement neutre, la foi n'a plus pour lui valeur de norme. Elle n'a plus valeur d'impératif. La religion relève à présent du domaine du fait, le *fait religieux*. Or, comme le droit émis par l'État encadre et réglemente les faits sociaux, l'État peut se poser en instance qui régule les religions, sans doute dans le respect de la liberté de croyance de chacun, mais aussi dans l'optique de préserver l'ordre public et d'assurer la prééminence des *valeurs* qu'il incarne. D'ailleurs, la volonté affichée aujourd'hui par l'État de constituer un islam de France, compatible avec la République et ses *valeurs*, manifeste bien la propension de l'État à se poser en supérieur des religions dans la sphère sociale et à les plier à sa logique politique.

Le conflit de légitimité et de pouvoir qui a pu exister entre l'État et les Églises et, donc, le conflit qui peut exister entre les normes juridiques et les règles religieuses pour diriger la conduite des individus ont été juridiquement résolus par la notion de laïcité. Cela ne signifie aucunement que tout *conflit de devoir* individuel a disparu : un individu peut toujours se demander aujourd'hui, dans une situation à laquelle il est confronté, s'il doit prêter allégeance au droit ou suivre les impératifs de sa foi. Il y a (et il y aura toujours) des situations où le devoir juridique heurte la conscience individuelle. Le droit en prend parfois acte en reconnaissant des clauses de conscience (v. §618). Il n'en demeure pas moins que cette question ne se pose plus qu'à titre individuel. Au plan collectif, la laïcité permet à l'État d'affirmer la supériorité de sa décision, de son droit, sur toute maxime religieuse (v. §302-304 et §310-313).

5. La laïcité, adjuvant à la liberté religieuse. Souvent, la neutralité religieuse de l'État n'est plus d'abord conçue aujourd'hui comme un principe politique, mais comme une obligation libérale qui pèse sur les personnes publiques dans le but d'assurer et de garantir le plein épanouissement de la liberté religieuse des citoyens. La laïcité serait avant tout un principe d'impartialité religieuse, interdisant aux pouvoirs publics de discriminer les individus sur le fondement de leur obédience religieuse et assurant donc à ces derniers la faculté de pratiquer librement leur culte. C'est ce qui explique que la laïcité soit aujourd'hui abordée essentiellement dans les manuels de Droit des libertés publiques et que la laïcité soit, d'après le Conseil constitutionnel, l'un « des droits et libertés que la Constitution garantit »[1].

Ce prisme libéral contient beaucoup de vérité. Il est indéniable que, vis-à-vis des individus, notamment lorsqu'ils sont usagers des services publics, la laïcité octroie des protections supplémentaires à leur liberté fondamentale de religion. En imposant la neutralité religieuse des pouvoirs publics, et notamment leur impartialité (v. §401 s.), elle préserve la liberté religieuse des particuliers dès lors que ceux-ci sont en contact avec les autorités publiques. En raison de la laïcité, les particuliers ont la certitude que l'État ne leur imposera pas de croyances religieuses ou athées et, de surcroît, qu'ils ne feront pas l'objet de traitements différenciés en raison de leurs propres convictions, auxquelles l'État reste indifférent. D'ailleurs, après avoir rappelé que la République est laïque, l'article 1er de la Constitution ajoute qu'elle « respecte toutes les croyances ». Il est donc exclu que les pouvoirs publics s'appuient sur la foi des personnes pour moduler leurs droits et obligations juridiques. La confession des personnes ne peut conduire à les discriminer ou à les favoriser indûment. La laïcité assure ainsi aux

---

[1] Cons. const., 21 février 2013, *Association pour la promotion et l'expansion de la laïcité [Traitement des pasteurs des églises consistoriales dans les départements du Bas-Rhin, du Haut-Rhin et de la Moselle]*, n° 2012-297 QPC, considérant 5. Notes : F. Mélin-Soucramanien, M. Verpeaux et A. Robot-Troizier, *RFDA*, 2013, n° 3, p. 663 ; J.-F. Amédro, *JCP A*, 2013, n° 12-13, p. 2 ; : H. Portelli, *JCP A*, n° 16, p. 25 ; A. Macaya et M. Verpeaux, *JCP G*, 2013, n° 15, p. 730 ; F. Lafaille, *JCP A*, 2013, n° 16, p. 22 ; J.-M. Woehrling, *RDP*, 2013, n° 3, p. 533 ; A. Robot-Troizier, *NCCC*, 2013, n° 40, p. 173 ; E. Forey, *AJDA*, 2013, n° 19, p. 1108 ; F. de la Morena, *Dr. Adm.*, 2013, n° 8-9, p. 16 ; G. Gonzalez, *RFDC*, 2013, n° 95, p. 707 ; A. Chaminade, *RGCT*, 2013, n° 53, p. 121 ; H. Bouillon, *Les annales de droit*, n° 8, 2014, p. 9. CE, 27 juin 2018, *Syndicat de l'enseignement supérieur SNESUP-FSU*, n° 419595, point 3.

personnes et aux Églises que leurs convictions religieuses ne seront pas prises en considération dans leurs relations avec les pouvoirs publics. Ils ont donc la liberté d'adopter celles qu'ils veulent ou de n'en retenir aucune sans craindre de représailles ou de traitements iniques de la part des pouvoirs publics. C'est pourquoi, du point de vue des individus et des communautés religieuses, la laïcité entre dans la composition de leur liberté religieuse. Elle corrobore aussi l'égalité des citoyens devant la loi et des usagers devant le service public, puisqu'aucune différence ne peut être faite entre eux sur le fondement de leurs convictions religieuses. Si la laïcité est un devoir public, elle est aussi une dimension de la liberté privée.

Ces effets libéraux sont désormais très largement mis en exergue. Beaucoup insistent, non sans raison, sur ce libéralisme de la laïcité. Et cela est d'autant plus pertinent que, comme nous le verrons (v. §144 s.), la volonté de mieux préserver la liberté religieuse a motivé l'inflexion qui a marqué la laïcité depuis 1905.

6. La nécessaire dissociation de la laïcité et de la liberté religieuse. Pourtant, il est certainement excessif de faire de la laïcité la « forme française de la liberté religieuse »[1]. Sans nier l'apport de la laïcité à la liberté de religion (que nous venons de rappeler et sur lequel nous reviendrons), il paraît indispensable de dissocier la laïcité et la liberté religieuse, pour s'en forger des idées claires et distinctes. Cette dissociation tient à plusieurs motifs.

D'une part, la laïcité n'est pas la seule formule politique envisageable pour garantir la liberté religieuse. D'un point de vue comparatiste, la liberté religieuse peut parfaitement être protégée d'entreprises arbitraires des pouvoirs publics par d'autres biais que la laïcité telle que la pratique la France. De nombreux autres pays ne reconnaissent pas une laïcité identique à la nôtre ou consacrent même une religion d'État, sans que la liberté religieuse des individus ou des groupes religieux soit menacée pour autant[2]. Le Royaume-Uni affirme par exemple le lien entre l'État et la religion protestante, du fait de la reconnaissance légale de deux Églises (l'Église anglicane et l'Église presbytérienne) et du fait que le gouverneur suprême de l'Église

[1] Yves Gaudemet, « La laïcité, forme française de la liberté religieuse », *RDP*, 2015, n° 2, p. 329.

[2] V. Jacques Zylberberg, « La laïcité, connais pas : Allemagne, Canada, États-Unis, Royaume-Uni », *Pouvoirs*, n° 75, 1995, p. 37 ; Jean Morange, *La laïcité de la République : garantie ou menace pour les libertés ?*, LGDJ-Lextenso, coll. Forum, 2023, p. 100-125.

anglicane est le roi : il est pourtant impossible d'y soupçonner l'absence de liberté religieuse[1]. En Allemagne, des Églises majoritaires (notamment protestantes) disposent de droits spécifiques et se voient notamment financées par une fraction de l'impôt, le contribuable étant libre d'indiquer aux services fiscaux l'Église à laquelle il souhaite voir attribuer ses prélèvements obligatoires. Mais là encore, l'existence de la liberté religieuse n'est point contestable[2]. Ces exemples nous enseignent qu'il est possible de penser la liberté religieuse indépendamment de la laïcité, comme le fait d'ailleurs la Cour européenne des droits de l'homme.

D'autre part, même en France, la liberté religieuse a une certaine indépendance vis-à-vis de la laïcité. Elle y est consacrée par diverses sources juridiques, certaines étant historiquement antérieures à la laïcité, ce qui marque bien leur déconnexion. La liberté des opinions religieuses et de leur manifestation a effectivement été proclamée par l'article 10 de la Déclaration de droits de l'homme et du citoyen de 1789. Il n'a donc nullement été nécessaire d'attendre la proclamation de la laïcité pour qu'existe la liberté religieuse. Et ses différentes composantes ne cessent depuis d'être confortées à tous les niveaux de la hiérarchie des normes et déclinées dans toutes les branches du droit.

Enfin, et surtout, l'autonomie de la liberté religieuse par rapport à la laïcité est attestée par le fait que ses effets débordent largement le champ de la laïcité. La liberté religieuse produit des effets aussi bien dans les relations des personnes avec d'autres particuliers, comme en droit du travail ou en droit des cultes, que dans leurs relations avec les administrations publiques. La laïcité, quant à elle, ne s'applique qu'aux pouvoirs publics et elle ne conforte donc la liberté religieuse que dans les relations que les particuliers entretiennent avec eux. Ce n'est que dans la sphère des relations avec les pouvoirs publics que s'applique la laïcité et qu'elle présente donc des points de jonction avec la liberté religieuse. Pour le reste, la liberté religieuse a des conséquences juridiques irréductibles à la seule question de la laïcité.

Et de même, les restrictions qui frappent la liberté religieuse ne sont que très rarement le fruit de la laïcité (ce n'est le cas que pour les agents publics et les élèves des écoles, collèges et lycées publics). Le plus

---

[1] V. Monica Charlot, *Religion et politique en Grande-Bretagne*, Presse de la Sorbonne Nouvelle, 1994, 191 pages.

[2] V. Thierry Rambaud, *Le principe de séparation des cultes et de l'État en droit public comparé. Analyse comparative des régimes français et allemand*, LGDJ, coll. Bibliothèque constitutionnelle et de science politique, 2004, 464 pages.

souvent, elles résultent de la protection de l'ordre public, des droits et libertés d'autrui, du bon fonctionnement de l'entreprise, des règles de copropriété[1], etc. Là encore, le régime juridique de la liberté religieuse n'est pas lié à la laïcité.

7. Les relations de la laïcité et de la liberté religieuse. La dissociation de la laïcité et de la liberté religieuse est extrêmement importante pour prévenir toutes les confusions dont on constate facilement la récurrence lorsque l'on chercher à circonscrire les frontières de la laïcité.

Certes, la neutralité religieuse des pouvoirs publics et la liberté de religion peuvent être corrélatives. Les droits que les individus tirent de la laïcité sont corrélatifs aux obligations qui pèsent sur les agents et gestionnaires du service public. Les obligations de ces derniers servent les droits des premiers[2].

Mais quoique corrélatifs, ces deux éléments ne définissent pas la laïcité au même niveau. La laïcité est d'abord l'obligation de neutralité religieuse des pouvoirs publics ; elle n'est que secondairement un adjuvant à la liberté religieuse. Cela ne signifie évidemment pas que, par nature, la liberté religieuse soit secondaire. Elle est indéniablement une liberté fondamentale, à tous les sens du terme. Mais la laïcité ne s'intéresse à cette liberté que subsidiairement, cette liberté étant l'objet de bien d'autres règles. La laïcité concerne d'abord et avant tout la neutralité religieuse des personnes publiques et des services publics et son régime juridique est tissé autour de ce noyau ; la préservation de la liberté religieuse n'est que l'une de ses conséquences (essentielles).

Tel est d'ailleurs le ressort profond de la différence entre le modèle français et le modèle états-unien. Certes, le titre préliminaire de la loi du 9 décembre 1905 semble entretenir une étroite parenté avec le premier amendement de la Constitution des États-Unis de 1787. Le titre préliminaire de la loi de 1905 proclame la liberté de culte (article 1er) et l'interdiction pour la République de reconnaître, de salarier ou de financer un culte (article 2). Le premier amendement de la Constitution américaine énonce quant à lui que « le Congrès n'adoptera aucune loi

---

[1] Des copropriétaires juifs ne peuvent édifier une cabane pour la fête de Soukot, car « la liberté religieuse, pour fondamentale qu'elle soit, ne pouvait avoir pour effet de rendre licites les violations des dispositions d'un règlement de copropriété » (Cass., 3e civ., 8 juin 2006, *Époux X. c/ Syndicat des copropriétaires Les Jardins de Gorbella*, n° 05-14.774).

[2] V. Henri Bouillon, « Quelles obligations impose la laïcité ? », *La revue administrative*, n° 399, 2014, p. 315.

relative à l'établissement d'une religion, ou à l'interdiction de son libre exercice ». Il contient ainsi une « clause de non-établissement », qui interdit d'établir officiellement une Église et de la doter d'un statut public, ainsi qu'une « clause de libre exercice », qui offre à chacun une pleine liberté religieuse et la pleine liberté de pratiquer son culte individuellement ou collectivement[1]. On semble retrouver des idées comparables aux principes français de non-reconnaissance des Églises et de liberté de culte : l'État ne doit pas admettre l'établissement d'une religion, à qui il reconnaîtrait une position officielle ; l'État ne doit pas entraver indûment la libre pratique du culte. Mais la Constitution américaine se place dans une perspective exclusivement libérale, puisqu'elle entend « mettre les religions à l'abri d'éventuelles menaces venant de l'État et de ses démembrements » en assurant l'égalité des religions (interdiction d'en établir une) et leur libre pratique, alors que la laïcité française « se propose au contraire de protéger l'État des religions »[2]. En garantissant qu'elles soient exclues de la sphère publique (v. §126), la laïcité française est d'abord politique et ne protège la liberté religieuse qu'en seconde intention. « Dans le triangle entre l'individu, la société et l'État, la puissance publique apparaît en France, de par l'histoire de sa relation avec l'Église catholique, plutôt comme le protecteur de l'individu contre les potentielles pressions du groupe religieux, alors qu'aux États-Unis, fondés par des groupes religieux ayant fui la persécution d'un État (en particulier l'Angleterre), les groupes religieux sont perçus comme les protecteurs de l'individu par rapport à des intrusions de l'État. »[3] Le modèle anglo-saxon promeut ainsi un libéralisme *contre* l'État, tandis que le modèle français admet un libéralisme *par* l'État (v. §129).

La laïcité est donc fondamentalement un principe politique. Ce n'est que dans un second temps que ce principe d'organisation et de fonctionnement des pouvoirs publics permet « de donner un cadre à l'expression de toutes les religions »[4]. En assurant la neutralité des personnes publiques et des pouvoirs publics, la laïcité favorise bel et bien la liberté religieuse. Mais il ne faut pas voir qu'elle, ce que le

---

[1] V. Élisabeth Zoller (dir.), *La conception américaine de la laïcité*, Dalloz, coll. Thèmes et commentaires, 2005, 210 pages.

[2] Roseline Letteron, « Droit européen et laïcité : la diversité des modèles », *AJDA*, 2017, n° 24, p. 1368.

[3] Patrick Weil, *De la laïcité en France*, Grasset, 2021, p. 106.

[4] Élodie Saillant-Maraghni, « Les frontières de la laïcité », *AJDA*, 2017, n° 24, p. 1381.

prisme libéral de la doctrine majoritaire incite trop souvent à faire aujourd'hui.

Droit de la laïcité et droit des cultes

Bien distinguer la laïcité et la liberté religieuse permet de délimiter le droit de la laïcité et le droit des cultes, afin, notamment, de cerner un peu plus précisément l'objet de cet ouvrage.

8. Droit de la laïcité[1]. Le droit de la laïcité regroupe les règles qui s'imposent aux pouvoirs publics du fait du principe de laïcité, c'est-à-dire de l'obligation générale de neutralité religieuse qui infuse leur organisation et leur fonctionnement. Il n'est donc pas étranger aux droits et obligations qui germent dans les rapports entre ces pouvoirs publics et les particuliers, notamment à propos de la liberté religieuse, puisque ces rapports sont gouvernés par l'obligation de neutralité religieuse des pouvoirs publics.

En ce sens, le droit de la laïcité relève immanquablement du droit public.

9. Droit des cultes[2]. Le droit des cultes est délicat à définir en raison de la polysémie du terme « culte ».

Au singulier, *le* culte désigne la réalisation de certains rites et de certaines pratiques de nature religieuse permettant d'honorer la divinité, de respecter les prescriptions religieuses ou d'administrer des sacrements. Selon Léon Duguit, « le culte est l'accomplissement de certains rites, de certaines pratiques qui, aux yeux des croyants, les mettent en communication avec une puissance surnaturelle »[3]. Tout en soulignant la difficulté à le délimiter, Émile Poulat a judicieusement défini le culte, d'un point de vue plus sociologique, comme « une vie paroissiale organisée selon les règles propres à chaque Église et le

---

[1] Sur cette matière, v. not. Francis Messner, Pierre-Henri Prélot, Jean-Marie Woehrling et Isabelle Riassetto (dir.), *Traité de droit français des religions*, LexisNexis, coll. Traités, 2e éd., 2013 ; Mathilde Philip-Gay, *Droit de la laïcité*, Ellipses, coll. Mise au point, 2016 ; Frédérique de la Morena, *Les frontières de la laïcité*, LGDJ-Lextenso, coll. Systèmes, 2016.

[2] Sur cette matière, v. not. Xavier Delsol, Alain Garay et Emmanuel Tawil, *Droit des cultes. Personnes, activités, biens et structures*, Dalloz, coll. Juris-association, 2005 ; Francis Messner, Pierre-Henri Prélot, Jean-Marie Woehrling et Isabelle Riassetto (dir.), *Traité de droit français des religions*, LexisNexis, coll. Traités, 2e éd., 2013 ; Emmanuel Tawil, *Cultes et congrégations*, Dalloz JurisÉditions, coll. Juris-Corpus, 2019.

[3] Léon Duguit, *Traité de droit constitutionnel*, éd. E. de Boccard, 1925, t. VI, p. 459.

service public que chaque citoyen selon sa confession est en droit d'attendre de la sienne, de la naissance à la tombe »[1].

Au pluriel, *les* cultes désignent les Églises, c'est-à-dire les institutions religieuses chargées d'administrer *le* culte. L'emploi du terme « cultes » vise à éviter le terme Église qui renvoie dans le langage courant à la seule Église catholique. Dans cet ouvrage, nous utiliserons néanmoins le terme Église pour désigner l'institution chargée d'assumer l'administration du culte, justement pour éviter l'ambiguïté du terme culte.

Le Conseil d'État s'est fait l'écho de cette polysémie dans sa propre définition du culte. Il l'appréhende d'abord comme une communauté de « personnes réunies par une même croyance religieuse », ce qui fait du culte une communauté, une Église, une congrégation (on évoque plus souvent *les* cultes, au pluriel). Puis le Conseil définit le culte par son exercice : le culte consiste alors en « la célébration de cérémonies organisées en vue de l'accomplissement, par des personnes réunies par une même croyance religieuse, de certains rites ou de certaines pratiques »[2]. Le culte est alors l'activité et la pratique qui permettent de se conformer à ses obligations religieuses. En ce sens, le culte ne se réduit pas strictement aux cérémonies, mais peut inclure, dans un sens plus large, toutes les pratiques qui se rattachent à la vénération de la divinité ou à la mise en œuvre des prescriptions qui, pour les croyants, émanent d'elle (rites funéraires, nourritures, temps de prières personnelles, etc.).

Le terme *culte* est préféré par le droit à celui de *pratiques religieuses* ou d'*institutions religieuses*, car il permet de ne « connaître de la religion que sous son aspect visible, social et purement extérieur »[3]. Traiter des pratiques ou institutions *religieuses* imposerait de déterminer ce qui est religieux et ce qui ne l'est pas. Aussi le droit retient-il l'appellation de culte pour se cantonner à la forme extérieure, sociologique de ces groupements et de ces rites, sans s'aventurer dans une délicate définition du religieux.

---

[1] Émile Poulat, *Notre laïcité publique*, Berg international éd., 2003, p. 70.

[2] CE, avis, 24 octobre 1997, *Association locale pour le culte des témoins de Jéhovah de Riom*, n° 187122. Conclusions : J. Arrighi de Casanova, *RFDA*, 1998, n° 1, p. 61. Notes : G. Gonzalez, *RFDA*, 1998, n° 1, p. 69 ; B. Tardivel, *Revue administrative*, n° 306, 1998, p. 731 ; C. Leclerc, *RFDA*, 2005, n° 3, p. 565.

[3] Patrice Rolland, « Qu'est-ce qu'un culte aux yeux de la République ? », *ASSR*, vol. 129, 2005, p. 51, §1.

Dans son sens général, le droit des cultes embrasse le culte et les cultes. Il encadre aussi bien la pratique et les rites religieux que les institutions et communautés religieuses (les Églises, mais aussi les congrégations). Il touche à l'organisation des Églises et congrégations religieuses aussi bien qu'à leurs diverses activités, et en particulier celles liées au culte.

Or, depuis la loi du 9 décembre 1905, cette question relève en principe du droit privé. Les Églises s'organisant maintenant sous forme d'associations de droit privé, le droit des cultes vise notamment à organiser et à encadrer ces structures associatives, leurs propriétés, leur gouvernance, etc., ce qui constitue, comme le rappelait Raymond Saleilles dès 1906, « des matières de droit privé »[1]. En 1905, un « droit civil ecclésiastique français »[2] s'est donc substitué au droit public ecclésiastique qui existait sous le régime des cultes reconnus antérieur à 1905. Dans une certaine mesure, le droit public ecclésiastique perdure néanmoins en Alsace-Moselle et dans certains territoires d'outre-mer où la loi du 9 décembre 1905 ne trouve pas à s'appliquer.

10. Liens des deux branches du droit. Évidemment, les deux branches du droit ne sont pas sans liens. Elles entretiennent au contraire d'étroites connexions, ne serait-ce que parce que la loi du 9 décembre 1905 constitue l'une des pierres angulaires communes à toutes deux. Ici comme ailleurs, la distinction du droit public et du droit privé est toute relative et n'est en aucune façon un mur infranchissable.

Néanmoins, l'opposition conserve une pertinence. De même que le droit public, droit de la puissance publique, et le droit privé regroupent, de manière cohérente, les droits et obligations qui pèsent sur les différents sujets de droit et ne se confondent donc pas[3], le droit de la laïcité et le droit des cultes doivent être différenciés, malgré leurs nombreuses interactions, pour cerner les droits et obligations pesant sur les pouvoirs publics et ceux qui reviennent aux personnes privées, individus ou Églises. Il convient donc de faire une distinction sans séparation, mais aussi et réciproquement une lecture combinée sans confusion de ces deux branches du droit.

---

[1] Raymond Saleilles, « Sur l'exposé fait par M. Maurice Hauriou des principes de la loi du 9 décembre 1905 sur la séparation des Églises et de l'État », *RTD civ.*, 1906, p. 848.

[2] Jean Morange, « Peut-on réviser la loi de 1905 ? », *RFDA*, 2005, p. 153.

[3] V. Henri Bouillon, *Recherche sur la définition du droit public*, IRJS, coll. Bibliothèque de l'IRJS-André Tunc thèse, t. 98, 2018.

L'ambition de cet ouvrage est néanmoins plus modeste. Il n'entend nullement procéder à une analyse conjointe de ces deux branches du droit, puisqu'il se polarisera sur le droit de la laïcité et n'évoquera les cultes que pour autant qu'ils sont en relation avec les pouvoirs publics.

PREMIÈRE PARTIE
LA LAÏCITÉ, UN PRINCIPE ANCRÉ DANS L'HISTOIRE ET LE DROIT FRANÇAIS

CHAPITRE 1
LA LAÏCITÉ, UNE IDÉE FRANÇAISE MARQUÉE PAR SES ORIGINES

101. Généalogie de la laïcité[1]. Dans leur lutte contre l'Église catholique, les républicains, dès qu'ils devinrent effectivement maîtres des institutions de la IIIe République, en 1879, entreprirent immédiatement de laïciser les institutions et les services publics. Entre 1880 et 1905 s'échelonnèrent plusieurs lois qui façonnèrent l'idée de laïcité, conçue alors comme un canon braqué contre l'Église et le clergé. Le cléricalisme était « l'ennemi »[2], la laïcité devait l'abattre.

À cette époque, l'affirmation de la laïcité apparaît donc comme le point d'orgue de « la guerre des deux France »[3], qui opposa les défenseurs de l'Église et ses opposants. Le XIXe siècle avait en effet vu s'affronter la France des cléricaux défendant le rôle social de l'Église et celle des anticléricaux désireux d'amoindrir son pouvoir. Charles Renouvier pouvait ainsi dire, en forçant le trait : « Il y a deux Frances en France : celle des cléricaux et celle des libéraux. [...] Il n'y a presque plus d'idées ni de sentiments communs entre ces deux groupes, entre ces deux peuples obligés pourtant de vivre sous la même loi civile. »[4] Cette vive opposition atteignit son paroxysme dans le dernier tiers du

---

[1] Sur l'évolution historique de la laïcité, v. not. le remarquable ouvrage de Philippe Portier, *L'État et les religions en France. Une sociologie historique de la laïcité*, Presses universitaires de Rennes, coll. Histoire, 2016.

[2] Selon la formule célèbre, « le cléricalisme, voilà l'ennemi ! » (Léon Gambetta, Chambre des députés, séance du 4 mai 1877, *JO*, compte-rendu intégral des séances, 5 mai 1877, p. 3284)

[3] Émile Poulat, *Liberté, laïcité. La guerre des deux France et le principe de la modernité*, éd. Le Cerf et Cujas, 439 pages.

[4] Charles Renouvier, *Critique philosophique*, I, p. 279 ; cité par Roberto de Mattei, *Le ralliement de Léon XIII. L'échec d'un projet pastoral*, Le Cerf, 2016, p. 70.

XIXe siècle, lorsque la IIIe République fut entre les mains des républicains, en particulier avec la féroce querelle des deux Écoles. C'est précisément dans le service public de l'Instruction publique que la laïcité trouva un terreau fertile pour croître (I).

Dans ce contexte délicat, la loi du 9 décembre 1905 avait précisément pour rôle, comme l'indique son intitulé, de séparer les Églises et l'État, en assignant à chacun un domaine d'action différent : l'État se réservait le monopole de direction de la sphère publique, dont il entendait séparer le religieux. Même si la loi était moins radicale que certains autres projets législatifs, elle fit immédiatement l'objet des plus vives contestations de la part des catholiques et fut même condamnée par le pape. Aussi, devant cette résistance systématique des catholiques, la loi de 1905 fut-elle aménagée dès 1906-1908, dans une perspective moins conflictuelle, pour en rendre l'application possible (II).

De ces premières évolutions et de celles qui leur succédèrent[1], il est résulté un changement capital qui a infléchi la laïcité elle-même. À la laïcité-séparation initiale, s'est substituée la laïcité-neutralité aujourd'hui dominante : le droit français est à présent polarisé sur la neutralité religieuse de l'État plutôt que sur sa séparation d'avec les Églises. Une telle approche de la laïcité apaise considérablement les rapports des personnes publiques avec les Églises, parce qu'il n'est plus question de s'en séparer par l'ignorance et l'exclusion, mais plutôt d'en jauger les rapports à l'aune de la neutralité des pouvoirs publics (III).

I. LE XIXe SIÈCLE : DU RÉGIME DES CULTES RECONNUS À L'AFFIRMATION DE LA LAÏCITÉ

Au XIXe siècle[2], les cultes et leurs rapports avec l'État étaient encadrés par le régime des cultes reconnus (A). Toutefois, à compter de la décennie 1880, les principes de ce système furent ébranlés par le conflit qui opposait les républicains aux catholiques. À cet égard, la querelle scolaire joua un rôle décisif, puisqu'elle se solda par la consécration de la laïcité de l'École publique (B).

---

[1] Sur la structure et les évolutions du texte de la loi de 1905, v. le minutieux ouvrage d'Émile Poulat, écrit avec Maurice Gelbard, *Scruter la loi de 1905. La République française et la Religion*, Fayard, 2010, 368 pages.

[2] V. Jacqueline Lalouette, *La séparation des Églises et de l'État. Genèse et développement d'une idée. 1789-1905*, Le Seuil, coll. L'univers historique, 2005, 453 pages.

A. LE RÉGIME DES CULTES RECONNUS, SOCLE DES RAPPORTS ENTRE L'ÉTAT ET LES ÉGLISES AU XIXe SIÈCLE

Parfois abusivement qualifié de régime concordataire (alors que le Concordat n'était applicable qu'à l'Église catholique et non à tous les cultes reconnus), le régime des cultes reconnus qui fut appliqué durant tout le XIXe siècle et jusqu'en 1905 (2) a été instauré par Bonaparte pour remédier au problème religieux soulevé par la Révolution (1).

1. Le problème religieux généré par la Révolution française

102. Une révolution religieuse. La Révolution française a été aussi une révolution religieuse. Compte tenu de ses liens avec la Monarchie et avec l'ordre social ancien, l'Église catholique avait subi le contrecoup de la table rase des révolutionnaires, qui souhaitaient fonder la société et l'ordre politique sur des bases exclusivement profanes. La formule de saint Paul, selon laquelle « tout pouvoir vient de Dieu »[1], est remplacée par celle d'Emmanuel Sieyès, pour qui « la nation existe avant tout, elle est l'origine de tout »[2]. L'article 3 de la Déclaration des droits de l'homme et du citoyen proclame ainsi que « le principe de toute souveraineté réside essentiellement dans la nation ».

103. La Constitution civile du clergé : le nouveau statut de la religion. Aussi la Constitution civile du clergé (12 juillet 1790) plaçait-elle l'Église de France sous la domination de l'État : tout pouvoir, même religieux, ne pouvait émaner que de la nation.

La religion devenait ainsi un service public assuré par le clergé, appréhendé dorénavant comme « un corps de fonctionnaires salariés par l'État »[3]. Le statut du clergé séculier présentait alors une double spécificité.

D'une part, faire du clergé des salariés de l'État était une nécessité. En effet, le clergé avait été privé de ses principales ressources par la suppression de la fiscalité ecclésiastique (la dîme) la nuit du 4 août 1789, ainsi que de ses biens, déclarés biens nationaux par le décret du 2 novembre 1789. Dès lors, puisque les révolutionnaires entendaient

---

[1] Saint Paul, *Épître aux Romains*, 13, 1.

[2] Emmanuel Sieyès, « Qu'est-ce que le Tiers-État ? » [1789], *Écrits politiques*, Éditions des archives contemporaines, 1985, p. 160.

[3] Aristide Briand, *La séparation des Églises et de l'État. Rapport n° 2302 fait au nom de la commission relative à la séparation des Églises et de l'État et à la dénonciation du Concordat*, Chambre des députés, 8e législature, éd. ARD Cornély, 1905, p. 59.

confier aux clercs un service public, ils devaient fournir à ce service public de nouveaux moyens de subsistance, puisqu'ils l'avaient privé des anciens. En déclarant biens nationaux les biens de l'Église, l'article 1er du décret du 2 novembre 1789 le prévoyait lui-même : « tous les biens ecclésiastiques sont à la disposition de la Nation, à la charge de pourvoir d'une manière convenable aux frais du culte, à l'entretien de ses ministres et au soulagement des pauvres ». Salarier les ministres du culte s'imposait ainsi à l'État révolutionnaire.

D'autre part, comme de nombreux fonctionnaires, les ministres du culte devaient être élus. Mais comme une telle élection portait atteinte à l'organisation hiérarchique de l'Église, la Constitution civile du clergé fit l'objet d'une sévère condamnation pontificale[1].

104. Le serment, source du schisme au sein de l'Église. Les prêtres étant devenus un corps de fonctionnaire, le décret du 27 novembre 1790 leur imposa de prêter un serment civique[2]. Une telle obligation juridique eut pour effet de scinder l'Église de France en deux : d'un côté, l'Église constitutionnelle des prêtres jureurs, qui avaient juré fidélité aux nouvelles institutions ; de l'autre côté, l'Église réfractaire, qui avait repoussé les principes révolutionnaires contraires à ceux du catholicisme et qui était illégale pour l'État français quoiqu'elle soit la seule légitime pour Rome. Deux Églises se faisaient donc face. Les catholiques, alors très largement majoritaires en France, se divisèrent, aggravant ainsi la guerre civile d'un conflit religieux.

105. Une première séparation de l'Église et de l'État. Finalement, en raison de l'impossibilité d'établir la paix civile, les révolutionnaires comprirent qu'il fallait autoriser plus largement la pratique religieuse pour assurer la survie de la République. Aussi consacrèrent-ils la séparation de l'État et de l'Église par le décret du 3 ventôse an III (21 février 1795), selon des modalités très proches de celles retenues par la loi de 1905 : était posé le principe de liberté d'exercice du culte (article 1er), ce qui s'appliquait aussi bien à l'Église réfractaire qu'à l'Église constitutionnelle, mais sans reconnaissance de l'État. La rémunération des ministres du culte était interrompue (article 2), aucun local n'était mis à leur disposition par l'État (articles 3 et 8), aucun signe religieux ne pouvait orner un bâtiment public (article 7) et les ministres du culte

---

[1] Pie VI, bref *Quod aliquantum*, 10 mars 1791.

[2] Sur le serment et à l'attitude du clergé face à lui, v. Timothy Tackett, *La Révolution, l'Église, la France*, Le Cerf, coll. Histoire, 1986, 485 pages.

ne pouvaient « paraître en public » avec des habits sacerdotaux (article 5).

L'article 354 de la Constitution du 22 août 1795 confirmera que « nul ne peut être empêché d'exercer, en se conformant aux lois, le culte qu'il a choisi », que nul ne peut être forcé de contribuer aux frais du culte et que « la République n'en salarie aucun ». Et l'article 352 refuse de reconnaître les vœux religieux, qu'il juge « contraire[s] aux droits naturels de l'homme ».

Cependant, la séparation mise en place par cette législation ne permit nullement de résoudre les difficultés soulevées et les tensions religieuses ne s'amoindrirent pas.

2. Le régime des cultes reconnus[1]

106. La politique de Bonaparte. Au sortir de la Révolution, Napoléon Bonaparte jugea que la paix sociale ne pouvait s'accomplir que par le rétablissement de la paix religieuse. Ayant appris des errements révolutionnaires qu'on ne pouvait changer la religion d'un peuple ou l'en priver, il estimait que la réinstallation de l'Église catholique dans la société était de nature à rétablir l'ordre public et à discipliner les citoyens. Sans restaurer la grandeur et l'influence qu'elle avait sous l'Ancien Régime, il voulut lui restituer une fonction sociale, tout en préservant l'héritage révolutionnaire sur l'indépendance de l'autorité publique et sur la nationalisation des biens ecclésiastiques.

107. Le Concordat. Bonaparte signa donc avec le pape Pie VII un Concordat. Juridiquement, un concordat est un traité international conclu avec le Vatican afin d'organiser le culte catholique dans un pays. Le Concordat du 26 messidor an IX (15 juillet 1801) ne rendait pas au catholicisme le statut de religion d'État, mais reconnaissait, comme une constatation et un fait social objectif, que la religion catholique « est la religion de la grande majorité des citoyens français ».

Pour vider la querelle des deux Églises, l'article 2 imposait une mesure exceptionnelle : tous les évêques, aussi bien ceux de l'Ancien Régime que les évêques constitutionnels, devaient renoncer à leur

---

[1] V. not. Brigitte Basdevant-Gaudemet, *Le jeu concordataire dans la France du XIXe siècle*, PUF, coll. Histoire, 1988, 298 pages ; École pratique des hautes études, *Administration et Église. Du Concordat à la séparation de l'Église et de l'État*, Droz, coll. Hautes études médiévales et modernes, 1987, 164 pages ; Brigitte Basdevant-Gaudemet, « Un siècle de régime des cultes reconnus, un siècle de séparation », *RHDFE*, vol. 82, 2004, n° 1.

charge[1]. Inédite et radicale, cette mesure permettait d'anéantir toute distinction entre jureurs et réfractaires. De cette façon, un nouvel épiscopat pouvait être nommé selon les nouvelles modalités fixées par le Concordat et faire taire les querelles fratricides qui avaient déchiré l'Église de France.

Au-delà de cette mesure conjoncturelle, le Concordat épousait parfaitement la vision bonapartiste des rapports entre État, société et religion. Il acceptait la liberté de conscience et la liberté de culte proclamées par la Révolution, tout en maintenant un fort étatisme, l'État contrôlant les institutions religieuses et utilisant la religion comme un moyen de discipline sociale.

Que prévoyait concrètement ce texte ?

En vertu du Concordat, l'État est religieusement neutre. Toutefois, il n'entend pas pour autant renoncer à toute immixtion dans les affaires de l'Église et à tout contrôle sur elle. Les articles 4 et 5 assurent au contraire l'intervention étatique dans la nomination des évêques et des curés[2]. C'est le chef de l'État qui nomme les évêques, la papauté ne conservant que la faculté de leur octroyer l'investiture canonique. Les curés sont quant à eux nommés par l'évêque avec l'accord du préfet, tandis que les autres prêtres (vicaires, desservants) sont nommés par l'évêque après avoir reçu l'assentiment du préfet. Les prêtres et évêques nommés doivent prêter serment d'obéissance et de fidélité au gouvernement (articles 6 et 7).

En contrepartie, le Concordat rendait à l'Église une place à part entière dans la société française. Avec le Concordat, le culte catholique obtenait la qualité d'un service public, témoignant ainsi de sa fonction sociale. L'Église acquérait ainsi une place institutionnalisée, officielle. Le Concordat rétablissait, selon la formule d'Adhémar Esmein, « le système des *deux puissances* »[3], puisque, face à l'État, l'Église catholique se voyait reconnaître une position officielle. Une telle réglementation rendait à l'Église la possibilité de poursuivre sa mission pastorale en France et d'espérer une reconquête spirituelle. C'est dans cette espérance que Pie VII accepta le Concordat.

---

[1] Par le bref *Tam multa* du 15 août 1801, Pie VII demandait aux évêques ordonnés sous la monarchie de démissionner, conformément à l'article 2 du Concordat.

[2] V. Brigitte Basdevant-Gaudemet, « Le statut des ministres du culte en France au XIXe siècle », *RDR*, n° 8, 2019, p. 19.

[3] Adhémar Esmein, *Éléments de droit constitutionnel français et comparé* [1914], Éditions Panthéon-Assas, 2008, p. 1185.

Enfin, et pour le même motif, le pape renonçait à revendiquer les biens de l'Église qui avaient été déclarés biens nationaux en 1789 (article 13 du Concordat). Cette renonciation avait pour contrepartie, dans l'esprit du Saint-Père et conformément à la législation révolutionnaire, la rémunération des ministres du culte par l'État (article 14). C'est ce qu'expliqua le pape Pie X, un siècle après, lorsque la loi de Séparation de 1905 mit fin à cette rémunération publique des ministres du culte[1]. Bonaparte espérait quant à lui concilier les propriétaires de biens nationaux (désireux de préserver leurs acquisitions contre les revendications ecclésiastiques) et les vœux des (nombreux) catholiques français.

108. Les Articles organiques. Lors de la promulgation de cette convention par la loi du 18 germinal an X (8 avril 1802) relative à l'organisation des cultes, Bonaparte fit ajouter soixante-dix-sept « Articles organiques » relatifs à l'Église catholique, unilatéralement décrétés par le gouvernement français sans concertation avec le Saint-Siège. Ces articles devaient surmonter l'opposition des anciens révolutionnaires, méfiants à l'endroit du catholicisme.

Ces articles régissaient les cultes en France. Ils contenaient une réglementation de police, destinée à discipliner les cultes et à faire peser sur eux un contrôle sévère de l'État. Tout document pontifical (bulle, encyclique, etc.) ne pouvait par exemple être publié en France qu'avec l'autorisation de l'État : c'était l'obligation d'*exequatur* (article 1er). Les évêques n'avaient pas le droit de se réunir en concile, synode ou assemblée délibérante sans autorisation gouvernementale (article 4) et chaque évêque devait avoir une autorisation spéciale pour quitter son diocèse (article 20). De même, la critique du pouvoir en place exposait les ecclésiastiques à un « recours pour abus » devant le Conseil d'État (articles 6 à 8), qui pouvait aboutir à un blâme appelé « déclaration d'abus ». De cette façon, l'Église était placée sous surveillance et l'État pouvait assurer sa politique en matière religieuse, en neutralisant les évêques les plus indociles.

Le Saint-Siège, qui n'avait pas été informé de l'adoption de ces Articles organiques et qui émit une protestation solennelle à cette occasion, ne les reconnaîtra jamais. C'est pourquoi, dans la pratique,

---

[1] « Quand […] le pontife romain s'engagea, en son nom et au nom de ses successeurs à ne pas inquiéter les détenteurs des biens qui avaient été ainsi ravis à l'Église, il est certain qu'il ne fit cette promesse qu'a une condition : c'est que le gouvernement français s'engagerait à perpétuité à doter le clergé d'une façon convenable et à pourvoir aux frais du culte divin. » (Pie X, encyclique *Vehementer nos*, 11 février 1906)

ces Articles organiques furent appliqués souplement : les évêques furent vite dispensés de solliciter une autorisation administrative pour se rendre à Rome, et la communication des documents pontificaux avant leur promulgation tomba en désuétude. De même, après 1870, les chefs d'État prirent l'habitude d'informer le nonce apostolique des nominations épiscopales qui étaient envisagées, ce que l'on a pu appeler la procédure d'« entente préalable ».

La loi du 18 germinal an X adjoignait, à ces soixante-dix-sept « Articles organiques » relatifs à l'Église catholique, quarante-quatre autres « Articles organiques » organisant cette fois-ci les cultes protestants, c'est-à-dire l'Église réformée de France (calvinistes) et l'Église de la confession d'Augsbourg (luthériens).

Le culte juif fut quant à lui organisé sur des bases similaires par trois décrets du 17 mars 1808[1], même s'il fallut attendre la loi du 8 février 1831 pour que les rabbins soient rémunérés par l'État.

109. Conclusion sur le régime des cultes reconnus. Au XIXe siècle, les cultes catholique, protestants et israélite étaient donc reconnus, c'est-à-dire érigés en service public. Tout en ignorant la finalité spirituelle de la religion, l'État l'utilisait comme un *service public cultuel*, ayant une certaine utilité sociale dans la civilité des mœurs et dans le maintien de la paix sociale.

Pour autant, cette solution juridique ne pacifia la France qu'en apparence. Car tout au long du XIXe siècle, la place de la religion, et en particulier de l'Église catholique, fut vivement discutée[2]. La question religieuse fut, pour ainsi dire, l'un des moteurs politiques essentiels du XIXe siècle, qui alimenta la guerre des deux France, au moins autant que la nature politique du régime. Ce conflit latent atteignit son paroxysme avec la querelle scolaire, sous la IIIe République : si cette querelle fut l'occasion qui vit la laïcité émerger sur le plan juridique, il est certain qu'elle portait en elle tout ce passif séculaire.

---

[1] V. Patrick Girard, *Les juifs de France de 1789 à 1860. De l'émancipation à l'égalité*, Calmann-Lévy, 1976, not. p. 277 s. ; Philippe Sagnac, « Les juifs et Napoléon (1806-1808) », *Revue d'histoire moderne et contemporaine*, 1900, n° 5, p. 461 ; 1900, n° 6, p. 595 ; 1901, n° 5, p. 461.

[2] Sur ces oppositions doctrinales, v. Jacqueline Lalouette, *L'État et les cultes. 1789-1905-2005*, La découverte, 2005, p. 19-25 ; *La séparation des Églises et de l'État. Genèse et développement d'une idée. 1789-1905*, Le Seuil, 2005.

B. LA IIIe RÉPUBLIQUE, BERCEAU DE LA LAÏCITÉ

110. Contexte. Avec l'avènement de la IIIe République, la situation politico-religieuse se crispa encore. En effet, les catholiques et le clergé lui-même soutenaient majoritairement la Monarchie contre la République. À l'inverse, beaucoup de républicains étaient foncièrement anticléricaux : ils contestaient l'influence de l'Église catholique, dont ils voulurent affranchir, non seulement les institutions politiques, mais aussi la société et les consciences. Les deux étaient bien sûr liés : réduire l'emprise de l'Église sur les consciences amoindrissait graduellement son pouvoir politique, surtout dans un régime politique qui, reposant sur le suffrage universel, ne pouvait se désintéresser complètement de ce que pensaient les citoyens.

C'est dans ce contexte que la laïcité fut affirmée, essentiellement à l'École publique (1). D'autres lois firent également progresser la laïcisation des pouvoirs publics (2). Tous ces textes, qui opéraient des séparations partielles des pouvoirs publics avec la religion catholique, préfiguraient la grande séparation opérée par la loi du 9 décembre 1905.

1. La laïcité scolaire

111. L'école, terre privilégiée de l'expression de la laïcité. L'école est probablement le terrain le plus propice aux conflits liés à la laïcité. Elle le fut historiquement, et l'est toujours aujourd'hui. Aussi n'est-ce pas un hasard si la laïcité fut d'abord introduite dans l'École publique, puisque la question scolaire fut l'objet d'un important conflit tout au long du XIXe siècle[1].

La querelle se portant sur le terrain des *consciences*, il n'est pas étonnant que l'une des principales pommes de discorde résidât dans des conceptions viscéralement opposées, chez les républicains et chez les catholiques, de l'éducation, et notamment de l'éducation morale. Si tous s'accordaient sur la nécessité d'un enseignement de la morale, le contenu de cet enseignement était quant à lui fort controversé. Là où les républicains jugeaient que la conscience gagnerait en autonomie en étant délivré des préjugés de la religion et en se référant à une morale rationnelle et laïque, les catholiques rétorquaient que toute vraie morale suppose une référence explicite à Dieu, qui peut seul donner un fondement solide à des obligations qui s'imposent à l'individu. Pour les

[1] V. Brigitte Basdevant-Gaudemet, *Le jeu concordataire dans la France du XIXe siècle*, *op. cit.*, p. 66-82.

républicains, la religion est impuissante à dégager un fondement moral universel qui permette une adhésion de tous à une morale unique. La morale républicaine doit au contraire avoir une source autonome, immanente à la raison humaine plutôt que transcendante. Mais l'Église indiquait à son tour qu'il n'appartient pas à l'École publique de trancher cette question, qui ne revient qu'aux parents d'élève, premiers éducateurs de leurs enfants. Finalement, les républicains brandissaient la liberté de conscience des élèves pour les tirer de l'enseignement religieux, tandis que le clergé insistait sur la liberté d'enseignement protégée par la loi Falloux du 15 mars 1850.

112. La laïcité de l'École publique : les lois Ferry. La laïcisation de l'École publique sera la principale offensive républicaine pour emporter cette guerre. Les républicains entendaient en effet assurer « la séparation de l'Église et de l'école »[1], selon la formule de Jules Ferry. Celui-ci fit reconnaître en France l'instruction obligatoire, que garantissaient les caractères gratuit et laïc de l'école publique : parce qu'elle est obligatoire, l'école doit être accessible à tous (gratuité) et ne choquer aucune conscience (laïcité).

La loi du 28 mars 1882 sur l'enseignement primaire obligatoire laïcisera donc l'enseignement, bien que les termes laïc ou laïcité ne figurent pas dans le texte. Elle substitue l'instruction morale et civique à l'instruction morale et religieuse. Elle interdit également l'enseignement du catéchisme dans l'enceinte de l'école et impose qu'il soit dispensé « en dehors des heures de classe »[2].

113. La laïcisation du personnel enseignant : la loi Goblet. La loi sur l'organisation de l'enseignement primaire, dite loi Goblet, du 30 octobre 1886 laïcisa à son tour le personnel enseignant. En précisant que, « dans les écoles publiques de tout ordre, l'enseignement est exclusivement confié à un personnel laïque », son article 17 interdisait la présence de religieux dans l'enseignement public. Mais elle maintenait en revanche la possibilité que des religieux assurent des enseignements dans des établissements privés. C'était là un gage de la liberté de l'enseignement (en laissant subsister un enseignement congréganiste) et de la liberté des parents de déterminer l'enseignement qu'ils voulaient voir dispenser à leurs enfants.

---

[1] Jules Ferry, Chambre des députés, séance du 6 juin 1889, *JO*, compte-rendu intégral des séances, 7 juin 1889, p. 1290.

[2] Règle aujourd'hui codifiée à l'article L. 141-4 du Code de l'éducation.

114. La suppression de l'enseignement congréganiste. Mais la loi du 7 juillet 1904 alla plus loin en voulant, comme l'indique son intitulé, supprimer tout enseignement congréganiste. Selon son article 1er, « l'enseignement de tout ordre et de toute nature est interdit en France aux congrégations ». Or, comme l'expliquait Ferdinand Buisson, « que veulent dire ces mots : "supprimer l'enseignement congréganiste", si ce n'est "supprimer les congrégations-enseignantes" ? »[1] Dirigée contre les congrégations, cette loi fut au cœur de la rupture diplomatique entre la France et le Vatican en 1904.

Adoptée à l'initiative d'Émile Combes, cette loi porta d'ailleurs la division jusque dans les rangs républicains. René Goblet, ancien président du Conseil et ministre de l'Instruction publique à l'initiative de la loi de 1886, considéra que cette nouvelle loi portait une atteinte excessive à la liberté religieuse, en restreignant les « droits des pères de famille [...] de faire élever leurs enfants dans les nombreuses écoles congréganistes » et « en enlevant aux membres de ces congrégations le droit d'enseigner »[2]. Ferdinand Buisson lui rétorqua que la loi interdisait certes aux congrégations d'enseigner, mais n'empêchait pas les membres de ces congrégations d'« ouvrir et [de] diriger des classes, individuellement et même collectivement, aux mêmes conditions que tous les Français. Une seule chose leur est interdite, c'est de se constituer, pour ce faire, en corporation monastique. »[3]

Cette loi sera abrogée par la loi du 3 septembre 1940.

2. La laïcisation progressive des pouvoirs publics

115. La législation républicaine contre l'Église. Parallèlement à ce conflit scolaire, la fin du XIXe siècle fut marquée par plusieurs autres lois profondément hostiles à l'Église ou antinomiques avec sa doctrine : le repos dominical obligatoire fut supprimé (loi du 12 juillet 1880), les congrégations, notamment les Jésuites, furent forcées à la dispersion (1880-1904), le divorce fut rétabli (loi du 5 avril 1884), il fut mis fin aux prières publiques prévues par les lois constitutionnelles (loi constitutionnelle du 14 août 1884), les facultés de théologie catholique

---

[1] Ferdinand Buisson, « La laïcité intégrale », *Revue politique et parlementaire*, t. XLI, 11e année, 1904, p. 451.

[2] René Goblet, « La suppression de l'enseignement congréganiste », *Revue politique et parlementaire*, t. XLI, 11e année, 1904, p. 245.

[3] Ferdinand Buisson, « La laïcité intégrale », *Revue politique et parlementaire*, t. XLI, 11e année, 1904, p. 449.

d'État furent supprimées, les séminaristes et religieux furent astreints au service militaire (article 23 de la loi du 15 juillet 1889), les établissements publics du culte perdirent le service « extérieur » des pompes funèbres pour ne conserver qu'un service « intérieur » facultatif (loi du 28 décembre 1904), etc.

116. La loi du 1er juillet 1901 relative au contrat d'association. Cet anticléricalisme transparaît nettement dans la loi du 1er juillet 1901 relative au contrat d'association. Cette loi, toujours en vigueur, est libérale pour les associations, qui peuvent se constituer aisément, par une simple déclaration en préfecture. Mais elle prévoyait un sévère « régime de combat »[1] contre les congrégations religieuses. Les congrégations apparaissaient en effet aux républicains comme un danger car, contrairement au clergé séculier, elles n'étaient pas soumises au Concordat et aux Articles organiques et possédaient de ce fait une autonomie dans leurs activités (l'enseignement notamment) dont la République pouvait difficilement s'accommoder. D'où le caractère fort peu libéral du titre III de la loi de 1901 qui leur était consacré.

L'article 13 subordonnait ainsi la création d'une nouvelle congrégation au vote d'une loi et les anciennes congrégations devaient être rétroactivement autorisées. La nécessité d'une loi tenait au fait que les congrégations avaient été interdites sous la Révolution, par des textes qui n'avaient pas été abrogés, si bien qu'il fallait en principe une loi pour déroger à cette interdiction générale et absolue[2]. Une fois la congrégation autorisée, chaque nouvel établissement qu'elle voulait implanter devait encore être approuvé par décret en Conseil d'État.

Cette loi fut une véritable « machine de guerre »[3] puisque, en mars 1903, le Parlement refusa quasiment toutes les demandes d'autorisation présentées par les congrégations[4]. Seules les congrégations qui envoyaient des missionnaires à l'étranger, comme les Pères blancs,

---

[1] Jean-Pierre Machelon, *La République contre les libertés ? Les restrictions aux libertés publiques de 1879 à 1914*, Presses de la Fondation nationale des sciences politiques, 1976, p. 371.

[2] V. Adhémar Esmein, *Éléments de droit constitutionnel français et comparé*, *op. cit.*, p. 1162.

[3] Nicolas Sild, « La loi de 1905 : une loi libérale », *Laïcité de l'État et État de droit*, Béligh Nabli (dir.), Dalloz, coll. Thèmes et commentaires, 2019, p. 43.

[4] V. Jean Sévillia, *Quand les catholiques étaient hors la loi*, Perrin, coll. Tempus, 2006, not. p. 134-136.

furent autorisées, afin de ne pas nuire au rayonnement international de la France que permettaient ces congrégations[1].

La loi du 4 décembre 1902 créa même un délit de congrégation non autorisée (qui sera supprimé en 1942), tandis que celle du 7 juillet 1904 ordonnait la dissolution de toutes les congrégations enseignantes.

117. Le détournement du Concordat. Dans le même temps, le Concordat fut détourné de sa vocation initiale et transformé en « discordat »[2]. Originellement, le Concordat était « un pacte de confiance : l'État attend de l'Église qu'elle discipline la société : l'Église attend de l'État qu'il conforte la religion. Or, sous la République, le Concordat n'a plus cette fonction. Son usage opère dans la défiance. Parce qu'il n'attend plus rien de l'Église sur le terrain de la civilisation des mœurs, l'État n'actionne en fait, dans le système d'union, que les dispositions qui peuvent le renforcer dans sa souveraineté. »[3] Le Concordat et les Articles organiques seront alors utilisés pour assurer la domination de l'État sur les cultes.

La IIIe République réactiva ainsi certaines techniques de contrôle sur l'Église, qui étaient prévues par le système des cultes reconnus, mais qui étaient tombées en désuétude. Prévue par l'article 1er des « Articles organiques » du culte catholique, l'obligation d'*exequatur*, c'est-à-dire l'obligation que les actes de l'Église soient autorisés en France, fut à nouveau appliquée sévèrement. Le « recours pour abus » fut mis en œuvre dans plus de vingt affaires entre 1879 et 1904 (alors qu'il avait donné lieu à dix-huit affaires seulement entre 1801 et 1879) : il le fut notamment l'encontre des évêques qui, en 1902, demandèrent au gouvernement d'accepter les autorisations sollicitées par les congrégations. Et le Conseil d'État approuva toujours la « déclaration d'abus » souhaitée par le gouvernement. De même, des suspensions de traitement furent prononcées pour sanctionner certains ministres du culte, sans que la base légale de ces suspensions puisse être précisément identifiée.

La séparation des Églises et de l'État couvait donc. C'est le pas que franchit la loi du 9 décembre 1905.

---

[1] V. Pierre-Hugues Barré, « Un paradoxe français : les lois de 1901 et 1904 et les congrégations religieuses. La liberté d'enseignement, l'histoire et la laïcité », *RFDA*, 2021, p. 254.

[2] Gérard Cholcy, *Christianisme et société en France au XIXe siècle. 1790-1914*, Le Seuil, 2001, p. 32.

[3] Philippe Portier, *L'État et les religions en France. Une sociologie historique de la laïcité*, Presses universitaires de Rennes, 2016, p. 120-121.

II. LA LOI CONCERNANT LA SÉPARATION DES ÉGLISES ET DE L'ÉTAT DU 9 DÉCEMBRE 1905

118. Violence fondatrice et interprétation libérale. Si certains services publics, comme l'École, avaient déjà été séparés de l'Église catholique, l'État entendit, en 1905, rompre complètement avec elle. Fruit d'une longue gestation parlementaire, entièrement maîtrisée par la Chambre des députés[1], la loi concernant la séparation des Églises et de l'État du 9 décembre 1905 met donc fin au Concordat de 1801. Ainsi, suite à la rupture des relations diplomatiques entre la France et le Saint-Siège en juillet 1904, l'État français mettait-il unilatéralement fin à l'accord conclu avec le Vatican. L'article 44 de la loi abroge la loi du 18 germinal an X qui transcrivait en droit français le Concordat, faisant ainsi perdre à celui-ci toute valeur juridique (ainsi qu'aux Articles organiques qui le mettaient en œuvre). L'esprit de la loi de 1905 doit être cerné par rapport à cette rupture initiale (A).

Cet esprit fut toutefois amendé dès les premières années de mise en œuvre de la loi. Ces premières années furent en effet marquées par la vive opposition des catholiques et par les concessions que fut contraint de leur consentir le gouvernement. Un certain équilibre en résulta, à partir des années 1920, et fit passer en acte la dimension libérale de la loi, inscrite en puissance dans le texte. Il s'ensuivit l'instauration d'un certain équilibre à partir des années 1920 (B).

C'est pourquoi « la loi de 1905 associe violence fondatrice et interprétation libérale »[2].

A. L'ESPRIT DE LA LOI DE SÉPARATION DES ÉGLISES ET DE L'ÉTAT DU 9 DÉCEMBRE 1905

119. Une loi au contenu technique, mais révélatrice de l'esprit de la laïcité. La loi du 9 décembre 1905 concernant la séparation des Églises et de l'État ne fait à aucun moment mention de la laïcité. Les termes laïc ou laïque en sont eux-mêmes absents. Cependant, il est

---

[1] Sur l'adoption de la loi de 1905, v. le minutieux ouvrage de Jean Baubérot, écrit avec Dorra Mameri-Chaambi, *La loi de 1905 n'aura pas lieu. Histoire politique des Séparations des Églises et de l'État*, éd. Fondation Maison des sciences de l'homme, *Tome I : l'impossible « loi de liberté »*, 2019 ; *Tome II : la loi de 1905, légende et réalité*, 2021.

[2] Émile Poulat, « Église catholique et société civile en régime de laïcité. Une histoire, deux mémoires », *Documents Épiscopat*, n° 14/15, 2003, p. 8.

indéniable que la loi de 1905 est historiquement « le point culminant, le couronnement du combat laïc »[1]. Et elle fait encore figure aujourd'hui de « clé de voûte »[2] de la *laïcité à la française*.

Cela est d'autant plus paradoxal que la lecture de la loi déçoit ceux qui espèrent y trouver une conception *prête à l'emploi* de la laïcité. Sauf les deux premiers articles qui forment le titre préliminaire, la loi comporte surtout des dispositions techniques. Elle règle les questions très prosaïques qui se posaient alors, les questions financières et immobilières notamment (titres II et III). Elle prévoit la création des associations cultuelles (titre IV), qui n'ont pas été créées par l'Église catholique et qui ont été depuis largement concurrencées par les associations de droit commun. Elle pose certains principes subsidiaires (car relativement peu appliqués) de la police des cultes (titre V). Bref, rien de tout cela n'intéresse aujourd'hui les débats les plus vifs que suscite la laïcité.

Pourtant, ce n'est pas sans raison que la loi de 1905 est considérée comme le fondement principal de la *laïcité à la française*. Si ce texte est le fondateur silencieux mais bien réel de la laïcité, c'est par son esprit davantage que par sa lettre. Cet esprit est toutefois difficile à définir, ce qui explique d'ailleurs l'ambiguïté qui entoure aujourd'hui encore l'invocation de la laïcité. Il paraît néanmoins possible de cerner cet esprit par trois caractéristiques : le libéralisme (1), la séparation des Églises et de l'État (2) et l'étatisme (3).

1. Le libéralisme

La loi de 1905 possède d'abord une dimension libérale certaine.

120. L'article 1er : la protection de la liberté de conscience et de la liberté de culte. D'une part, son article 1er proclame que « la République assure la liberté de conscience. Elle garantit le libre exercice des cultes [...]. » Une telle disposition, placée en quelque sorte au frontispice du texte, devait étendre la possibilité offerte à chacun de croire ou de ne pas croire et de pratiquer librement sa religion, au-delà des seuls cultes reconnus.

Un tel libéralisme était d'autant plus remarquable qu'il était relativement inédit. Au XIXe siècle, le droit des cultes était axé sur la réglementation des rapports entre l'Église et l'État et sur la protection

[1] Jean Morange, « Peut-on réviser la loi de 1905 ? », *RFDA*, 2005, p. 153.

[2] Conseil d'État, *Un siècle de laïcité. Rapport public 2004*, La documentation française, coll. Études et documents du Conseil d'État, n° 55, 2004, p. 304.

de l'ordre public, auquel la religion pouvait porter atteinte ; l'ordre public était la préoccupation majeure, la liberté religieuse était subsidiaire. En proclamant la liberté de conscience et le libre exercice des cultes dès son article 1er, la loi de 1905 insérait dans le droit des cultes une forte dimension libérale. D'ailleurs, Aristide Briand, rapporteur du texte à la Chambre des députés et maître d'œuvre de son adoption, n'hésitait pas à dire que cet article 1er devait servir de clef d'interprétation aux autres dispositions de la loi : « Le juge saura, grâce à l'article placé en vedette de la réforme, dans quel esprit tous les autres ont été conçus et adoptés. Toutes les fois que l'intérêt de l'ordre public ne pourra être légitimement invoqué, dans le silence des textes ou de doute sur leur exacte application, c'est la solution libérale qui sera la plus conforme à la pensée du législateur. »[1]

121. La libération des Églises. D'autre part, sans que le texte le mentionne expressément, les Églises bénéficièrent également de la suppression du Concordat et des « Articles organiques », qui contenaient de nombreux dispositifs de contrôle et de sanction. En mettant fin au régime des cultes reconnus, l'État se privait en effet de plusieurs moyens de contrôle sur les cultes, raison pour laquelle certains républicains (Jules Ferry, Léon Gambetta, Paul Bert et, dans un premier temps, Émile Combes) s'opposaient à l'adoption de la loi, considérant que l'État se désarmait dangereusement. La suppression du régime des cultes reconnus de 1801-1802 rendait aux Églises une autonomie qui était neuve à maints égards. L'Église catholique en bénéficia tout particulièrement : le pape retrouva une plus grande latitude pour nommer les évêques (Pie X en nomma quatorze nouveaux dès 1906), le Vatican put à nouveau publier ses documents en France sans passer par les fourches caudines de la procédure d'*exequatur*, le Conseil d'État jugea irrecevables les « procédures pour abus » (même celles engagées avant la publication de la loi[2]), les évêques purent tenir une assemblée nationale en mai 1906 (la première depuis plus de cent ans), etc.

122. L'application de la loi par une jurisprudence libérale. La loi de 1905 est donc marquée par son libéralisme. Aussi, dès la mise en œuvre du texte, la jurisprudence du juge administratif fit-elle

[1] Aristide Briand, *La séparation des Églises et de l'État. Rapport n° 2302 fait au nom de la commission relative à la séparation des Églises et de l'État et à la dénonciation du Concordat*, *op. cit.*, p. 266.

[2] CE, 19 janvier 1906, *Époux Verger c/ Mgr l'archevêque de Paris et abbé Aigouy, vicaire à Gentilly*, n° 143134, *Lebon* p. 1000.

immédiatement application de cet esprit libéral[1]. Il faut dire que le Conseil d'État, en quête d'une légitimité que la République peinait à reconnaître à cette institution bonapartiste, fit preuve d'un fort libéralisme à partir de 1900, trouvant là une source de légitimité. Et la question laïque ne dérogea pas à la règle. En conséquence, après la loi de 1905, « le raisonnement de la jurisprudence inverse le rapport entre l'ordre public et la liberté. Avant 1905 celle-ci n'existait, même pour le catholicisme, qu'à la condition de "se conformer aux règlements de police" (article 1er du Concordat) et le Conseil d'État avalisait, en général, les limitations portées à la liberté des cultes. Après la séparation au contraire, la liberté des cultes, y compris dans ses "manifestations extérieures", constitue une limite au pouvoir de police du maire. Dans l'écrasante majorité des cas les arrêtés litigieux seront annulés. »[2]

123. Un libéralisme insuffisant pour caractériser la loi de 1905. C'est sur cette dimension libérale que l'accent sera exclusivement mis par la suite, et elle était déjà bien présente en 1905. Mais il n'est pas possible de s'en tenir à ce libéralisme pour cerner l'esprit de la loi de 1905. Car ce qualificatif possède une certaine ambivalence et ne se comprend pleinement que rapporté au deuxième caractère de la loi, mentionné dans son titre même : la séparation. En effet, le caractère libéral de la loi « oscille entre une volonté loyale de neutralité de l'État vis-à-vis de la religion et un projet déchristianisateur d'arrière-plan, qui consiste à enraciner la liberté en l'imposant de façon autoritaire »[3].

2. La séparation

124. Écarter l'Église de la sphère politique. L'idée de *séparation* présente dans le titre de la loi montre que l'accent est également mis, outre le libéralisme, sur l'exclusion des Églises de la sphère politique. La loi est, selon la formule de Jean Jaurès, une « œuvre de liquidation »[4] des anciennes relations entre Églises et État.

---

[1] V. Jean-François Amédro, *Le juge administratif et la Séparation des Églises et de l'État sous la IIIe République. Un exemple des interactions entre les institutions républicaines et le contrôle juridictionnel de l'administration*, thèse, Paris II, 2011.

[2] Jean Baubérot, « La loi de 1905 : fondement de la laïcité de l'État », *Laïcité de l'État et État de droit*, Béligh Nabli (dir.), *op. cit.*, p. 28.

[3] Nicolas Sild, « La loi de 1905 : une loi libérale », *Laïcité de l'État et État de droit*, Béligh Nabli (dir.), *op. cit.*, p. 36.

[4] Jean Jaurès, Chambre des députés, 2e séance du 21 avril 1905, *JO*, compte-rendu intégral des séances, 22 avril 1905, p. 1637.

Présente dans le programme des républicains depuis 1869, la séparation constitue ainsi l'une des figures de proue du combat anticlérical mené par la République, en ce qu'elle entend pousser l'Église aux marges de la société. Contre l'Église, cette loi a pour objectif d'affranchir la société de son emprise. Avant 1905 en effet, la distinction des pouvoirs était déjà acquise et l'autonomie de l'État consacrée, et ce depuis le Moyen Âge. En revanche, le rôle public de la religion sur la société et sur les personnes était admis : l'Église tenait une place politique et sociale importante, consacrée notamment par la tradition gallicane et préservée (quoique différemment[1]) par le Concordat. Cette conception sera enterrée par la loi de 1905, qui expulsera les religions de la sphère publique et entendra les priver de l'appui de la puissance publique.

Teintée de libéralisme, la loi de 1905 est certes moins *dure* que ce qui avait pu être envisagé. Malgré les désaccords parmi les républicains, les concepteurs de la loi – notamment le rapporteur de la loi Aristide Briand et le président de la commission législative Ferdinand Buisson – , voulurent un texte moins anticlérical que les lois de 1901 et 1904 (même si Buisson avait soutenu ces lois afin de garantir, selon sa propre formule, « l'extinction totale de l'organisme appelé "congrégations" »[2]). De nombreux projets de loi plus anticléricaux avaient en effet été repoussés dans les années précédentes : il en avait été ainsi de celui de Francis Pressensé du 7 avril 1903[3] ou celui d'Émile Combes du 10 novembre 1904, qui voulaient abroger le Concordat, tout en maintenant un contrôle sévère de l'État sur l'Église. Or les promoteurs de la loi de 1905 avaient bien compris que, pour faire accepter la *séparation*, l'Église ne devait pas pouvoir dénoncer une quelconque persécution anticléricale. « Voulez-vous une loi de large neutralité, susceptible d'assurer la pacification des esprits et de donner à la République, en même temps que la liberté de ses mouvements, une force plus grande ? Si oui, faites que cette loi soit franche, loyale et honnête. Faites-la telle que les Églises ne puissent y trouver aucune raison grave de bouder le régime nouveau, qu'elles sentent elles-mêmes la possibilité de vivre à l'abri de ce régime et qu'elles soient pour ainsi

---

[1] V. Bruno Neveu, « Pour une histoire du gallicanisme administratif de l'an IX à nos jours », *Administration et Église*, École pratique des hautes études, *op. cit.*, p. 57.

[2] Ferdinand Buisson, « La laïcité intégrale », *Revue politique et parlementaire*, t. XLI, 11e année, 1904, p. 457.

[3] V. Rémi Fabre, « Pressensé et la séparation des Églises et de l'État. Une contribution importante », *Cahiers Jaurès*, n° 171, 2004/1, p. 25.

dire obligées de l'accepter de bonne grâce ; car le pire qui pourrait arriver, ce serait de déchaîner dans ce pays les passions religieuses. »[1] La modération est donc pragmatique : elle doit faire accepter la loi.

Ainsi de nombreuses dispositions de la loi visent-elles à expulser le religieux de la sphère politique, y compris de manière autoritaire, montrant que le libéralisme de la loi de 1905 est un libéralisme conditionné. En attestent les règles entourant la constitution des associations cultuelles (titre IV) ou certaines dispositions du titre V touchant à la police des cultes et permettant de sanctionner l'immixtion des clercs dans le domaine politique (v. § 305-308).

125. L'article 2 de la loi de 1905. À cet égard, c'est bien entendu l'article 2 de la loi qui est le plus emblématique. Il dispose que « la République ne reconnaît, ne salarie ni ne subventionne aucun culte ». Cette disposition est celle qui sépare les Églises de l'État, en faisant cesser l'essentiel des relations antérieures entre les cultes et les personnes publiques. La rupture d'avec le régime des cultes reconnus est très nette et entend bien établir une séparation entre la sphère publique et la sphère religieuse.

Le principe de non-reconnaissance des cultes par la République fait en premier lieu disparaître la qualité de culte reconnu. Plus aucun culte ne doit bénéficier d'un statut public, qui lui assurerait la même position officielle que celle dévolue aux services publics.

Est en conséquence interrompue toute coopération financière entre l'État et les cultes qui se déduisait auparavant de leur reconnaissance publique. L'article 2 met ainsi fin au financement des Églises, ainsi qu'au salariat des ministres du culte. Ce salariat ne cesse toutefois pas subitement. L'article 11 de la loi de 1905 prévoyait, à titre transitoire, le versement d'une « pension annuelle et viagère » aux ministres du culte âgés (calculée en fonction de leur âge et de la durée d'exercice de leurs fonctions ecclésiastiques rémunérées par l'État), ainsi que l'octroi d'une « allocation » pendant quatre ans aux ministres du culte encore en exercice en 1905 (cette disposition, dont l'objet a évidemment disparu, a été abrogée par l'article 163 de la loi n° 2011-525 du 17 mai 2011). Le salariat des ministres du culte n'était donc arrêté que progressivement, même si l'article 3 de la loi du 2 janvier 1907 a supprimé ce système transitoire pour les cultes – notamment le culte

[1] Aristide Briand, Chambre des députés, 2e séance du 20 avril 1905, *JO*, compte-rendu intégral des débats, 21 avril 1905, p. 1611.

catholique – qui n'avaient pas constitué d'associations cultuelles conformément à ce que prescrivait la loi de 1905.

En troisième lieu, l'article 2 *in fine* précise que « les établissements publics du culte sont supprimés ». L'article 44 ajoute que « sont et demeurent abrogées toutes les dispositions relatives à l'organisation publique des cultes antérieurement reconnus par l'État ». Sous le régime antérieur, les cultes reconnus étaient constitués sous la forme d'établissements publics. En tant que « service public spécial personnifié »[1], les établissements publics du culte assumaient le service public du culte. La suppression de ces établissements publics par la loi de 1905 indique bien que toute forme de service public cultuel disparaît. Non seulement les Églises ne doivent plus intervenir dans les autres services publics (école, hôpitaux, hospices, etc.), mais elles ne gèrent elles-mêmes plus un service public. Et inversement, puisque le culte n'est plus un service public, il n'a plus à être assumé par un établissement public, qui ne trouve sa justification que dans le fait qu'il personnalise un service public. C'est pourquoi les cultes seront invités par la loi à adopter la forme, non plus d'établissements publics, mais d'associations privées. La laïcisation de la sphère publique est donc portée ici à son plein accomplissement, puisqu'il n'y aura plus que des personnes publiques et des services publics laïcs.

126. La religion sortie de la sphère publique, non de l'espace public. Ce dispositif est le cœur de la loi de 1905. Il indique bien que la religion est sortie de la chose publique, de la chose commune (puisqu'elle n'est plus un service *public*), pour être ravalée au rang des affaires privées. Il y a ainsi, selon la formule de Maurice Hauriou, « *désétablissement* »[2] des Églises, au double sens du terme : elles perdent le statut d'*établissement public* et elles ne sont plus des autorités *établies* dans la société. Et avec elles, la religion est privatisée, puisque la qualité de service public leur est déniée. C'est pourquoi il est possible de dire que « le fondement politique, juridique et moral de la séparation, c'est que la religion est *chose privée* »[3].

Dire que la religion est dorénavant une affaire privée ne doit toutefois pas induire en erreur. Cette assertion n'est exactement

---

[1] Maurice Hauriou, *Précis de droit administratif et de droit public* [1933], Dalloz, coll. Bibliothèque Dalloz, 2002, p. 280.

[2] Maurice Hauriou, *Principes de droit public* [1910], Dalloz, coll. Bibliothèque Dalloz, 2010, p. 404.

[3] Pierre Manent, *Enquête sur la démocratie. Étude de philosophie politique*, Gallimard, coll. Tel, 2007, p. 460.

comprise que si l'on conserve à l'esprit qu'il s'intercale, entre la sphère publique (domaine des services publics et des personnes publiques) et la sphère privée (domaine de l'intimité et du domicile), une troisième catégorie : l'espace public. Cette catégorie est ambiguë, car elle est d'une nature différente des deux autres. Alors que les sphères publiques et privées s'opposent par leur nature (politique pour la première, sociale – au sens large – pour la seconde), l'espace public se délimite par sa géographie : il est le lieu d'échange et de contact entre les différents acteurs sociaux (publics ou privés). Il n'est donc pas nécessairement un lieu d'exercice des services publics, même s'il peut l'être lorsque les services publics délivrent directement des prestations aux administrés. Il est d'abord et avant tout le lieu de vie de la société civile, puisqu'il englobe les lieux ouverts au public (les voies publiques comme les commerces) où s'épanouissent les relations sociales. C'est pourquoi l'adjectif *public* qui caractérise cet espace est ambigu, car il semble le rattacher à la sphère publique plutôt qu'à la sphère privée, alors même qu'il désigne, non pas ce qui se rattache à la puissance publique, mais ce qui appartient au public, c'est-à-dire à tous ; il pourrait à ce titre être plus judicieusement appelé « *espace commun* »[1] ou, mieux encore, *espace social*.

Or, si la religion est sortie de la sphère publique, elle n'est pas cantonnée à la sphère privée pour autant (ce qui serait le cas s'il n'y avait que l'opposition binaire des sphères publique et privée) : la foi peut aussi s'extérioriser dans l'espace social qui s'intercale entre ces deux sphères. La loi de 1905 n'impose aucunement l'aseptisation religieuse de l'espace public. Certes, l'article 2 prive les cultes de toute reconnaissance publique et leur impose de se constituer sous forme d'associations cultuelles de droit privé. Mais son article 18 précise que ces associations assurent l'exercice « public » du culte, c'est-à-dire que le culte n'est pas exercé dans le cercle de l'intimité et demeure accessible à tout public. Certes l'article 27 de la loi de 1905 réglemente les « processions et manifestations extérieures d'un culte » ainsi que les sonneries de cloche, mais il ne les interdit pas et impose seulement de les concilier avec la tranquillité et l'ordre publics. Certes l'article 28 interdit aux personnes publiques d'apposer ou d'élever des signes religieux sur les bâtiments publics et sur tout emplacement public, mais c'est bien l'action des personnes publiques qui est ici visée (quoiqu'elle

---

[1] Patrice Rolland, « Le droit français et la visibilité du religieux dans l'espace public », *RFDA*, 2021, n° 3, p. 516.

se déploie dans l'espace public), et non l'espace public en tant que tel (un *espace* ne pouvant d'ailleurs supporter aucun droit ni aucune obligation, lesquels ne peuvent être adressés qu'à des sujets de droit).

Si l'idée d'espace public demeure ambiguë, la loi de 1905 ne mentionne à aucun endroit une exigence générale de neutralité religieuse de l'espace public. Si certains invoquent aujourd'hui l'obligation qui serait faite aux individus, en contrepartie de la liberté religieuse qui leur est reconnue, d'enfouir leurs convictions religieuses dans le tréfonds de leur intimité, afin que la religion n'interfère pas dans les relations sociales, c'est vainement que l'on chercherait dans la loi de 1905 ce « pacte de non ostentation »[1]. Au contraire même, cette obligation de discrétion imposée aux individus a été expressément refusée par le législateur en 1905. Lors des débats parlementaires qui précédèrent l'adoption de la loi de 1905, les députés s'interrogèrent sur la possibilité d'interdire aux prêtres de porter la soutane dans l'espace public. Mais cette interdiction fut expressément repoussée par la Chambre des députés[2]. Semblablement, le projet de loi interdisait les processions et cérémonies extérieures du culte, le rapporteur Aristide Briand soutenant cette mesure au nom de la neutralité de l'espace public, pour interdire aux croyants d'imposer aux autres individus « le spectacle inévitable de leurs rites particuliers »[3]. Mais la Chambre des députés fit sur ce pont échec au projet de loi en autorisant par principe les processions, sous la seule réserve de respecter l'ordre public comme toute autre manifestation publique[4].

127. La thèse républicaine de la laïcité-séparation. La séparation des Églises et de l'État, ainsi comprise, forme le cœur de la définition républicaine de la laïcité[5]. La séparation induit que l'on se trouve en présence de deux sphères – le politique et le religieux – radicalement distinctes et sans communication entre elles. Chaque institution – l'État et les Églises – serait ainsi cantonnée à sa sphère : de même que les Églises ne doivent plus s'immiscer dans les affaires politiques, l'État ne

---

[1] Jean-Éric Schoettl, « La laïcité en questions », *Constitutions*, 2017, n° 1, p. 19.

[2] Chambre des députés, 2e séance du 26 juin 1905, *JO*, compte-rendu intégral des séances, 27 juin 1905, p. 2477-2480.

[3] Aristide Briand, *La séparation des Églises et de l'État. Rapport n° 2302 fait au nom de la commission relative à la séparation des Églises et de l'État et à la dénonciation du Concordat*, *op. cit.*, p. 332.

[4] Chambre des députés, 2e séance du 26 juin 1905, *JO*, compte-rendu intégral des séances, 27 juin 1905, p. 2481-2491.

[5] V. Henri Bouillon, « Quelles obligations impose la laïcité ? », *La revue administrative*, n° 399, 2014, p. 315.

doit plus interférer ni dans les affaires du culte, ni dans la nomination des ministres du culte, sans nier toutefois qu'il puisse limiter l'expression de la liberté religieuse, notamment dans l'espace public, au nom de l'ordre public (comme l'induit le titre V de la loi relatif à la « police des cultes »). En ce sens, la séparation traduit la volonté de l'État d'avoir un certain monopole du politique sur la sphère publique, d'où il chasse les Églises.

Mais l'idée de renvoyer chacun à *sa* sphère n'entraîne pas, entre l'État et les Églises, l'égalité de situation qu'induit *a priori* l'idée de séparation (v. §4). Installé en surplomb de la sphère publique, l'État impose unilatéralement les règles juridiques aux individus, qui ne peuvent se soustraire à ses commandements ; son pouvoir est impératif. Privatisées, les Églises n'ont d'autorité que sur les individus qui veulent bien leur en reconnaître une : leur autorité est facultative. Si chacun est enfermé dans son pré carré, l'un public, l'autre privé, le public prévaut immanquablement sur le privé. Sous l'apparence d'une égalité de situation ménagée à l'État et aux Églises, la séparation produit en réalité une prévalence de l'État sur les Églises, à qui sont déniées toute reconnaissance publique et, donc, toute capacité de structurer les relations sociales (puisque leur autorité ne s'impose plus, mais dépend de l'acceptation des individus). Il s'agit là de l'un des traits marquants de la laïcité.

La parenté de la séparation avec l'étatisme est alors aisée à mettre en lumière.

3. L'étatisme

128. L'étatisme, articulation du libéralisme et de la séparation. Les deux premières propriétés de la loi de 1905, c'est-à-dire le libéralisme inscrit à l'article 1er et la séparation que concrétise l'article 2, peuvent paraître incompatibles. Elles ne le sont pas si on ajoute à ces deux termes celui qui les articule : l'étatisme.

129. Un libéralisme *par* l'État. En premier lieu, la conception qui sous-tend la laïcité est sans doute libérale, mais c'est un libéralisme *par* l'État : l'État est érigé en garant des libertés des individus et sa séparation d'avec les Églises est un moyen vers cette fin.

Pour les républicains, c'est à la République d'œuvrer à l'émancipation de la conscience de l'individu et de préserver ses libertés. La formulation de l'article 1er n'énonce pas que tout homme a droit à la liberté de conscience et au libre exercice de son culte. Il proclame que « la République assure la liberté de conscience. Elle garantit le libre exercice des cultes. » La liberté de religion est assurée et garantie par l'État, qui en est le vecteur de réalisation. Contrairement à la logique états-unienne (v. §7), la République française s'érige en protectrice et en cause efficiente de la liberté de religion.

La séparation est le moyen par lequel la République, émancipée de toute Église, entend assurer cette liberté individuelle. Elle ne prêtera plus main-forte aux cultes reconnus et ne leur fournira plus de moyens matériels pour maintenir leur emprise sur l'esprit des individus. Au contraire, l'individu ne pourrait acquérir une pleine liberté de conscience et de culte que s'il a la capacité de rompre avec les préjugés religieux inoculés par son milieu d'origine et de se détacher de son particularisme pour s'élever vers l'universalisme républicain. C'est à cela que doit œuvrer la République (et notamment son École). Or, alors que le régime des cultes reconnus aurait fait perdurer cette servitude de l'esprit humain en conservant une assise officielle à certaines religions et en leur accordant des privilèges sociaux (notamment scolaire), la séparation doit faire en sorte qu'une doctrine religieuse ne s'impose à un individu que s'il le souhaite librement. Il n'est plus question de favoriser publiquement et officiellement la religion : celle-ci relève de la libre adhésion de l'individu et c'est à lui de se tourner vers l'Église de son choix sans que celle-ci puisse s'imposer à lui. Dans ce contexte, la laïcité scolaire était la première exigence : l'École laïque garantit à chaque individu la possibilité de rompre avec son milieu d'origine pour posséder une pleine liberté de conscience, éventuellement contre les préjugés que lui a inculqués son cercle familial. Mais la loi de 1905 généralise ces principes, en ôtant tout pouvoir social aux Églises.

Le libéralisme est ainsi produit par un État laïc, séparé de toute religion.

130. Un libéralisme *pour* l'État. En deuxième lieu et inversement, l'étatisme peut aussi trouver un regain de vitalité dans le libéralisme et la séparation. Ce n'est plus l'étatisme qui favorise le libéralisme, mais le libéralisme qui favorise l'étatisme, la séparation faisant une fois encore figure de moyen. Il s'agirait alors d'un libéralisme *pour* l'État.

En effet, dans le contexte de conflit entre l'État et l'Église catholique qui était celui de 1905, le libéralisme peut être utilisé comme une arme dirigée contre l'Église. Proclamer la liberté de conscience et de culte permet notamment de contester la vérité révélée imposée par l'Église et à laquelle beaucoup se référaient encore à l'époque, en vue de préserver la liberté de conscience de chacun. Telle était en tout cas l'opinion de certains défenseurs de la séparation. En 1904, Anatole France concluait ainsi son plaidoyer pour la séparation en formant l'espérance de voir l'Église unifiée par le pape et les évêques « se dissoudre dans la liberté »[1]. En effet, expliquait-il, « la liberté produit naturellement la diversité. Sous le régime futur, les églises dissidentes ne seront point étouffées en naissant. On verra s'épanouir une multitude de sectes rivales. L'unité d'obédience sera brisée. »[2]

Dès lors, le libéralisme apparaît comme un instrument de l'étatisme, grâce à la séparation. Le libéralisme couvre en effet la séparation, c'est-à-dire le rejet de l'Église hors de la sphère publique, d'une solide justification : la séparation est justifiée par la liberté de conscience et la liberté de culte que l'on veut procurer aux individus, en les affranchissant du cléricalisme. Le libéralisme renforce ce faisant l'emprise de l'État laïc sur la société (étatisme) en affaiblissant le contre-pouvoir que représentait l'Église catholique. Tel était aussi l'enjeu de la querelle scolaire et de la défense catholique de l'*école libre*. Libéralisme et séparation se rejoignent ainsi pour justifier l'expulsion de l'Église de la société, cette dernière ne devant plus être instituée et encadrée que par l'État laïc (étatisme). Pourtant présenté comme le chantre d'une « laïcité inclusive »[3], Aristide Briand déclarait ainsi aux députés vouloir « répondre aux principes de persécution du clergé par des principes de liberté, rejeter les prêtres dans leurs églises pour que soi affranchie la société laïque »[4].

Ce libéralisme *pour* l'État dévoile l'objectif ultime de la séparation voulue par les républicains : instaurer un certain monopole du politique (et donc de l'État républicain) sur la société politique. En expulsant les religions de la sphère publique, les républicains entendent affirmer la pleine autodétermination démocratique du peuple et de ses représentants, dans la perspective politique qui dominait le projet républicain. Plus aucune vérité transcendante (notamment religieuse) ne doit s'imposer au peuple et aux parlementaires, qui disposent de la libre maîtrise de toute question sociopolitique et peuvent émettre un droit exclusivement positif, destiné à régir la société sans être

---

[1] Anatole France, *L'Église et la République* [1904], Le bateau ivre, 2013, p. 134.

[2] *Ibid.*, p. 126.

[3] Jean Baubérot, *Les 7 laïcités françaises*, Éditions de la Maison des sciences de l'homme, 2015, p. 70.

[4] Aristide Briand, *La séparation des Églises et de l'État. Rapport n° 2302 fait au nom de la commission relative à la séparation des Églises et de l'État et à la dénonciation du Concordat*, *op. cit.*, p. 127.

prédéterminé par la religion, la morale ou une quelconque tradition (v. §302-303). L'État peut imposer sa volonté sans entrave religieuse. Et cet étatisme serait foncièrement bénéfique à la liberté individuelle, puisque c'est par l'État que s'établiraient pleinement les conditions de cette liberté.

Conclusion sur l'esprit de la loi de 1905

131. Un esprit à trois dimensions. La conception républicaine de la laïcité s'appuie ainsi sur les trois propriétés contenues dans la loi de 1905 : le libéralisme, la séparation et l'étatisme. Si ces trois éléments sont solidaires, c'est la séparation des Églises et de l'État qui est le cœur de cette conception républicaine, conformément au titre de la loi de 1905. En effet, le libéralisme et l'étatisme ne sont pas le produit exclusif de la laïcité, mais sont *seulement* renforcés par elle. L'apport majeur de la laïcité à la doctrine républicaine est bien la séparation, c'est-à-dire la marginalisation politique de la religion. C'est parce qu'elle implique la séparation entre Églises et État que la laïcité renforce le projet républicain, en particulier dans sa dimension libérale et étatiste (mais aussi démocratique). La conception républicaine définit donc la laïcité par la séparation.

Cependant, la vive opposition de l'Église à la loi de 1905 conduira rapidement à infléchir son esprit initial.

B. L'INFLÉCHISSEMENT DE L'ESPRIT DE LA LOI DE 1905 LORS DE SES PREMIÈRES ANNÉES D'APPLICATION

132. La recherche d'un compromis avec l'Église catholique. La loi de Séparation de 1905 fit l'objet de la plus vive opposition de la part de l'Église catholique. Par son encyclique *Vehementer Nos* du 11 février 1906, le pape critiqua le fondement même de la séparation : « Qu'il faille séparer l'Église de l'État, c'est une thèse absolument fausse, une très pernicieuse erreur. » Selon lui, l'ordre exige, non pas une séparation, mais « une harmonieuse concorde » entre la société religieuse et la société civile, pour que l'individu ne soit pas écartelé entre elles deux et pour que l'État n'oublie pas son rôle dans le salut des âmes individuelles.

L'opposition de l'Église catholique, qui refusa le cadre légal dessiné par la loi de 1905, contraignit l'État français à adapter cette loi afin d'aboutir à un « statut légal du Culte catholique en droit français »[1]. Ce compromis s'est progressivement installé entre 1905 et 1924. Il conduira l'État à faire une application assouplie de la loi de 1905, ce qui fit bientôt ressortir son caractère libéral. Si le processus de séparation permettra d'apaiser les conflits antérieurs entre l'État et l'Église, « ce n'est pas la loi de 1905 elle-même qui produira ce résultat. En effet, passées les années de lutte, s'instituera, grâce aux divers aménagements de la loi, une pacification progressive, qui triomphera avec l'union sacrée de 1914. »[2]

Parmi les points de friction, trois doivent être ici évoqués, chacun ayant justifié des évolutions du droit positif : la création des associations cultuelles (1), la propriété et l'affectation des édifices du culte (2) et le cadre légal de l'exercice du culte (3).

1. Le refus catholique des associations cultuelles

133. Le rejet des associations cultuelles par le pape. L'article 2 de la loi de 1905 prévoyait la suppression des établissements publics du culte. Pour conserver une forme juridique, l'article 4 et le titre IV de la loi imposaient aux Églises de se constituer sous forme d'associations cultuelles (associations de fidèles) et de devenir ainsi des personnes morales de droit privé. Il revenait donc à ceux qui souhaitent bénéficier des *secours de la religion* de s'associer et d'assurer financièrement la pérennité des Églises.

Voilà l'un des plus profonds motifs de l'hostilité du pape envers cette loi et de l'exhortation du pape à ce que les catholiques ne forment pas d'associations cultuelles[3]. Le principe posé par la loi est en effet que ce sont les fidèles, créateurs de l'association cultuelle, qui s'adjoignent les services d'un ministre du culte. Or une telle possibilité est contraire à la tradition de l'Église puisque, dans la théologie catholique, l'autorité des évêques provient du fait qu'ils sont successeurs des douze Apôtres. « Successeurs des apôtres, ceux-ci dirigent leurs diocèses en vertu d'un pouvoir d'ordre et de juridiction

---

[1] Jean Kerleveo, *L'Église catholique en régime français de séparation. Tome 1 : l'occupation des églises par le desservant et les fidèles*, éd. Jean Mordacq, 1951, p. XV.

[2] Mathilde Guilbaud, « La loi de Séparation de 1905 ou l'impossible rupture », *Revue d'histoire du XIXe siècle*, 2004/28.

[3] Encycliques *Vehementer Nos* du 11 février 1906 et *Gravissimo officii munere* du 10 août 1906.

qui leur est conféré au moment de leur institution canonique. La crainte est alors grande que la constitution de cette nouvelle organisation des paroisses ne comporte des virtualités schismatiques. »[1] Pour le pape, il est exclu que ce soient les fidèles qui se dotent eux-mêmes de *leur* clergé. Puisque l'Église catholique universelle forme le Corps du Christ et se trouve ainsi « divinement institué[e] »[2], selon la formule du pape Pie X, elle échappe à la libre institution des individus.

Aussi, admonesté par le souverain pontife selon qui la création des associations cultuelles violerait les « droits sacrés de l'Église »[3], l'épiscopat français rejeta-t-il la constitution d'associations cultuelles catholiques (contrairement aux cultes juif et protestants).

134. La création des associations diocésaines. La résistance des catholiques imposa au gouvernement français de négocier avec Rome et d'établir de nouvelles dispositions législatives. C'est pourquoi, notamment en vue de préserver l'autorité des évêques plutôt que de faire constituer l'association par les fidèles eux-mêmes, les associations diocésaines furent créées en 1924 par un accord (formalisé par un échange de courriers) entre l'exécutif et le Saint-Siège[4]. Aussi, le 18 janvier 1924, l'encyclique *Maximam gravissimamque* de Pie XI approuva-t-elle l'institution de ces associations diocésaines présidées par les évêques.

Le juriste ne peut néanmoins que voir dans cet accord informel entre la République et le Vatican une *curiosité juridique*, car un acte de nature juridique indéterminée aménage une loi.

2. La propriété et l'affectation des biens cultuels

Une deuxième pomme de discorde, liée à la première, fut la question de la propriété des biens mobiliers et immobiliers affectés au culte. Il en était ainsi des édifices du culte (églises, temples, etc.) et des meubles les garnissant.

---

[1] Nicolas Sild, « La loi de 1905 : une loi libérale », *Laïcité de l'État et État de droit*, Béligh Nabli (dir.), *op. cit.*, p. 36.

[2] « La loi de séparation attribue l'administration et la tutelle du culte public, non pas au corps hiérarchique divinement institué par le Sauveur, mais à une association de personnes laïques. » (Pie X, encyclique *Vehementer nos* du 11 février 1906)

[3] Pie X, encyclique *Gravissimo officii munere* du 10 août 1906.

[4] V. Jean-Paul Durand, « Le *modus vivendi* et les diocésaines (1921-1924) », *AC*, t. XXXV, 1992, p. 199 ; Émile Poulat, « Séparation et associations : de l'interdiction des "cultuelles" (1906) à l'acceptation des "diocésaines" (1924) », *ADR*, vol. 2, 2006-2007, t. 1, p. 15.

135. Les dispositions initiales de la loi de 1905. La loi du 9 décembre 1905 différencie deux types de biens selon les personnes (publiques) qui en étaient propriétaires avant 1905.

En premier lieu, l'article 12 de la loi maintient la propriété publique des édifices et des meubles les garnissant (comme les orgues[1]) qui appartenaient auparavant à l'État et aux collectivités territoriales. Restent ainsi propriétés publiques, d'une part, les églises d'Ancien Régime mises « à la disposition de la Nation » en 1789 et devenues propriétés des communes sous le Consulat (article 12, alinéa 1er) et, d'autre part, les lieux de culte édifiés ou acquis par l'État ou les collectivités territoriales sous le régime des cultes reconnus, c'est-à-dire entre 1801 et 1905 (article 12, alinéa 2).

En deuxième lieu, pour ce qui est des édifices qui étaient la propriété des anciens établissements publics cultuels (supprimés en 1905), l'article 4 de la loi de 1905 prévoit qu'ils seront transférés aux associations cultuelles, qui devaient se constituer dans un délai d'un an. Ces biens seront alors privatisés, même si « la privatisation est d'ailleurs dans leur cas en réalité plus formelle que matérielle dans la mesure où les anciens établissements étaient déjà administrés par des représentants des cultes concernés. Seule change la forme de la personne juridique, ce qui conviendra parfaitement aux représentants des cultes protestant et israélite. Il y a continuité de la gestion confessionnelle. »[2]

Les catholiques ayant refusé de constituer des associations cultuelles dans le délai d'un an prévu par la loi de 1905, le sort des biens dédiés à ce culte demeura en suspens. Les républicains n'avaient pas envisagé que les catholiques préfèrent abandonner leurs biens plutôt que d'accepter la loi de 1905. Le gouvernement aurait certes été juridiquement en droit de fermer toutes les églises sans affectataire légal. Mais, pour préserver l'ordre public et apaiser les fortes tensions qui crispaient alors la question religieuse, il se refusa à une telle extrémité. Aussi fit-il évoluer la législation.

136. L'évolution opérée par la loi du 2 janvier 1907. La loi du 2 janvier 1907 sur l'exercice public du culte a complété ce dispositif.

D'une part, elle précise que les départements et les communes recevront la libre disposition des archevêchés, des évêchés et des

---

[1] V. Thomas Guilbaud, « La propriété des orgues », *AJDA*, 2011, p. 2515.

[2] Christian Lavialle, « De l'appropriation des édifices du culte », *RFDA*, 2019, n° 3, p. 461.

presbytères dont la propriété est la leur depuis la Révolution et dont la jouissance n'a pas été réclamée par une association constituée dans les formes prévues par la loi de 1905. Ces bâtisses ne sont pas considérées comme des dépendances du domaine public religieux et relèvent donc du domaine privé des collectivités territoriales[1]. Elles peuvent être aliénées ou louées. Par exemple, s'il est illégal de laisser gratuitement le presbytère à la disposition d'un prêtre, car il s'agirait d'une subvention à un culte prohibée par l'article 2 de la loi de 1905[2], il est en revanche possible de lui louer le presbytère, moyennant un loyer correspondant à la valeur locative réelle du bien[3].

D'autre part, l'article 5 de la loi indique que, pour ce qui est des bâtiments affectés au culte et les meubles qui les garnissent, ils continueront « à être laissés à la disposition des fidèles et des ministres du culte pour la pratique de leur religion » de manière gratuite, exclusive[4] et perpétuelle. Comme l'expliquait Aristide Briand aux sénateurs, l'édifice du culte est ainsi « grevé indéfiniment d'une servitude spéciale » et « doit être laissé gratuitement à la disposition des catholiques et de leurs prêtres »[5]. Les catholiques conservèrent donc la jouissance des églises, malgré l'absence d'associations cultuelles catholiques. Mais la question de leur propriété n'était pas tranchée.

137. L'évolution opérée par la loi du 13 avril 1908. La loi du 13 avril 1908 de conservation des édifices du culte (qui modifie les titres II et III de la loi de 1905) ajoute que les édifices du culte non réclamés seront attribués aux communes.

---

[1] TC, 14 mai 1990, *Commune de Bouyon c/ Battini*, n° 02611.

[2] CE, 15 janvier 1909, *Commune de Gaudonville* et *Commune de Brugnens*, n° 31342 et n° 31389, *Lebon* p. 34 et 35, 2 espèces.

[3] CE, 18 novembre 1994, *Bischoff*, n° 90866.

[4] L'exclusivité de l'affectation est néanmoins remise en cause. Depuis 2006, l'article L. 2124-31 du Code général de la propriété des personnes publiques admet que les lieux affectés au culte puissent accueillir d'autres activités que le culte, à condition qu'elles soient « compatibles avec l'affectation cultuelle ». Mais cet usage compatible est alors soumis à accord de l'affectataire légal. V. Christian Lavialle, « Le code général de la propriété des personnes publiques. Les édifices affectés aux cultes », *RFDA*, 2006, n° 5, p. 949 ; Yves Gaudemet, « Le domaine public cultuel dans le code général de la propriété des personnes publiques », *Le dialogue des juges. Mélanges en l'honneur du président Bruno Genevois*, Dalloz, 2009, p. 455 ; Pierre-Henri Prélot, « La valorisation patrimoniale des édifices religieux entre affectation cultuelle exclusive et contractualisation », *RDR*, n° 3, 2017, p. 29.

[5] Aristide Briand, Sénat, séance du 28 décembre 1906, *JO*, compte-rendu intégral des séances, 29 décembre 1906, p. 1232.

La propriété publique des lieux de culte est cependant très particulière. Quoique propriétaires de l'édifice, les personnes publiques n'en ont pas pour autant la libre disposition puisque, en vertu de la loi de 1907, ces lieux de culte « font en effet l'objet d'une affectation légale au culte »[1].

Les édifices du culte, les objets mobiliers qui les garnissent et « leurs dépendances immobilières » ne peuvent donc pas être utilisés librement par la collectivité qui en est propriétaire. La commune propriétaire n'a pas une libre disposition de ces biens. Le Conseil d'État a ainsi indiqué, dès 1912, que « la loi du 9 décembre 1905 sur la séparation des Églises et de l'État n'a pas rendu aux communes le droit de disposer des églises, dont elles sont propriétaires » ; par conséquent, en l'espèce, le Conseil déclare que tout contrat conclu avec le prêtre pour lui permettre de disposer de la jouissance de l'église est nul[2]. De même, à partir du moment où l'étroite bande de terrain entourant l'église et enclose par un mur de clôture est reconnue comme une « dépendance immobilière nécessaire » de l'église, le conseil municipal ne peut légalement émettre un avis favorable à la création d'une rue traversant le terrain et à la démolition de la clôture afin de construire avec les pierres du mur un trottoir et un caniveau[3]. Fut également annulée la délibération d'un conseil municipal ayant ordonné la démolition d'un calvaire érigé en 1863 sur la place de la commune, qualifié de dépendance de l'église au motif que « des processions parties de l'église s'y rendaient traditionnellement »[4]. La même solution s'applique d'ailleurs dans l'hypothèse où le lieu ne serait pas exclusivement cultuel. Une salle de classe construite en 1845 et utilisée comme oratoire protestant hors des heures de classe doit être considérée comme un édifice servant à l'exercice du culte et doit donc être laissée gratuitement à la disposition de l'association cultuelle : ne pouvant en disposer à sa guise, le conseil municipal ne pouvait donc pas ériger une cloison pour séparer la salle en deux et n'en laisser qu'une partie à la disposition de l'association[5].

A fortiori, les collectivités propriétaires ne peuvent changer l'affectation du bien, qui est affecté perpétuellement à l'exercice du culte par la loi de 1907. L'article 13 de la loi de 1905 envisage cinq cas

---

[1] Conseil d'État, *Un siècle de laïcité*, *op. cit.*, p. 302.

[2] CE, 1er mars 1912, *Commune de Saint-Dézéry*, n° 28543, *Lebon* p. 299.

[3] CE, 22 juin 1934, *Abbé Badoual et autres*, n° 32445, *Lebon* p. 722.

[4] CE, ass., 1er avril 1938, *Sieurs Laplanche-Coudert et autres*, n° 53490, *Lebon* p. 339.

[5] CE, sect., 15 juillet 1938, *Association cultuelle d'Allondans-Dung et consistoire de Montbéliard*, n° 60769, *Lebon* p. 673.

de désaffectation. Il peut d'abord en être ainsi si l'association bénéficiaire est dissoute (s'il y a une association bénéficiaire). Deuxièmement, la désaffectation est possible si, hors cas de force majeure, le culte n'y est pas célébré pendant plus de six mois consécutifs. Dans la pratique, cette deuxième hypothèse « est devenue la principale et quasiment unique cause de désaffectation »[1]. Troisièmement, la désaffectation peut résulter, après mise en demeure, d'un défaut d'entretien de l'édifice et de ses objets mobiliers classés : c'est alors la conservation de l'édifice ou des biens classés qui justifiera la désaffectation du lieu de culte. Quatrièmement, la désaffectation peut encore être prononcée si l'association cesse de remplir son objet ou si l'édifice est détourné de sa destination cultuelle. Enfin, la désaffectation peut être la conséquence du fait que l'association cultuelle ne s'est pas acquittée, en 1905, des dettes de l'ancien établissement public auquel elle se substitue ou des travaux d'entretien dont elle est responsable. Si l'on souhaite désaffecter un lieu de culte pour un autre motif, l'intervention d'une loi est nécessaire. En revanche, dans les cinq cas envisagés par l'article 13, la désaffectation pourra être réalisée par décret en Conseil d'État ou bien par un arrêté du préfet si l'autorité ayant qualité pour représenter le culte affectataire (l'évêque par exemple) donne son consentement écrit à la désaffectation. La plupart du temps, la désaffectation est une « désaffectation "consensuelle", c'est-à-dire [faite] avec l'accord express du clergé affectataire qui a définitivement renoncé à utiliser l'édifice pour le service religieux »[2]. C'est d'ailleurs parce que la désaffectation n'est plus conflictuelle que le décret n° 70-220 du 17 mars 1970 portant déconcentration en matière de désaffectation des édifices cultuels a permis la désaffectation par arrêté préfectoral plutôt que par décret en Conseil d'État lorsque l'autorité religieuse affectataire consent à cette désaffectation.

Bref, les personnes publiques ne possèdent qu'un droit de propriété amputé – parce que conditionné par la loi – sur les édifices du culte.

138. Paradoxe de ces évolutions législatives. Il en résulte un évident paradoxe juridique. Les biens seront ici affectés gratuitement à l'Église catholique qui ne s'est pourtant pas constituée sous forme d'associations cultuelles. De sorte que les religions qui ont scrupuleusement respecté la loi de 1905 (en se constituant en

---

[1] Pierre-Henri Prélot, « Les transformations coutumières de la loi de 1905 », *Droit et religion en Europe*, Philippe Auvergnon (dir.), Presses universitaires de Strasbourg, 2014, p. 519, §18.

[2] *Ibid.*

associations cultuelles) se trouvent désavantagées par rapport au catholicisme qui a rejeté la loi de 1905. En contraignant le gouvernement à adapter la législation, l'Église catholique conserva la jouissance des biens sans s'en voir transférer la propriété et donc sans avoir à payer l'intégralité des réparations des édifices (contrairement aux autres cultes, reconnus propriétaires des édifices). « Cette redistribution des titres de propriété [...] est globalement profitable à l'Église catholique dans la mesure où celle-ci pourra être déchargée du coût de leur entretien puisque la collectivité publique propriétaire, qu'il s'agisse de l'État, des départements ou des communes, a été autorisée par la loi du 13 avril 1908 à engager les dépenses nécessaires à leurs entretien et conservation. »[1] (v. §424-425) En revanche, les édifices construits par la suite sont nécessairement propriété privée.

3. Le cadre légal de l'exercice du culte

139. Une question problématique. Le dernier grand point d'opposition entre l'Église et le gouvernement français concerna le déroulement du culte et le cadre légal qui devait être le sien. Selon la loi de 1905, le culte ne pouvait être exercé publiquement sans associations cultuelles. Les catholiques n'en ayant pas créées, les églises auraient dû, en bonne logique juridique, être fermées et le culte interdit. Toutefois, une telle solution aurait été peu compatible avec l'affirmation de la liberté de culte proclamée à l'article 1er de la loi de 1905 et aurait été un ferment de guerre civile. Aussi Aristide Briand, alors ministre de l'Instruction publique et des Cultes, décida-t-il « d'enfermer malgré eux les catholiques dans la légalité »[2].

140. La possibilité d'organiser le culte dans le cadre de la législation sur les réunions. Suite à un avis du Conseil d'État du 31 octobre 1906, la circulaire du 1er décembre 1906 relative aux conditions d'exercice du culte public à défaut d'associations cultuelles, adressée aux préfets par le ministre Briand, admettra, par dérogation à la loi de 1905, que le culte puisse être légalement célébré même sans associations cultuelles. La circulaire appliquait ici la loi du 30 juin 1881, qui autorisait les réunions tenues sur initiative individuelle.

---

[1] Christian Lavialle, « De l'appropriation des édifices du culte », *RFDA*, 2019, n° 3, p. 461.

[2] Michel Bazoche, *Le régime légal des cultes en France*, Publications administratives, 1948, p. 12.

Toutefois, la circulaire posait une restriction à cette liberté : une déclaration préalable devait être faite au préfet. Elle reprenait ainsi l'article 25 de la loi de 1905, qui imposait (dans sa rédaction alors applicable) une déclaration préalable, éventuellement faite annuellement, avant de tenir des « réunions pour la célébration d'un culte dans les locaux appartenant à une association cultuelle ». L'exercice du culte était soumis à déclaration préalable auprès du préfet. Était ainsi institué un délit d'exercice non déclaré du culte. Les catholiques évoquèrent le *délit de messe*.

141. La suppression de la déclaration préalable. Mais l'article 5 de la loi du 2 janvier 1907 accordait aux fidèles et aux desservants des églises la libre jouissance des églises. Aussi, suivant les orientations du pape Pie X, les prêtres profitèrent-ils de la jouissance qui leur avait été accordée par la loi pour célébrer librement les offices dans les églises sans se soumettre à l'obligation de déclaration préalable. Le président du Conseil George Clémenceau invita alors les parquets à constater les infractions, c'est-à-dire à sanctionner ce *délit de messe*. Cependant les condamnations furent légères. Le plus souvent, le prêtre n'ayant pas procédé à la déclaration était condamné à une amende d'un franc. Tout en respectant la lettre de la loi, les tribunaux surent l'adapter avec pragmatisme, compte tenu du fait qu'aucun prêtre de France ne déclara la messe.

Finalement, face à l'intransigeance de l'Église, l'article 2 de la loi du 28 mars 1907 abrogea l'obligation de déclaration préalable (et donc le *délit de messe*), son article 1er ayant déclaré que « les réunions publiques, quel qu'en soit l'objet, pourront être tenues sans déclaration préalable ». La liberté religieuse était ainsi soumise à un régime juridique plus favorable que celui imaginé en 1905.

Conclusion

142. L'inflexion de la laïcité. Sur bien des points, la résistance des catholiques a poussé le gouvernement à modifier la loi de 1905 et à en faire primer le caractère libéral sur la dimension anticléricale. De cette façon, la laïcité a été notablement infléchie dès les premières années d'application de la loi de 1905. Le principe de séparation, si vivement mis en avant pour tenir l'Église catholique à l'écart du champ politique dans le contexte conflictuel du début de XXe siècle, a en partie perdu sa raison d'être suite à l'apaisement des principales tensions et au rapprochement du droit français et des doctrines de l'Église[1]. En conséquence, l'idée de neutralité rend plus exactement compte du droit français et de sa définition de la laïcité que celle de séparation.

III. LA LAÏCITÉ, DE LA SÉPARATION À LA NEUTRALITÉ

143. De la laïcité-séparation à la laïcité-neutralité. Si la doctrine républicaine de 1905 concevait la laïcité comme la séparation des Églises et de l'État (laïcité-séparation), la laïcité s'est acheminée, dès les aménagements consentis entre 1906 et 1908, vers une conception plus libérale, dont la caractéristique essentielle est de prescrire aux personnes publiques et aux services publics une obligation de neutralité religieuse. On peut à cet égard évoquer une laïcité-neutralité. Qu'elles agissent en matière religieuse ou qu'elles se trouvent face à des individus aux croyances religieuses affichées, qu'elles décident d'affecter une subvention à une association à objet religieux ou de lui allouer temporairement l'usage d'un local, les personnes publiques doivent se montrer neutres et impartiales, indifférentes aux opinions religieuses des uns et des autres.

Ce changement d'esprit n'est pas anodin. Il y a un écart important entre la neutralité et la séparation. La neutralité retient une conception plus conciliante, moins conflictuelle des rapports entre les Églises et l'État. Là où l'idée de séparation paraissait acter leur divorce et dresser une frontière hermétique entre eux (même si la réalité ne correspondit jamais à cet idéal-type), l'idée de neutralité, sans confondre les Églises et l'État, admet plus aisément leurs interactions, tant que les personnes publiques demeurent autonomes et impartiales.

Motivée par plusieurs facteurs (A), cette évolution a conduit à définir la laïcité comme la neutralité religieuse des pouvoirs publics. L'opposition de la laïcité-neutralité et de la laïcité-séparation ne doit toutefois pas être exagérée. Bien que sensiblement différente de la laïcité-séparation, la laïcité-neutralité se réapproprie certains aspects de la séparation, dont plusieurs mécanismes apparaissent désormais comme des composantes ou des garanties de la neutralité (B).

---

[1] V. Bénédicte Bernard, *Laïcité française et sécularité chrétienne*, L'Harmattan, 2016, 543 pages.

A. LES FACTEURS DE L'ÉVOLUTION

L'affirmation du principe de neutralité pour définir la laïcité, en lieu et place de la séparation, tient à une grande diversité de facteurs. Sans chercher l'exhaustivité, nous nous en tiendrons ici à quatre d'entre eux, qui ont une incidence toute particulière sur le droit de la laïcité.

144. L'accent mis sur le libéralisme de la loi de 1905 par la jurisprudence administrative. La jurisprudence du Conseil d'État joua un rôle capital, après 1905, pour apaiser l'affrontement entre l'État et l'Église catholique et pour faire primer le libéralisme, déjà présent dans la loi, sur une séparation conflictuelle[1]. Autant le Conseil avait largement favorisé la politique anticléricale du gouvernement à la fin du XIXe siècle, autant sa jurisprudence, après la séparation, se montra impartiale et libérale. La thèse de Jean-François Amédro étaye ce constat de manière circonstanciée et détaillée : elle montre comment la jurisprudence est parvenue à « créer un climat propice à la normalisation des relations entre les cultes et l'État républicain »[2].

Jean Rivero avance une explication convaincante de cette jurisprudence pacificatrice. « Ce n'est pas la sympathie pour la religion traditionnelle qui a guidé le juge : c'est la logique libérale. Le Conseil d'État du début du [XXe] siècle est imprégné de libéralisme : le respect de la liberté des personnes donne, à sa jurisprudence tout entière, son sens. »[3] Le système juridique français, et en particulier la jurisprudence administrative, était déjà marqué par son libéralisme, c'est-à-dire par l'accent qu'il mettait sur les libertés publiques (héritage de l'Empire, le Conseil d'État avait trouvé dans ce libéralisme une manière de légitimer son existence sous la IIIe République). Greffer à ce système une interprétation antilibérale de la loi de 1905, arcboutée sur une séparation rigide du politique et du religieux, aurait certainement été difficile.

L'optique libérale du juge et du système juridique a conduit à reconfigurer la laïcité. Au sein des dispositions de la loi de 1905, celles

---

[1] V. Emmanuel Tawil, *Du gallicanisme administratif à la liberté religieuse. Le Conseil d'État et le régime des cultes depuis la loi de 1905*, PUAM, coll. Droit et religions, 2009.

[2] Jean-François Amédro, *Le juge administratif et la séparation des Églises et de l'État sous la IIIe République. Un exemple des interactions entre les institutions républicaines et le contrôle juridictionnel de l'administration*, thèse, Paris II, 2011, p. 170.

[3] Jean Rivero, « De l'idéologie à la règle de droit : la notion de laïcité dans la jurisprudence administrative », *La laïcité*, Albert Bayet et Bernard Edwards Brown (dir.), PUF, 1960, p. 282.

qui organisent la liberté des individus ont été privilégiées à celles qui séparent les Églises et l'État et qui excluent les Églises de la sphère publique[1]. Parmi les traits caractéristiques de l'esprit de la loi, l'inspiration du régime juridique de la laïcité a très rapidement puisé sa source dans le libéralisme plutôt que dans la séparation. Si bien que c'est à partir de ces exigences libérales qu'ont ensuite été déduites les implications de la laïcité. Cette dernière a donc été remodelée pour s'adapter à ce dessin libéral. Si laïcité et liberté de religion ne doivent surtout pas être confondues, il est néanmoins patent que la liberté de religion constitue un guide herméneutique de la laïcité : la recherche d'une protection accrue de la liberté de religion, qui est un effet dérivé de la laïcité, rétroagit en quelque sorte sur l'interprétation et la mise en œuvre de la laïcité (v. §5-7).

145. La nécessaire prise en compte du *fait religieux*. Deuxièmement, une forme de pragmatisme sociologique imposa aussi cette laïcité-neutralité en lieu et place d'une laïcité-séparation plus dogmatique. L'idée générale est simple : l'État ne peut faire abstraction du *fait religieux* compris, dans une perspective sociologique, comme un fait social « épistémologiquement neutre »[2]. La religion n'est en effet pas qu'une option spirituelle ; « elle est aussi un fait social dont l'État ne peut se refuser à admettre la présence et l'action. »[3] Le réalisme le plus élémentaire veut que l'État ne puisse se désintéresser des faits sociaux, surtout quand ils sont aussi importants que peut l'être la pratique religieuse. Il s'agit là d'une impossibilité pratique, qui explique qu'une séparation étanche, une herméticité absolue soit impraticable. Le droit français n'a d'ailleurs jamais méconnu cette nécessité. Si l'esprit de la loi de 1905 était à la répudiation de tout rapport entre l'État et les Églises, cette séparation ne se traduisit jamais par l'absence de réglementation juridique des questions religieuses (tout l'objet de la loi de 1905 est au contraire de procéder à cette réglementation).

---

[1] Nous avons cherché à l'établir à propos du titre V de la loi : v. Henri Bouillon, « Contrôler l'expression de la foi en régime de laïcité : la police des cultes », *Le contrôle en droit administratif*, Jean-Marie Pontier et Urbain Ngampio-Obélé-Bélé (dir.), Institut francophone pour la justice et la démocratie, coll. Colloques et essais, 2023, p. 91.

[2] Maurice Quenet, « L'enseignement du fait religieux à l'école », *La religion dans la République laïque*, Joël-Benoît d'Onorio (dir.), éd. Téqui, 2005, p. 94.

[3] Olivier Schrameck, « Laïcité, neutralité et pluralisme », *Mélanges Jacques Robert. Libertés*, Montchrestien, 1998, p. 201.

La neutralité religieuse de l'État est donc un concept qui donne une vue plus juste de la réalité sociopolitique et de la nécessaire implication de l'État en matière de religion. Cette notion implique en effet, non pas qu'il s'aveugle sur la réalité de ce fait social et cherche coûte que coûte à en demeurer séparé, mais qu'il n'y intervienne – quand il doit y intervenir – que comme un arbitre neutre et impartial. Comme il est impossible aux pouvoirs publics, sous couvert de séparation, d'agir comme si la religion n'existait pas et n'avait pas d'incidence sociale, la laïcité-neutralité leur permet de la prendre en considération, à condition que leur action en la matière ne soit guidée par aucune motivation religieuse mais soit, par exemple, justifiée par la nécessité d'assurer l'intérêt général ou l'ordre public.

Dans cette perspective, la loi de 1905 a été réinterprétée pour en faire une loi de neutralité plutôt que de séparation, étant entendu que la loi portait en elle certaines des virtualités que la nouvelle interprétation a faites éclore. Plus conforme à l'attitude réelle de l'État et du droit à l'égard du fait religieux, cette interprétation converge en outre avec les régimes juridiques applicables dans d'autres portions du territoire français, en Alsace-Moselle ou en outre-mer, où la loi de 1905 est inapplicable (v. §207 s.), puisque ces différents régimes répudient plus ou moins radicalement l'idée d'une séparation propre à la loi de 1905.

146. L'évolution du contexte religieux. L'accent mis sur la laïcité-neutralité s'explique encore par le contexte religieux de la société française, qui a profondément évolué depuis 1905[1].

D'une part, promouvoir la séparation des Églises et de l'État n'a plus lieu d'être, puisque l'autonomie du politique vis-à-vis du religieux est maintenant parfaitement assurée. Il n'y a plus d'ingérence des Églises dans l'action publique et la gestion des services publics. Aucune démonstration n'est nécessaire pour établir que l'Église catholique n'a plus le poids politique qui était historiquement le sien, parce qu'elle n'est plus considérée comme un pouvoir en France et que l'État ne lui confie plus de services publics ou de fonctions d'ordre politique. Les relations diplomatiques qu'entretiennent par exemple l'État et le Vatican, comme deux États présents sur la scène internationale, ne marquent aucune immixtion de l'un dans l'autre.

---

[1] V. Philippe Portier, *L'État et les religions en France. Une sociologie historique de la laïcité*, Presses universitaires de Rennes, coll. Histoire, 2016 ; Philippe Portier et Jean-Paul Willaime, *La religion dans la France contemporaine. Entre sécularisation et recomposition*, Armand Colin, coll. U, 2021.

D'autre part, la séparation a d'autant moins de raison d'être promue aujourd'hui que le *problème religieux* s'est déplacé. Il ne réside plus dans la volonté d'une Église de s'immiscer dans les affaires françaises, mais dans le refus d'une partie des musulmans de s'intégrer dans la société française (ce que le président de la République Emmanuel Macron a désigné sous le nom générique de *séparatisme*). Autrefois, on voulait minorer la place du catholicisme en France ; aujourd'hui, on veut y intégrer l'islam, en tant qu'elle est la religion de nombreux Français. L'objectif n'est plus tant de séparer la société française d'une membrane religieuse qui l'enlace que d'y acclimater des individus se revendiquant d'une religion qui n'est historiquement pas présente en France.

147. Le repositionnement de l'État-régulateur. Dans la droite ligne des facteurs précédents, un dernier facteur du passage de la laïcité-séparation à la laïcité-neutralité tient à la posture aujourd'hui dévolue à l'État et qui, si elle se manifeste en matière religieuse, se retrouve dans bien d'autres domaines (en matière économique notamment). Aujourd'hui, ce qui préoccupe davantage l'État n'est pas de préserver son indépendance par une séparation avec le religieux (qui n'est plus à faire), mais de prendre acte de l'existence d'une grande diversité de croyances religieuses et d'assurer la coexistence (le *vivre-ensemble*) de ces religions différentes. L'État devient l'arbitre de la manifestation publique des croyances sur son territoire. Il se fait ainsi régulateur de cette société civile qui lui préexiste et possède sa vie (notamment religieuse) propre[1]. Et à cet effet, il n'est plus nécessaire d'appréhender la laïcité à travers « un concept institutionnel, celui de la séparation », mais il est préférable de la concevoir comme une règle de conduite permettant à l'État d'assumer adéquatement son « obligation de gestion de cette diversité [religieuse] »[2]. C'est à cette fonction d'arbitrage et de régulation que répond la notion de neutralité.

La perspective est, là encore, libérale. La régulation (neutre) opérée par l'État est gouvernée par la volonté d'assurer autant que possible la liberté religieuse des individus, en conciliant les différentes religions entre elles, dans le respect de l'ordre public. L'essentiel est à présent, dans une visée libérale et individualiste, de permettre aux individus de vivre leur religion avec autant d'aisance que possible, en ne limitant

---

[1] V. Henri Bouillon, *Le droit administratif à l'ère de la gouvernance. Les idées politiques du droit administratif*, éd. Mare & Martin, 2021 (not. l'introduction).

[2] Jean-Marie Woehrling, « Le principe de neutralité confessionnelle de l'État », *SDR*, 2011/1, n° 1, p. 72.

cette expression individuelle de la religion que pour les exigences minimales de l'ordre public. Comme le souligne le professeur Bioy, « le recul de la conception restrictive de la laïcité dans la jurisprudence atteste d'une prise en compte publique des identités »[1]. En conséquence, l'État doit avoir une attitude *active*, *positive* pour favoriser l'exercice de la liberté religieuse et prendre en considération les identités religieuses de chacun. « Le principe de "séparation passive" cède le pas à un principe de "neutralité active" ; la neutralité appelle la reconnaissance et le soutien des religions, et logiquement la relégation de la séparation. »[2] L'État doit ainsi apporter à l'individu qui le désire les moyens concrets d'exercer sa religion : il doit lui apporter les moyens matériels de pratiquer son culte, il doit inscrire aux menus de ses cantines (scolaires ou pénitentiaires) les repas qu'exigent ses obligations alimentaires religieuses, il doit aménager le service public afin d'en faciliter l'accès à tout usager, etc. C'est pourquoi on évoque parfois une *laïcité plurielle*.

La laïcité-neutralité fait ainsi écho au nouveau rôle dévolu à l'État, celui d'un arbitre impartial, devant garantir le pluralisme et la tolérance religieux et fondre autant que possible toutes les croyances religieuses dans le même tout social. La Cour européenne des droits de l'homme met ainsi en avant « le rôle de l'État en tant qu'organisateur neutre et impartial de l'exercice des diverses religions, cultes et croyances » et indique que « ce rôle contribue à assurer l'ordre public, la paix religieuse et la tolérance »[3].

Ces quatre grands facteurs, quoique non exhaustifs, expliquent le passage d'une laïcité-séparation à une laïcité-neutralité.

B. LA CONSÉCRATION DE LA LAÏCITÉ-NEUTRALITÉ

148. La laïcité-séparation, supplantée par la laïcité-neutralité. Au regard de l'actuel droit français, la laïcité est d'abord appréhendée comme la neutralité religieuse des personnes publiques et des services publics, et non plus comme la séparation des Églises et de l'État. La

---

[1] Xavier Bioy, *Le concept de personne humaine en droit public. Recherche sur le sujet des droits fondamentaux*, Dalloz, coll. Nouvelle bibliothèque de thèses, vol. 22, 2003, p. 547.

[2] Vincent Valentin, « Laïcité et neutralité », *AJDA*, 2017, n° 24, p. 1389.

[3] CEDH, gd. ch., 1er juillet 2014, *S.A.S. c/ France*, n° 43835/11, §127. Notes : B. Bonnet, *JCP G*, 2014, n° 29, p. 1425 ; K. Blay-Grabarczyk, *RDLF*, 2014, n° 23 ; P. Rolland, *RDR*, n° 2, 2016, p. 47.

laïcité désigne à présent l'obligation de neutralité religieuse pesant sur les personnes publiques (État, collectivités territoriales, etc.) et sur les services publics (v. §3-4).

Le passage de la laïcité-séparation à la laïcité-neutralité enregistre donc un changement flagrant dans la manière dont l'État appréhende la religion et les Églises. Contrairement à la laïcité-séparation, la neutralité ne postule plus que l'État doive s'abstenir, par principe, d'intervenir dans le domaine religieux. Simplement, quand il y intervient – ce qui a toujours été le cas, mais est dorénavant plus aisément admis –, il ne doit pas avoir de mobiles religieux, ni viser à favoriser ou à défavoriser un culte particulier. Ce que la laïcité-neutralité interdit à l'État de faire, ce n'est pas d'intervenir en matière religieuse, c'est d'y intervenir en étant guidé par des impératifs religieux et de sortir de son absence de parti-pris en faveur ou en défaveur de convictions religieuses.

En termes plus positifs, on peut dire que l'action publique doit être motivée par l'intérêt général, et non par une quelconque doctrine religieuse ou antireligieuse. Aussi doit-elle être gouvernée par une stricte neutralité religieuse qui implique que les pouvoirs publics, lorsque leur action touche au domaine religieux par quelques aspects, n'entendent pas promouvoir ou réprouver des convictions religieuses, mais ne cherchent qu'à établir l'intérêt général.

Une telle évolution a en outre pour avantage de renforcer les garanties que la laïcité apporte à la liberté religieuse. Alors que l'idée de séparation exclut par principe que l'État intervienne sur le terrain religieux, il est maintenant possible qu'il le fasse en vue de l'intérêt général, lequel peut notamment impliquer que l'exercice de la liberté religieuse des individus soit facilité (v. §318 s.). Il est d'ailleurs certain que cette volonté de renforcer les garanties de la liberté religieuse a facilité le déplacement de la laïcité de la séparation vers la neutralité, comme nous l'avons indiqué (v. §144).

149. La séparation, composante de la laïcité-neutralité. Mais la césure entre la séparation et la neutralité ne doit pas être exagérée. Les deux idées ne sont pas nécessairement antinomiques. Au contraire, la séparation peut même apparaître, dans une certaine mesure, comme une composante de la laïcité-neutralité, « comme une modalité de mise en œuvre d'un principe plus important »[1]. Si la séparation n'est plus la

---

[1] Jean-Marie Woehrling, « Le principe de neutralité confessionnelle de l'État », *SDR*, 2011/1, n° 1, p. 63.

définition même de la laïcité, elle reste un élément constitutif de la neutralité religieuse des pouvoirs publics. Tel est bien, d'ailleurs, ce que semblait indiquer l'article 13 du projet de Constitution du 19 avril 1946 (qui fut rejetée par référendum et n'acquit donc jamais de valeur juridique) : « La liberté de conscience et des cultes est garantie par la neutralité de l'État à l'égard de toutes les croyances et de tous les cultes. Elle est garantie notamment par la séparation des églises et de l'État, ainsi que par la laïcité des pouvoirs et de l'enseignement public. » Aussi serait-il abusif de ne retenir de la neutralité et de la séparation que leur opposition, alors même qu'elles se rejoignent sur de nombreux points.

150. La séparation comme garantie de la neutralité. En premier lieu, la neutralité qui caractérise à présent la laïcité recoupe certains aspects de la séparation des Églises et de l'État. Plus exactement, certains procédés devant, en 1905, assurer la séparation des Églises et l'État sont maintenant conçus comme des moyens d'assurer la neutralité des pouvoirs publics. Ils ne sont donc pas remis en cause lorsqu'ils sont compatibles avec la neutralité.

D'une part, pour garantir cette neutralité, les Églises doivent toujours demeurer séparées des administrations publiques. Certes, dorénavant, les représentants des religions (les Églises) sont pleinement admis à s'exprimer dans l'espace public, car les religions constituent un phénomène social touchant de nombreux individus et les ministres du culte peuvent être représentatifs d'une part non négligeable de l'opinion publique. Mais dans la lignée de la laïcité-séparation, on leur dénie toujours la possibilité d'influencer le pouvoir politique, car une telle influence ferait dévier l'action publique de sa neutralité et de sa vocation d'intérêt général. Il est donc exclu que les Églises, même si elles font entendre publiquement leur voix, interfèrent dans les affaires publiques, ce qui porterait aussi bien atteinte à la séparation qu'à la neutralité de personnes publiques détachées de toute considération religieuse. La séparation vient ici au soutien de la neutralité religieuse des personnes publiques.

D'autre part et inversement, les pouvoirs publics ne peuvent pas prendre parti pour une religion, ni promouvoir ou dénigrer un culte. Ce qui garantissait la séparation est devenu un gage de la neutralité et de l'impartialité des pouvoirs publics. Ainsi l'interdiction faite aux pouvoirs publics de reconnaître un culte (article 2 de la loi de 1905), interdiction qui formait le cœur de la laïcité-séparation, apparaît-elle dorénavant comme une garantie de leur neutralité, puisqu'elle certifie que les pouvoirs publics ne soutiendront pas certaines religions et ne dévaloriseront pas les autres. De même, les agents publics ont l'interdiction de faire état de leur confession religieuse par leurs propos comme par leurs tenues vestimentaires : comme ils font fonctionner les services publics, leur apparence doit établir la séparation du service public d'avec toute conviction religieuse et attester ainsi de la neutralité du service pour lequel ils agissent. Séparation et neutralité se confortent l'une l'autre.

Toute idée de séparation n'est donc pas abandonnée. Subsidiaire, elle conforte la neutralité des pouvoirs publics. C'est d'ailleurs en ce sens qu'est à présent interprété le texte de 1905.

151. Une commune inspiration libérale. En deuxième lieu, la liberté de religion est devenue le cœur du dispositif de la laïcité et des interprétations de la loi de 1905. Elle ne l'était sans doute pas autant en 1905, dans la mesure où la séparation prévalait alors. Néanmoins, malgré ce déplacement de la focale, la liberté religieuse était déjà présente à l'article 1er de la loi de 1905 et l'insistance avec laquelle on l'invoque aujourd'hui peut revendiquer une indéniable filiation avec l'esprit initial du texte.

Concrètement par exemple, l'article 2, alinéa 2 permet dès l'origine des « dépenses relatives à des services d'aumôneries et destinées à assurer le libre exercice des cultes dans les établissements publics tels que lycées, collèges, écoles, hospices, asiles et prisons ». La garantie du libre exercice des cultes par l'État proclamé par l'article 1er de la loi de 1905 suppose ainsi l'intervention des aumôniers lorsque les usagers ne sont pas en mesure, *de jure* ou *de facto*, d'exercer leur liberté de culte. Selon le Conseil d'État, « le législateur a reconnu que, dans certains établissements publics, le libre exercice des cultes ne peut être sauvegardé que par la célébration des cérémonies religieuses à l'intérieur des établissements »[1]. Dès 1905 donc, le législateur laisse présager une « dimension davantage libérale de la laïcité et non [seulement] une séparation stricte, imperméable entre la sphère des activités religieuses et celle des activités étatiques »[2]. La différence est que cette dimension libérale prévue dans la loi de 1905 était secondaire, comme le montre la formulation de l'article 2 relativement aux aumôneries, dispositif qui « relève de l'exception dans un système qui postule le principe de la séparation des Églises et de l'État »[3]. L'accent

---

[1] CE, ass, 6 juin 1947, *Union catholique des hommes du diocèse de Versailles*, n° 81278, *Lebon* p. 250.
[2] Victor Guset, « Les aumôniers entre les Églises et l'État », *RFDA*, 2018, p. 639.
[3] *Ibid.*

était alors davantage mis sur la séparation et l'indépendance réciproque de l'État et des Églises plutôt que sur la liberté des individus. C'est aujourd'hui l'inverse qui est vrai, la laïcité-neutralité étant plus libérale.

Dès lors, si la laïcité-neutralité diffère à bien des égards de la laïcité-séparation, il serait trop simpliste de les opposer de manière manichéenne, car elles présentent de nombreux points communs. Aussi est-il bien préférable d'évoquer un changement de point de vue ou une inflexion de la laïcité plutôt qu'un complet renversement de perspective ou un changement pur et simple de paradigme. Il n'en reste pas moins que le passage de la laïcité-séparation à la laïcité-neutralité est flagrant : l'esprit de la laïcité a évolué. Les sources juridiques confirment cette tendance, notamment parce qu'elles dotent la neutralité d'une portée constitutionnelle par son rattachement à l'article 1er de la Constitution, tandis que les procédés de nature à garantir la séparation n'ont que la valeur législative attachée à la loi de 1905[1].

---

[1] V. Maurice Barbier, « Pour une définition de la laïcité française », *Le débat*, n° 134, 2005/2, not. p. 133-134.

CHAPITRE 2
LES SOURCES DU DROIT DE LA LAÏCITÉ

201. La place de la loi du 9 décembre 1905 en droit français. En matière de laïcité, la loi du 9 décembre 1905 fait figure de référence. Elle paraît, non sans raison, être la *grande loi* de la laïcité, en laquelle se condense et se résume l'essentiel de la matière. Certes, cette loi présente, comme nous l'avons dit (v. §119 s.), une indéniable force emblématique, doublée d'un ensemble de dispositions juridiques incontournables. Aussi paraît-il indéniable que la loi de 1905 est le plus illustre représentant de la *laïcité à la française*. Les conditions de son adoption, ainsi que sa dimension symbolique et sa teneur politique la placent indéniablement au frontispice du droit de la laïcité.

Toutefois, même s'il est indéniable que cette loi est l'un des socles juridiques de la laïcité française, elle n'est pas exempte d'ambiguïté lorsque l'on cherche à définir clairement la conception qu'elle dessine des rapports entre politique et religieux. Dans la mesure où elle ne donne aucune définition de la laïcité, le terme n'y figurant même pas, elle a pu faire l'objet de différentes interprétations, allant du principe de séparation au principe de neutralité (v. §143 s.).

202. L'existence d'autres sources juridiques. En outre, il est tout aussi indéniable que la laïcité ne se résume pas à la loi de 1905. Bien d'autres sources déterminent le régime juridique de la laïcité. En réalité, la laïcité est un principe constitutionnel (I), qui fait l'objet de diverses déclinaisons législatives sur le territoire national (II). Or la prise en compte de ces différentes normes juridiques est indispensable pour appréhender plus globalement ce qu'est la laïcité et quel régime juridique elle désigne.

I. LA LAÏCITÉ, UN PRINCIPE CONSTITUTIONNEL

203. Les dispositions constitutionnelles[1]. La notion de laïcité est explicitement présente, à deux reprises, dans la Constitution, quoique ce soit sous la forme de l'adjectif « laïque ». Ces deux occurrences

[1] V. Geneviève Koubi, « La laïcité dans le texte de la Constitution », *RDP*, 1997, p. 1301.

datent de la Constitution de 1946, qui fonde la IVe République, mais la Constitution de 1958 les a rééditées. Sans doute, puisque ces occurrences côtoient la Déclaration des droits de l'homme et du citoyen de 1789 dans le texte constitutionnel, serait-il épineux de les articuler avec l'affirmation qui trône à la tête de cette Déclaration et qui la place « sous les auspices de l'Être suprême ». Il n'en reste pas moins que, sans s'encombrer d'opérer cette combinaison, la Constitution de la Ve République proclame donc le principe de laïcité à deux reprises.

La première affirmation de la laïcité figure dans le Préambule de la Constitution de 1946, texte auquel renvoie aujourd'hui le Préambule de la Constitution. L'alinéa 13 du Préambule de la Constitution de 1946 précise que « l'organisation de l'enseignement public gratuit et laïque à tous les degrés est un devoir de l'État ». Là encore, c'est la question scolaire qui a motivé de graver dans le marbre constitutionnel la laïcité comme « devoir de l'État ».

Secondement, le terme apparaît à l'article 1er de la Constitution de 1958, qui affirme que « la République est [...] laïque ». Certes, aucune précision supplémentaire n'est apportée, ni dans cet article, ni dans aucune autre disposition constitutionnelle. Mais la place qui lui est réservée témoigne de la révérence que le constituant voulait lui témoigner.

Cette double proclamation, si elle atteste de la force structurante du principe de laïcité, n'éclaire guère la notion. Son application a-t-elle pu révéler la signification et la portée qu'il faut donner à ce principe constitutionnel ?

204. La jurisprudence constitutionnelle. Le Conseil constitutionnel a eu l'occasion, à deux reprises, de préciser la notion, en faisant application de l'article 1er de la Constitution. Il le fit dans sa décision *Association pour la promotion et l'expansion de la laïcité* (*APPEL*) du 21 février 2013[1] qui concernait la rémunération publique des pasteurs des églises consistoriales en Alsace et en Moselle, puis dans une décision *Collectivité territoriale de la Guyane* de 2017[2], touchant quant à elle à la rétribution des prêtres guyanais.

---

[1] Cons. const., 21 février 2013, *Association pour la promotion et l'expansion de la laïcité [Traitement des pasteurs des églises consistoriales dans les départements du Bas-Rhin, du Haut-Rhin et de la Moselle]*, n° 2012-297 QPC, préc.

[2] Cons. const., 2 juin 2017, *Collectivité territoriale de la Guyane [Rémunération des ministres du culte en Guyane]*, n° 2017-633 QPC, points 5 à 9. Notes : L. Fernaud, *AJDA*, 2017, n° 31, p. 1779 ; M. Verpeaux, *JCP A*, 2017, n° 36, p. 16 ; F. Dieu,

À défaut d'en donner une définition théorique (ce qui ne relève pas de l'office d'un juge), le Conseil a entendu indiquer les règles et principes qu'il entendait attacher au principe constitutionnel de laïcité et, donc, qui le concrétisent. Le considérant 5 de la décision *APPEL* inclut plusieurs composantes dans le principe constitutionnel de laïcité. Il convient en outre de souligner que cette énumération n'est pas limitative, comme l'induit un « notamment » glissé dans l'énumération faite par le considérant de principe.

Le Conseil inclut en premier lieu « la neutralité de l'État ». La neutralité correspond d'une part à l'autonomie de l'État vis-à-vis du religieux, puisqu'il est délié de toute obligation de respecter des préceptes religieux (v. §301 s.). Elle inclut d'autre part son impartialité, c'est-à-dire la non-confessionnalité de l'État qui implique que l'État n'adhère à aucun dogme religieux et n'en promeuve ou condamne aucun (v. §401 s.). Intégrer dans la notion de laïcité la neutralité et l'impartialité de l'État n'appelle pour l'instant aucun commentaire particulier, tant elle semble faire consensus.

Cette impartialité religieuse est dans un deuxième temps étayée par le Conseil, qui juge que « le principe de laïcité impose notamment le respect de toutes les croyances, l'égalité de tous les citoyens devant la loi sans distinction de religion et que la République garantisse le libre exercice des cultes ». Le Conseil constitutionnel décline ainsi les principales conséquences de l'impartialité religieuse des pouvoirs publics sur les citoyens et sur la liberté religieuse. Trois conséquences de la laïcité dans les rapports des pouvoirs publics avec les particuliers sont ici évoquées : le respect de toutes les croyances, principe cité à l'article 1er de la Constitution (on peut simplement déplorer que le Conseil constitutionnel n'ait pas précisé ici, comme le fait l'article 1er, que c'est la République qui doit respecter toutes les croyances) ; l'égalité de tous les citoyens devant la loi sans distinction de religion, ce qui renvoie à l'interdiction faite à des pouvoirs publics laïcs d'opérer des discriminations entre les citoyens sur le fondement de leurs convictions religieuses respectives ; la préservation du libre exercice des cultes, qui est une conséquence de la liberté religieuse, mentionnée à l'article 10 de la Déclaration des droits de l'homme et du citoyen.

Dans un troisième temps, le juge constitutionnel déduit de la neutralité de l'État que « la République ne reconnaît aucun culte » et

---

Constitutions, 2017, n° 3, p. 413 ; H. Bouillon, *Revue Droit public approfondi*, n° 5, 2017, p. 25 ; V. Hipeau, *RJO*, 2018-4, p. 17.

« ne salarie aucun culte ». Le Conseil constitutionnel intègre à la notion de laïcité la non-reconnaissance des cultes par l'État, ainsi que l'interdiction de leur salariat.

Ce double principe puise son inspiration dans la loi du 9 décembre 1905 et, plus spécialement, dans son article 2, qui dispose que « la République ne reconnaît, ne salarie ni ne subventionne aucun culte ». Le Conseil constitutionnel érige ainsi au rang constitutionnel deux des trois principes énoncés à l'article 2 de la loi de 1905, à l'exception de l'interdiction de subventionnement qui est la troisième branche du triptyque (mais dont le nombre d'exceptions a sans doute dissuadé le juge constitutionnel de l'ériger en principe constitutionnel, sous peine de voir de nombreuses dispositions législatives remises immédiatement en cause).

Il est vrai que le Conseil ne fait en cela que reprendre une opinion doctrinale courante. « Souvent regardée comme la source matérielle de la notion »[1], la loi du 9 décembre 1905 serait l'expression unique du principe de laïcité. C'est également ce qu'exposait une réponse du ministre des départements et territoires d'outre-mer à la question écrite que lui adressait M. Kamilo, député de Wallis-et-Futuna : « Les principes posés par la loi du 9 décembre 1905 doivent être considérés comme "principes fondamentaux reconnus par les lois de la République" en ce qu'ils précisent le principe constitutionnel de la laïcité de la République française rappelé par l'article 2 [actuel article 1er] de la Constitution du 4 octobre 1958. Tel est le cas des principes de liberté de conscience, de libre exercice des cultes et d'interdiction de subventionnement des cultes par l'État, le département et les communes, énoncés par les articles 1er et 2 de la loi du 9 décembre 1905. »[2] C'est également pourquoi il est fréquemment proposé de constitutionnaliser cet article 2 de la loi de 1905[3], ce qui est devenu aujourd'hui moins utile du fait de la constitutionnalisation partielle de cet article par le Conseil constitutionnel.

---

[1] Jean-Pierre Machelon, « La laïcité : tradition et innovation », *Cinquantième anniversaire de la Constitution française*, Bertrand Mathieu (dir.), Dalloz, Association française de droit constitutionnel, 2008, p. 183.

[2] Réponse du ministre des Départements et territoires d'outre-mer à la question écrite n° 20155, *JO*, 13 novembre 1995, p. 4827.

[3] Par exemple : Sénat, proposition de loi constitutionnelle n° 133 confortant le principe de laïcité par la consécration du deuxième article de la loi de 1905, 21 novembre 2022.

Toutefois, cette assimilation de la laïcité, principe de rang constitutionnel, avec la loi de Séparation est très contestable, non pas intellectuellement, mais du fait des incohérences auxquelles aboutit cette solution. Intégrer au niveau constitutionnel les principes de non-reconnaissance des cultes et de non-salariat des ministres du culte devrait, en bonne logique juridique, signifier que les dispositifs législatifs contraires sont inconstitutionnels et doivent donc être abrogés. Pourtant ce n'est pas à cette conclusion qu'aboutit le Conseil constitutionnel. Dans ses deux décisions de 2013 et 2017, il valide les dispositifs législatifs alsaciens-mosellans et guyanais, qui permettent le salariat des ministres du culte par les collectivités locales. Si le salariat des ministres des cultes est prohibé par la Constitution, ces législations locales devraient être déclarées inconstitutionnelles. Le Conseil constitutionnel contourne la difficulté en invoquant les travaux préparatoires de la Constitution de 1946 et 1958 : il explique que ces travaux attestent que les constituants n'ont pas entendu remettre en cause ces législations locales lorsqu'ils ont intégré dans la Constitution le principe de laïcité. Un tel tour de passe-passe juridique n'est guère satisfaisant, car ces travaux sont en principe utilisés pour guider l'interprétation des dispositions constitutionnelles, non pour faire échec à un principe constitutionnel, puisqu'ils n'ont pas de valeur juridique.

Toute la difficulté nous semble provenir du fait que le juge constitutionnel ne dissocie pas laïcité et loi de 1905, contrairement à ce que fait le droit contemporain. Était-il bien utile d'intégrer les principes de non-reconnaissance et de non-salariat des cultes dans le bloc de constitutionnalité pour ne les appliquer que sur les territoires où la loi de 1905 les imposait déjà ? Il nous semble que le maintien des régimes locaux aurait été justifié de manière beaucoup plus cohérente en tenant séparé le principe constitutionnel de laïcité, réduit à la neutralité de l'État et à ses conséquences sur la liberté religieuse (respect de toutes les croyances, interdiction des discriminations religieuses et libre exercice des cultes), et la loi du 9 décembre 1905. Cela aurait indéniablement facilité l'articulation du principe constitutionnel de laïcité avec la diversité des sources législatives, dont il faut dresser à présent un panorama.

II. LA DIVERSITÉ DES SOURCES LÉGISLATIVES

205. Le champ d'application limité de la loi de 1905. La loi du 9 décembre 1905 concernant la séparation des Églises et de l'État est bien entendu la première source législative de la laïcité. Elle a déjà été évoquée et son esprit présenté (v. §118 s.). Son contenu sera plus précisément abordé dans les chapitres suivants. Mais il convient ici de s'interroger sur son champ d'application et de montrer dans quelle mesure elle constitue une source juridique de la laïcité concurrencée par d'autres régimes législatifs.

En effet, cette loi est bien souvent présentée comme l'expression la plus aboutie de la laïcité française. C'est en elle que se condenserait l'essentiel des principes juridiques touchant à la laïcité, à tel point qu'une assimilation est souvent faite entre laïcité et loi de 1905. C'est ce que semble avoir fait le Conseil constitutionnel dans ses décisions de 2013 et 2017 précitées.

Sans nier l'importance de cette loi pour appréhender la laïcité, il convient de la relativiser et de la différencier au contraire de la laïcité. En termes plus juridiques, il faut convenir que, même si certains principes contenus dans la loi sont évidemment rattachables au principe constitutionnel de laïcité (comme le Conseil constitutionnel l'a consacré), un tel constat ne doit pas induire l'assimilation de l'ensemble de cette loi, ni même de son titre préliminaire au principe de laïcité.

La question se pose tout particulièrement de l'article 2 de la loi, en vertu duquel « la République ne reconnaît, ne salarie ni ne subventionne aucun culte » (v. §412 s.). C'est en effet cet article qui fait l'objet des principaux questionnements, parce qu'il ne figure dans aucun autre texte. Le Conseil constitutionnel a certes érigé au rang constitutionnel deux des trois interdictions édictées par l'article : le principe de non-reconnaissance des cultes et le principe de non-salariat des ministres du culte. Pourtant, si l'on assimile cette double interdiction au principe constitutionnel de laïcité, il faudrait en conclure qu'aucun culte, sur quelque portion du territoire, ne doit être reconnu ou salarié par l'État. La Constitution étant d'application générale sur l'ensemble du territoire national, sans dérogation possible, un principe de laïcité incluant ces deux interdictions devrait s'appliquer uniformément dans tout le pays.

Or cette conclusion est difficile à admettre. Dans la pratique, il existe par exemple certaines hypothèses de salariat des ministres du culte (en Guyane et en Alsace-Moselle, le Conseil constitutionnel ayant admis la constitutionnalité de ces régimes). L'Alsace-Moselle reconnaît également certains cultes, à qui elle confère un statut officiel particulier. De même, le subventionnement d'associations cultuelles existe, bien que l'article 2 de la loi de 1905 pose également le principe de non-subventionnement des cultes. Certes, en principe, lorsque la loi de 1905 trouve à s'appliquer, le subventionnement d'une activité cultuelle par une collectivité est illégal. Mais ce n'est précisément que dans le cas où s'applique la loi de 1905. Hormis ce cas-là, l'interdiction de subventionnement n'est pas applicable et le financement des cultes est possible dans différents territoires français.

206. Distinction du principe de laïcité et de la loi de 1905. Il convient donc de distinguer soigneusement le principe constitutionnel de laïcité et la loi de 1905. La loi de 1905 est sans doute l'application de droit commun du principe de laïcité, mais elle ne s'assimile pas à lui. Si tout le territoire français est soumis à la Constitution et au principe de laïcité que proclame son article 1er, la loi du 9 décembre 1905 n'est pas appliquée de façon uniforme sur tout le territoire. « La loi de 1905 est, pour l'essentiel, très territorialisée. »[1]

Toutefois, on ne peut pas dire que « la laïcité connaît [...] des "suspensions" géographiques dans quelques collectivités et n'est ainsi même pas appliquée »[2]. Certes, différents régimes juridiques territoriaux dérogent à la loi de 1905 ; une loi peut toujours déroger à une autre loi. En revanche, ces régimes ne pourraient en aucun cas déroger à la Constitution, qui est la règle de droit suprême et qui s'impose donc aux lois, sur l'ensemble du territoire. Ces régimes locaux ne pourraient donc apporter aucune exception au principe de laïcité proclamé à l'article 1er de la Constitution et c'est pourquoi ils ne constituent nullement des « îlots de non-laïcité »[3]. Au contraire, ces régimes locaux sont nécessairement compatibles avec le principe constitutionnel de laïcité, sans quoi ils devraient être abrogés.

En réalité, c'est la loi de 1905 qui n'est pas appliquée partout. Elle n'est donc qu'une interprétation possible de la laïcité et, même si elle demeure le droit commun, elle « ne constitue plus qu'un élément d'un ensemble juridique complexe »[4].

---

1 Louis Dutheillet de Lamothe et Guillaume Odinet, « Première pierre pour une basilique », *AJDA*, 2016, n° 13, p. 712.

2 Marie-Odile Diemer, « La laïcité morcelée : réflexion sur les espaces de la neutralité », *Politeia*, n° 29, 2016, p. 194.

3 Frédéric Dieu, « Convictions religieuses et ajustements de la norme commune : raideur théorique et souplesse jurisprudentielle », *RDR*, n° 7, 2019, p. 97.

4 Jean Morange, « Peut-on réviser la loi de 1905 ? », *RFDA*, 2005, p. 153.

La laïcité, quant à elle applicable sur tout le territoire national, peut par contre connaître d'autres déclinaisons territoriales que la loi de 1905. Il y a là une notable évolution par rapport au droit public français révolutionnaire, marqué par l'universalisme. L'uniformité normative en était l'une des plus parfaites expressions et était conçue comme indispensable à la réalisation de l'unité nationale, de l'égalité des citoyens et de l'indivisibilité de la République. Cependant, il est aujourd'hui admis que ce principe ne doit plus être interprété de façon aussi stricte qu'auparavant, afin de prendre en considération la diversité des situations locales. La diversité des régimes juridiques en matière religieuse en est une nette illustration. Il faut donc s'interroger sur cette différenciation territoriale (A) et la questionner au regard du principe d'égalité (B).

A. LES DIVERS RÉGIMES LOCAUX

Nombreux sont les régimes juridiques traitant le fait religieux autrement que ne le fait la loi de 1905. Le rapport public du Conseil d'État de 2004, *Un siècle de laïcité*, en recense huit[1]. L'une des conséquences de ces particularismes est d'aboutir à une territorialisation du droit, c'est-à-dire à une différenciation territoriale des normes juridiques, lesquelles sont adaptées aux situations locales. Il en résulte une sorte de mosaïque de régimes juridiques, qui concourt à la complexité du droit de la laïcité. Hormis le cas de l'Alsace et de la Moselle (1), ils sont majoritairement situés en outre-mer (2).

1. L'Alsace et la Moselle

207. La raison d'être du régime local. Le régime juridique des cultes en Alsace et en Moselle est tout à fait spécifique et incarne une « conception "régionale" »[2] de la laïcité.

Au moment où était abrogé le système des cultes reconnus (de 1801-1802) par la loi du 9 décembre 1905, l'Alsace et la Moselle étaient annexées par l'Allemagne. Et lorsque, après la Grande Guerre, l'Alsace et la Moselle revinrent dans le giron français, la législation locale fut

---

[1] V. Conseil d'État, *Un siècle de laïcité. Rapport public 2004*, La documentation française, coll. Études et documents du Conseil d'État, n° 55, 2004, p. 265-272.

[2] Jean-Marie Woehrling, « Droit local des cultes en Alsace-Moselle : entre système subtil et complexe et exemple de différenciation territoriale », *AJCT*, 2022, p. 622.

sanctuarisée, notamment par les lois du 17 octobre 1919 et du 1er juin 1924.

Prises initialement à titre provisoire, ces lois ont été maintenues jusqu'à aujourd'hui. Elles bénéficient d'une vraie légitimité historique, qui « repose sur le triple consensus de la population, des cultes et de l'État. Pour les premiers, le statut local est un élément de la forte conscience régionale. Pour les seconds, il comporte des avantages institutionnels et matériels indéniables. Pour l'État, il est un facteur de paix sociale et de reconnaissance de l'attachement des Alsaciens-Lorrains à la France à travers une histoire secouée. »[1]

208. La complexité du régime alsacien-mosellan. Le régime local alsacien-mosellan est complexe.

Le régime des cultes reconnus y a été maintenu pour l'essentiel. Il s'y caractérise encore, comme cela existait dans toute la France avant 1905, par la présence de cultes reconnus (cultes catholique, israélite, luthérien et calviniste). Tous les autres cultes ne sont inversement pas reconnus (islam, Églises évangéliques, bouddhisme notamment).

Mais la complexité tient au fait que ce système a été amendé par l'Allemagne à l'époque où l'Alsace et la Moselle étaient rattachées au Reich (1871-1918). C'est ainsi la législation allemande, et non pas le régime des cultes reconnus, qui est à l'origine de la réglementation des facultés publiques de théologie de Strasbourg, qui institua un délit de blasphème (supprimé en 2017) ou qui a prévu certains jours fériés n'existant pas dans le reste de la France (le Vendredi saint et le lendemain de Noël).

209. La conformité du régime alsacien-mosellan à la laïcité : la jurisprudence *SNES*. Le Conseil d'État a explicitement affirmé que cette législation locale perdure. Dans l'arrêt *SNES* de 2001[2], le Conseil d'État était saisi d'un recours en excès de pouvoir dirigé contre un arrêté du ministre de l'Éducation nationale qui prévoyait l'ouverture de 35 postes pour l'enseignement religieux catholique et de 8 pour l'enseignement religieux. Le recours soulevait ainsi la question du financement de l'enseignement religieux en Alsace-Moselle et interrogeait, en filigrane, la conformité de l'enseignement religieux obligatoire avec le principe constitutionnel de laïcité. Le Conseil d'État

---

[1] Roland Minnerath, « Le Concordat de Bonaparte et son actualité », *Napoleonica. La Revue*, n° 23, 2015, p. 19.

[2] CE, 6 avril 2001, *Syndicat national des enseignements du second degré*, n° 219379, 221699 et 221700. Note : B. Toulemonde, *AJDA*, 2002, n° 1, p. 63.

observe que cet arrêté a été pris sur le fondement de dispositions législatives locales, les lois du 17 octobre 1919 et du 1er juin 1924.

Mais il va au-delà de ce constat. Question que le commissaire du gouvernement Mignon avait soulevée dans ses conclusions, le juge s'interroge aussi sur le maintien de ces dispositions législatives et sur leur éventuelle abrogation implicite : ces lois n'avaient-elles pas été implicitement abrogées par les Constitutions de 1946 et 1958 qui consacrent le principe de laïcité ? La Cour suprême administrative déclare que « si, postérieurement à la loi précitée du 1er juin 1924, les préambules des constitutions des 27 octobre 1946 et 4 octobre 1958 ont réaffirmé les principes fondamentaux reconnus par les lois de la République, au nombre desquels figure le principe de laïcité, cette réaffirmation n'a pas eu pour effet d'abroger implicitement les dispositions de ladite loi. » Cela sous-entend donc que la législation locale n'est point contraire au principe constitutionnel de laïcité.

Le juge en conclut que « l'obligation d'assurer un enseignement religieux dans toutes les écoles de ces départements constitue une règle de valeur législative s'imposant au pouvoir réglementaire ». L'arrêté était donc légal. Comme il l'avait déjà fait à propos des associations régies par le droit local[1], le Conseil d'État rejette ici l'abrogation implicite, solution qu'il rappela dans son rapport public de 2004.

210. Le maintien de la législation locale : la jurisprudence *Société Somodia*. Le Conseil constitutionnel a également eu l'occasion de consacrer la spécificité du droit local alsacien-mosellan en 2011. Sa décision *Société Somodia*[2] était relative à l'interdiction du travail le dimanche, qui ne demeure qu'en Alsace et en Moselle. Or la société requérante affirmait que, en interdisant de procéder le dimanche à une exploitation industrielle, commerciale ou artisanale dans les lieux de vente au public, la disposition législative contestée instituait une règle locale qui méconnaissait le principe d'égalité devant la loi. Le Conseil constitutionnel a alors eu l'occasion de dégager un principe fondamental reconnu par les lois de la République (PFRLR) sur le

---

[1] CE, ass., 22 janvier 1988, *Association Les Cigognes*, n° 80936. Conclusions : B. Stirn, *RFDA*, 1988, p. 95.

[2] Cons. const., 5 août 2011, *Société Somodia [Interdiction du travail le dimanche en Alsace-Moselle]*, n° 2011-157 QPC. Notes : M. Verpeaux, *JCP G*, 2011, n° 47, p. 2297 ; A. Roblot-Troizier, *RFDA*, 2011, n° 6, p. 1209 ; M. Disant, *Gaz. pal.*, 2011, n° 84-85, p. 20 ; J.-M. Woehrling, *RFDA*, 2012, n° 1, p. 131 ; A. Jennequin, *AJDA*, 2012, n° 6, p. 331 ; C. Gueydan, *RFDC*, 2012, n° 89, p. 158 ; J. Lasserre-Capdeville, *LPA*, 2012, n° 75, p. 7.

fondement de la loi de 1924 citée dans les visas de la décision. Ce PFRLR justifie l'existence d'une différence de législation, en érigeant cette possible distinction au rang constitutionnel. Le PFRLR ainsi dégagé sera réaffirmé dans une décision de 2012[1].

La reconnaissance de ce PFRLR ne justifie néanmoins pas un particularisme sans limites. Le considérant 4 de la décision *Société Somodia* pose lui-même plusieurs limites à ce PFRLR.

Premièrement, il n'existe pas de garantie constitutionnelle du maintien des dispositions législatives ou réglementaires constituant le droit local : le législateur ou le pouvoir réglementaire, selon que sont concernées les matières de l'article 34 ou 37 de la Constitution, peut à tout moment modifier ou abroger des dispositions de droit local pour leur substituer les dispositions du droit commun ou les harmoniser avec elles. Le maintien du droit alsacien-mosellan ne fait donc pas obstacle à ce que le législateur puisse amender les règles de droit locales.

Deuxièmement, en soulignant que « ce principe doit aussi être concilié avec les autres exigences constitutionnelles », le Conseil indique bien que les autres exigences constitutionnelles demeurent applicables : il appartient donc au Conseil constitutionnel de s'assurer que les dispositions législatives contestées ne méconnaissaient pas d'autres droits et libertés que la Constitution garantit. En l'espèce, le Conseil constitutionnel s'est ainsi penché sur le respect de la liberté d'entreprendre. Cela signifie donc que des dispositions législatives locales peuvent, individuellement, être déclarées inconstitutionnelles. « La reconnaissance comme PFRLR du maintien du droit local ne constitue pas un brevet de constitutionnalité pour le contenu de celui-ci, pas davantage une libération du contrôle de constitutionnalité, ni non plus une garantie de son maintien. »[2]

211. Un régime juridique pluriel, possédant une philosophie commune. Le système des cultes reconnus perdure en Alsace et en Moselle, différenciant ainsi cultes reconnus (soumis au droit public ecclésiastique) et cultes non reconnus (soumis au droit privé, et notamment au droit local des associations). De surcroît, tous les cultes reconnus ne disposent pas non plus du même statut. Au contraire,

---

[1] Cons. const., 28 septembre 2012, *Consorts G. [Calcul de l'indemnité de réduction due par le donataire ou le légataire d'une exploitation agricole en Alsace-Moselle]*, n° 2012-274 QPC, considérant 6.

[2] Jean-Marie Woehrling, « La décision du Conseil constitutionnel sur le droit local alsacien mosellan : consécration ou restriction ? Les difficultés d'élaboration d'un cadre constitutionnel pour une territorialisation du droit », *RFDA*, 2012, p. 131.

chacun d'eux est soumis à un régime juridique relativement particulier. Si l'Église catholique est encore soumise au Concordat de 1801 et aux Articles organiques de 1802, chaque culte se voit soumis à un ensemble de textes relativement disparates[1]. « Il n'existe donc pas "un" régime des "cultes reconnus", mais plusieurs régimes statutaires particuliers. »[2]

Malgré cette pluralité de régimes locaux, Jean-Marie Woehrling souligne qu'« il est possible de dégager de ce cadre complété par les principes constitutionnels une sorte de philosophie globale des "cultes statutaires". La logique de ces statuts particuliers est fondamentalement celle d'accords conclus entre les pouvoirs publics et chacun des cultes concernés, même si seul le culte catholique a passé avec l'État une convention en bonne et due forme. L'esprit de ces accords consiste pour les cultes à offrir un certain nombre de garanties et de services, et à l'État à consentir diverses facilités qui vont au-delà de ce qu'exige le principe de liberté de religion. »[3]

212. Principales spécificités du régime alsacien-mosellan. Pour nous en tenir ici aux rapports entre les pouvoirs publics et les cultes (l'organisation locale des cultes relevant du droit des cultes plutôt que du droit de la laïcité), les collectivités publiques attribuent des moyens aux cultes reconnus, le culte étant alors assimilé à un service public. L'article L. 2543-3, 2° et 3° du Code général des collectivités territoriales prévoit par exemple l'inscription obligatoire au budget communal, d'une part, des indemnités de logement dues aux ministres des cultes statutaires en l'absence d'un bâtiment affecté à leur logement par les communes ou par les établissements publics du culte et, d'autre part, des frais des cultes reconnus en cas d'insuffisance des revenus des établissements publics du culte, justifiée par leurs comptes et budgets. De même, le ministère de l'Intérieur rémunère notamment leurs

[1] Jean-Marie Woehrling cite pour l'Église catholique, le Concordat de 1801, la loi du 10 germinal an X (Articles organiques), le décret du 30 décembre 1809, le décret du 6 novembre 1813 ; pour les Églises luthérienne et réformée, les Articles organiques des cultes protestants, le décret du 26 mars 1852 et 19 mars 1859, le décret du 17 juillet 1987, le décret du 24 mars 1992 et celui du 18 avril 2006 ; et pour le culte israélite consistorial, les décrets du 10 décembre 1806 et du 11 décembre 1808, la loi du 8 février 1831, l'ordonnance du 25 mai 1844, le décret du 29 août 1862 et celui du 29 novembre 1994 (« Droit local des cultes en Alsace-Moselle : entre système subtil et complexe et exemple de différenciation territoriale », *AJCT*, 2022, p. 622).

[2] Jean-Marie Woehrling, « Droit local des cultes en Alsace-Moselle : entre système subtil et complexe et exemple de différenciation territoriale », *AJCT*, 2022, p. 622.

[3] *Ibid.*

ministres, même si ceux-ci ne sont pas des fonctionnaires, car ils sont placés dans une situation de fonction ecclésiastique de droit public.

En surplus de ces relations financières, les collectivités publiques peuvent attribuer des subventions ou des financements ponctuels aux cultes (reconnus ou non). Certes, en principe, les cultes se financent par eux-mêmes, que ce soit pour la construction ou l'entretien de leurs biens immobiliers ou pour la rémunération de leur personnel (à l'exception des ministres des cultes reconnus). Mais comme l'interdiction de financer les cultes posée par l'article 2 de la loi de 1905 ne s'applique pas en Alsace et en Moselle, les collectivités publiques peuvent octroyer des subventions aux cultes, à condition que cet octroi réponde à un motif d'intérêt général[1]. Dans la pratique par exemple, les collectivités publiques aident souvent les établissements publics cultuels à assurer les frais liés aux édifices du culte[2].

De même, les administrations admettent la présence des cultes dans les services publics, notamment dans les établissements publics d'enseignement, où l'enseignement religieux est obligatoire. Il faut toutefois noter que des dispenses sont possibles (v. §407).

Inversement, les autorités administratives disposent de garanties et de pouvoirs de contrôle sur les cultes. Il existe des instances de dialogue et les personnes publiques s'assurent de la compatibilité de l'enseignement religieux dispensé dans les établissements scolaires avec les valeurs qu'elles défendent. Par ailleurs, les évêques du culte catholique (archevêque de Strasbourg et évêque de Metz) sont nommés par décret du Président de la République.

Si la jurisprudence constitutionnelle a levé tous les doutes relatifs à la constitutionnalité de ce dispositif, ce régime alsacien-mosellan ne semble *a priori* pas inconventionnel non plus. En effet, désireuse de laisser une grande marge de manœuvre aux États, la CEDH ne condamne pas la reconnaissance, ni le financement des cultes, à condition que cette reconnaissance et ce financement ne soient pas discriminatoires et s'opèrent selon des critères objectifs[3].

---

[1] CAA Nancy, 6 mars 2008, *Ville de Soultz*, n° 07NC00083.

[2] V. Francis Messner, « Le financement des paroisses et des mosquées en droit local alsacien-mosellan. L'affaire de la construction de la mosquée Eyyub Sultan de Strasbourg », *RDL*, n° 91, 2021, p. 7.

[3] CEDH, 5 avril 2022, *Assemblée chrétienne des témoins de Jéhovah d'Anderlecht et autres c/ Belgique*, n° 20165/20. Note : P. Muzny, *RDR*, n° 14, 2022, p. 127.

2. L'outre-mer

213. L'application variable de la loi de 1905 en outre-mer. La loi de 1905 ne s'applique pas nécessairement dans tous les territoires français d'outre-mer[1]. Initialement, l'article 43, alinéa 2, de la loi de 1905 prévoyait que « des règlements d'administration publique détermineront les conditions dans lesquelles la présente loi sera applicable en Algérie et dans les colonies ». Il en résultait que, par exception, la loi de Séparation n'était pas applicable de plein droit dans ces territoires, c'est-à-dire que son application y était prévue sous réserve d'aménagements. Des règles dérogatoires pouvaient donc y être instituées. La loi de 1905 ne fut notamment pas appliquée à l'Algérie française, le culte musulman y faisant l'objet d'un traitement spécifique qui marque la première grande rencontre du droit français et de l'islam[2].

Sur le fondement de cette disposition législative, un décret du 6 février 1911 a cependant déterminé les modalités d'application de la loi concernant la séparation des Églises et de l'État à la Martinique, à la Guadeloupe et à la Réunion, selon des modalités qui seront étendues à Saint-Barthélemy et à Saint-Marin.

Mais pour diverses raisons historiques ou géographiques, les autres territoires d'outre-mer ne se sont pas vu appliquer la loi du 9 décembre 1905, ni donc, notamment, la triple interdiction de reconnaissance, de salariat et de subventionnement édictée par son article 2.

214. Les « décrets Mandel ». Pour pallier ces carences, le ministre des Colonies Georges Mandel a adopté deux décrets-lois en 1939 (16 janvier et 6 décembre 1939) destinés à combler l'absence de législation. Ces « décrets Mandel » fixent les modalités d'organisation des missions religieuses qui existent dans les territoires qu'il régit.

Sur le fond, ils se trouvent à équidistance entre la logique des cultes reconnus et celle de la loi de 1905. Aussi admettent-ils par exemple la faculté d'apporter un financement public au culte.

Cinq territoires sont régis par les décrets Mandel bien que, en raison de la Seconde Guerre mondiale, l'entrée en vigueur des décrets n'a pas

[1] V. circulaire n° 11/21265C du ministère de l'Intérieur du 25 août 2011 relative à la réglementation des cultes outre-mer.

[2] V. Francis Messner, Pierre-Henri Prélot, Jean-Marie Woehrling et Isabelle Riassetto (dir.), *Traité de droit français des religions*, LexisNexis, 2e éd., 2013, p. 377-384 ; Jean Baubérot, *La loi de 1905 n'aura pas lieu. Histoire politique des Séparations des Églises et de l'État. Tome II : la loi de 1905, légendes et réalités*, éd. Fondation Maison des sciences de l'homme, 2021, p. 377-394.

été faite au même moment partout : les Terres australes et antarctiques françaises (les décrets s'appliquent depuis 1939, car ces Terres étaient alors rattachées à Madagascar), la Polynésie française (pour les seuls catholiques, car un décret du 5 juillet 1927 s'applique aux protestants), la Nouvelle-Calédonie (depuis 1943), les îles Wallis et Futuna (depuis 1948) et Saint-Pierre et Miquelon (depuis 1956).

215. Les particularités propres à Mayotte. À Mayotte, bien que le premier décret Mandel (mais non le second) s'applique au culte catholique, le culte musulman y est majoritaire et un droit local particulier existe[1]. C'est notamment l'état et la capacité des personnes, les régimes matrimoniaux, les successions et les libéralités qui se calquent sur le statut religieux, d'après l'article 1er de l'ordonnance n° 2010-590 du 3 juin 2010 portant dispositions relatives au statut civil de droit local applicable à Mayotte. Mais les droits individuels ne peuvent être restreints par ce statut local. Le droit local s'est toutefois de plus en plus rapproché du droit civil ordinaire : beaucoup des dispositions spécifiques au droit musulman en ont disparu[2] (répudiation, mariage polygame, discriminations successorales, etc.).

En outre, dans ces matières, la justice était rendue autrefois par un dignitaire religieux, le cadi. Mais la justice cadiale fut supprimée par l'ordonnance du 3 juin 2010. Les cadis jouent désormais le rôle d'experts auprès des tribunaux lorsque ceux-ci doivent faire application d'une règle de droit musulman.

216. Le droit applicable en Guyane[3]. Enfin, en Guyane française, le régime en vigueur repose sur une ordonnance royale de Charles X du 27 août 1828, dont le Conseil d'État a rappelé le maintien en vigueur[4]. Seul le culte catholique est envisagé et le clergé catholique, agréé comme ministre du culte par arrêté préfectoral, est rémunéré par le département. Une telle rétribution a d'ailleurs été jugée conforme à la Constitution par le Conseil constitutionnel[5] (v. §204 et §220-223).

---

[1] V. Mathilde Philip-Gay, « Valeurs de la République et Islam à Mayotte », *RDR*, n° 6, 2018, p. 59.

[2] V. Suzel Ramaciotti, *Laïcité et droit privé*, Dalloz, coll. Nouvelle bibliothèque de thèses, vol. 220, 2022, en particulier p. 39-47.

[3] V. not. Émile Poulat, « Séparation et laïcité outre-mer en droit français. Un tour du monde avec escale en Guyane », *ADR*, vol. 2, 2006-2007, t. 1, p. 441.

[4] CE, 9 octobre 1981, *Beherec*, n° 18649.

[5] Cons. const., 2 juin 2017, *Collectivité territoriale de la Guyane [Rémunération des ministres du culte en Guyane]*, n° 2017-633 QPC, préc.

Pour les autres cultes, assez peu présents en Guyane, les « décrets Mandel » s'appliquent.

217. Des régimes locaux jugés compatibles avec le principe de laïcité. Dans ces différents territoires d'outre-mer comme en Alsace et en Moselle, la loi de 1905 est écartée au profit d'autres régimes juridiques locaux. Pour autant, en dépit de l'inapplication de la loi de 1905, le principe constitutionnel de laïcité est bien entendu applicable dans ses territoires français, ce qui inclut la dissociation de la loi de 1905 et du principe de laïcité.

Le Conseil d'État a très explicitement admis cette conclusion en 2005 dans sa décision *Ministre de l'outre-mer c/ Gouvernement de la Polynésie française*[1]. En l'espèce, après la destruction d'un presbytère par un cyclone, le président du territoire de Polynésie française avait accordé à l'Église évangélique polynésienne une subvention d'équipement de 8,5 millions de francs CFP destinée à en permettre la reconstruction. Le Haut-commissaire de la République en Polynésie française (représentant de l'État) demandait l'annulation de l'arrêté accordant ladite subvention.

Le Conseil d'État a déclaré l'arrêté légal, selon un raisonnement en trois temps qui mérite d'être rappelé.

Dans un premier temps, la juridiction administrative suprême réaffirme l'application du principe constitutionnel de laïcité en Polynésie française. Elle indique d'ailleurs son interprétation de ce principe. Selon le juge, la laïcité, qui implique le traitement égal des différents cultes et la neutralité de l'État, « n'interdit pas, par lui-même, l'octroi dans l'intérêt général et dans les conditions définies par la loi, de certaines subventions à des activités ou des équipements dépendant des cultes ». Le principe de non-subventionnement des cultes, posé à l'article 2 de la loi de 1905, est ainsi clairement distingué du principe constitutionnel de laïcité. Le Conseil d'État reconnaît implicitement que l'article 2 de la loi de 1905 n'a pas valeur constitutionnelle.

Dans un deuxième temps, les juges notent que la loi de 1905 n'est pas applicable en Polynésie française, contrairement au principe de laïcité qui, constitutionnel, y trouve logiquement application. La laïcité s'applique, mais non la loi de 1905. Il y a donc une disjonction des deux.

Dans un troisième temps, le Conseil d'État considère que la subvention accordée par la collectivité territoriale concourt à la

---

[1] CE, 16 mars 2005, n° 265560. Notes : O. Guillaumont, *RFDC*, n° 63, 2005, p. 631 ; C. Durand-Prinborgne, *AJDA*, 2005, n° 26, p. 1463.

satisfaction de l'intérêt général. En conséquence, le Conseil d'État écarte le pourvoi en cassation et, confirmant l'arrêt de la Cour administrative d'appel de Paris, admet la légalité de l'arrêté.

B. UNE DIVERSITÉ CONTRAIRE AUX PRINCIPES D'ÉGALITÉ ET D'INDIVISIBILITÉ DE LA RÉPUBLIQUE ?

218. Compatibilité de la diversité des régimes juridiques avec les principes d'égalité et d'indivisibilité de la République. Une question annexe, bien qu'essentielle pour comprendre ce qui justifie l'existence de cette diversité de sources législatives, est celle du respect des principes d'indivisibilité de la République et d'égalité des collectivités territoriales et des citoyens.

En effet, par définition, la pluralité de régimes législatifs implique que le fait religieux ne soit pas traité d'une manière uniforme sur tout le territoire national. Différentes législations existent et aménagent diversement l'intervention religieuse des pouvoirs publics à travers le territoire, ce qui peut placer les cultes dans des situations juridiques variables. Une telle diversité n'est-elle pas contraire aux principes constitutionnels d'indivisibilité de la République et d'égalité, tous deux consacrés à l'article 1er de la Constitution ? Il y a là une belle problématique, que l'on ne peut ici qu'effleurer.

219. L'impossible invocation de l'article 74 de la Constitution. Souvent, la différence de traitement juridique réservé aux collectivités d'outre-mer peut s'appuyer sur le principe de spécialité législative inscrit à l'article 74 de la Constitution. Celui-ci n'explique évidemment pas la particularité du régime alsacien-mosellan, mais il ne semble pas davantage invocable pour l'outre-mer. On comprend aisément pourquoi. Comme son nom l'indique, ce principe permet l'adaptation des dispositions de nature législative aux circonstances locales propres à l'outre-mer. Mais il ne permet pas de déroger à la Constitution, par définition applicable sur tout le territoire de la République. Aussi ce fondement ne permet-il pas d'écarter *ipso facto* l'application des principes constitutionnels de laïcité, d'indivisibilité et d'égalité. Au contraire, en invoquant ce principe, il faudrait expliquer pourquoi les dispositions législatives propres à l'outre-mer, différentes de celles applicables en métropole, demeurent conformes à la Constitution.

220. Les précisions fournies par la jurisprudence *Collectivité territoriale de la Guyane*. C'est donc vers la jurisprudence constitutionnelle qu'il faut se tourner pour chercher une réponse. Or le Conseil constitutionnel a longtemps esquivé la question.

Dans sa décision *Société Somodia*[1], la question lui était posée. Mais il répondit très laconiquement au moyen soulevant la violation du principe d'égalité : « la disposition contestée est au nombre des règles particulières antérieures à 1919 et qui ont été maintenues en vigueur par l'effet des lois précitées ; il s'ensuit que le grief tiré de la violation du principe d'égalité entre les départements du Bas-Rhin, du Haut-Rhin et de la Moselle, d'une part, et les autres départements, d'autre part, doit être écarté. » Il faut convenir que la réponse à cette question si déterminante est ici très elliptique.

Il a en revanche affronté la question de front, et même sur un double front, dans sa décision *Collectivité territoriale de la Guyane* de 2017[2]. Le Conseil était directement saisi de la question de la compatibilité du droit local des cultes avec le principe d'égalité devant la loi applicable, d'une part, aux différentes collectivités territoriales (c'est la collectivité de Guyane qui saisissait le Conseil) et, d'autre part, aux différents cultes présents sur ce territoire français sud-américain.

221. L'égalité entre les collectivités territoriales. D'une part, la collectivité requérante indiquait que l'égalité entre les collectivités était rompue par le fait que seule la Guyane devait supporter la charge financière que représente le salariat des ministres du culte catholiques (en Alsace-Moselle, cette rémunération est prise en charge par l'État).

Le juge commence par rappeler, de façon traditionnelle, que le principe d'égalité ne s'oppose ni à ce que le législateur règle de façon différente des situations différentes ni à ce qu'il déroge à l'égalité pour des raisons d'intérêt général, pourvu que, dans l'un et l'autre cas, la différence de traitement qui en résulte soit en rapport direct avec l'objet de la loi qui l'établit (considérant 10). Toute la question était alors de savoir si l'on se trouvait dans le cadre du principe d'égalité devant la loi posé aux articles 6 de la Déclaration de 1789 et 1er de la Constitution ou dans le cadre de cet aménagement jurisprudentiel : une différence de situation justifiait-elle la différence de traitement critiquée par la Guyane ou le principe d'égalité devant la loi était-il méconnu ?

Le Conseil constitutionnel considère que la différence entre les collectivités territoriales est de celles qui sont couvertes par l'exception

---

[1] Cons. const., 5 août 2011, *Société Somodia [Interdiction du travail le dimanche en Alsace-Moselle]*, n° 2011-157 QPC, préc.

[2] Cons. const., 2 juin 2017, *Collectivité territoriale de la Guyane [Rémunération des ministres du culte en Guyane]*, n° 2017-633 QPC, préc.

mentionnée : la différence de traitement qui impose à la collectivité territoriale de Guyane la prise en charge de la rémunération des ministres du culte catholique se justifie par la situation différente des collectivités (considérant 12). Quoiqu'une motivation un peu plus substantielle de cette constitutionnalité eût pu satisfaire davantage le lecteur, cette solution peut s'expliquer. Le professeur Jean-François Flauss avait par exemple montré que des spécificités historiques, juridiques et/ou géographiques peuvent justifier une différence de traitement entre différentes portions du territoire, le critère de différenciation ici retenu étant objectif[1].

Il semble pourtant qu'une autre solution était possible. Une nouvelle fois, c'est d'une autre définition de la laïcité, ne conférant pas valeur constitutionnelle à l'interdiction de salarier un culte, que la solution pouvait venir. Reprenant la jurisprudence *APPEL* de 2013 (v. § 204), la décision *Collectivité de la Guyane* indique en effet que le non-salariat des ministres du culte est une composante du principe constitutionnel de laïcité. Or si l'interdiction de salarier les ministres du culte n'avait pas été intégrée par le Conseil dans le bloc de constitutionnalité, elle aurait conservé une valeur purement législative. Il aurait alors été possible de mobiliser le principe de spécialité législative posé à l'article 74 de la Constitution : la spécialité législative de la Guyane (qui aurait bien été législative et n'aurait pas été une entorse à la Constitution) aurait alors pu être justifiée sur le fondement de l'article 74 de la Constitution. Dès lors, la différence de traitement entre la collectivité de la Guyane et les autres collectivités ne constituait pas une rupture d'égalité : il s'agissait d'une application du principe de spécialité législative, principe qui a lui aussi valeur constitutionnelle. Compte tenu de la définition du principe constitutionnel de laïcité énoncée par la jurisprudence *APPEL*, le Conseil constitutionnel ne peut toutefois pas retenir cette motivation, sans pour autant lui en substituer une qui soit aussi convaincante.

222. L'égalité entre les religions présentes sur un même territoire. D'autre part, le Conseil devait se prononcer sur la rupture d'égalité entre les différentes religions présentes en Guyane, puisque seul le clergé catholique y est rémunéré. Évidemment, la question renvoie également à la différence faite, en Alsace et en Moselle, entre les cultes reconnus et les cultes non reconnus, puisque le système

[1] Jean-François Flauss, « Droit local alsacien-mosellan et Constitution », *RDP*, 1992, p. 1634.

guyanais, créé par l'ordonnance royale de 1828, adapte ce système des cultes reconnus (alors applicable à toute la France) à la Guyane. Or, dans un cas comme dans l'autre, les cultes reconnus se trouvent dans une situation plus favorable que les cultes non reconnus. Les premiers bénéficient d'avantages financiers, par exemple la rémunération des ministres du culte, et d'avantages institutionnels, comme le fait d'être constitués sous forme d'établissements publics. S'agissant des cultes non reconnus, ils doivent se constituer sous forme d'associations et leurs ministres n'obtiennent aucun subside public.

Le Conseil constitutionnel devait donc se prononcer sur le point de savoir si la différence de traitement pouvait trouver une quelconque justification dans une différence objective de situation. Pour répondre à cette belle question théorique, le Conseil renvoie à l'argumentation qu'il a tenue dans la même décision au sujet du principe de laïcité : « le principe de laïcité imposant l'égalité de tous les citoyens devant la loi sans distinction de religion, la différence de traitement entre le culte catholique et les autres cultes exercés en Guyane résultant des dispositions contestées n'est pas, pour les motifs énoncés aux paragraphes 7 à 9, contraire à la Constitution. » (considérant 11)

Le Conseil déplace ce faisant la question qu'on lui pose. Au lieu de juger la conformité de la différence de traitement faite entre les cultes au regard du principe d'égalité, il se place sur le terrain de la laïcité, qu'il cite en exergue de ce considérant 11. Ce déplacement est possible parce que le Conseil a rappelé au considérant 8 que la laïcité inclut « l'égalité de tous les citoyens devant la loi sans distinction de religion ». Puisqu'elle implique un égal traitement de tous les citoyens indépendamment de leurs croyances, la laïcité exclut *a priori* que des différences puissent être faites entre eux pour des motifs proprement religieux. En d'autres termes, la laïcité interdit que la religion puisse être une différence de situation susceptible de justifier une différence de traitement. Le Conseil déplace donc la question du principe d'égalité devant la loi au principe de non-discrimination pour motif religieux qu'interdit la laïcité.

Pourquoi faire un tel pas de côté ? Car, de prime abord, cette translation – du principe d'égalité vers la non-discrimination religieuse déduite de la laïcité – semble devoir conduire à la censure des dispositions déférées au juge, puisque celles-ci paraissent admettre une différence de traitement sur le fondement de critères religieux (culte reconnu ou non). Mais cette translation permet en réalité au juge constitutionnel d'écarter la question de l'égalité en elle-même et de se reporter à ce qu'il a dit du principe de laïcité : il reprend ainsi les *arguments* qu'il a avancés à propos de la laïcité. Le Conseil se réfère ainsi explicitement « aux paragraphes 7 à 9 », dans lesquels il a expliqué pourquoi la loi de 1905 ne s'appliquait pas en Guyane et pourquoi les travaux préparatoires de la Constitution justifiaient le maintien d'une législation cultuelle locale, en dépit du principe constitutionnel de laïcité (il réitérait ce faisant le raisonnement tenu dans la décision *APPEL* ; v. §204). Il faut en conclure que la différence de traitement admise entre le culte catholique et les autres cultes, quoique les différenciations pour motif religieux soient en principe proscrites par la laïcité, est justifiée par les travaux préparatoires de la Constitution, qui ont entendu maintenir en vigueur les dispositifs législatifs locaux tout en proclamant le principe de laïcité. La faiblesse inhérente à l'argument des travaux préparatoires invoqué dans la jurisprudence *APPEL* déteint logiquement sur sa réutilisation ici.

Plus profondément, c'est surtout le traitement du principe d'égalité au prisme de la laïcité qui fait question. « Pourquoi le principe d'égalité qui existe en tant que tel devrait-il ici être lié à la laïcité ? La collectivité requérante invoque bien distinctement un premier motif tiré de la méconnaissance du principe de laïcité puis un second motif tiré d'une absence d'égalité en raison d'un argument objectif tenant à la distinction qui est faite par le texte législatif entre la religion catholique et les autres religions. Or, en écartant l'argument tiré de la méconnaissance du principe d'égalité en se référant au principe de laïcité, le Conseil constitutionnel ne semble pas apporter de véritable réponse à cette première branche du moyen. »[1] Là encore, la réponse du Conseil constitutionnel, qui aurait pu être riche d'enseignements, demeure bien lapidaire.

223. L'égalité entre les religions présentes sur des territoires distincts. Une autre question est celle de l'égalité entre les différentes religions présentes, non plus cette fois-ci dans un même territoire (la Guyane par exemple), mais sur différentes portions du territoire français (en Guyane et en métropole par exemple).

Le Conseil d'État a été amené à se prononcer sur une telle question lorsqu'il a été saisi par une association guyanaise, qui se plaignait de ne pouvoir recevoir la qualité d'association cultuelle prévue par la loi du 9 décembre 1905, puisque cette loi n'est pas applicable en Guyane. Privée

---

[1] Laetitia Fermaud, « Le Conseil constitutionnel face à la rémunération publique des ministres du culte en Guyane », *AJDA*, 2017, p. 1779.

de ce statut, l'association ne pouvait pas bénéficier des exonérations fiscales que le Code général des impôts octroie aux associations cultuelles organisées par la loi de 1905. Elle invoquait donc une discrimination sur le fondement de l'article 14 de la Convention européenne de sauvegarde des droits de l'homme (CESDH) et de l'article 1er de son premier protocole. Le Conseil d'État, après avoir rappelé que la loi de 1905 ne s'applique pas en Guyane, juge que l'association religieuse ne peut être qualifiée d'association cultuelle et ne peut bénéficier des avantages fiscaux auxquels elle prétend (exonération de la taxe foncière pour les édifices affectés à l'exercice du culte). Mais malgré cette différence de législation, il écarte néanmoins l'argument de la requérante, en considérant qu'il n'y a pas de discrimination. Le décret-loi du 16 janvier 1939 (décret Mandel) confère en effet à l'association « des avantages fiscaux aux moins équivalents » à ceux du Code général des impôts « et, par suite, ne crée pas de discrimination »[1]. L'arrêt souligne ainsi que, malgré la différence des législations applicables dans les territoires français, les droits et obligations des associations sont substantiellement identiques. Il n'en résulte aucune discrimination.

Il serait aventureux de tirer des conclusions générales de ce cas d'espèce. Mais le Conseil d'État semble ici faire un test d'équivalence des législations nationale et locale. Qu'en serait-il si les protections offertes par les dispositions locales n'étaient pas jugées équivalentes à celles de la législation nationale ? Il est probable que, dans ce cas, la discrimination serait caractérisée sur le fondement de l'article 14 de la CESDH et conduirait à la censure de la disposition locale.

En dépit des arguments de la requérante dans cet exemple, la différence faite entre les cultes en Alsace-Moselle ou dans certains territoires ultra-marins comme la Guyane (notamment entre les cultes qui sont reconnus et ceux qui ne le sont pas) paraît acceptable dans la mesure où les cultes, même non reconnus, y bénéficient tout de même d'une situation plus avantageuse que l'ensemble des cultes placés, dans la France métropolitaine, sous l'empire de la loi de 1905. En effet, les « cultes non statutaires ont des conditions d'exercice dans l'ensemble plus favorables que dans le reste de la France [puisque] leur accès aux

---

[1] CE, 19 juin 2006, *Association La mission du plein Évangile - La porte ouverte chrétienne*, n° 270595. Note : P. Collin, *Bulletin des conclusions fiscales*, 2006, n° 10, p. 57.

subventions est plus large »[1]. N'étant pas soumis à la loi de 1905, les cultes *défavorisés* peuvent bénéficier de subventions publiques, ce qui est plus avantageux pour eux que la situation des cultes dans le reste du territoire français. Les associations musulmanes, par exemple, sont peut-être moins bien traitées dans le cadre du régime des cultes reconnus en Alsace et en Moselle, mais elles le sont mieux que les autres associations religieuses auxquelles s'appliquent la loi de 1905 et la loi du 2 janvier 1907 sur l'exercice public du culte (qui permet la création d'association à objet religieux sur le fondement de la loi de 1901). Le Conseil d'État reconnaissait lui-même que « les *cultes non reconnus*, qui sont essentiellement des groupements protestants non rattachés aux deux cultes protestants reconnus ainsi que le culte musulman, constituent des associations selon le droit local, régime par certains aspects plus favorable que celui institué par la loi de 1905 pour les associations cultuelles et applicable sur le reste du territoire de la République. »[2] Aussi l'inégalité juridique des religions, si elle existe indéniablement, doit-elle être relativisée.

CONCLUSION SUR LES SOURCES LÉGISLATIVES

224. Conclusion. La conclusion qui semble s'imposer est la dissociation nécessaire de la loi de 1905, de valeur purement législative, et du principe de laïcité, de valeur constitutionnelle. Il en va tout particulièrement ainsi de l'article 2 de la loi de 1905, qui interdit en principe la reconnaissance des cultes, le salariat de leurs ministres et leur subventionnement, quand bien même le Conseil constitutionnel a reconnu valeur constitutionnelle aux deux premières règles (non sans incohérence, puisque certaines normes françaises de valeur législative ou réglementaire ne respectent pas ces règles sans être pour autant contraires à la Constitution !).

Il en résulte que le principe juridique de laïcité n'est pas exclusivement défini par le droit positif à travers la loi du 9 décembre 1905. La laïcité n'est pas tout entière contenue dans la loi de 1905, même si cette dernière représente *le droit commun de la laïcité*. Si bien que le principe constitutionnel de laïcité peut parfaitement faire l'objet d'une interprétation législative différant de celle effectuée en 1905, une

[1] Jean-Marie Woehrling, « Le droit local alsacien-mosellan des cultes après les récentes décisions du Conseil constitutionnel », *RDP*, 2013, n° 3, p. 540.

[2] Conseil d'État, *Un siècle de laïcité. Rapport public 2004*, La documentation française, coll. Études et documents du Conseil d'État, n° 55, 2004, p. 267.

étude sommaire du droit positif, notamment d'Alsace-Moselle et d'outre-mer, permettant d'affirmer que tel est bien le cas aujourd'hui. « L'analyse juridique conduit en somme à distinguer une "laïcité constitutionnelle" et une "laïcité législative", celle-ci contribuant par une mise en œuvre appropriée à garantir l'effectivité de celle-là. »[1]

---

[1] Jean-Pierre Machelon, « La laïcité : tradition et innovation », *Cinquantième anniversaire de la Constitution française*, Bertrand Mathieu (dir.), Dalloz, Association française de droit constitutionnel, 2008, p. 189.

DEUXIÈME PARTIE
LA LAÏCITÉ, OBLIGATION DE NEUTRALITÉ RELIGIEUSE DES POUVOIRS PUBLICS

Rien ne caractérise mieux le régime juridique de la laïcité que l'idée de neutralité religieuse des pouvoirs publics. En effet, la laïcité induit par définition l'obligation de neutralité religieuse des personnes publiques et des services publics, c'est-à-dire leur autonomie vis-à-vis de toute obédience religieuse et leur absence de parti-pris en la matière. C'est à partir de cette clef de voûte que se charpente toute l'architecture du droit de la laïcité.

Aujourd'hui, les études de droit public abordent souvent la neutralité religieuse à travers l'organisation des services publics. Ce n'est pas sans raison, puisque la neutralité est l'une des grandes lois du service public, à côté des principes de continuité, d'égalité et de mutabilité. Cette idée n'est d'ailleurs pas neuve. Si Louis Rolland n'intégrait pas explicitement ce principe dans ses traditionnelles lois du service public, il n'en jugeait pas moins que « tous les services publics sont neutres »[1]. La neutralité des services publics n'est certes pas limitée à la neutralité religieuse, puisqu'elle est aussi politique et philosophique. Mais il est indéniable que la neutralité religieuse des services publics, qui est le fruit de la laïcité, est une facette cardinale de cette neutralité. Il faudra en sonder les conséquences.

Toutefois, la neutralité religieuse qui définit la laïcité ne saurait être cantonnée à la sphère des services publics, pas davantage d'ailleurs que les principes de continuité et d'égalité. Le risque serait de faire de ces principes de simples préceptes organisationnels, des pratiques de bonne gestion (et en particulier de bonne gestion du *pluralisme religieux* des usagers). Or ils dépassent de beaucoup le seul agencement pratique des services publics. Ils rejoignent tous trois quelque chose qui touche à l'État, à la communauté politique, à la « République » selon le terme retenu par l'article 1er de la Constitution. C'est pourquoi il faut insister sur le fait que la neutralité religieuse est sans doute celle des services publics, mais aussi celle des personnes publiques elles-mêmes (État, collectivités territoriales, établissements publics).

---

[1] Louis Rolland, « Chronique administrative. Les décrets des 1er juillet 1913 et 21 février 1914 relatifs aux choix des manuels scolaires », *RDP*, t. XXXI, 1914, p. 412.

L'ensemble de ces dimensions doit donc être pris en considération pour cerner les implications multiples de la neutralité religieuse des services publics et des personnes publiques, qui forment le droit de la laïcité. Au-delà des points techniques qui font toute la subtilité de ce droit, la laïcité implique d'abord et avant tout l'autonomie (chapitre 3) et l'impartialité (chapitre 4) des personnes publiques et des services publics, qui ont d'ailleurs, elles aussi, des répercussions techniques précises, notamment lorsqu'il s'agit pour les pouvoirs publics de réglementer la liberté religieuse (chapitre 5).

CHAPITRE 3
L'AUTONOMIE DES PERSONNES PUBLIQUES ET DES SERVICES PUBLICS

301. La laïcité, garantie de l'autonomie des pouvoirs publics. La neutralité religieuse des personnes publiques et des gestionnaires des services publics désigne leur autonomie, en surplus de leur impartialité sur laquelle on se polarise souvent (v. §401 s.). L'autonomie implique la souveraineté politique de l'État dans l'ordre temporel, qui peut poursuivre sa fin propre – la réalisation de l'intérêt général – sans être dominé par une Église ou un dogme religieux. L'État est indépendant de la foi. Sa souveraineté n'a qu'un fondement profane. Et la légitimité de ses décisions et actions ne découle pas d'une puissance surnaturelle. L'ordre politique moderne est ainsi détaché de tout ordre religieux.

Certes, comme l'histoire nous l'enseigne, l'autonomie des pouvoirs publics est bien antérieure à la laïcité. D'une certaine façon, depuis l'ancienne monarchie franque, et surtout depuis le XIIIe siècle, l'indépendance du pouvoir temporel par rapport au pouvoir spirituel n'est plus à faire. Le pape Boniface VIII ne démentirait nullement l'autonomie du roi Philippe le Bel. Et il n'a pas davantage fallu attendre l'intronisation juridique de la laïcité pour que l'État moderne se détache de toute légitimité religieuse. La Révolution française a mis fin à tout fondement divin du pouvoir (v. §102). Il n'en demeure pas moins que la laïcité consacre actuellement cette autonomie du politique, dont elle hérite et qu'elle réaménage, parfois selon d'autres modalités. Elle est aujourd'hui la garantie juridique de l'autonomie du politique à l'égard du religieux.

L'idée de séparation pourrait paraître adéquate pour marquer cette indépendance du pouvoir politique, effectivement délié de toute déférence envers une autorité religieuse ou une doctrine spirituelle quelconque. Pourtant, l'idée de séparation induit une réciprocité qui n'existe pas (v. §127). Si l'État est bien séparé des Églises en ce qu'il est parfaitement libre vis-à-vis d'elles (comme ce chapitre doit le montrer), il semble difficile de dire que, à l'inverse, les Églises sont radicalement autonomes vis-à-vis de l'État, puisque leur autonomie est délimitée par le droit et tempérée par de nombreux contrôles administratifs (v. §523-555). L'État est indépendant des Églises, mais les Églises dépendent de l'État. Aussi l'idée de séparation rend-elle mal compte des relations qui existent entre les Églises et l'État, comme le soulignait déjà le sénateur Dominique Delahaye devant ses collègues en 1905[1]. Comme la séparation des pouvoirs, la séparation des Églises et de l'État a sans doute « acquis le statut de dogme républicain »[2], mais elle ne traduit pas adéquatement la réalité des relations entre les personnes réputées séparées. « On se tromperait singulièrement si l'on croyait complète la séparation opérée par la loi du 9 décembre 1905 »[3], jugeait déjà Hauriou en 1910.

L'idée d'autonomie du politique paraît plus opportune pour décrire la situation que la laïcité ménage au politique à l'égard du spirituel (I). Elle fait comprendre que l'État peut à la fois déterminer le droit sans être lié par des règles religieuses (II) et organiser librement les services publics (III).

I. ASSURER L'AUTONOMIE DU POLITIQUE

L'autonomie du politique vise un objectif positif, qui est de protéger la souveraineté de l'État (A), et un objectif négatif, corollaire du premier, qui est de tenir les Églises à distance des affaires politiques (B).

A. PROTÉGER LA SOUVERAINETÉ DE L'ÉTAT

302. Une autonomie politique. En postulant que la décision politique est autonome de toute considération de nature religieuse et évolue dans une sphère indifférente à toute référence religieuse, la laïcité est un complément pour ainsi dire indispensable de la souveraineté de l'État républicain. Elle préserve en effet la légitimité et la liberté de décision de l'État de toute interférence d'une Église ou d'une doctrine religieuse. Elle en fait le seul dépositaire de l'intérêt général, qu'il peut déterminer théoriquement et accomplir pratiquement, que ce soit en particulier par l'édiction du droit (v. §310 s.) ou par l'organisation des services publics (v. §314 s.).

---

[1] Sénat, séance du 6 décembre 1905, *JO*, compte-rendu intégral des séances, 7 décembre 1905, p. 1737-1738.

[2] Philippe Lauvaux, « Propositions méthodologiques pour la classification des régimes », *Droits*, n° 32, 2000, p. 115.

[3] Maurice Hauriou, *Principes de droit public* [1910], Dalloz, coll. Bibliothèque Dalloz, 2010, p. 411.

La laïcité est donc essentiellement un principe politique. Elle permet à l'État de repousser le poids des sujétions religieuses. Elle libère le politique des contraintes religieuses pour qu'il puisse déterminer souverainement l'intérêt général et la manière de le réaliser. C'est à cette fin que la laïcité garantit l'autonomie, à la fois décisionnelle et symbolique, des pouvoirs publics. « La laïcité de l'État est d'abord un attribut de sa souveraineté, le corrélat d'une raison d'État qui a sa logique immanente et ne souffre aucune hétéronomie. »[1] Évidemment, il n'a pas fallu attendre la laïcité pour que soit garantie cette autonomie. La laïcité en est toutefois la réappropriation par le droit français contemporain.

En d'autres termes, les autorités publiques ne doivent agir qu'en vue de l'intérêt général, qui est leur unique fin. Si l'intérêt général est un principe relativement indéterminé, une *open texture*, c'est aux autorités publiques habilitées par l'ordre juridique étatique de le concrétiser. À l'inverse, les Églises et dogmes religieux n'ont aucun titre juridique justifiant qu'ils puissent interférer dans cette détermination de l'intérêt général. Un juriste républicain comme Adhémar Esmein disait ainsi en 1914 : « Dire que l'État est laïque, cela veut dire qu'ayant sa fin en lui-même ou plutôt dans la société d'hommes pour laquelle il est organisé, il est étranger à toute conception confessionnelle, à tout *credo*, à tout culte. »[2]

Une telle affirmation pose la délicate question du statut de la loi naturelle, qui n'est pas nécessairement une loi religieuse, mais qui y est souvent réduite et qui subit en conséquence le contrecoup de cette interdiction. Il y a sur ce point une vraie réflexion à mener sur les terres de la philosophie du droit, mais la question déborde évidemment le cadre de cet ouvrage.

303. Une garantie démocratique. En démocratie, c'est le peuple qui, en tant que souverain, détient l'ultime pouvoir de décision politique, le pouvoir du dernier mot. C'est donc lui que la laïcité entend, au premier chef, laisser libre d'adopter les grandes décisions politiques qui engageront son destin, en le déliant de toute hétéronomie notamment religieuse. C'est pourquoi, conformément à la théorie décisionniste (ou volontariste), la laïcité postule que la volonté générale n'est point enfermée dans un cadre délimité par une doctrine religieuse,

---

[1] Émile Poulat, *Liberté, laïcité. La guerre des deux France et le principe de la modernité*, éd. Le Cerf et Cujas, 1987, p. 211.

[2] Adhémar Esmein, *Éléments de droit constitutionnel français et comparé* [1914], Éditions Panthéon-Assas, coll. Les introuvables, 2008, p. 1182.

qui aurait par avance tracé les limites du permis et de l'interdit, de l'acceptable et de l'impossible. Lorsque la Nation souveraine (ou ses représentants) arrête l'intérêt général, la volonté générale est non seulement déliée du respect des règles de droit existantes qu'elle peut modifier à loisir, mais aussi de tout précepte religieux. Le souverain national doit pouvoir décider de tout. Jean Jaurès affirmait ainsi sans ambages : « L'exercice de la souveraineté, l'exercice de la puissance politique dans les nations modernes n'est subordonné à aucune formule dogmatique de l'ordre religieux ou métaphysique. Il suffit qu'il y ait des citoyens, il suffit qu'il y ait des êtres majeurs ayant leur liberté, leur personnalité et désireux de mettre en œuvre ce droit pour que la nation moderne dise : voilà la source unique et profonde de la souveraineté. »[1]

Au souverain national est remis le pouvoir de décider de tout. La loi majoritaire, propre – quoique différemment – à la démocratie et au régime représentatif, ne peut guère s'accommoder de règles supérieures, dans la mesure où une décision approuvée par la majorité peut renverser tout déterminisme, faire fi de toute limite. Si l'on veut laisser au peuple le soin d'établir la loi, il faut par définition exclure que cette loi ait à se conformer à des règles préexistantes. Sans cela, le peuple serait lié par ces règles et son pouvoir de décision serait écorné par elles. Si une vérité certaine existe, elle échappe logiquement à la libre appréciation d'une majorité politique. La loi de la gravitation ne peut davantage donner lieu à référendum qu'une vérité de foi. Affirmer la souveraineté de la Nation – ou du Parlement élu qui la représente – s'accommode difficilement d'un encadrement de la décision politique et de la règle juridique par une vérité révélée exposée par une Église. « Il n'y a pas de loi de Dieu, ni de finalités de l'ordre politique qui échapperaient à la délibération des citoyens. Tout ce qui règle l'existence de la cité de l'homme appartient à la décision des hommes. Elle n'est ni plus ni moins la formule, autrement dit, de l'autonomie démocratique. C'est en cela qu'elle complète l'idée de République. »[2] Alors que saint Paul disait de Dieu que « tout est de lui et par lui et pour lui »[3], l'article 2 de la Constitution énonce que le « principe » de la République est : « gouvernement du peuple, par le peuple et pour le peuple ». La plus haute source de légitimité politique n'est ainsi plus

---

[1] Jean Jaurès, Chambre des députés, 2e séance du 21 janvier 1910, *JO*, compte-rendu intégral des séances, 22 janvier 1910, p. 61.

[2] Marcel Gauchet, « Laïcité : le retour et la controverse », *Le débat*, n° 210, 2020, p. 139.

[3] Saint Paul, *Épître aux Romains*, 11, 36.

Dieu mais le peuple, et c'est du second plutôt que du premier que découlent toutes les règles de droit.

C'est pourquoi, si la laïcité est souvent envisagée dans une perspective de libertés publiques, il faut d'abord la replacer dans le cadre d'une théorie de l'État, parce qu'elle est insécable des institutions républicaines et en constitue un pilier essentiel, comme le rappelle l'article 1er de la Constitution.

304. La séparation instituée en 1905. La loi concernant la séparation des Églises et de l'État du 9 décembre 1905 instaure une nouvelle configuration des relations entre les autorités temporelles et spirituelles, qui donne l'avantage à l'État. En effet, en rompant unilatéralement le Concordat, l'État entendait définir lui-même, et seul, ses rapports avec l'Église et la place qu'il entendait lui conférer dans la société. Depuis 1905, les Églises sont exclues de la sphère publique, comme nous l'avons indiqué (v. §126). L'article 44 de la loi de 1905 dispose que « sont et demeurent abrogées toutes les dispositions relatives à l'organisation publique des cultes antérieurement reconnus par l'État ». Sauf en Alsace-Moselle où le régime des cultes reconnus maintient leur statut de droit public, ainsi que dans quelques territoires d'outre-mer, les Églises ne sont plus dotées d'un statut officiel, ni financées par l'État et, selon l'article 2 de la loi de Séparation, « les établissements publics du culte sont supprimés ».

La laïcité repousse aussi le poids politique des Églises, de façon à affranchir le pouvoir politique de la tutelle de toute institution religieuse et de lui permettre de poursuivre sa fin propre sans être dominé par une telle institution. L'État entend exclure les Églises de la gestion politique de la Cité et les réduire au rôle d'associations privées. C'est pourquoi le *Vocabulaire juridique* de Gérard Cornu inclut dans la laïcité « le monopole des pouvoirs publics dans l'exercice des fonctions étatiques (législation, gouvernement, justice) et l'exclusion de toute participation des autorités religieuses dans ces domaines »[1]. Les Églises ne remplissent dès lors plus de fonctions reconnues par l'État dans la régulation sociale. Et l'intérêt religieux pris en charge par les Églises n'est lui-même plus considéré comme un service public cultuel (v. §124).

Il s'agissait ainsi pour l'État de parachever la souveraineté qui est la sienne sur la société française, en éliminant la concurrence qui pouvait

---

[1] Gérard Cornu (dir.), « Laïcité », *Vocabulaire juridique*, PUF, coll. Quadrige, 9e éd., 2011, p. 594.

lui être faite par les institutions religieuses. La souveraineté étatique règne seule sur la sphère publique. Aucune autorité religieuse ne peut prétendre le concurrencer, de même d'ailleurs qu'il accepte en retour de n'intervenir en matière religieuse que si l'intérêt général et l'ordre public l'exigent. Selon la formule d'Émile Poulat, la loi de 1905 pose un principe d'« *incompétence réciproque* (l'État renonce à intervenir dans le fonctionnement public du culte ; l'Église perd sa position officielle dans la vie publique de la nation) »[1].

Pour garantir ce principe, la loi empêche d'ailleurs toute forme d'ingérence des Églises dans les affaires politiques.

B. EMPÊCHER UNE IMMIXTION POLITIQUE INDUE DES ÉGLISES

En 1905, la préservation du domaine politique est garantie par un triple mécanisme : les associations cultuelles ne peuvent assumer que des activités cultuelles, les ministres du culte ne doivent pas prendre publiquement de positions politiques et les lieux de culte ne doivent pas être détournés de leur usage religieux.

305. Spécialiser les associations cultuelles dans la gestion des cultes. La loi du 9 décembre 1905 impose aux « associations pour l'exercice des cultes »[2], communément appelées associations cultuelles, de n'avoir pour objet exclusif que l'exercice du culte[3]. Elles sont par définition des associations *spécialisées*, qui ne peuvent assumer d'autres activités sociopolitiques que l'administration du culte. L'objectif est ainsi de murer ces associations dans leur objet cultuel et de les empêcher d'en sortir et de s'immiscer dans la gestion des affaires politiques et sociales dont l'État veut être le seul dépositaire.

Une telle exclusion sera toutefois rapidement assouplie. Dès 1907, des associations ordinaires, fondées sur la loi de 1901, pourront se constituer pour assumer une fonction religieuse, tout en ayant également d'autres objets (v. §532). Mais ces objets devront néanmoins demeurer hors de la sphère politique.

306. Interdire aux ministres du culte de prendre des positions politiques. Tout est mis en œuvre pour que le ministre du culte n'intervienne pas, en cette qualité, dans les débats politiques. Afin de veiller à ce que les ministres du culte ne portent pas atteinte à l'image

---

[1] Émile Poulat, *Liberté, laïcité. La guerre des deux France et le principe de la modernité*, éd. Le Cerf et Cujas, coll. Éthique et Société, 1987, p. 429.

[2] Article 18 de la loi du 9 décembre 1905.

[3] Article 19 de la loi du 9 décembre 1905.

des fonctions publiques et de ceux qui les exercent, l'article 34 de la loi (qui remplace certaines dispositions du Code pénal de 1810) permet de réprimer un ministre du culte qui, « dans les lieux où s'exerce ce culte », aura publiquement « outragé ou diffamé un citoyen chargé d'un service public », que ce soit par des discours ou des lectures, par voie d'affichage ou d'écrits distribués. Un ministre du culte se rendant coupable de telles infractions est passible d'une amende de 3 750 euros et d'un emprisonnement d'un an ou d'une seule de ces deux peines. Ce régime plus sévère pour les ministres du culte que pour toute autre personne est justifié par l'autorité morale particulière que les fidèles attachent à la fonction sacerdotale. Quelques condamnations furent prononcées dans les premières années d'application de la loi[1], à une époque où la virulente opposition entre l'Église catholique et le Gouvernement rendait l'invective possible ; l'article est en revanche tombé en désuétude depuis lors.

De même, un ministre du culte s'exposerait à cinq ans d'emprisonnement et 75 000 euros d'amende si, dans les lieux où s'exerce le culte, il prononçait un discours ou bien affichait ou distribuait un écrit contenant « une provocation directe à résister à l'exécution des lois ou aux actes légaux de l'autorité publique, ou s'il tend à soulever ou à armer une partie des citoyens contre les autres »[2]. Il s'agit d'une infraction pénale, plusieurs fois appliquée au lendemain de la loi de 1905. Elle le fut notamment à l'encontre des prêtres qui ont invité leurs fidèles à refuser les inventaires des biens cultuels demandés par le gouvernement sur le fondement de l'article 3 de la loi de 1905 ou à refuser l'emploi de certains livres scolaires pourtant prescrits par l'autorité administrative. L'évêque de Cahors a par exemple été condamné pour avoir lu, dans la cathédrale, un mandement dans lequel il interdisait aux instituteurs, sous peine d'exclusion des sacrements, d'utiliser plusieurs manuels scolaires d'histoire ou de morale figurant sur la liste officielle des manuels en usage dans les établissements scolaires : comme cette liste constituait un acte légal des autorités publiques, l'incitation à y résister tombait sous le coup de l'article 35 et justifia que l'évêque soit condamné à une amende de 25 francs[3].

Il est possible de mentionner aussi, à titre historique, le fait que l'article 40 de la loi de 1905 indique que, « pendant huit années à partir

---

[1] V. Mélanie Lopez, *Liberté religieuse et contrôle des cultes en France et en Espagne : lieux et ministres*, thèse, Paris-Sud XI, 2010, p. 301-304.

[2] Article 35 de la loi du 9 décembre 1905.

[3] Cass., crim., 7 juillet 1910, *Victor Laurens*, bull. n° 363, p. 683.

de la promulgation de la présente loi, les ministres du culte seront inéligibles au conseil municipal dans les communes où ils exerceront leur ministère ecclésiastique ». Même s'il n'a plus lieu de s'appliquer, l'article n'est (curieusement) pas abrogé.

307. Cantonner les édifices du culte à leur usage religieux. La loi de Séparation empêche également de détourner le lieu de culte de sa destination et d'en faire un lieu de propagande politique[1]. L'alinéa 1er de l'article 35-1 « interdit de tenir des réunions politiques dans les locaux servant habituellement à l'exercice d'un culte ou dans leurs dépendances qui en constituent un accessoire indissociable » et « d'y afficher, d'y distribuer ou d'y diffuser de la propagande électorale »[2]. Il s'agit ainsi d'empêcher les Églises de faire de leurs lieux de culte – et, depuis la loi du 24 août 2021, de leurs dépendances qui en sont un accessoire indissociable – des centres politiques clandestins. La violation de cet article peut, depuis l'article 84 de la loi de 2021, être sanctionnée par une peine d'un an d'emprisonnement et une amende de 15 000 euros. Mais cet article n'a jamais été appliqué. En 2002, le Conseil d'État a considéré que la distribution par un prêtre d'une lettre ouverte écrite à l'intention d'un candidat aux élections municipales « n'a pas constitué une pression exercée sur les électeurs susceptible d'altérer la sincérité du scrutin » qui se tenait quelques jours après, car le prêtre se contentait de réagir à une proposition émise par le candidat de supprimer les manifestations religieuses à l'occasion des cérémonies officielles, qu'il n'apportait son soutien à aucun autre candidat et qu'il a été possible au candidat destinataire de la lettre d'y répondre avant le scrutin[3].

Dans une perspective comparable, l'alinéa 2 de l'article 35-1 (datant de 2021) interdit d'organiser des opérations de vote dans un local servant habituellement à l'exercice du culte ou utilisé par une association cultuelle, afin de garantir la sincérité du scrutin et la liberté de suffrage. *A priori* étonnante, cette précision n'est pas extravagante, le Conseil constitutionnel ayant déjà invalidé, lors de l'élection présidentielle de 2022, un scrutin qui s'était « déroulé dans une église

---

[1] V. Isabelle Muller-Quoy, « Militance et actions politiques dans les salles de prière », *Droit et cultures*, n° 51, 2006, p. 67 ; Anne-Laure Youhnovski Sagon, « L'interdiction des réunions politiques, de la propagande électorale et des opérations de vote dans les locaux servant à l'exercice du culte », *RDR*, n° 16, 2023, p. 33.

[2] Article 35-1 de la loi du 9 décembre 1905 (avant sa renumérotation par la loi du 24 août 2021, il s'agissait de l'article 26).

[3] CE, 11 février 2002, *Élections municipales de Nant*, n° 235819.

où le confessionnal servait d'isoloir »[1]. À l'inverse de l'alinéa 1er, l'interdit s'adresse ici aux autorités publiques locales : il s'agit davantage d'exclure que les pouvoirs publics utilisent un édifice du culte à des fins politiques, plutôt que d'empêcher les communautés religieuses de transformer elles-mêmes la destination de ces édifices. Alors que l'alinéa 1er cherche à « renforcer la neutralité politique de l'espace religieux », l'alinéa 2 doit « affirmer la neutralité religieuse de l'espace électoral »[2].

En outre, l'article 13 de la loi de 1905 précise que l'une des raisons pour lesquelles des lieux de culte qui sont propriétés publiques peuvent être désaffectés – c'est-à-dire que leur affectation à l'usage du culte cesse – est précisément le cas où « les édifices sont détournés de leur destination ». Ce détournement pourrait bien entendu résulter d'un usage politique prolongé d'un édifice du culte.

308. De nouvelles sanctions complémentaires. Adoptée pour lutter contre le séparatisme islamique, la loi n° 2021-1109 confortant les principes de la République du 24 août 2021 a alourdi les sanctions traditionnellement applicables à l'immixtion politique du ministre du culte ou au détournement de l'usage du culte, comme nous l'avons indiqué. De plus, elle leur a adjoint des sanctions complémentaires.

Les peines applicables à ces différents faits peuvent se voir adjoindre « à la place de ou en même temps » la « peine complémentaire obligatoire »[3] prévue à l'article 131-6, 12° du Code pénal, c'est-à-dire « l'interdiction, pour une durée de trois ans au plus, de paraître dans certains lieux ou catégories de lieux déterminés par la juridiction et dans lesquels l'infraction a été commise », en l'espèce un ou des lieux de culte[4]. Ce n'est que par exception, précise le nouvel article 36-1 de la loi de 1905, que le juge peut, « par une décision spécialement motivée », ne pas prononcer cette peine « en considération des circonstances de l'infraction et de la personnalité de son auteur ».

En outre, lorsque l'un de ces délits est commis, l'article 36 de la loi de 1905 dans sa rédaction issue de la loi de 2021 prévoit que

---

[1] Cons. const., 22 avril 2022, *Proclamation des résultats de l'élection du président de la République*, n° 2022-197 PDR, considérant 2.

[2] Anne-Laure Youhnovski Sagon, « L'interdiction des réunions politiques, de la propagande électorale et des opérations de vote dans les locaux servant à l'exercice du culte », *RDR*, n° 16, 2023, p. 37.

[3] Julie Alix, « La répression convoquée au soutien des principes de la République », *RDR*, n° 13, 2022, p. 147.

[4] Article 36-1 de la loi du 9 décembre 1905.

« l'association constituée pour l'exercice du culte » et assumant la gestion de « l'immeuble où l'infraction a été commise » (qu'elle en soit donc propriétaire, affectataire, etc.) sera « civilement responsable ». Il pèse ainsi sur elle une responsabilité de plein droit, qui doit inciter le bureau de l'association à assurer une police intérieure renforcée. L'association ne pourra s'exonérer de cette responsabilité que « si l'infraction a été commise par une personne non membre de l'association ou n'agissant pas à l'invitation de celle-ci et dans des conditions dont l'association ne pouvait avoir connaissance ».

309. La participation des Églises aux débats publics. En revanche, la volonté d'empêcher l'immixtion politique des Églises ne les empêche pas, aujourd'hui, de prendre part à certains débats politiques, notamment pour les questions les plus en lien avec la morale (famille, bioéthique, etc.). En tant qu'elles forment désormais une composante de la société civile, les Églises peuvent faire entendre une parole qui, si elle ne lie pas l'État souverain, participe aux questionnements entourant les grands débats de société, comme de nombreux autres acteurs privés (syndicats, porte-paroles de différents mouvements politiques, *lobbies*, etc.). C'est à ce titre que l'intervention des Églises dans le débat public est aujourd'hui bien mieux tolérée qu'en 1905. Leur prise de parole médiatique n'est plus contestée, les représentants des cultes sont auditionnés par les chambres parlementaires lorsque certains textes ayant un impact moral sont discutés au Parlement, etc.

L'évolution par rapport à 1905 est patente et explique pourquoi les mécanismes faisant obstacle à l'intervention politique des Églises sont assez largement désuets.

La grande différence d'avec 1905 est que, à l'époque, suite à la suppression des corps intermédiaires par la Révolution de 1789, la société avait une structure très individualiste. Les syndicats et les associations venaient tout juste d'être légalisés. Mais grâce au régime des cultes reconnus, les différents cultes reconnus étaient restés des instances officielles dans la société, où ils possédaient un statut de droit public. Par la loi de 1905, les républicains entendaient précisément leur dénier cette singularité et saper leur poids politique, notamment celui de l'Église catholique. La loi de Séparation devait précisément trancher le lien qui avait été tressé par le Concordat et les Articles organiques entre les Églises et l'État. D'où les dispositifs dirigés contre l'intervention politique des ministres du culte ou contre un usage politique des lieux de culte.

Aujourd'hui, la situation a bien changé. D'une part, le poids politique des Églises est faible et les fonctions politiques sont parfaitement détachées de toute interférence religieuse. La sécularisation des mentalités fait que beaucoup de citoyens ont intériorisé la séparation du politique et du religieux et ne prêtent guère l'oreille aux admonestations des autorités religieuses lorsqu'ils sont dans l'isoloir. D'autre part, devant la multiplication des groupements privés, notamment ceux reconnus par l'État d'une manière ou d'une autre (subventionnés ou reconnus d'utilité publique par exemple), le refus de prendre en considération les groupes religieux et d'écouter la voix qu'ils portent serait difficile à justifier. Sans adhérer à leurs propos et à leurs convictions, l'État ne peut plus guère les écarter péremptoirement et leur imposer silence, alors qu'il écoute (parfois très complaisamment) d'autres groupements privés, moins représentatifs.

Si elles n'ont pas de place officiellement reconnue dans les instances délibératives de l'État, les Églises n'en prennent donc pas moins part aux débats publics, au même rang que celui des groupes de pression, des partenaires sociaux, de certains *Think-tanks*, etc. Il n'y a en effet aucune raison que les convictions religieuses soient moins légitimes à s'exprimer que les convictions philosophiques, les revendications de minorités marginales ou les intérêts financiers des lobbies. Au contraire, les représentants des différentes Églises peuvent faire entendre une voix originale, enrichissant le débat public. Les Églises entrent ainsi dans la compétition délibérative et médiatique pour influencer l'opinion publique et engager le dialogue avec les autorités politiques dans l'espoir d'influer sur les textes juridiques.

Bien que cette activité soit parfois apparentée à du *lobbying*, la loi n° 2018-727 du 10 août 2018 pour un État au service d'une société de confiance (ESSoC) a exclu les associations à vocation cultuelle de la liste des personnes susceptibles d'être reconnues comme des représentants d'intérêts (groupes de pression, *lobby*). En effet, dans un souci de transparence de la vie publique, la loi ESSoC entend limiter et rendre publics les échanges entre les lobbies et les gouvernants. Les associations à vocation religieuse sont toutefois exclues de cette liste, afin de faire perdurer un dialogue serein avec ces institutions et ne pas empêcher les autorités religieuses de se faire entendre auprès des autorités publiques[1].

---

[1] V. Elsa Forey, « Relations entre les cultes et les pouvoirs publics : le législateur prêche la confiance », *AJDA*, 2018, p. 2141.

En définitive si l'on veut empêcher une influence indue et larvée des Églises dans la vie politique, leur intervention publique, au grand jour, est bien plus facilement tolérée, dans la mesure où leur parole est de toute façon appréhendée avec distance.

II. ÉDICTER LE DROIT POSITIF SANS RÉFÉRENCE À DES RÈGLES RELIGIEUSES

310. La laïcité du droit. L'autonomie de l'État souverain implique la laïcité de son droit. En d'autres termes, la loi de Dieu ne peut plus avoir de force politique ou juridique (ce qui, là encore, était déjà établi avant la IIIe République). Et la loi étatique est religieusement neutre parce qu'elle est parfaitement indépendante, aussi bien dans sa validité que dans son contenu, de tout précepte religieux. Cette indépendance de la normativité juridique est, à la fois, un droit de l'État, affranchi d'une contrainte, et une obligation, puisqu'il doit veiller à ne pas s'inféoder à une doctrine religieuse.

Il revient donc à l'État, et à lui seul, de déterminer les règles applicables à la communauté politique. Les religions sont diverses, alors qu'une communauté politique a besoin d'unité. Les règles religieuses ne sont pas admises par tous, alors que le droit régit au contraire le comportement de tous les sujets de droit. La laïcité du droit doit ainsi permettre de transcender les différences d'opinions religieuses et de générer des règles communes dont la légitimité soit également acceptable par tous. C'est pourquoi « on reconnaît au principe de laïcité une vertu intégratrice en ce qu'il permet, en rassemblant tout un chacun sous la bannière des "règles communes", d'incorporer à une communauté nationale, fondée sur des valeurs et des principes caractéristiques d'un choix de société, des individualités tout aussi distinctes que variées. »[1] En ce sens, la laïcité de la République rejoint son indivisibilité, ces deux adjectifs lui étant attribuées par l'article 1er de la Constitution.

311. Repousser les règles religieuses hors du droit. Par voie de conséquence, le droit français n'a pas vocation à donner force de loi aux prescriptions religieuses. Son autonomie politique justifie au contraire que l'État souverain ne soit soumis à aucune règle étrangère à son ordre

---

[1] Caroline Cochet, « La laïcité et le vivre ensemble en République française », *RDR*, n° 15, 2023, p. 137.

juridique, à aucune règle à laquelle il n'aurait pas conféré la force obligatoire de la normativité juridique, que ce soit d'ailleurs en droit public ou en droit privé[1]. Aucune Église ne peut donc prescrire à l'État le droit qu'il doit émettre, ni le contenu qu'il doit lui donner.

Et le droit n'épaule plus les religions pour assurer le caractère obligatoire de leurs prescriptions. Le droit ne consacre ainsi nullement un hypothétique *délit de blasphème*. L'article 172 de la loi n° 2017-86 du 27 janvier 2017 a abrogé le délit de blasphème en Alsace et en Moselle, où le droit local l'admettait jusque-là sans l'avoir jamais appliqué depuis la réincorporation de ces départements à la France en 1918. Le délit de blasphème est donc introuvable en droit français. L'*insulte à Dieu* n'est plus, en tant que telle, réprimée par le droit ni par les instances juridictionnelles.

À cet égard, on cite souvent l'exemple (historique) de la loi du 20 avril 1825 instaurant la répression des crimes et des délits commis dans les édifices ou sur les objets consacrés à la religion publique[2]. Cette loi, dite loi du sacrilège, réprimait le vol sacrilège et les délits commis dans les églises ou sur les objets consacrés appartenant à l'un des cultes « légalement établis en France » (dans le système des cultes reconnus, il s'agissait bien entendu des quatre cultes bénéficiant d'une reconnaissance officielle). Les peines encourues étaient très sévères : décapitation ou travaux forcés à perpétuité. Cette loi « était une concession aux exigences des plus excités des ultra-royalistes de l'époque de la Restauration, mais dont l'application soumise à des conditions si draconiennes qu'elle était en fait inapplicable ; elle ne fut d'ailleurs jamais appliquée »[3] et elle fut rapidement abrogée par la loi du 11 octobre 1830. Dans un système laïc, il est clair qu'une telle législation, même non suivie d'effet, serait difficilement envisageable.

Bien entendu, il est toujours possible de s'interroger sur la parenté que certains interdits juridiques entretiennent avec des règles morales ou religieuses. Évidemment, l'interdiction du meurtre est en concordance avec les impératifs religieux posant la même interdiction (on pense en particulier au Décalogue). Ce sujet est beaucoup abordé

---

[1] V. Suzel Ramaciotti, *Laïcité et droit privé*, Dalloz, coll. Nouvelle bibliothèque de thèses, vol. 220, 2022, 491 pages.

[2] V. Jacqueline Lalouette, *La séparation des Églises et de l'État. Genèse et développement d'une idée. 1789-1905*, Le Seuil, coll. L'univers historique, 2005, p. 94-102.

[3] Patrice Gueniffey, *La politique de la Terreur. Essai sur la violence révolutionnaire (1789-1794)*, Gallimard, coll. Tel, 2000, p. 98.

par la doctrine et il n'est pas question d'y revenir ici. Il est néanmoins possible de dire que ce n'est plus de leur nature religieuse que de tels impératifs tirent leur force obligatoire. D'un strict point de vue juridique (sans évoquer, donc, les questions afférentes au poids sociologique ou anthropologique qu'ont ou que n'ont plus les religions), on peut dire que l'État reçoit une telle règle dans son droit positif parce qu'il juge souverainement qu'elle est nécessaire à l'intérêt général, et non pas parce qu'il se sentirait tenu de respecter un dogme religieux. Et d'ailleurs, on sait combien les aménagements que l'État veut apporter à certaines règles, par exemple en matière bioéthique, peuvent soulever d'opposition de la part des grandes religions et des Églises les représentant, justement parce que l'État entend affirmer sa complète autonomie dans la détermination des règles de droit positif.

312. Articuler les règles religieuses avec le droit. Mais non content de se séparer de la loi religieuse, le droit français a aussi pu chercher à réduire les normes religieuses à portion congrue, car les autorités publiques ont pu y voir une possible concurrence normative avec le droit positif. En effet, les règles juridiques et les règles religieuses s'imposent par définition aux mêmes personnes : les croyants sont en même temps citoyens d'un État et toute césure entre le croyant et le sujet de droit serait purement artificielle. Aussi l'État a-t-il cherché à régir le comportement des individus en refusant qu'ils puissent, au nom de leur foi, revendiquer l'application des prescriptions religieuses auxquelles ils adhèrent. Jugeant que certaines règles religieuses ont un « potentiel séditieux »[1], le droit français a voulu les marginaliser, voire les remplacer, de façon à éviter que se constituent des communautés appuyées sur des règles différant des règles juridiques communes. L'ambition est, là encore, de créer une unité et une indivisibilité du peuple par le droit et d'assurer la prévalence de la souveraineté de l'État, seul habilité à déterminer les droits et obligations de ses sujets.

Dès la Révolution française, l'État lutta contre les règles religieuses que les individus pouvaient préférer aux règles étatiques. L'une des manifestations de cette lutte, qui figure toujours dans le droit français, est la volonté de soumettre l'état des personnes au droit français plutôt qu'aux règles religieuses. Ce fut tout particulièrement le cas du mariage. Sous la Terreur, il fut ainsi interdit à un ministre du culte de célébrer un mariage religieux avant le mariage civil. Aujourd'hui,

---

[1] Suzel Ramaciotti, *Laïcité et droit privé*, Dalloz, coll. Nouvelle bibliothèque de thèses, vol. 220, 2022, p. 434.

l'article 433-21 du Code pénal sanctionne un ministre du culte qui procéderait « de manière habituelle » à la célébration d'un mariage religieux avant celle du mariage civil. L'article 83 de la loi n° 2021-1109 confortant les principes de la République du 24 août 2021 porte les peines encourues de 6 mois à 1 an de prison (laissant inchangé le montant de l'amende : 7 500 euros) et prévoit une possible interdiction de séjourner sur le territoire national si le ministre du culte incriminé est étranger. Cette prohibition entendait, dès la Révolution, séparer drastiquement le mariage au sens juridique de l'office religieux et placer l'institution de la famille sous le regard de la loi avant celui de Dieu. Et de cette façon, « le mariage religieux [n'est] que la répétition devant un ministre du culte du mariage civil qui lui apporte les garanties procédurales nécessaires pour s'assurer du consentement des époux et produit des effets juridiques reconnus par l'État »[1]. L'infraction vise donc autant la protection du libre consentement des époux que la prévalence et l'autonomie de l'ordre juridique étatique sur l'ordre religieux[2]. Paradoxalement donc, en devant s'assurer que la cérémonie civile a bien précédé la cérémonie religieuse, « les ministres du culte sont ainsi désignés comme les garants de la suprématie de la législation civile. L'Église est partiellement responsable de la laïcisation du mariage, de l'état civil, et partant, de la société »[3], puisqu'il revient au ministre du culte de s'assurer, avant de célébrer le mariage religieux, que le mariage civil a bien eu lieu.

313. Une place ménagée aux règles religieuses dans certains territoires d'outre-mer. Par exception néanmoins, le droit français

---

[1] Hélène Pauliat, « Loi confortant le respect des principes de la République : un équilibre délicat entre liberté des cultes et police des cultes », *JCP A*, 2021, n° 42, 2306.

[2] La loi religieuse s'impose à l'État lorsqu'un étranger, soumis à une loi religieuse considérée comme loi civile dans son pays d'origine, fait valoir en France les droits qu'il tient de cette législation, comme par exemple un mariage religieux ayant valeur juridique dans certains pays. Face à cette situation (régie par le droit international privé), les pouvoirs publics français ne peuvent ignorer la loi religieuse appliquée à l'étranger et la traiteront comme une loi étrangère, le droit français se réservant de toute façon le droit de ne pas appliquer une loi étrangère contraire à l'ordre public. Ainsi le droit français reconnaît-il pleinement la valeur des mariages religieux conclus à l'étranger si ceux-ci ont valeur juridique dans le pays d'origine des étrangers mariés ; ils produiront tous leurs effets en France. Sur cette question, v. Francis Messner, Pierre-Henri Prélot, Jean-Marie Woehrling et Isabelle Riassetto (dir.), *Traité de droit français des religions*, LexisNexis, 2e éd., 2013, p. 1039-1050.

[3] Thierry Revêt, « De l'ordre des célébrations civile et religieuse du mariage », *JCP G*, 1987, n° 20, doctr. 3309, §5.

reconnaît parfois un statut juridique aux règles religieuses. Par exemple, à Mayotte, l'état et la capacité des personnes, le régime matrimonial, le droit des successions et des libéralités s'appuient sur le statut religieux, notamment pour les citoyens musulmans, même si l'on relève un rapprochement sans cesse grandissant de ce droit local religieux avec le droit civil français (v. §215).

D'un point de vue théorique toutefois, cette application de règles religieuses demeure compatible avec la souveraineté de l'État, dans la mesure où c'est lui qui a *concédé*, sur le fondement de son propre droit, l'application de ces règles religieuses. Il n'en reste pas moins que ces spécificités locales constituent une entorse pratique à la laïcité du droit.

III. GARANTIR LA LIBRE ORGANISATION DES SERVICES PUBLICS

314. Le service public, incarnation de l'intérêt général. Le service public est traditionnellement l'une des principales manières par lesquelles les personnes publiques donnent chair à l'intérêt général et concourent à sa satisfaction. Lorsqu'elles admettent qu'une activité est d'intérêt général, elles l'érigent en service public et l'organisent de la manière la plus adéquate à la réalisation de cet objectif. Aussi, pour que le service public puisse être pleinement orienté vers l'intérêt général, son organisation et son fonctionnement ne doivent pas être parasités par d'autres types de considérations. Les gestionnaires des services publics ne doivent notamment pas être animés par des motivations religieuses. L'autonomie du politique vis-à-vis du religieux doit alors garantir la libre organisation des services publics. Aussi les revendications religieuses des usagers doivent-elles être traitées au prisme de l'intérêt général, ce qui implique que le gestionnaire du service n'ait jamais l'obligation de les prendre en considération (A). Toutefois, le juge admet que le gestionnaire du service puisse tenir compte des convictions religieuses de ses usagers, mais ce n'est alors qu'une simple faculté (B) qui, de surcroît, demeure limitée (C).

A. L'AUTONOMIE VIS-À-VIS DES REVENDICATIONS RELIGIEUSES DES USAGERS

315. Revendications des usagers et accommodements raisonnables. S'il n'est aujourd'hui plus à craindre qu'un service public soit globalement placé sous la domination d'une Église, les gestionnaires des services publics sont plus souvent confrontés aux revendications religieuses des usagers. La perte d'autonomie du service public pourrait alors provenir de la pression des usagers ou de cette tendance des services publics à vouloir, de plus en plus, prendre en considération les desideratas des usagers, dans une logique clientéliste.

Se dessine alors en filigrane la doctrine des accommodements raisonnables. Cette doctrine consiste « à modifier des normes, des pratiques ou des politiques légitimes et justifiées, qui s'appliquent sans distinction à tous, pour tenir compte des besoins particuliers de certaines minorités »[1]. L'accommodement raisonnable entend faire droit aux revendications d'une minorité, dans la mesure où ces revendications seraient raisonnables, car exemptes de caractère préjudiciable pour autrui, pour l'ordre public et pour le fonctionnement du service public. De tels accommodements raisonnables prennent une posture résolument subjective ; ils adoptent le point de vue de l'usager. Or certains tenants de cette doctrine jugent, notamment au Canada, que le service doit alors se réorganiser pour faire droit, aussi systématiquement que possible, à ces demandes *raisonnables*. Mais si les usagers peuvent faire valoir leur religion au gestionnaire du service public et que celui-ci est obligé d'en tenir compte, la question est alors de savoir ce qu'il reste de l'autonomie d'organisation du service public, qui paraît sérieusement hypothéquée.

L'invocation récurrente de cette doctrine apparaît comme une nouvelle manifestation de l'évolution de la laïcité. La laïcité-neutralité pourrait en effet justifier ces accommodements raisonnables, dans la mesure où l'administration ne prend pas parti pour un culte en les offrant, mais conforte la liberté religieuse. Selon certains auteurs, « le principe de neutralité, si l'on veut bien ne pas retenir une conception offensive et donc nécessairement exclusive de la laïcité, ne s'oppose pas pour autant à certains accommodements pour tenir compte des spécificités religieuses et faciliter le respect des préceptes religieux, sous réserve du bon fonctionnement du service. »[2] La laïcité-séparation aurait quant à elle été beaucoup plus rétive à ces accommodements.

Mais jusqu'où le droit individuel de religion peut-il interférer avec le fonctionnement normal et neutre des services publics et avec l'intérêt

---

[1] José Woehrling, « L'obligation d'accommodement raisonnable et l'adaptation de la société à la diversité religieuse », *Revue de droit de McGill*, vol. 43, 1998, p. 328.

[2] Cécile Castaing, « Laïcité et liberté religieuse du patient à l'hôpital », *AJDA*, 2017, n° 44, p. 2505.

général que doit réaliser ce service ? Le risque serait celui « de l'émiettement d'un système juridique occupé davantage à ne pas troubler des pratiques individuelles qu'à construire et garantir les règles du bien commun »[1]. Sans compter le fait, souvent relevé, que les revendications des usagers pourraient se diversifier et s'avérer parfois incompatibles entre elles.

316. Les usagers n'ont pas le droit à ce que leur foi soit prise en compte. C'est pourquoi, pour éviter que le service public se trouve placé sous la dépendance des revendications religieuses des usagers, il est de jurisprudence constante que les usagers n'ont pas droit à ce que leurs convictions religieuses soient prises en compte dans l'organisation ou le fonctionnement des services publics. En d'autres termes, l'autorité organisatrice du service public ou son gestionnaire ne sont point contraint de prendre en considération de telles convictions. Selon l'interprétation qu'en a donné le Conseil constitutionnel en 2004, « les dispositions de l'article 1er de la Constitution aux termes desquelles "la France est une République laïque" [...] interdisent à quiconque de se prévaloir de ses croyances religieuses pour s'affranchir des règles communes régissant les relations entre collectivités publiques et particuliers »[2]. D'après cette décision, « la laïcité se définit par la soumission à la loi commune et l'inopposabilité à la puissance publique de toute forme d'objection de conscience religieuse individuelle »[3]. L'Assemblée nationale a elle aussi proclamé ce principe dans une résolution du 31 mai 2011 : « dans une République laïque nul ne peut se prévaloir de ses croyances religieuses pour s'affranchir des règles communes régissant les relations entre collectivités publiques et particuliers. »[4] La laïcité du droit fait à nouveau figure de corollaire du

---

[1] Frédéric Dieu, « Convictions religieuses et ajustements de la norme commune : raideur théorique et souplesse jurisprudentielle », *RDR*, n° 7, 2019, p. 82.

[2] Cons. const., 19 novembre 2004, *Traité établissant une constitution pour l'Europe*, n° 2004-505 DC, considérant 18. Notes : J.-É. Schoettl, *LPA*, 2004, n° 238, p. 3 ; O. Gohin, *JCP A*, 2004, n° 53, comm. 1847, p. 1707 ; J.-C. Richi, *RRJ*, 2004, p. 2115 ; O. Dord, *AJDA*, 2005, p. 211 ; H. Labayle et J.-L. Sauron, *RFDA*, 2005, p. 1 ; C. Maugüé, *RDFA*, 2005, p. 30 ; F. Sudre, *RDFA*, 2005, p. 34 ; F. Luchaire, *RDP*, 2005, n° 1, p. 51 ; J. Roux, *RDP*, 2005, n° 1, p. 59 ; P. Cassia et E. Saulnier-Cassia, *JCP G*, 2005, n° 5, doctr. 108, p. 195.

[3] Pierre-Henri Prélot, « Définir juridiquement la laïcité », *Laïcité, liberté de religion et Convention européenne des droits de l'homme*, Gérard Gonzalez (dir.), Bruylant, coll. Droit et justice, 2006, p. 129.

[4] Assemblée nationale, *Résolution n° 672 sur l'attachement au respect des principes de laïcité, fondement du pacte républicain, et de liberté religieuse*, 31 mai 2011, point 4.

principe d'indivisibilité de la République : les normes juridiques, applicables à tous, garantissent l'unité du peuple français et personne ne peut s'en affranchir pour des considérations religieuses.

Il en va notamment ainsi lorsque les droits ou passe-droits revendiqués pourraient remettre en cause le fonctionnement normal ou continu du service[1] ou lorsqu'ils porteraient atteinte à l'ordre public ou nuiraient au bon fonctionnement des services publics[2]. La Cour européenne des droits de l'homme (CEDH) elle-même juge que « la liberté de religion n'astreint pas les États contractants à créer un cadre juridique déterminé pour accorder aux communautés religieuses un statut spécial impliquant des privilèges particuliers »[3].

L'usager n'a pas donc le droit, par exemple, de récuser un agent public et de demander à être mis en contact avec un autre agent. Même si un patient dispose en principe du droit de choisir son médecin[4], ce choix ne doit pas conduire à désorganiser le service public, à créer des désordres ou à compromettre les exigences d'hygiène et de sécurité ; aussi les contraintes organisationnelles justifient-elles qu'un patient ne puisse être soigné par un médecin du même sexe, malgré sa demande fondée sur ses croyances religieuses[5]. Semblablement, les usagers ne peuvent exiger aucune adaptation du service pour tenir compte de leurs convictions personnelles : il n'est pas possible, par exemple, de demander une absence de mixité dans l'usage d'équipements sportifs.

317. Un délit sanctionnant l'intimidation destinée à s'exonérer des règles du service public. Évidemment, ce principe n'empêche pas la persistance de pressions des usagers. Aussi la loi n° 2021-1109 confortant les principes de la République du 24 août 2021 a-t-elle créé un délit sanctionnant le fait d'user de menaces ou de violences ou de

---

[1] CE, ass., 14 avril 1995, *Koen*, n° 125148. Conclusions : Y. Aguila, *RFDA*, 1995, p. 585. Notes : J.-H. Stahl et D. Chauvaux, *AJDA*, 1995, p. 572 ; G. Koubi, *Recueil Dalloz*, 1995, p. 481.

[2] CE, 21 juin 2022, *Commune de Grenoble*, n° 464648, point 8. Notes : J.-P. Camby et J.-É. Schoettl, *RFDA*, 2022, p. 689 ; F. Chaltiel, *LPA*, 2022, n° 7-8, p. 4 ; X. Bioy, *AJDA*, 2022, p. 1736 ; G. Le Chatelier, *AJCT*, 2022, p. 451 ; G. Gonzalez, *JCP G*, 2022, n° 26, act. 803, p. 1292 ; G. Eveillard, *Dr. Adm.*, 2022, n° 10, comm. 38, p. 37 ; L. Eck, *JCP A*, 2022, n° 34, comm. 2237 ; P. Deumier, *RTD civ.*, 2023, n° 1, p. 70 ; F. Lemaire, *RDR*, n° 15, 2023, p. 187.

[3] CEDH, gd ch., 19 décembre 2018, *Molla Sali c/ Grèce*, n° 20452/14, §155. Note : M. Afroukh, *RTDH*, 2019, n° 120, p. 925.

[4] Article L. 1110-8 du Code de la santé publique.

[5] CAA Lyon, 10 août 2008, *M. et Mme Ijjou c/ CHU de Bourg-en-Bresse*, n° 05LY01218.

commettre tout autre acte d'intimidation à l'égard d'une personne participant à l'exécution d'une mission de service public, afin d'obtenir pour soi-même ou pour autrui une exemption totale ou partielle ou une application différenciée des règles qui régissent le fonctionnement du service[1]. Si de tels faits sont constatés, il revient au responsable du service public de déposer plainte au nom du service. On considère en effet, dans cette hypothèse, que c'est le service public lui-même, et non pas l'agent individuellement considéré, qui est mis en cause. Les annexes 6A et 6B de la circulaire n° MENG2232014C relative au Plan laïcité dans les écoles et établissements scolaires du 9 novembre 2022 proposent un modèle de plainte en cas d'actes d'intimidation destinés à obtenir une exemption aux règles d'un service public.

B. LA PRISE EN COMPTE DES DEMANDES RELIGIEUSES DES USAGERS

318. La réintégration de la liberté religieuse dans l'intérêt général. Se dessine aujourd'hui une tendance à considérer qu'il est d'intérêt général que toute personne puisse respecter les règles que lui prescrit sa conscience et pratiquer librement son culte, y compris lorsqu'elle est usager d'un service public.

Certes, le service public n'a jamais été différencié des religions au point d'ignorer que ses usagers ont des croyances religieuses. La loi du 28 mars 1882 disposait déjà que l'école primaire doit vaquer un jour par semaine afin de laisser aux enfants la faculté d'assister au catéchisme hors des heures et locaux scolaires. La loi de Séparation de 1905 admettait quant à elle la présence de services d'aumônerie dans certains services publics dont les usagers étaient empêchés de pratiquer leur culte sans ce secours, comme c'est le cas des détenus, des patients hospitalisés ou des élèves en internat (v. §421 ; §706). La séparation, là encore, n'a jamais été radicale. L'ignorance du fait religieux n'a jamais été un principe juridique.

Néanmoins, il s'agissait ici de dispositifs annexes au service public, qui pouvaient conduire à moduler l'organisation du service public, mais qui n'avaient guère d'impact sur l'intérêt général défini et mis en œuvre par l'administration. La mission de service public de l'enseignement ne variait pas du fait que les élèves pouvaient aller au catéchisme ou se rendre à l'aumônerie hors des heures de cours. L'intérêt général et l'intérêt religieux (privé) demeuraient bien distincts, ce qui n'excluait

---

[1] Article 433-3-1 du Code pénal.

pas que la définition et la mise en œuvre de l'intérêt général prennent en considération la liberté religieuse des individus, conformément à la tradition libérale du droit français qui n'ignore jamais les libertés individuelles.

Or, désormais, l'approche diffère quelque peu. C'est aujourd'hui la définition même de l'intérêt général qui peut intégrer des éléments de nature religieuse. Les besoins spirituels des individus ne sont plus seulement des intérêts privés que l'administration veille à ne pas écraser. La jurisprudence considère au contraire qu'il est d'intérêt général que les fidèles des différentes confessions puissent pratiquer leur culte, réintroduisant ainsi la liberté religieuse des individus dans les exigences de l'intérêt général. La séparation entre intérêt général et intérêt religieux devient donc plus poreuse.

En témoigne l'affaire de la mosquée de Montreuil. Grâce à son droit de préemption, la commune avait acheté un terrain jouxtant la mosquée, afin de le céder à l'association gestionnaire du lieu de culte pour permettre son agrandissement. Tels étaient les motifs explicites de la décision de préemption. La commune avait acquis le bien à une valeur inférieure à celle demandée par les propriétaires et entendait le revendre, pour le même prix, à l'association religieuse. L'une des questions soulevées par la décision municipale était celle de la légalité de l'usage du droit de préemption à de telles fins. Le rapporteur public avait considéré cet usage comme illégal, en raison de l'absence d'un intérêt général et de la seule présence d'un intérêt cultuel : le seul objectif poursuivi par la commune était l'agrandissement de l'édifice du culte, ce qui répondait sans doute à la nécessité que les croyants puissent pratiquer librement leur culte, mais ne constituait pas, selon lui, un intérêt général dissociable de cette liberté de culte[1]. Le Conseil d'État ne suivit toutefois pas son rapporteur public sur ce point. Il indique au contraire que « la seule circonstance que l'équipement collectif en vue duquel le droit de préemption est exercé vise à permettre l'exercice d'un culte n'est pas de nature à faire regarder la réalisation du projet comme ne répondant pas à un intérêt général

[1] « Nous pensons que la satisfaction des besoins religieux de la population ne fait pas partie des missions d'intérêt général dont les collectivités publiques sont investies. » (Arnaud Skzryerbak, « Principe de laïcité et droit de préemption pour un édifice cultuel. Conclusions sur CE, 22 décembre 2022, *Commune de Montreuil* », *RFDA*, 2023, n° 2, p. 337)

suffisant »[1]. Il semble ainsi que le Conseil d'État assimile le libre exercice du culte que veut faciliter la commune à un but d'intérêt général. Or l'intérêt général est ici purement religieux, ce qui constitue une « lecture ouverte »[2] du principe de laïcité.

Dans la mesure où les besoins religieux des individus peuvent apparaître désormais comme une composante possible de l'intérêt général déterminé par les personnes publiques, le service public peut lui-même être organisé en tenant compte de ces besoins, en tant qu'ils sont réintroduits dans la définition même de l'intérêt général. Le juge administratif a ainsi admis qu'il est d'intérêt général que tous les usagers puissent accéder au service public[3], y compris ceux dont les convictions religieuses pourraient freiner cet accès, parce qu'une cantine publique ne fournit pas de menus adaptés à leurs prescriptions alimentaires par exemple. En conséquence, si les administrations publiques ne sauraient être tenues de faire droit, par principe, aux revendications religieuses des citoyens et si elles ne doivent agir que pour servir l'intérêt général, il est de plus en plus aisément admis qu'elles puissent garantir autant que possible la compatibilité du service public avec les opinions religieuses des usagers, puisque c'est aussi un but d'intérêt général qu'ils puissent accéder à ce service.

Toute la question est alors de déterminer dans quelle mesure les revendications religieuses des usagers doivent être prises en considération par les services publics.

319. Les menus dans les cantines. La prise en compte des convictions des usagers est notamment une lancinante problématique des cantines des écoles, prisons ou hôpitaux. Beaucoup de gestionnaires s'interrogent à bon droit sur la mise en place de menus confessionnels (à base d'aliments agréés par une religion, comme de la viande casher ou hallal) ou de menus de substitution (qui consistent, « lorsqu'un plat contenant du porc est inscrit au menu, à proposer aux usagers qui le

---

[1] CE, 22 décembre 2022, *Commune de Montreuil*, n° 447100, point 15. Concluions : A. Skzryerbak, *RFDA*, 2023, n° 2, p. 337. Notes : J. Morange, *RFDA*, 2023, n° 2, p. 345 ; B. Lecoq, *AJDA*, 2023, n° 21, p. 1137 ; J.-F. Struillou, *RDI*, 2023, n° 3, p. 167 ; S. François, *JCP A*, 2023, n° 25, 2205 ; M. Bahouala, *AJCT*, 2023, n° 6, p. 388.

[2] Jean-François Struillou, « Le Conseil d'État valide une décision de préemption prise en vue de l'extension de la mosquée de Montreuil », *RDI*, 2023, n° 3, p. 167.

[3] CE, 11 décembre 2020, *Commune de Chalon-Sur-Saône*, n° 426483, point 7. Conclusions : L. Cytermann, *AJDA*, 2021, p. 461. Notes : H. Pauliat, *JCP A*, 2021, n° 3, 2026 ; G. Eveillard, *Dr. Adm.*, 2021, n° 3, comm. 16, p. 43 ; H. Bouillon, *AJCT*, 2021, n° 3, p. 157.

souhaitent un plat alternatif »[1], mais qui n'a pas de caractéristique religieuse, comme un menu végétarien). Les élus locaux et gestionnaires de service public sont en effet de plus en plus sollicités pour mettre en place de tels menus, demande qui s'appuie sur la protection de la liberté de conscience des usagers et sur « le respect des sensibilités et des modes de vie individuels »[2] ou bien, pour les cantines scolaires, sur le droit des parents que l'éducation de leurs enfants soit conforme à leurs convictions religieuses[3]. « Les tensions actuelles résultent de la confrontation entre deux principes : le principe d'égalité des usagers du service public impliquant une stricte neutralité des pouvoirs publics ; le principe de liberté religieuse et de conscience impliquant notamment le droit d'exprimer sa religion en respectant des interdits alimentaires. »[4]

En principe, il n'existe pas d'obligation de prendre en considération les prescriptions alimentaires des différentes religions. L'absence de repas de substitution ne constitue pas une atteinte aux droits fondamentaux de l'usager[5]. La Cour administrative d'appel de Toulouse a ainsi déclaré sans ambages qu'« il n'existe aucune obligation pour les collectivités territoriales gestionnaires d'un service public de restauration scolaire de distribuer à ses usagers des repas différenciés leur permettant de ne pas consommer des aliments proscrits par leurs convictions religieuses, et aucun droit pour les usagers qu'il en soit ainsi »[6].

320. Les cantines pénitentiaires. La question est néanmoins épineuse dans le cas des prisons, où les détenus sont par définition astreints à prendre leurs repas sur place.

Il n'en reste pas moins que le Conseil d'État a, dans un premier temps, considéré que les usagers n'ont en principe pas le droit de mettre en avant leur religion pour revendiquer des droits et, en l'occurrence, le

---

[1] Laurent Cytermann, « Cantines scolaires : les menus de substitution de ne sont pas contraires à la laïcité. Conclusions sur CE, 11 décembre 2020, *Commune de Chalon-sur-Saône* », *AJDA*, 2021, p. 461.

[2] Diane Roman, « Fin des menus de substitution dans les cantines scolaires : "Cochon qui s'en dédit !" », *AJDA*, 2017, p. 2207.

[3] Article 2 du premier protocole additionnel à la Convention européenne de sauvegarde des droits de l'homme.

[4] François-Julien Defert, « Le principe de neutralité dans les cantines scolaires », *AJCT*, 2018, n° 1, p. 20.

[5] CE, 25 octobre 2002, *Renault*, n° 251161.

[6] CAA Toulouse, 26 janvier 2023, *Commune de Beaucaire*, n° 21TL01227, point 3.

droit à choisir leurs menus. Il disait même des menus confessionnels qu'ils pouvaient constituer une « atteinte au principe de laïcité »[1].

Il était toutefois difficile d'envisager que le service public ne tienne pas compte, dans ces hypothèses où la vie de l'usager est complètement soumise au service pénitentiaire, de ses impératifs religieux, car cela pouvait remettre en cause sa liberté de religion. Cette jurisprudence était d'autant plus difficilement tenable qu'elle était en contradiction avec celle de la Cour européenne des droits de l'homme, qui considère quant à elle que l'impossibilité, pour un détenu de confession bouddhiste, de bénéficier d'un menu végétarien constitue une violation de l'article 9 de la Convention européenne de sauvegarde des droits de l'homme[2].

C'est pourquoi, dans un second temps, le Conseil d'État a jugé que l'administration pénitentiaire doit, dans toute la mesure du possible, eu égard aux contraintes matérielles des établissements pénitentiaires et dans le respect de l'objectif du maintien du bon ordre en leur sein, permettre aux détenus l'observance des prescriptions alimentaires résultant de leurs croyances et pratiques religieuses, dans la mesure où « l'observation de prescriptions alimentaires peut être regardée comme une manifestation directe de croyances et pratiques religieuses »[3]. Concrètement, si elle n'est pas tenue de fournir elle-même des menus confessionnels, l'administration doit aider les détenus sans ressources à se les procurer *via* la cantine[4] (ce que l'on appelle *cantiner*), ce qui impose à l'administration pénitentiaire « une obligation de moyens, et non de résultat »[5].

321. Les cantines scolaires : la jurisprudence *Commune de Chalon-sur-Saône*. Le même type d'interrogations se pose au sujet des cantines scolaires. À leur propos, l'arrêt du Conseil d'État *Commune de Chalon-sur-Saône* de 2020 a rappelé qu'aucun principe n'impose à l'administration de prévoir des menus de substitution : les administrés ne peuvent pas revendiquer de droit à obtenir de tels menus[6]. Cette position confirme le fait que « les choix alimentaires dictés [aux]

---

[1] CE, 16 juillet 2014, *Garde des Sceaux*, n° 377145, point 8. Note : P.-H. Prélot, *AJDA*, 2014, n° 40, p. 2321.

[2] CEDH, 7 décembre 2010, *Jacobski c/ Pologne*, n° 18429/06.

[3] CE, 25 février 2015, *Stojanovic*, n° 375724. Note : M Guyomar, *Gaz. pal.*, 2015, n° 84-85, p. 21.

[4] CE, 10 février 2016, *Khadar*, n° 385929, point 4. Conclusions : A. Bretonneau, *Lebon*, 2016, p. 29. Note : X. Bioy, *AJDA*, 2016, p. 1127.

[5] Cécile Castaing, « Laïcité et liberté religieuse du patient à l'hôpital », *AJDA*, 2017, n° 44, p. 2505.

[6] CE, 11 décembre 2020, *Commune de Chalon-Sur-Saône*, n° 426483, point 6, préc.

usagers par leur conscience » ne peuvent remettre en cause la réglementation encadrant la composition des menus, notamment celle prévoyant la présence de protéines animales à chaque repas[1].

En revanche, aucun principe n'interdit non plus aux personnes publiques de prévoir de tels menus de substitution[2]. L'instauration de menus de substitution ne se heurte donc pas à la laïcité du service public, ce qui serait sans doute différent s'il s'agissait de menus confessionnels, à base de viande hallal ou casher par exemple[3].

En l'espèce, la commune entendait supprimer un menu de substitution qu'elle admettait antérieurement. Pour motiver cette décision, elle invoquait le principe de laïcité, comme l'indiquait le communiqué de presse municipal, intitulé « Restauration scolaire à Chalon : retour au principe de laïcité ».

La Cour administrative d'appel (CAA) de Lyon a censuré cette décision. Mais elle s'appuyait sur une analyse contestable des pouvoirs de l'autorité administrative organisatrice du service public. Elle jugeait en effet que le « gestionnaire du service public administratif facultatif, qui dispose de larges pouvoirs d'organisation, ne peut toutefois décider d'en modifier les modalités d'organisation et de fonctionnement que pour des motifs en rapport avec les nécessités de ce service »[4]. Cette affirmation posait toutefois problème au regard du principe de mutabilité du service public. Ce principe justifie que l'administration puisse faire évoluer l'organisation et le fonctionnement du service et exclut que les usagers aient un droit acquis au maintien du service lorsqu'il est facultatif, comme c'est le cas des cantines scolaires[5]. Or la CAA restreignait la faculté de modifier l'organisation du service public aux « motifs en rapport avec les nécessités de ce service », approche

---

[1] CE, 20 mars 2013, *Association végétarienne de France et autres*, n° 354547.

[2] CE, 11 décembre 2020, *Commune de Chalon-sur-Saône*, n° 426483, point 6, préc.

[3] « La seule interdiction qui nous semble exister en la matière concerne les repas confessionnels. Dans la mesure où la viande abattue rituellement participe au financement du culte, proposer régulièrement une telle nourriture dans les restaurants scolaires est contraire au principe de non-financement public de ces mêmes cultes. » (Mathilde Philip-Gay, *Droit de la laïcité*, Ellipses, coll. Mise au point, 2016, p. 219-220)

[4] CAA Lyon, 23 octobre 2018, *Commune de Chalon-sur-Saône*, n° 17LY03323. Conclusions : S. Deliancourt, *RFDA*, 2019, p. 499. Notes : B. Bonnet, *AJDA*, 2019, p. 117 ; F. Pinel, *Dr. Adm.*, 2019, n° 4, comm. 23, p. 37 ; M. Touzeil-Divina, *JCP A*, 2019, n° 26, 2198.

[5] CE, sect., 5 octobre 1984, *Commissaire de la République de l'Ariège c/ Commune de Lavelanet*, n° 47875.

beaucoup plus sévère que la traditionnelle possibilité de modifier l'organisation du service public pour un motif d'intérêt général. Mais « une telle restriction ne peut s'appuyer sur aucun argument de texte, et encore moins sur la jurisprudence administrative, qui a toujours admis des évolutions dans le mode d'organisation ou dans la délivrance des prestations par des considérations économiques (coût du service, rentabilité, et l'on pense aux transports par exemple) ou techniques… »[1] Le juge de cassation a donc censuré cet arrêt.

Sur le fond néanmoins, le Conseil d'État aboutit à la même solution que la CAA, mais par une voie différente. L'arrêt du Conseil d'État *Commune de Chalon-sur-Saône* considère que le motif invoqué par la commune (la laïcité et la neutralité du service) est insusceptible de fonder la décision d'interruption des menus de substitution. Cette illégalité interne justifie de censurer la décision communale. N'avoir qu'un mobile de nature religieuse, même si c'est en affirmant ne plus vouloir tenir compte de la religion des enfants, est illégal. Il s'agit en effet d'un motif religieux, même négatif, qui ne doit pas interférer avec la détermination de l'organisation du service public. Pour organiser le service, y compris pour supprimer de tels menus, l'autorité administrative ne doit avoir que des motivations d'intérêt général. Là encore, il s'agit d'assurer la pleine autonomie du service vis-à-vis des influences religieuses ou antireligieuses.

Le Conseil d'État admet donc *a contrario*, comme suite logique de son raisonnement, que le gestionnaire du service de cantine scolaire puisse supprimer un menu de substitution, à condition que ce soit pour de vrais motifs d'intérêt général. Le bon fonctionnement du service public ou le manque de moyens humains et financiers de la collectivité pourraient justifier une telle suppression (point 7), solution qui permet de ne pas lier irrémédiablement une commune qui ne pourrait plus assumer la prise en charge de cette démultiplication des menus. Si la collectivité entend supprimer un tel menu, elle doit démontrer que son maintien n'est pas possible en raison de troubles au bon fonctionnement du service ou de difficultés matérielles ou humaines[2]. Là encore, il est patent que l'intérêt général est le but du service public et qu'il peut seul justifier son organisation ou sa réorganisation. Les pouvoirs de l'administration, même autonomes, sont conditionnés par cette finalité.

---

[1] Hélène Pauliat, « Pas d'interdiction des menus de substitution dans les cantines scolaires au nom de la laïcité », *JCP A*, 2021, n° 3, 2026.

[2] CAA Toulouse, 26 janvier 2023, *Commune de Beaucaire*, n° 21TL01227, point 10.

Le Conseil d'État précise toutefois qu'il est d'intérêt général que tous les enfants puissent accéder au service de restauration scolaire (point 7). En réintégrant cette prise en compte de la foi des enfants dans l'intérêt général, il encourage la proposition de tels menus[1]. Mais il convient alors d'articuler la prise en compte des convictions des usagers avec l'autonomie des services publics. Il faudra attendre 2022 et la jurisprudence *Commune de Grenoble*, relative au burkini dans les piscines municipales, pour éclairer cette interrogation.

C. LES LIMITES À LA PRISE EN COMPTE DES DEMANDES RELIGIEUSES DES USAGERS

322. Comment concilier impartialité du service public et prise en compte de l'intérêt religieux des usagers ?. En 2020, l'arrêt *Commune de Chalon-sur-Saône* avait indiqué qu'il était nécessaire que les gestionnaires de cantines scolaires ne négligent pas les convictions religieuses des élèves, dans la mesure où il est d'intérêt général qu'ils aient tous accès à la restauration scolaire. Cette affirmation de principe soulevait la délicate question de déterminer dans quelle mesure l'impartialité religieuse des services publics peut être conciliée avec la prise en compte des convictions religieuses des usagers. Admettre l'importance de la foi des usagers – et, sans doute, de certains d'entre eux seulement – fait courir au service le risque de la partialité.

323. Les principes énoncés par la jurisprudence *Commune de Grenoble*. Mais le Conseil d'État n'a pas laissé trop longtemps cette difficile question sans solution. En 2022, il a eu l'occasion d'adopter une réponse de principe dans son arrêt *Commune de Grenoble*[2]. Rendu à propos du règlement intérieur d'une piscine municipale dont la modification autorisait implicitement le port du burkini (maillot de bain couvrant l'entièreté du corps des femmes à l'exception des mains et du visage et revêtu en particulier par les femmes de confession musulmane), l'arrêt a précisé les obligations qui s'imposent au gestionnaire du service public dans la détermination des modalités d'organisation et de fonctionnement du service public au regard des convictions des usagers.

---

[1] V. CAA Toulouse, 26 janvier 2023, *Commune de Beaucaire*, n° 21TL01227, point 4.

[2] CE, 21 juin 2022, *Commune de Grenoble*, n° 464648, préc.

Sans étonnement, le Conseil rappelle que l'organisation et le fonctionnement du service doivent s'opérer conformément à l'intérêt général, horizon indépassable de l'action publique.

Toutefois, cette finalité d'intérêt général n'interdit aucunement au gestionnaire du service public de tenir compte des convictions des usagers, notamment pour que le plus grand nombre possible d'usagers puisse accéder effectivement au service public. Le gestionnaire du service peut « tenir compte, au-delà des dispositions légales et réglementaires qui s'imposent à lui, de certaines spécificités du public concerné », en sachant que « les principes de laïcité et de neutralité du service public ne font pas obstacle, par eux-mêmes, à ce que ces spécificités correspondent à des convictions religieuses » (point 8). Il est ainsi possible que le gestionnaire du service public tienne compte de la foi des usagers pour établir les règles d'organisation du service public tant que c'est bien l'intérêt général qui justifie cette mesure.

Certains ont vu dans le principe énoncé en 2022 une acceptation des accommodements raisonnables. Mais la démarche nous semble autre. L'intérêt général prévaut en toute circonstance, y compris sur la liberté religieuse. L'autonomie du service public est préservée en ce sens que l'autorité qui en responsable peut déterminer, dans le respect des règles juridiques, ce qu'est l'intérêt général et qu'il peut apprécier les revendications des usagers à cette aune (les revendications ne s'imposent pas à lui). Mais il est néanmoins nécessaire, pour que l'intérêt général soit correctement défini, que les autorités publiques tiennent compte de la réalité sociale, plutôt que de plaquer sur la réalité une définition toute faite de l'intérêt général. Or la réalité sociale comprend aussi des éléments religieux. Lorsqu'une personne publique accède à une demande religieuse, ce n'est donc pas tellement pour lui faire droit ou pour favoriser les adeptes de cette foi que parce que cette demande coïncide avec l'intérêt général ou en constitue un élément. C'est bien l'intérêt général qui reste la boussole de l'action publique, et non la liberté religieuse de l'individu, comme le souhaiteraient les tenants des accommodements raisonnables.

324. Les limites fixées par la jurisprudence *Commune de Grenoble*. Comme pour le confirmer, l'arrêt *Commune de Grenoble* pose d'ailleurs deux séries de garde-fous à cette prise en compte des convictions religieuses des usagers, précisément pour que l'autonomie du service public ne soit pas hypothéquée par des revendications étrangères à l'appréciation de l'intérêt général faite par l'autorité publique.

Premièrement, conformément à la jurisprudence antérieure (v. §316), l'arrêt indique que le gestionnaire du service public « n'est en principe pas tenu de tenir compte de telles convictions [religieuses] et les usagers n'ont aucun droit qu'il en soit ainsi, dès lors que les dispositions de l'article 1er de la Constitution interdisent à quiconque de se prévaloir de ses croyances religieuses pour s'affranchir des règles communes régissant les relations entre collectivités publiques et particuliers » (point 8). La foi des usagers n'est donc pas une donnée dont *doit* tenir compte le gestionnaire du service public ; il peut les prendre en considération, mais il ne s'agit bien que d'une faculté qui s'ouvre à lui.

Deuxièmement, si les modalités d'organisation et de fonctionnement du service public sont adoptées en prenant en compte les convictions religieuses des usagers, cette prise en compte ne doit pas conduire « à des adaptations qui porteraient atteinte à l'ordre public ou qui nuiraient au bon fonctionnement du service, notamment en ce que, par leur caractère fortement dérogatoire par rapport aux règles de droit commun et sans réelle justification, elles rendraient plus difficile le respect de ces règles par les usagers ne bénéficiant pas de la dérogation ou se traduiraient par une rupture caractérisée de l'égalité de traitement des usagers, et donc méconnaîtraient l'obligation de neutralité du service public » (point 8). Il s'agit là d'exigences nouvellement formulées en 2022. Il convient ainsi que la dérogation soit limitée, qu'elle soit justifiée objectivement (et donc en lien avec le service public) et qu'elle n'engendre pas une rupture d'égalité caractérisée vis-à-vis des autres usagers, car ce serait là contrevenir au principe d'impartialité (pour le détail de ces limites, v. §411).

En l'espèce, le Conseil d'État considère que la mesure est illégale, car la modification du règlement intérieur de la piscine municipale visait explicitement à favoriser une catégorie de la population, puisque seul le burkini était, de fait, concerné par la modification du règlement intérieur de la piscine, les shorts de bain restant par exemple prohibés.

Il est évident, à la lecture de l'arrêt *Commune de Grenoble*, que « ce *vade-mecum* paraît cependant trop complexe et imprécis pour être pédagogique ou réellement exploitable. Il semble bâti pour la circonstance. »[1] En effet, l'exposé ainsi fait des hypothèses où le service peut tenir compte des motivations religieuses des usagers est

[1] Xavier Bioy, « Adaptation du service aux convictions religieuses des usagers : le "oui mais" du Conseil d'État au burkini », *AJDA*, 2022, p. 1736.

extrêmement difficile à généraliser et cette « jurisprudence sinueuse »[1] paraît difficilement applicable dans d'autres cas d'espèce, même si le principe de prise en compte des convictions religieuses des usagers peut être aisément transposé dans d'autres matières.

Il est néanmoins patent que la laïcité-neutralité est plus souple que la laïcité-séparation, qui pourrait exclure toute prise en considération des convictions religieuses : elles peuvent ici entrer en ligne de compte tant qu'elles sont ajustées à l'intérêt général et appréciées par l'administration avec neutralité et en toute autonomie.

---

[1] Gilles Le Chatelier, « Organisation du service public et prise en compte des convictions religieuses d'usagers : le retour du burkini », *AJCT*, 2022, p. 451.

CHAPITRE 4
L'IMPARTIALITÉ DES PERSONNES PUBLIQUES ET DES SERVICES PUBLICS

401. L'impartialité religieuse, principe libéral et garantie de l'intérêt général. Si elle permet à l'État de gagner en autonomie, la laïcité suppose aussi qu'il fasse preuve d'impartialité. En vertu du principe d'impartialité religieuse, les personnes publiques et les services publics ne doivent prendre aucun parti en faveur ou en défaveur d'une religion ou de toute autre option spirituelle (athéisme ou agnosticisme). Les pouvoirs publics n'ont point de parti-pris religieux. Ils sont aconfessionnels.

La première conséquence pratique est de prohiber toute action publique qui tendrait à favoriser ou à discriminer un individu ou un groupement pour ses convictions religieuses. Le choix de ces croyances étant une question relevant de la liberté religieuse, il leur échappe. « La religion est une affaire privée dans laquelle l'État n'intervient pas, mais qu'il respecte sous tous ses aspects et dans toutes ses manifestations. »[1] Impartiaux, les personnes publiques et les services publics appliquent à tous les citoyens les mêmes règles, sans attacher d'importance à leur obédience religieuse. Les individus sont libres d'admettre les opinions qu'ils désirent en matière de foi sans recevoir de contraintes de l'autorité publique et sans bénéficier de plus ou moins de droits selon que leur foi correspond ou non à celle du pouvoir en place. En d'autres termes, « la laïcité, […] c'est la neutralisation du fait religieux pour la définition des droits ; il ne doit intervenir ni à l'avantage des uns ni au détriment des autres. »[2] Cette impartialité conforte ainsi l'égalité des citoyens devant la loi et dans l'accès aux services publics, puisqu'ils sont certains de n'être pas traités différemment selon leurs croyances religieuses. L'article 1er de la Constitution proclame ainsi que la République « assure l'égalité devant la loi de tous les citoyens sans distinction d'origine, de race ou de religion. Elle respecte toutes les croyances. » Toute discrimination religieuse, c'est-à-dire toute rupture d'égalité fondée sur la religion des personnes, est donc prohibée. Est ainsi posée une règle de conduite des pouvoirs publics vis-à-vis du

---

[1] Roland Drago, « Laïcité, neutralité, liberté ? », *APD*, t. 38, 1993, p. 222.
[2] René Rémond, « La laïcité et ses contraires », *Pouvoirs*, t. 75, 1995, p. 8.

religieux et qui se manifeste tout particulièrement dans l'organisation et le fonctionnement des services publics (I).

La loi du 9 décembre 1905 ajoute à ce principe d'impartialité – ainsi interprété – l'interdiction faite aux personnes publiques de conférer un statut privilégié à un culte, car ce privilège tendrait à montrer leur accointance avec ce culte. L'interdiction de reconnaître un culte posée par l'article 2 de la loi de 1905 joue alors comme une garantie de l'impartialité religieuse des pouvoirs publics. Elle le fait d'autant mieux qu'elle est complétée par les interdictions de subventionner un culte et de salarier ses ministres, également posées à l'article 2, et par l'interdiction de reconnaître symboliquement un culte, fixée à l'article 28 (II). De tels principes ne s'appliquent que dans les portions du territoire où s'applique la loi de Séparation. Cette dernière retient ce faisant une conception *forte* de l'impartialité, puisqu'elle *renforce* l'impartialité religieuse applicable aux pouvoirs publics par l'adjonction de ces interdictions.

Tous ces principes ne peuvent néanmoins pas être réduits à un catalogue d'interdits pesant sur les personnes publiques. Car l'impartialité religieuse des pouvoirs publics, loin d'être essentiellement négative, doit avant tout préserver et garantir l'intérêt général. Dans la mesure où l'intérêt général implique, pour être pleinement réalisé, de tenir compte et d'harmoniser entre eux les intérêts particuliers (notamment religieux), l'impartialité (religieuse) des personnes publiques et des services publics assure qu'ils porteront un regard neutre sur ces différents intérêts particuliers et qu'ils ne les soupèseront qu'au regard de l'intérêt général, et non en raison d'une préférence pour l'un d'eux. L'impartialité est ainsi l'une des garanties qui certifient que les prérogatives exorbitantes dont disposent les personnes publiques pour réaliser leurs missions ne seront pas détournées pour ou contre une religion, mais seront uniquement dédiées à l'intérêt général. C'est l'exigence d'assurer l'intérêt général qui va justifier le plein respect du principe d'impartialité par les pouvoirs publics, y compris lorsque ce respect a aussi pour effet d'assurer la liberté des individus et des communautés religieuses.

I. L'INTERDICTION DE TOUT PARTI-PRIS RELIGIEUX

402. L'impartialité du service public. Le service public doit observer, dans son organisation et dans son fonctionnement, une stricte impartialité religieuse. Il ne peut manifester aucun parti-pris politique, philosophique ou religieux, ni défavoriser des usagers affichant leurs convictions politiques, philosophiques ou religieuses. Un tel impératif n'est pas lié à la loi du 9 décembre 1905. Il s'applique en toute portion du territoire, qu'elle soit ou non placée sous l'empire de la loi de 1905.

C'est notamment lorsqu'il définit ou redéfinit les règles d'organisation et de fonctionnement du service public que le gestionnaire du service doit veiller au respect du principe de neutralité. Il est donc nécessaire que l'organisation du service public soit conforme au principe de laïcité. De ce fait, le service public ne doit se faire le propagateur d'aucune doctrine religieuse ou antireligieuse (A) et ne doit pas davantage favoriser ou défavoriser les fidèles d'une religion en particulier (B).

A. L'INTERDICTION DE PROPAGER UNE DOCTRINE RELIGIEUSE OU ANTIRELIGIEUSE

403. L'interdiction que le service public prenne des positions religieuses ou antireligieuses. Il ne saurait être toléré que le service public se fasse l'allier ou l'adversaire d'une conviction religieuse, athée ou agnostique et qu'il décide de propager cette conviction. Ce serait là une évidente marque de partialité, qui compromettrait l'objectivité de son appréciation de l'intérêt général et irait à l'encontre de la liberté de conscience des individus, et notamment des usagers des services publics. En d'autres termes, « parce que l'État entend respecter, en chaque homme, le droit, qui lui est essentiel, de choisir la vérité qui orientera sa vie, il renonce à se faire le propagandiste d'aucune foi »[1].

404. L'impartialité de l'enseignement public. Cette interdiction de partialité du service public est tout particulièrement importante dans le service public de l'enseignement. Dans la mesure où il doit diffuser le savoir de manière neutre et objective et former l'intelligence d'enfants mineurs, influençables et crédules, le service public de l'Éducation nationale doit faire preuve d'une impartialité exemplaire. En effet, d'après le Code de l'éducation, l'enseignement public doit être délivré « dans un égal respect de toutes les croyances »[2]. Les enseignants ne doivent pas chercher à endoctriner leurs élèves, que ce soit par un quelconque prosélytisme religieux ou, au contraire, par une virulence

---

[1] Jean Rivero, « La notion juridique de laïcité » [*Recueil Dalloz*, 1949], *APD*, 2004, p. 259.

[2] Article L. 141-2 du Code de l'éducation.

antireligieuse qui serait tout autant déplacée. Les pressions exercées sur les opinions des élèves ou les tentatives d'endoctrinement de ceux-ci sont interdites dans les établissements publics d'enseignement, à leurs abords immédiats et pendant toute activité liée à l'enseignement, sous peine de sanctions pénales[1].

Une telle exigence d'impartialité a été posée, depuis longtemps, en matière d'enseignement public. En vertu du principe de neutralité de l'enseignement public dégagé sur le fondement de la loi Ferry du 28 mars 1882[2], les programmes scolaires et les personnels des établissements publics doivent être neutres : « le principe de la laïcité de l'enseignement public, [...] qui est l'un des éléments de la laïcité de l'État et de la neutralité de l'ensemble des services publics, impose que l'enseignement soit dispensé, dans le respect, d'une part, de cette neutralité par les programmes, les enseignants et les personnels qui interviennent auprès des élèves et, d'autre part, de la liberté de conscience des élèves »[3]. Cette neutralité constitue à la fois une garantie pour les élèves en protégeant leur liberté de conscience et un gage de bon fonctionnement du service public de l'enseignement, qui doit diffuser un savoir objectif sans se faire propagateur d'une doctrine religieuse ou antireligieuse[4].

405. La jurisprudence relative à l'impartialité de l'enseignement public. Le juge est bien sûr le protecteur naturel de ce principe.

Il revient ainsi au juge judiciaire de sanctionner les enseignants qui manqueraient à ce principe. L'affaire Morizot en atteste. Instituteur en Côte-d'Or, M. Morizot avait tenu des propos antireligieux devant ses élèves : « Ceux qui croient en Dieu sont des imbéciles » ; « les curés causent la guerre » ; « les vers qui se trouvent dans les prunes s'appellent des curés ». Un père d'élève, M. Girodet, avait porté l'affaire devant le tribunal civil. Saisi de la question de la compétence

---

[1] Article L. 141-5-2 du Code de l'éducation.

[2] CE, 30 avril 1909, *Commune de Saint-Memmie*, n° 26156, *Lebon* p. 432. CE, avis, 27 novembre 1989, n° 346893. Notes : J. Rivero, *RFDA*, n° 1, 1990, p. 1 ; J.-P. C., *AJDA*, 1990, n° 1, p. 39.

[3] CE, 6 octobre 2000, *Association Promouvoir et autres*, n° 216901. Conclusions : S. Boissard, *AJDA*, 2000, p. 1160.

[4] CE, avis, 3 mai 2000, *Mademoiselle Marteaux*, n° 217017. Conclusions : R. Schwartz, *RFDA*, 2001, n° 1, p. 146. Notes : M. Guyomar et P. Collin, *AJDA*, 2000, n° 7-8, p. 602 ; P. Graveleau, *Gaz. pal.*, 2001, n° 68, p. 25 ; G. Armand, *RRJ*, 2001, n° 4, p. 2107. CE, 4 juillet 2018, *Association pour la neutralité de l'enseignement de l'histoire turque dans les programmes scolaires*, n° 392400. Notes : F. Dieu, *JCP A*, 2018, n° 38, p. 37 ; C. Nicolas et Y. Faure, *AJDA*, 2018, p. 1884.

des juridictions judiciaires, le Tribunal des conflits reconnaît que ces propos sont une « violation caractérisée du principe de la neutralité scolaire en matière religieuse et une atteinte grave au droit d'éducation des parents ». Il en conclut que l'autorité administrative peut engager des poursuites disciplinaires contre l'instituteur et que, de surcroît, les parents d'élève peuvent agir en justice, en l'occurrence devant le juge judiciaire en raison de la faute personnelle de l'enseignant[1].

Le juge administratif peut quant à lui certifier la neutralité religieuse du service public scolaire lorsqu'il est saisi de son organisation ou de son fonctionnement.

Le Tribunal administratif de Paris a par exemple annulé l'agrément ministériel délivré à l'association SOS Homophobie pour intervenir dans l'enseignement secondaire, au motif que « la formulation de certaines des réflexions [du document servant de support aux présentations faites par l'association] est susceptible de porter atteinte aux convictions religieuses et philosophiques tant des élèves que de leurs parents ou des enseignants », en affirmant notamment que les religions encouragent la discrimination à l'égard des homosexuels[2].

Il en fut de même, quoique le problème ne vise pas explicitement la question religieuse, lorsque le ministre de l'Éducation nationale encouragea les recteurs d'académie à relayer la campagne de communication relative à la ligne azur, ligne d'écoute pour les jeunes se questionnant sur leur orientation ou leur identité sexuelles, dans la mesure où le site Internet de cette ligne présentait des pratiques (absorption de drogue, pédophilie ou « pratique de l'insémination artificielle par sperme frais ») sans mentionner leur caractère illégal, ce qui « portait atteinte au principe de neutralité du service public de l'éducation nationale »[3].

406. L'impartialité de l'enseignement public dans le droit européen des droits de l'homme. Une telle exigence d'impartialité de l'enseignement public a également été consacrée par l'article 2 du premier protocole additionnel de la Convention européenne de sauvegarde des droits de l'homme (CESDH). L'article précise que « l'État, dans l'exercice des fonctions qu'il assumera dans le domaine

---

[1] TC, 2 juin 1908, *Girodet c/ Morizot*, n° 634, *Lebon* p. 603. Conclusions : J. Tardieu, *Lebon*, 1908, p. 597.

[2] TA Paris, 23 novembre 2012, *Confédération nationale des associations familiales catholiques et autres*, n° 1211193/6-1, point 3.

[3] CE, 15 octobre 2014, *Confédération nationale des associations familiales catholiques*, n° 369965, point 8.

de l'éducation et de l'enseignement, respectera le droit des parents d'assurer cette éducation et cet enseignement conformément à leurs convictions religieuses et philosophiques. »

Ici, c'est davantage la liberté des parents de choisir les principes éducatifs de leurs enfants qui justifie l'impartialité religieuse de l'enseignement public. En ce sens, la Cour de Strasbourg a, dans une formule de principe, précisé que « l'État, en s'acquittant des fonctions assumées par lui en matière d'éducation et d'enseignement, veille à ce que les informations ou connaissances figurant au programme soient diffusées de manière objective, critique et pluraliste. Elle lui interdit de poursuivre un but d'endoctrinement qui puisse être considéré comme ne respectant pas les convictions religieuses et philosophiques des parents. Là se place la limite à ne pas dépasser. »[1] Mais la Cour a néanmoins ajouté qu'il fallait « éviter que les élèves ne se retrouvent face à des conflits entre l'éducation religieuse donnée par l'école et les convictions religieuses ou philosophiques de leurs parents »[2].

407. L'impartialité de l'enseignement public en Alsace-Moselle. Une telle exigence d'impartialité du service public de l'enseignement public s'applique aussi dans les territoires où la loi de 1905 n'étend pas son champ d'application. En Alsace-Moselle par exemple, il y a certes un enseignement religieux obligatoire (v. §209). Mais les parents qui ne souhaitent pas que leurs enfants y assistent peuvent obtenir une dispense sur simple demande écrite[3]. Pour ce motif, le Conseil d'État a jugé que l'existence de ces cours n'était pas contraire au principe de laïcité, ni à l'article 9 de la CESDH qui protège la liberté de pensée, de conscience et de religion. Pour affirmer la conventionalité de ce dispositif, le Conseil d'État relève que l'obligation générée par l'enseignement religieux obligatoire est « celle, pour les pouvoirs publics, d'organiser un enseignement de la religion, pour chacun des quatre cultes reconnus en Alsace-Moselle », mais qu'elle ne pèse pas sur les usagers du service public, puisqu'elle « s'accompagne de la

---

[1] CEDH, 7 décembre 1976, *Kjeldsen, Busk Madsen et Pedersen c/ Danemark*, n° 5065/71, 5920/72 et 5926/72, §53. CEDH, gd ch., 29 juin 2007, *Folgero et autres c/ Norvège*, n° 15472/02, §84. Note : S. Millan, *Journal du droit international*, 2008, n° 3, p. 820.

[2] CEDH, 9 octobre 2017, *Hasan et Eylem Zengin c/ Turquie*, n° 1448/04, §71.

[3] V. Pierre-Henri Prélot, « La protection du droit à la liberté religieuse de l'enfant dans l'enseignement public et dans l'enseignement privé », *SDR*, n° 3, 2013, p. 119-120.

faculté ouverte aux élèves, sur demande de leurs représentants légaux, d'en être dispensés »[1].

Une telle solution paraît conforme à la position de la CEDH. Celle-ci a en effet dû se prononcer sur le refus de l'État norvégien d'accorder aux enfants des requérants une dispense totale d'un cours figurant impérativement au programme de l'enseignement et portant sur « le Christianisme, la religion et la philosophie ». Le refus de dispense n'a pas été jugé inconventionnel par la Cour. Elle a simplement condamné l'État défendeur pour n'avoir « pas suffisamment veillé à ce que les informations et connaissances figurant au programme de ce cours soient diffusées de manière objective, critique et pluraliste »[2].

Le fait qu'il y ait, en Alsace et en Moselle, une possible dispense de cours et que l'enseignement soit délivré de manière objective et pluraliste semble donc prémunir la France d'une condamnation par la Cour. L'impartialité religieuse du service public est ainsi garantie.

408. L'impartialité de l'enseignement privé. Depuis la loi n° 59-1557 du 31 décembre 1959 sur les rapports entre l'État et les établissements d'enseignement privé (dite loi Debré)[3], il existe différents types d'établissements d'enseignement privés. Parmi eux, certains ont conclu un contrat d'association avec l'État, en conséquence duquel ils « participent au service public de l'éducation »[4].

Toutefois, bien qu'associés à un service public, ils ne sont pas tenus à une stricte obligation de neutralité religieuse, dans la mesure où ils peuvent conserver leur « caractère propre »[5] qui, dans une grande majorité des cas, tient au caractère confessionnel de l'établissement. Cette dérogation à l'application du principe de laïcité à un gestionnaire d'un service public est prévue par la loi Debré. Mais comme l'indique d'ailleurs l'article 1er alinéa 2 de cette loi, cette dérogation trouve un

---

[1] CE, 6 avril 2001, *Syndicat national des enseignements du second degré*, n° 219379, 221699 et 221700, préc.

[2] CEDH, gd ch., 29 juin 2007, *Folgero et autres c/ Norvège*, n° 15472/02, §102, préc.

[3] V. Damienne Bonnamy, « Une volonté pour la République : la question scolaire au risque d'une logique étatiste. Loi n° 59-1557 du 31 décembre 1959 sur les rapports entre l'État et les établissements d'enseignement privé », *Les grandes lois de la Ve République*, Henri Bouillon, Renaud Bueb et Béatrice Lapérou-Scheneider (dir.), éd. Mare & Martin, 2023, p. 21.

[4] CE, 4 juillet 1997, *Époux de Vitry*, n° 162264.

[5] Article L. 442-1 du Code de l'éducation.

fondement constitutionnel dans la liberté d'enseignement, consacrée comme Principe fondamental reconnu par les lois de la République[1].

En revanche, ils s'imposent à eux une stricte obligation d'impartialité vis-à-vis des élèves. En contrepartie du maintien du caractère propre de l'établissement et sans le nier, la loi Debré leur impose, d'une part, le principe de libre accès des enfants de toutes les familles et, d'autre part, le respect de la liberté de conscience dans l'enseignement donné.

D'une part, pour ce qui est du principe de libre accès des enfants, l'article 1er, alinéa 4 de la loi Debré, aujourd'hui codifié à l'article L. 442-1 du Code de l'éducation, précise que « tous les enfants sans distinction d'origine, d'opinions ou de croyances y ont accès ». Le choix de ses élèves par le chef d'établissement est donc encadré par l'interdiction de toute discrimination, notamment à raison de la foi.

D'autre part, le « total respect de la liberté de conscience » des élèves, lui aussi prévu par l'article 1er alinéa 4 de la loi Debré et également codifié à l'article L. 442-1 du Code de l'éducation, a deux conséquences principales. Il implique d'abord que l'enseignement religieux, s'il n'est pas exclusivement culturel, ne soit pas obligatoire. Mais il doit en outre être conforme aux valeurs de la République et au respect de l'égale dignité des êtres humains et de l'égalité entre les hommes et les femmes[2]. Le respect de la liberté de conscience des élèves induit ensuite que les enseignants respectent un devoir de réserve dans l'exercice de leurs fonctions, même si, « en la matière, il ne peut y avoir transposition stricte des obligations de neutralité et de laïcité, compte tenu de ce qu'est ouvertement proclamé le caractère propre de l'établissement »[3].

409. L'impartialité de l'enseignement n'empêche pas la connaissance du fait religieux. Depuis le début des années 2000, le ministère de l'Éducation nationale prône, sous différents noms et de différentes manières, la mise en œuvre, dans les collèges et lycées, d'un « enseignement du fait religieux »[4] destiné, non pas à éduquer les élèves

---

[1] Cons. const., 23 novembre 1977, *Loi relative à la liberté d'enseignement*, n° 77-87 DC, considérants 2 et 3. Notes : J.-M. Lavieille, *AJDA*, 1978, p. 188 ; J. Rivero, *AJDA*, 1978, p. 565 ; L. Favoreu, *RDP*, 1978, 830 ; J.-Y. Plouvin, *RDP*, 1979, p. 65.

[2] TA Lille, 12 février 2024, *Association Averroès*, n° 2400201.

[3] Sabine Monchambert, *L'enseignement privé en France*, PUF, coll. Que sais-je ?, 1993, p. 101.

[4] Régis Debray, *L'enseignement du fait religieux dans l'École laïque*, Rapport au ministre de l'Éducation nationale, février 2002.

à la foi, mais à les instruire sur les principales pratiques et convictions religieuses qu'ils pourraient être amenés à côtoyer[1].

Un tel enseignement accrédite la distinction qu'il convient de faire entre reconnaissance du culte et connaissance des religions (v. §415). Apprendre aux collégiens et lycéens les rudiments des pratiques religieuses les plus représentées en France n'équivaut nullement à conférer un statut officiel à ces religions, à procéder à leur *reconnaissance* juridique. Il s'agit de diffuser une *connaissance* d'un fait social important, qui conditionne le comportement de beaucoup de nos concitoyens et qu'il faut comprendre pour des raisons de respect réciproque. Il en résulte que l'impartialité à laquelle le service public de l'Éducation nationale attache tant d'importance ne fait point obstacle à ce que le service public puisse *connaître* le fait religieux, mais il s'oppose bien entendu à la promotion juridique des cultes.

B. L'INTERDICTION DE FAVORISER OU DE DÉFAVORISER LES FIDÈLES D'UNE RELIGION

410. Une impartialité excluant de moduler les droits et obligations des personnes en raison de leur foi. L'impartialité du service public exclut que le service public ait une organisation ou un fonctionnement qui conduise à favoriser ou à défavoriser les fidèles d'une religion. Elle prémunit de ce fait les personnes et les institutions religieuses de toute discrimination. Ainsi abordée, l'impartialité ne présente toutefois qu'une faible valeur ajoutée par rapport au principe d'égalité : l'impartialité est le corollaire de ce principe, l'attitude que doit adopter l'État pour le respecter, puisque l'indifférence du service public à l'égard de la religion des usagers assure leur traitement égalitaire. Pour le service public de la santé par exemple, le Code de la santé publique indique explicitement qu'il n'est pas possible de moduler les soins dispensés en fonction des convictions personnelles des patients, personne ne pouvant « faire l'objet d'une discrimination dans l'accès à la prévention et aux soins »[2]. De telles règles s'imposent

---

[1] V. Philippe Gaudin, *Vers une laïcité d'intelligence ? L'enseignement des faits religieux comme politique publique d'éducation depuis les années 1980*, PUAM, coll. Inter-normes, 2014, 341 pages ; Maurice Quenet, « L'enseignement du fait religieux à l'école », *La religion dans la République laïque*, Joël-Benoît d'Onorio (dir.), Téqui, 2005, p. 89.

[2] Article L. 1110-3 du Code de la santé publique.

notamment aux agents publics lorsqu'ils prennent des décisions à l'égard des usagers ou leur délivrent des prestations (v. §604-605).

L'impossibilité de défavoriser les fidèles d'une religion du fait de leur foi a été illustrée, à de multiples reprises dans les années 1990, par le contentieux des demandes d'acquisition de la nationalité française. Ce contentieux a été l'occasion, pour le Conseil d'État, de rappeler que la pratique religieuse du demandeur, même si elle était rigoureuse, n'équivalait pas à elle seule à un défaut d'assimilation justifiant le refus de lui accorder la nationalité française : la volonté d'un étranger de faire une « stricte observance » des préceptes de sa religion[1] ou de porter le foulard islamique[2] ne suffit pas à caractériser un défaut d'assimilation justifiant de lui refuser l'obtention de la nationalité française. L'administration manque donc à son devoir d'impartialité en prenant en considération de tels éléments pour s'opposer à l'acquisition de la nationalité française.

Il convient néanmoins de préciser que l'interdiction de défavoriser une religion n'interdit pas aux autorités publiques d'adopter des décisions qui auraient des effets différents sur les différentes religions, à condition que ce soit là un *effet* de leur décision, et non pas un *objectif*, même incident, de cette décision. « Ce ne sont pas les conséquences de l'action publique qui doivent être neutres, mais ses justifications. »[3] Ce qui est interdit est bel et bien de chercher à avantager une religion plutôt qu'une autre. En revanche, il se peut qu'une décision motivée par l'intérêt général ait un effet négatif sur une religion en particulier, sans que cela ait pour effet de la rendre illégale. « Le fait que les mesures adoptées par l'État produisent des effets différenciés pour les différentes convictions existantes ne lui interdit pas de prendre les mesures qu'il estime nécessaires du point de vue de l'intérêt collectif, et qui sont proportionnées au but poursuivi. »[4] Lorsque la loi n° 2010-1192 du 11 octobre 2010 interdit, pour des raisons d'ordre public, la dissimulation du visage dans l'espace public, elle pénalise davantage les femmes musulmanes qui entendent porter une *burka* que les autres croyants ; elle n'est pas pour autant inconstitutionnelle ou inconventionnelle, car l'objectif de la loi était bien de réaliser l'ordre

---

[1] CE, 19 novembre 1997, *Ben Halima*, n° 169368.

[2] CE, 3 février 1999, *El Yahyaoui*, n° 161251.

[3] Clément Malverti, « Conclusions sur CE, 29 juin 2023, *Association Alliance citoyenne et autres*, n° 458088 » (accessibles sur ArianeWeb).

[4] Francis Messner, Pierre-Henri Prélot, Jean-Marie Woehrling et Isabelle Riassetto (dir.), *Traité de droit français des religions*, LexisNexis, 2e éd., 2013, p. 709 et 710.

public et le vivre-ensemble (v. §512). C'est également pourquoi l'Éducation nationale peut dispenser aux élèves des enseignements touchant à la contraception[1] : malgré sa nécessaire neutralité, l'École publique peut aborder des sujets évoqués par les religions, y compris si elle le fait à rebours de ce qu'elles enseignent, tant qu'elle est guidée par le souci du vrai et de l'éducation, et non par des considérations religieuses ou anti-religieuses. Empêcher l'État de prendre des décisions au motif qu'elles porteraient plus spécifiquement atteinte à une religion plutôt qu'à une autre, priverait l'État d'une très grande part de ses marges de manœuvre.

L'impartialité est donc une règle interdisant aux personnes publiques d'avoir des motivations et partis-pris religieux. Elle ne saurait en revanche être une obligation d'assurer, en toutes circonstances, l'égalité stricte de toutes les convictions et pratiques religieuses.

411. Une impartialité n'excluant pas toute prise en compte de la foi des personnes. Pour ce motif, il n'est pas nécessairement exclu que les personnes publiques prennent en considération la foi des individus, que ce soit pour faire une correcte appréciation des exigences de l'intérêt général (v. §323) ou de la mise en œuvre d'une législation. L'administration peut par exemple tenir compte des convictions religieuses d'un couple pour lui refuser l'agrément administratif permettant l'adoption, au motif que les demandeurs adhèrent « personnellement à la doctrine des témoins de Jéhovah en matière de refus de transfusion sanguine » et qu'ils n'offrent de ce fait pas les garanties suffisantes pour accueillir un enfant[2]. De même, dans le contentieux du refus d'acquisition de la nationalité, la pratique religieuse du demandeur peut être prise en compte si elle est « incompatible avec les valeurs essentielles de la communauté française, et notamment avec le principe d'égalité des sexes »[3], car elle révèle alors un « défaut d'assimilation » justifiant le refus de délivrance de la nationalité sur le fondement de l'article 21-4 du Code civil. Dans

---

1 CE, 6 octobre 2000, *Association Promouvoir et autres*, n° 216901, préc.

2 CE, 24 avril 1992, *Département du Doubs c/ Frisetti*, n° 110178. Conclusions : P. Hubert, *RDSS*, 1992, n° 4, p. 712. Notes : J. Hauser, *RTD Civ.*, 1992, n° 3, p. 550 ; B. Jorion et J.-M. Florand, *LPA*, 1993, n° 1, p. 11 ; I. Rouvière-Perrier, *Recueil Dalloz*, 1993, n° 17, p. 234.

3 CE, 27 juin 2008, *Mabchour*, n° 286798. Notes : P. Malaurie, *JCP G*, 2008, n° 38, p. 34 ; P. Chrestia, *AJDA*, 2008, n° 36, p. 2013 ; C. Vallar, *Recueil Dalloz*, 2009, n° 5, p. 345 ; B. Pacteau, *LPA*, 2009, n° 35, p. 11. V. aussi : CE, 27 novembre 2013, *Aberkane*, n°365587, point 2. Note : G. Marti, *JCP A*, 2014, n° 13, 2083, p. 37.

ces exemples, la foi des individus est prise en considération pour faire une application exacte de la loi et, en particulier, pour savoir si l'individu répond aux conditions qu'elle pose pour l'octroi d'un avantage.

En revanche, il est radicalement exclu que la décision administrative ou l'aménagement du service public soit *exclusivement* destiné à favoriser ou à défavoriser les adeptes d'une religion (v. §323-324). L'affaire du règlement intérieur des piscines grenobloises, autorisant implicitement le port du burkini, a été l'occasion, pour le Conseil d'État, de le rappeler[1]. Le juge a en effet censuré cette décision, non pas tant pour elle-même (le juge ne s'oppose pas à ce que le burkini puisse être porté dans les piscines publiques), mais en raison de la motivation qui avait été retenue par la commune : le Conseil d'État a jugé que l'autorisation ne répondait pas à un besoin d'intérêt général et n'était motivée que par la volonté de la municipalité de complaire à une minorité religieuse (v. § 324).

Généralisant la solution juridique qu'il apporte en l'espèce, le Conseil d'État indique que, si l'organisation et le fonctionnement du service public prennent en compte les convictions des usagers, ces aménagements du service public sont impossibles s'ils présentent un « caractère fortement dérogatoire par rapport aux règles de droit commun » et s'ils ne présentent pas une « réelle justification », en rendant notamment « plus difficile le respect de ces règles par les usagers ne bénéficiant pas de la dérogation ou se tradui[sant] par une rupture caractérisée de l'égalité de traitement des usagers » (point 8). L'impartialité du service public est ainsi garantie, même lorsque son gestionnaire entend inclure la foi des usagers dans ses décisions d'organisation du service, par plusieurs principes.

D'une part, il faut une « réelle justification », qui renvoie évidemment à une justification d'intérêt général, qui soit objective, c'est-à-dire en lien avec l'objet du service public. Là encore, comme en l'espèce, le Conseil d'État exclut un aménagement du service public qui ne trouverait pas sa motivation dans l'intérêt général.

D'autre part, la dérogation « aux règles de droit commun » est nécessairement limitée. Il ne doit pas y avoir un aménagement disproportionné du service pour que des croyants puissent en bénéficier. Tout est question de mesure. La référence « aux règles de droit commun » est particulièrement intéressante en ce qu'elle manifeste la

[1] CE, 21 juin 2022, *Commune de Grenoble*, n° 464648, préc.

volonté de préserver l'égalité des usagers et de faire prévaloir les règles juridiques, émises dans un but d'intérêt général, sur toutes les considérations circonstancielles, notamment les intérêts catégoriels de certains usagers. Dès lors, la possibilité de déroger aux normes communes pour des motifs religieux est « restreinte par l'exigence de ne pas trop s'éloigner de la règle commune (sans justification, rappelons-le), transformant cette dernière en standard de l'acceptabilité de l'aménagement. Le droit français mesure ainsi les accommodements consentis aux convictions religieuses à l'aune du commun, reflet de la culture française de l'égalité et de la laïcité. [...] Par contraste avec la règle commune qui unit, les dérogations sont ramenées essentiellement à ce qui sépare, plaçant l'auteur de la norme cherchant un accommodement raisonnable dans la position bien inconfortable d'être suspecté à son tour de communautarisme. »[1] La dérogation aux règles communes est notamment impossible si elle affecte « le respect par les autres usagers de règles de droit commun trop différentes » (point 9)

Enfin, l'égalité des usagers apparaît aussi comme une limite à une prise en compte *excessive* de la foi des usagers, étalon de mesure qu'il est bien entendu délicat de définir *in abstracto*. Il y aurait en effet un criant manque d'impartialité dans le cas où, pour favoriser certains croyants, on rendait plus ardu l'accès au service public pour les autres usagers, si l'on diminuait les prestations qu'ils pourraient en attendre ou si l'on complexifiait ainsi « le respect de ces règles par les usagers ne bénéficiant pas de la dérogation » (point 8).

Au regard de cette triple limite, il est clair que « la prise en compte des convictions religieuses des usagers ne doit pas [...] avoir pour but exclusif de réserver un sort privilégié à une catégorie particulière d'entre eux, qui lui conférerait *ipso facto* un caractère discriminatoire »[2]. L'impartialité du service public demeure ainsi préservée, y compris dans l'hypothèse où le gestionnaire du service déciderait d'intégrer dans l'organisation du service les pratiques religieuses de certains de ses usagers.

---

[1] Pascale Deumier, « La "règle commune" et les convictions religieuses », *RTD civ.*, 2023, n° 1, p. 70.

[2] Gweltaz Eveillard, « Le port du burkini dans les piscines publiques », *Dr. Adm.*, 2022, n° 10, comm. 38, p. 39.

II. L'INTERDICTION DE DONNER UN STATUT PRIVILÉGIÉ À UN CULTE : LA CONCEPTION FORTE DE L'IMPARTIALITÉ RELIGIEUSE PAR LA LOI DE 1905

412. Déclinaison de l'interdiction de conférer un statut privilégié à un culte. L'interdiction de conférer un statut privilégié à une religion poursuit, de manière évidente, l'impartialité du service public, dans la mesure où il s'agit d'éviter que certains cultes bénéficient d'un privilège dont tous ne seraient pas dotés. Pour concrétiser ce principe, la loi concernant la séparation des Églises et de l'État du 9 décembre 1905 fait interdiction aux personnes publiques de reconnaître et de salarier ou subventionner un culte. Son article 2 dispose ainsi que « la République ne reconnaît, ne salarie ni ne subventionne aucun culte. » L'article pose ainsi plusieurs principes capitaux. En premier lieu, il interdit la reconnaissance des cultes, interdiction dont il faut déterminer précisément la signification (A). L'article prohibe ensuite le financement des cultes, ce qui induit à la fois une interdiction de salarier les ministres du culte et de subventionner les activités religieuses (B). En outre, l'article 28 de la loi de 1905 complète ce dispositif en interdisant aux personnes publiques d'élever ou d'apposer des signes ou emblèmes religieux, ce qui est une forme de reconnaissance symbolique qui contreviendrait également à l'exigence d'impartialité des pouvoirs publics (C).

413. Une interdiction limitée au champ d'application territorial de la loi de 1905. Il est notable que ce soit ici la loi de 1905 qui concrétise cette interdiction d'octroyer un statut officiel à un culte ou de lui attribuer un financement public. Quoique le Conseil constitutionnel ait voulu conférer valeur constitutionnelle aux principes de non-reconnaissance et de non-salariat (v. §204), cette quadruple interdiction (non-reconnaissance, non-salariat, non-subventionnement et non-apposition d'un signe religieux) ne s'applique pas dans les portions du territoire où la loi de 1905 est inappliquée : en Alsace-Moselle, le système des cultes reconnus perdure et l'octroi d'une aide financière à un culte est possible (v. §207 s.) ; les décrets Mandel, applicables notamment en Polynésie, en Nouvelle-Calédonie, à Wallis-et-Futuna ou à Saint-Pierre-et-Miquelon, permettent aussi le financement public des cultes[1] ; la Guyane reconnaît le culte catholique

---

[1] V. Jean-Marie Woehrling, « La diversité territoriale des régimes français de financement public des cultes », *RDR*, n° 1, 2016, p. 71.

et salarie ses ministres (v. §213 s.), etc. Dans ces territoires donc, l'impartialité religieuse des pouvoirs publics y passe par d'autres règles.

La loi de 1905 retient donc une *interprétation forte* de l'impartialité des pouvoirs publics, qui n'est pas généralisable à toute la France et dont les composantes (interdictions de reconnaître un culte, de le financer, d'en salarier les ministres et d'apposer un symbole religieux) ne doivent sans doute pas être rattachées au principe constitutionnel de laïcité, contrairement au noyau dur qui a été exposé précédemment (v. §402 s.).

A. L'INTERDICTION DE RECONNAÎTRE UN CULTE

414. Définition du principe de non-reconnaissance d'un culte. L'article 2 de la loi du 9 décembre 1905 proclame que « la République ne reconnaît [...] aucun culte ». Il met ainsi un terme au régime des cultes reconnus. L'interdiction de reconnaître un culte supprime la situation officielle que l'ancien système réservait aux quatre cultes reconnus, placés dans une position privilégiée (v. §106 s.).

Quoiqu'il ne s'applique que dans les zones où la loi de 1905 est applicable, ce principe de non-reconnaissance des cultes doit être précisément défini. Or c'est (logiquement) par référence au système des cultes reconnus que l'interdiction de reconnaissance doit être comprise.

Par rupture avec le système mis en place par le Concordat de 1801 et les Articles organiques de 1802, l'interdiction faite par la loi de 1905 de *reconnaître* un culte implique que l'État ne puisse conférer une situation juridique privilégiée à certains cultes (dits reconnus) et non aux autres (cultes non reconnus). Il s'agit ainsi d'assurer l'impartialité et la neutralité des pouvoirs publics vis-à-vis des cultes, en évitant que le statut et la situation juridiques des cultes soient variables.

Juridiquement, la reconnaissance consiste à accepter une situation de fait ou de droit pour en déduire des effets juridiques précis (une reconnaissance de dette impose son remboursement, etc.). Or la reconnaissance d'un culte est prohibée par la loi de 1905, dans la mesure où elle permettrait de tirer des effets de droit de l'existence de certains cultes, à l'exclusion des autres. Durant le débat parlementaire qui précéda l'adoption de la loi de 1905, le député Paul Deschanel rappelait que les cultes reconnus désignent « les cultes organisés en service public »[1]. Par voie de conséquence, le principe de non-

---

[1] Paul Deschanel, Chambre des députés, 2e séance du 23 mars 1905, *JO*, compte-rendu intégral des séances, 24 mars 1905, p. 1027.

reconnaissance exclut que des cultes soient reconnus (comme c'était le cas avant 1905), c'est-à-dire érigés en service public et « investi[s] d'un caractère officiel »[1].

415. La non-reconnaissance n'est pas la méconnaissance. Il faut en revanche répudier une interprétation extensive (et excessive) du principe de non-reconnaissance : l'interdiction de *reconnaître* un culte n'implique aucunement l'interdiction de *connaître* les cultes.

Aujourd'hui, l'article 2 de la loi de 1905, qui interdit à l'État de *reconnaître* les cultes, est parfois interprété comme imposant aux pouvoirs publics d'ignorer tout ce qui a trait de près ou de loin à la foi. Certains auteurs jugent que la neutralité religieuse de l'État « suppose son ignorance quant aux exigences des groupements religieux, dogmes et rites »[2]. Par application d'une conception rigoriste de la séparation des Églises et de l'État, la neutralité des pouvoirs publics serait alors une herméticité complète à toutes les manifestations de la foi. Cette interprétation, qui serait le gage de l'impartialité la plus absolue, fait de la laïcité une « laïcité d'ignorance »[3].

Une telle interprétation assimile néanmoins abusivement *connaissance* et *reconnaissance* des cultes. En réalité, l'article 2 de la loi de 1905 ne fait aucunement à l'État obligation de s'aveugler sur la réalité et la signification de la pratique religieuse. Emmanuel Tawil indique en ce sens : « En posant le principe de non-reconnaissance, le législateur n'entendait nullement prévoir une ignorance légale du fait religieux. [...] Le législateur entendait rejeter le régime fondé sur la distinction entre cultes reconnus et cultes non reconnus issus de la loi du 18 germinal an X. »[4] Il n'est donc pas conforme à l'ambition du législateur de 1905 de considérer que l'interdiction de *reconnaissance* d'un culte implique interdiction de *connaissance* du religieux.

Il serait d'ailleurs étonnant d'empêcher les pouvoirs publics de posséder une pleine compréhension de certains phénomènes sociaux,

---

[1] Aristide Briand, « Débat en commission du 9 novembre 1904 » ; cité par Jean Baubérot, *La loi de 1905 n'aura pas lieu. Histoire politique des Séparations des Églises et de l'État. Tome I : l'impossible « loi de liberté » (1902-1905)*, éd. Fondation Maison des sciences de l'homme, 2019, p. 271.

[2] Xavier Bioy, « Liberté de culte et pandémie », *AJDA*, 2021, p. 636.

[3] Jean Rivero, « De l'idéologie à la règle de droit : la notion de laïcité dans la jurisprudence administrative », *La laïcité*, Albert Bayet et Bernard Edwards Brown (dir.), PUF, coll. Bibliothèque des centres d'études supérieures spécialisées, vol. 6, 1960, p. 266.

[4] Emmanuel Tawil, « La République ne reconnaît, ne salarie ni ne subventionne aucun culte », *ADR*, vol. 1, 2005, p. 58.

alors qu'ils sont sans cesse invités à mieux appréhender la complexité du monde. Pourquoi devraient-ils alors ignorer le *fait religieux* et ses spécificités ? Jean Rivero s'en étonnait déjà, en notant que l'État « accepte, dans son ensemble, le complexe sociologique qu'il lui appartient de régir. Pourquoi se départir de cette attitude à l'égard du seul élément religieux ? Pourquoi se refuser à reconnaître le fait des croyances, le fait des Églises, alors que tous les autres faits de la cité ont, eux, droit à cette reconnaissance ? »[1] S'aveugler sur la réalité de ces faits religieux priverait les personnes publiques d'une connaissance exacte de la réalité sociologique et les empêcherait donc d'évaluer correctement les décisions à prendre ou les actions à entreprendre pour assurer la bonne application de la loi ou pour déterminer ce qu'exige l'intérêt général, ce qui se détermine, non pas dans l'abstrait, mais dans un contexte social précis (v. §411). Admettre l'existence d'un fait religieux, d'une texture sociologiquement différente d'autres phénomènes sociaux, est une nécessité d'évidence, qui condamne une lecture rigide de l'article 2 de la loi de 1905.

On constate d'ailleurs que le droit n'ignore nullement la spécificité du religieux. L'ensemble du droit de la laïcité et du droit des cultes – et leur existence même – atteste que le droit ne réserve pas au fait religieux un traitement indifférencié, mais le soumet au contraire à des règles dérogatoires. Le droit prend ainsi en considération son irréductible singularité, que ce soit d'ailleurs pour lui accorder une protection particulière ou pour le soumettre à des obligations ou à des contrôles renforcés. La législation en fournit de nombreux exemples, que ce soit des exonérations fiscales spécifiques (v. §422) ou des dispositifs d'accès aux aumôneries dans certains services publics (v. §706), que ce soit la création d'associations cultuelles dérogatoires aux associations de droit commun en 1905 (v. §526 s.) ou l'interdiction faite aux élèves de porter des signes manifestant ostensiblement leur appartenance religieuse (v. §713 s.). La jurisprudence administrative est aussi susceptible d'en fournir des illustrations intéressantes, notamment lorsqu'il lui revient de qualifier juridiquement un fait religieux. En 1912 déjà, le Conseil d'État a refusé d'assimiler une cérémonie religieuse à un spectacle, en dépit du fait que certaines places étaient payantes et

---

[1] Jean Rivero, « De l'idéologie à la règle de droit : la notion de laïcité dans la jurisprudence administrative », *La laïcité*, Albert Bayet et Bernard Edwards Brown (dir.), *op. cit.*, p. 267.

qu'une chorale s'y produisait[1]. De même, lorsque le juge administratif a dû se prononcer sur la réouverture progressive des lieux ouverts au public après le confinement généralisé de la population durant la pandémie du coronavirus en 2020-2021, il a réservé un traitement exceptionnel aux restrictions apportées à la présence des fidèles dans les lieux de culte, car « les activités qui y sont exercées ne sont pas de même nature et les libertés fondamentales qui sont en jeu ne sont pas les mêmes »[2] que dans d'autres lieux ouverts au public.

Le droit ne fond donc pas purement et simplement le fait religieux dans d'autres pratiques sociales comparables, en ignorant sa spécificité. Il est clair que l'interdiction de la reconnaissance des cultes n'est aucunement une méconnaissance du religieux. La laïcité n'est donc pas une ignorance légale du religieux.

B. L'INTERDICTION DE FINANCER UN CULTE

416. Les dispositions de la loi de 1905. Selon l'article 2 de la loi du 9 décembre 1905, « la République [...] ne salarie ni ne subventionne aucun culte. En conséquence, à partir du 1er janvier qui suivra la promulgation de la présente loi, seront supprimés des budgets de l'État, des départements et des communes, toutes dépenses relatives à l'exercice des cultes. » Et l'article 19 ajoute que les associations cultuelles « ne pourront, sous quelque forme que ce soit, recevoir des subventions » publiques. Il en résulte que, dans un souci d'impartialité, aucun soutien financier ne peut en principe être octroyé aux cultes – en tout cas dans les territoires où la loi de 1905 s'applique – afin d'éviter qu'un tel avantage financier vienne marquer une préférence de la personne publique subventionneuse et rompe l'égalité des cultes.

Sur ce terrain, l'article 2 la loi de 1905 pose plus précisément deux principes : l'interdiction de salarier les ministres du culte et l'interdiction de subventionner les activités liées au culte.

---

[1] Le bureau de bienfaisance de Lyon n'a pu percevoir une taxe sur les spectacles à l'occasion d'une cérémonie religieuse, bien que certaines places étaient payantes, car « les chants exécutés par la maîtrise [...] avaient un caractère liturgique ou religieux » ; dès lors, « la cérémonie dont s'agit était une cérémonie religieuse ; [...] elle ne rentrait pas dans la catégorie des spectacles ou fêtes sur lesquels les lois susvisées autorisent la perception du droit des pauvres » (CE, 25 juillet 1912, *Bureau de bienfaisance de Lyon c/ Sieur Binet des Roys*, n° 41611, *Lebon* p. 870).

[2] CE, 29 novembre 2020, *Conférence des évêques de France et autres*, n° 446941, point 19. Notes : G. Gonzalez, *JCP G*, 2020, n° 51, p. 2287 ; X. Bioy, *AJDA*, 2021, p. 632.

417. L'interdiction de salarier les ministres du culte. Le premier de ces principes est globalement bien respecté.

La seule exception notable est la rémunération des aumôniers intervenant dans des services publics comme les armées, les centres pénitentiaires, les établissements publics scolaires ou les établissements de santé. Sauf s'ils sont bénévoles, les aumôniers hospitaliers[1] et pénitentiaires[2] sont recrutés par voie contractuelle et reçoivent une indemnité. Sauf s'ils sont bénévoles ou contractuels, les aumôniers militaires bénéficient quant à eux d'un vrai statut de fonctionnaire et perçoivent donc un traitement, calculé à partir des références indiciaires des grades militaires qui correspondent à l'avancée de leur carrière[3].

Hormis cette exception, le principe de non-salariat est bien respecté lorsque la loi de 1905 s'applique. Il n'en est donc pas de même en Alsace-Moselle et dans certains territoires d'outre-mer (v. §207 s.).

418. L'interdiction (relative) de subventionner une activité cultuelle. Il en va différemment de l'interdiction de subventionner le culte[4]. Si elle était générale et absolue, son application poserait peu de difficulté. Mais comme il n'est pas toujours aisé d'identifier immanquablement le caractère religieux d'une activité et, plus encore, de le séparer d'autres objets propres à cette activité (l'activité peut aussi avoir une dimension sociale, culturelle, éducative, caritative, etc.), la rigueur de l'interdiction n'a pu être maintenue sans tempérament. En effet, bien que l'interdiction de financer les cultes soit le cœur de la loi de 1905, elle n'est que relative, grevée par un nombre sans cesse croissant d'assouplissements législatifs (1) et jurisprudentiels (2).

---

[1] Circulaire DHOS/P1 n° 2006-538 du 20 décembre 2006 relative aux aumôniers des établissements publics hospitaliers.

[2] Article D. 352-1 du Code pénitentiaire.

[3] Article 13 du décret n° 2008-1524 du 30 décembre 2008 relatif aux aumôniers militaires.

[4] V. Emmanuel Tawil, « La République ne reconnaît, ne salarie ni ne subventionne aucun culte », *ADR*, vol. 1, 2005, p. 59 ; Mylène Le Roux, « La règle d'abstention financière des pouvoirs publics en matière cultuelle », *RDP*, 2007, n° 1, p. 261 ; Hugo Flavier, « Le financement public des cultes en France et le principe de laïcité », *RDP*, 2010, n° 6, p. 1597 ; Émilie Bokdam-Tognetti, « Le financement des cultes dans la jurisprudence du Conseil d'État », *NCCC*, n° 53, 2016, p. 33 ; Laurie Marguet, « Liberté religieuse et séparation : les ambivalences du financement du culte », *RFDA*, 2021, n° 6, p. 1041.

1. Les assouplissements législatifs à l'interdiction de subventionner un culte

L'interdiction de subventionner un culte subi des exceptions législatives, d'ailleurs nombreuses. Quelles en sont les justifications ?

419. Le rejet d'un assouplissement général motivé par l'article 1er de la loi de 1905. Une justification souvent avancée à ces exceptions doit tout d'abord être repoussée. Selon certains auteurs, l'article 1er de la loi de 1905, en vertu duquel « la République assure la liberté de conscience » et « garantit le libre exercice des cultes », ferait obligation aux pouvoirs publics de soutenir les *cultes défavorisés*. Selon cette interprétation, il reviendrait en effet aux pouvoirs publics, pour garantir le libre exercice des cultes mentionné à l'article 1er, de fournir aux différentes religions, et notamment à celles qui sont historiquement minoritaires, des moyens matériels propres à leur permettre de pratiquer leurs cules ; c'est notamment l'une des récurrentes questions qui se posent à propos de la construction de nouveaux édifices du culte (b).

Pourtant, la lecture de l'article 1er doit être combinée avec l'article 2, en vertu duquel la (même) République « ne salarie ni ne subventionne aucun culte ». Mettre en parallèle ces deux articles montre que, si la République doit garantir le libre exercice des cultes, elle ne peut pas le faire, en principe, par des aides financières (même si d'autres lois posent des exceptions à ce principe) : le soutien financier n'est donc pas un moyen prévu par la loi de 1905 pour garantir le libre exercice du culte. « Ce qui est garanti [par l'article 1er], c'est une liberté, contre l'État ou contre les tiers. La loi ne garantit aucunement que les cultes auront les moyens de fonctionner, ce qui serait contradictoire avec la prohibition de toute aide publique à leur bénéfice. Les pouvoirs publics [...] n'ont pas vocation [...] à compenser la carence de l'initiative privée en matière d'offre cultuelle. »[1] En vérité, garantir le *libre* exercice des cultes impose aux personnes publiques de ne pas entraver l'exercice du culte (droit-liberté) et non pas d'en assurer l'exercice en toute circonstance (droit-créance).

420. L'existence de dérogations législatives ponctuelles. Si ce fondement textuel (l'article 1er de la loi de 1905) doit être écarté pour expliquer ces aménagements législatifs, il n'est à l'inverse pas exclu que l'État prenne en compte les nécessités de l'exercice du culte pour

---

[1] Arnaud Skzryerbak, « Principe de laïcité et droit de préemption pour un édifice cultuel. Conclusions sur CE, 22 décembre 2022, *Commune de Montreuil* », *RFDA*, 2023, n° 2, p. 337.

aménager la règle de non-subventionnement des cultes posée à l'article 2. Mais il le fera alors ponctuellement, par des dispositions législatives spéciales et circonstanciées, et non pas d'une manière générale, par le principe énoncé par l'article 1er de la loi. L'État conserve ainsi un droit de regard sur les types de financement possibles, empêchant les autorités locales d'invoquer l'article 1er de la loi de Séparation pour financer les cultes comme bon leur semble.

Aussi une multitude d'exceptions législatives apporte-t-elle diverses dérogations ponctuelles à l'interdiction de subventionnement énoncée par l'article 2. Deux axes principaux semblent justifier ces exceptions législatives : « les dérogations à la règle d'abstention financière témoignent, d'une part, du souci d'assurer la conservation du patrimoine cultuel en permettant la prise en charge par les personnes publiques des dépenses d'entretien, de conservation ou de réparation des édifices cultuels. Elles traduisent, d'autre part, la volonté du législateur de garantir la liberté d'exercice des cultes en la conciliant avec le principe de séparation. »[1] Il faut donc distinguer le financement direct ou indirect d'un culte pour préserver la liberté religieuse (a), notamment par la construction de nouveaux lieux de culte (c), et les exceptions motivées par la conservation du patrimoine cultuel (b).

a. Le subventionnement direct ou indirect d'un culte pour garantir la liberté religieuse

L'article 1er de la loi de 1905, en vertu duquel la République garantit le libre exercice des cultes, ne saurait fonder une dérogation généralisée à l'interdiction de financer des cultes. Mais des dispositions législatives spéciales se fondent néanmoins sur cet impératif libéral.

421. Le financement des services d'aumônerie dans certains services publics. La loi du 9 décembre 1905 pose elle-même des exceptions à la règle d'interdiction qu'elle pose.

Après avoir interdit le financement des cultes, le même article 2 permet d'inscrire aux budgets des personnes publiques « les dépenses relatives à des services d'aumônerie et destinées à assurer le libre exercice des cultes dans les établissements publics tels que lycées, collèges, écoles, hospices, asiles et prisons. » Si les services d'aumônerie dans les armées ne sont pas mentionnés à l'article 2 de la loi de 1905, ils étaient déjà prévus une loi du 8 juillet 1880 ; et la

---

[1] Mylène Le Roux, « La règle d'abstention financière des pouvoirs publics en matière cultuelle », *RDP*, 2007, n° 1, p. 266-267.

formule « tels que » par laquelle commence la liste induit bien qu'elle n'est pas exhaustive et que les services d'aumônerie dans les armées ne sont pas nécessairement exclus.

La loi prévoit ainsi des dérogations pour concilier le principe de séparation posé en 1905 avec la liberté religieuse d'un public dit « *captif* »[1], qui ne peut exercer sa liberté religieuse qu'avec le concours du service public compte tenu de sa dépendance complète envers lui[2]. Il en est ainsi des personnes hospitalisées qui « sont hors d'état de sortir »[3], des élèves inscrits dans un internat[4] ou des détenus[5]. Le même raisonnement peut être tenu à propos des militaires.

422. L'octroi d'exonérations fiscales aux associations religieuses. Les associations et congrégations religieuses bénéficient de diverses exonérations fiscales, ce qui s'assimile bel et bien à un financement *négatif*, puisque l'État leur *abandonne* une part des recettes fiscales qu'il pourrait exiger d'elles.

Il est par exemple possible de citer les exonérations fiscales dont bénéficient les édifices affectés à l'usage des cultes. Dans la mesure où ces locaux sont indispensables à l'exercice collectif du culte, l'État leur consent certaines facilités fiscales : ils sont ainsi exonérés de la taxe foncière[6] et de la taxe d'aménagement[7]. Lorsque le Conseil d'État a été appelé à délimiter le champ d'application de l'exonération de la taxe foncière, il a indiqué que les locaux pouvant bénéficier de cette exonération sont les locaux affectés aux cultes, c'est-à-dire les « locaux utilisés pour la célébration de cérémonies organisées en vue de l'accomplissement, par des personnes réunies par une même croyance religieuse, de certains rites ou de certaines pratiques, ainsi qu'aux dépendances immédiates de ces locaux nécessaires à cet exercice ». En

---

[1] Édouard Geffray, « Loi de 1905 et aides des collectivités publiques aux cultes. Conclusions sur CE, ass. 19 juillet 2011, 5 espèces », *RFDA*, 2011, n° 5, p. 967.

[2] V. Victor Guset, « Les aumôniers entre les Églises et l'État », *RFDA*, 2018, p. 639.

[3] CE, sect., 28 janvier 1955, *Sieurs Aubrun et Villechenoux*, *Lebon* p. 50. Article R. 1112-46 du Code de la santé publique.

[4] Article R. 141-2 du Code de l'éducation.

[5] CE, 16 octobre 2013, *Garde des Sceaux, ministre de la Justice c/ Fuentes et autres*, n° 351115. Conclusions : D. Hedary, *AJDA*, 2013, n° 41, p. 2386. Notes : É. Péchillon, *AJ Pénal*, 2013, n° 12, p. 685 ; M. Guyomar, *Gaz. pal.*, 2013, n° 310-311, p. 18 ; F. Dieu, *Recueil Dalloz*, 2014, n° 1, p. 41.

[6] Article 1382, 4° du Code général des impôts. Article 24 de la loi du 9 décembre 1905. V. Céline Bas, « L'impôt foncier et les édifices du culte : les mêmes questions depuis deux siècles », *ADR*, vol. 2, 2006-2007, t. 1, p. 291.

[7] Article R. 331-4, 4° du Code de l'urbanisme.

conséquence, le Conseil d'État dénie le caractère d'édifice du culte à des salles où sont assurés le catéchisme, l'instruction religieuse et la répétition des chorales en vue des offices : de tels « locaux, qui ne sont pas utilisés pour la célébration de cérémonies, de certains rites ou de certaines pratiques, ne peuvent être regardés comme affectés à l'exercice d'un culte au sens des dispositions précitées » et ne peuvent bénéficier de l'exonération de la taxe foncière[1].

Dans la même logique, les associations cultuelles et congrégations autorisées sont dispensées du paiement des droits d'enregistrement pour les dons et legs[2]. Dans cette hypothèse encore, il s'agit de faciliter l'exercice de la liberté religieuse grâce à un financement privé à la fiscalité allégée.

Enfin, les associations religieuses ne sont en principe pas assujetties à l'impôt sur les sociétés, quand bien même elles auraient effectivement dégagé des bénéfices. Ce n'est pas là une mesure qui leur est spécifique, puisque cette exonération s'applique à toutes les associations désintéressées, dont l'activité est majoritairement non lucrative et dont les éventuelles activités accessoires lucratives ne dépassent pas un certain montant annuel. Mais cette mesure bénéficie aussi aux associations religieuses qui remplissent ces conditions (ce qui est le cas la plupart du temps). Le Conseil d'État en a ainsi jugé à propos d'une association assumant la gestion d'un lieu de pèlerinage catholique, qui met à disposition des visiteurs, dont de nombreux pèlerins, un édifice du culte et ses annexes, « lieux appropriés à la retraite et à la pratique spirituelle [...] ; l'activité qu'elle exerce à cet effet est étroitement liée en l'espèce à la vocation d'une congrégation attachée à la consécration du site et dont des membres remplissent des fonctions dirigeantes au sein de l'association ; cette activité ne comporte en fait, par elle-même, ni recherche, ni distribution de bénéfices »[3] ; elle n'était donc pas redevable de l'impôt sur les sociétés.

b. Le financement pour l'entretien du patrimoine cultuel des personnes publiques

423. Le lieu de culte, propriété publique. Comme nous l'avons indiqué (v. §135 s.), beaucoup d'édifices du culte catholique antérieurs

---

[1] CE, 4 février 2008, *Association de l'Église néo-apostolique France*, n° 293016. Note : O. Carton, *Revue Lamy des collectivités territoriales*, 2008, n° 35, p. 12.

[2] Article 795, 10° du Code général des impôts.

[3] CE, 14 octobre 1988, *Association des pèlerins de la Salette*, n° 62147.

à 1905 appartiennent à des personnes publiques. Ils relèvent pour la plupart du domaine public de la collectivité propriétaire, ce qui leur permet de bénéficier du régime protecteur de la domanialité publique. Toutefois, certains édifices religieux appartenant à des personnes publiques appartiennent à leur domaine privé : ce peut être le cas d'une église qui, acquise par la commune en 1977, est mise à disposition d'une association par convention et n'est donc pas affecté à l'usage direct du public[1].

En outre, les dépendances accessoires au lieu de culte peuvent être soumises au même régime juridique, ce qui permet d'étendre le régime protecteur de la domanialité publique à ces dépendances[2], ainsi que les règles spécifiques à ces lieux (par exemple pour déterminer l'étendue de la police intérieure de l'édifice, pour l'interdiction des réunions de nature politique, etc.). La notion de dépendance accessoire au lieu de culte est difficile à appréhender. Le juge a par exemple qualifiés de dépendance du domaine public cultuel, le mobilier en place (stalles, orgues, etc.) dans les édifices du culte au moment de la publication de la loi du 2 janvier 1907, qui laisse ce mobilier à la disposition des fidèles[3], mais aussi une sacristie qui communique directement avec l'église[4] ou qui lui est adossée[5], le terrain contigu à l'église qui permet d'assainir celle-ci en creusant un fossé et sur lequel a été bâti une chapelle[6] ou encore le calvaire auquel se rendent traditionnellement des processions parties de l'église[7]. À l'inverse, les presbytères ne sont pas en eux-mêmes considérés comme des dépendances du domaine public cultuel[8].

---

[1] CE, sect., 19 octobre 1990, *Association Saint-Pie V et Saint-Pie X de l'Orléanais*, n° 90346. Conclusions : C. de La Verpillière, *AJDA*, 1991, n° 1, p. 46. Note : J.-F. Davignon, *JCP*, 1991, n° 12, II, 21649, p. 99.

[2] CE, 11 mars 2022, *Commune de Saint-Pierre-d'Alvey*, n° 454076, point 6. Conclusions : R. Victor, *Droit de la voirie*, n° 226, 2022, p. 94. Notes : C. Roux, *JCP A*, 2022, n° 16, comm. 2134 ; D. Padines et T. Janicot, *AJDA*, 2022, p. 970 ; G. Eveillard, *Dr. Adm.*, 2022, n° 6, comm. 24, p. 23 ; J.-F. Giacuzzo, *RDI*, 2022, p. 347 ; M. Le Roux, *RFDA*, 2022, p. 523 ; G. Durand, *AJCT*, 2022, n° 7, p. 404.

[3] CE, 17 février 1932, *Commune de Barran*, n° 4011 et 5383, *Lebon* p. 189.

[4] CE, 1er août 1919, *Abbé Lachaud*, n° 58087, *Lebon* p. 698.

[5] CE, 18 mars 1988, *Albert Maron*, n° 44141. Note : J.-F. Davignon, *JCP*, 1988, n° 50, II, 21152.

[6] CE, 20 novembre 1936, *Abbé Rivière et autre*, n° 50818, *Lebon* p. 1009.

[7] CE, ass., 1er avril 1938, *Sieurs Laplanche-Coudert et autres*, n° 53490, *Lebon* p. 339.

[8] TC, 14 mai 1990, *Commune de Bouyon c/ Battini*, n° 02611.

424. L'entretien et la conservation des édifices cultuels propriétés publiques. Si nous avons déjà expliqué l'origine de la propriété publique de nombreux édifices catholiques (v. §135 s.), il faut maintenant indiquer les incidences que cette propriété peut avoir sur l'entretien et sur la rénovation de ces édifices.

En tant que propriétaires, les personnes publiques « pourront engager les dépenses nécessaires pour l'entretien et la conservation des édifices du culte dont la propriété leur est reconnue », comme le précise l'article 13 dernier alinéa de la loi de 1905 issu de l'article 5 de la loi de 1908. Les travaux visés par cette disposition sont ceux qui sont « nécessaires pour l'entretien et la conservation des édifices », pour leur réfection ou leur reconstruction (gros œuvre, mise aux normes du bâtiment, etc.), comme ce peut être le cas, par exemple, de la réparation d'une église touchée par un glissement de terrain, les travaux ne visant en l'espèce qu'à « conserver un élément du patrimoine communal menacé de destruction totale »[1]. Sont à l'inverse exclus les travaux d'embellissement ou d'agrandissement, les achats de biens meubles nouveaux[2], le paiement des factures d'électricité[3], le nettoyage des locaux, etc. Les dépenses liées à l'installation de l'électricité ou à la rénovation du chauffage ne sont possibles que si elles sont nécessaires à la préservation de l'édifice.

Si cette situation particulière « reste juridiquement une mesure transitoire (les nouvelles églises n'en bénéficient pas) », il semble tout de même en résulter un « avantage comparatif »[4] indéniable au profit de l'Église catholique, puisque l'on sait que ce sont principalement ses édifices qui sont concernés par cette propriété publique. Pourtant, cet avantage doit être relativisé d'une double manière.

425. Un entretien (en principe) facultatif. D'une part, la prise en charge de cet entretien est facultative, et non pas obligatoire. L'article 13 indique ainsi que les collectivités propriétaires « pourront engager » les dépenses. En outre, l'article L. 2321-2 du Code général des collectivités territoriales n'inscrit pas ces dépenses dans la liste des dépenses qui sont obligatoires pour les collectivités (même s'il est vrai que la liste donnée à cet article, qui s'ouvre par un prudent « notamment », n'est pas limitative).

---

[1] CE, 24 décembre 1926, *Empereur*, n° 82702, *Lebon* p. 1138.
[2] CE, 11 juillet 1913, *Commune de Dury*, n° 48342, *Lebon* p. 830.
[3] CAA Nancy, 5 juin 2003, *Commune de Montaulin*, n° 99NC01589. Note : P. Rousselle, *AJDA*, 2003, p. 1431.
[4] Jean-Éric Schoettl, « La laïcité en questions », *Constitutions*, 2017, n° 1, p. 19.

Toutefois, malgré cette apparente faculté, il semble peser sur les collectivités propriétaires une « obligation minimale »[1] d'entretenir les édifices dont elles sont propriétaires, car le défaut d'entretien normal de l'édifice peut conduire à engager leur responsabilité en cas de préjudice résultant de ce mauvais entretien[2].

426. Une faculté étendue aux édifices dont la collectivité publique n'est pas propriétaire. D'autre part, depuis la loi du 25 décembre 1942, l'article 19 de la loi de 1905 autorise les collectivités publiques à financer les « réparations » des édifices cultuels possédés par des associations cultuelles et ouverts au public, tout en précisant explicitement qu'il ne s'agit pas d'un financement prohibé par le principe de non-subventionnement des cultes. Les collectivités publiques peuvent ainsi assurer l'entretien d'édifices religieux dont elles ne sont pas propriétaires, ce qui réduit la spécificité des lieux de culte catholiques. Deux conditions sont alors nécessaires : il faut que le bien appartienne à une association cultuelle (répondant aux critères posés par la loi de 1905) et les travaux envisageables sont, là encore, limités au gros œuvre.

c. L'aide publique à la construction de nouveaux lieux de culte

427. Le lieu de culte, propriété privée. Il semble possible d'identifier au moins trois catégories de lieux de culte privés. Premièrement, les édifices qui étaient privés avant 1905 – et qui ne sont d'ailleurs pas évoqués par la loi du 9 décembre 1905 – sont demeurés propriétés privées[3]. Deuxièmement, les lieux de culte qui appartenaient autrefois aux anciens établissements publics du culte et qui ont attribués aux associations cultuelles par la loi du 9 décembre 1905 sont alors devenus des propriétés privées. Troisièmement, tous les nouveaux édifices du culte construits depuis 1905 (y compris, donc, les lieux de culte catholiques) appartiennent en principe aux associations qui ont fait procéder à leur construction (sous réserve du cas des édifices érigés grâce à un bail emphytéotique administratif ; v. §430-433).

---

[1] Jean-François Auby, *Guide pratique de la laïcité*, Berger Levrault, 2018, p. 124.

[2] CE, 10 juin 1921, *Commune de Monségur*, n° 45681. Conclusions : L. Corneille, *Sirey*, 1921, III, p. 49. Notes : M. Hauriou, *Sirey*, 1921, III, p. 49 ; G. Jèze, *RDP*, 1921, p. 361.

[3] CAA Marseille, 14 octobre 2019, *Commune de Barcelonnette*, n° 18MA00120, point 7.

Comme il ne revient pas à l'État de limiter la notion de *lieu de culte*[1], un tel lieu privé se définit de manière fonctionnelle, par la destination que lui donnent effectivement les fidèles, dans le respect de l'ordre public et des règles de sécurité relatives à l'accueil du public. C'est pourquoi le Conseil d'État définit les lieux de culte comme ceux qui sont « utilisés pour la célébration de cérémonies organisées en vue de l'accomplissement, par des personnes réunies par une même croyance religieuse, de certains rites ou de certaines pratiques »[2]. Peuvent être inclus dans cette définition les locaux d'« enseignements et de débats sur des thèmes bibliques ainsi que des cérémonies qui revêtent un caractère religieux »[3], mais pas nécessairement les lieux où se tiennent le « catéchisme, l'école du dimanche et la répétition de chorales pour les offices du culte »[4].

428. La difficile construction de nouveaux lieux de culte, justifiant de possibles aides publiques. L'évolution démographique et le changement du contexte sociologique des religions ont pu rendre nécessaire la construction de nouveaux édifices du culte. Tous les cultes ont été concernés. Mais il est certain que les anciens cultes reconnus disposent le plus souvent d'édifices nombreux (même s'il y a eu, par exemple, une vague de construction d'églises catholiques en région parisienne, dans les années 1960-1970). En revanche, les religions nouvellement installées sur le territoire national, en particulier l'islam et les Églises évangéliques, manquent souvent de lieux de prière susceptibles d'abriter la pratique de leur culte et il leur faut acquérir ou construire elles-mêmes de tels lieux, sans bénéficier d'aide publique.

Or, pour ces nouvelles constructions, l'interdiction de subventionner un culte posée par l'article 2 de la loi de 1905 exclut en principe, en tout cas dans les zones où s'applique la loi de 1905, que les personnes publiques apportent un soutien financier aux associations religieuses. Évidemment, la problématique n'est pas la même dans les territoires français où la loi de 1905 est inapplicable[5].

---

[1] CEDH, 24 mai 2016, *Association de solidarité avec Les témoins de Jéhovah et autres c/ Turquie*, n° 36915/10.

[2] CE, 4 février 2008, *Association de l'Église néo-apostolique de France*, n° 293016, préc.

[3] CE, sect., 13 janvier 1993, *Congrégation chrétienne des témoins de Jéhovah du Puy*, n° 115474. Conclusions : J. Arrighi de Casanova, *Revue de droit fiscal*, 1993, n° 21, p. 937.

[4] CE, 4 février 2008, *Association de l'Église néo-apostolique de France*, n° 293016, préc.

[5] V. Francis Messner, « Droit local des cultes », *SDR*, n° 2, 2012/1, p. 195.

Deux techniques législatives permettent néanmoins aux personnes publiques (là encore, ce n'est qu'une faculté) d'aider des associations cultuelles à construire un nouvel édifice cultuel.

429. La garantie d'emprunt. La première dérogation facilitant la construction d'un nouveau lieu de culte, « la plus substantielle »[1], est la garantie d'emprunt que peut octroyer une collectivité territoriale à une association religieuse empruntant des sommes d'argent importantes pour construire des « édifices répondant à des besoins collectifs de caractère religieux »[2]. Par ce mécanisme, la collectivité s'engage à rembourser l'emprunt en cas de défaut de remboursement de son prêt par l'association, ce qui est bien sûr de nature à faciliter l'obtention de ce prêt. Il s'agit là d'un aménagement important à la loi de 1905. Évidemment, la collectivité prend des précautions avant de se porter garante. Mais l'avantage n'en reste pas moins conséquent.

430. La conclusion d'un bail emphytéotique. Le second mécanisme est la conclusion d'un bail emphytéotique sur la propriété d'une personne publique[3]. Cette faculté est précisée à l'article L. 1311-2 du Code général des collectivités territoriales (CGCT) pour le domaine public et à l'article L. 451-1 du Code rural et de la pêche maritime pour le domaine privé.

Pour s'en tenir à l'article L. 1311-2 du CGCT, celui-ci déroge partiellement à l'interdiction du financement direct ou indirect d'un culte pour la construction d'un nouvel édifice du culte ouvert au public. Il dispose que les collectivités territoriales peuvent, « dans le respect du principe de neutralité à l'égard des cultes et du principe d'égalité », autoriser un organisme souhaitant construire un édifice du culte à occuper pour une longue durée une dépendance de leur domaine dans le cadre d'un bail emphytéotique administratif, aux conditions financières avantageuses en raison de la modicité du loyer.

En reprenant les termes du Conseil d'État, on peut dire qu'un tel bail emphytéotique cultuel ouvre « aux collectivités territoriales la faculté, dans le respect du principe de neutralité à l'égard des cultes et du

---

[1] Édouard Geffray, « Loi de 1905 et aides des collectivités publiques aux cultes. Conclusions sur CE, ass. 19 juillet 2011, 5 espèces », *RFDA*, 2011, n° 5, p. 967.

[2] Article L. 2252-4 du CGCT pour les communes ; article L. 3231-5 du CGCT pour les départements.

[3] V. Sophie Tissot-Grossrieder, « De l'usage du bail emphytéotique pour la construction d'une mosquée », *AJDA*, 2010, n° 44, p. 2471 ; Stéphane Duroy, « Des nourritures terrestres aux nourritures célestes : le bail emphytéotique administratif cultuel, avatar du bail emphytéotique rural », *RDP*, 2012, n° 2, p. 287.

principe d'égalité, d'autoriser un organisme qui entend construire un édifice du culte ouvert au public à occuper pour une longue durée une dépendance de leur domaine privé ou de leur domaine public, dans le cadre d'un bail emphytéotique ; [...] [le législateur] a, ce faisant, dérogé aux dispositions précitées de la loi du 9 décembre 1905. »[1] Le Conseil d'État a énoncé cette affirmation dans une affaire relative à un bail emphytéotique consenti par la mairie de Montreuil-sous-Bois à l'association cultuelle des associations musulmanes de Montreuil en vue de la construction d'une mosquée. « La logique du bail emphytéotique étant ainsi radicalement différente de celle qui sous-tend la loi du 9 décembre 1905, le Conseil d'État a logiquement jugé que le législateur avait entendu, en autorisant son usage pour l'édification de bâtiments destinés à l'exercice du culte, déroger à la loi de séparation des Églises et de l'État. »[2]

431. La conclusion d'un bail emphytéotique (2) : les conditions. Bien que le législateur ait ainsi voulu déroger à la loi de 1905, des conditions strictes encadrent la conclusion d'un tel contrat de bail.

D'une part, l'emphytéote doit verser une redevance qui, « eu égard à la nature du contrat et au fait que son titulaire n'exerce aucune activité à but lucratif, ne dépasse pas, en principe, un montant modique »[3]. Puisqu'il s'agit de rendre possible la construction de l'édifice et que cette construction serait impossible si le bail devait être conclu au prix réel de la valeur du terrain, la modicité de cette somme « est, en quelque sorte, consubstantielle à ce type BEA »[4]. C'est pour ce motif que, selon la formule précitée du Conseil d'État, le législateur a « dérogé aux dispositions de la loi du 9 décembre 1905 ».

D'autre part, depuis la loi n° 2021-1109 confortant les principes de la République du 24 août 2021, l'article L. 1311-2 du CGCT précise que, « lorsque le bail a pour objet l'affectation à une association cultuelle d'un édifice du culte ouvert au public, la collectivité territoriale informe le représentant de l'État dans le département de son

---

[1] CE, ass., 19 juillet 2011, *Vayssière c/ Commune de Montreuil-sous-Bois*, n° 320796. Conclusions : É. Geffray, *RFDA*, 2011, n° 5, p. 967. Notes : É. Fatôme et L. Richer, *AJDA*, 2011, p. 2010 ; M. Perrier, *AJCT*, 2011, p. 515 ; O. Févrot, *RDI*, 2011, p. 628.

[2] Émilie Bokdam-Tognetti, « Le financement des cultes dans la jurisprudence du Conseil d'État », *NCCC*, n° 53, 2016, p. 52.

[3] CE, ass., 19 juillet 2011, *Vayssière c/ Commune de Montreuil-sous-Bois*, n° 320796, préc.

[4] Étienne Fatôme et Laurent Richer, « L'arrêt d'assemblée du 19 juillet 2011, *Vayssière* et le BEA », *AJDA*, 2011, n° 35, p. 2010.

intention de conclure un tel bail au moins trois mois avant sa conclusion ».

Enfin, l'arrêt *Ville de Paris et Société des Habous et des Lieux Saints de l'Islam*[1] ajoute une condition supplémentaire tenant à ce que l'affectataire du lieu de culte construit soit une association cultuelle au sens de la loi du 9 décembre 1905, plutôt qu'une association ordinaire à objet religieux au sens de la loi de 1901. Il en résulte que si l'article L. 1311-2 du CGCT déroge à la loi de 1905 pour la conclusion d'un bail emphytéotique cultuel, il n'apporte pas une dérogation à toutes ses dispositions, puisque « le contrat de bail doit être conclu avec une association cultuelle, ou celle-ci doit être l'affectataire de l'édifice »[2].

432. La conclusion d'un bail emphytéotique (3) : les conséquences pour la personne publique. Par ailleurs, à l'expiration du bail (ou au moment de sa résiliation anticipée), l'édifice construit est incorporé dans le patrimoine de la collectivité. Cette conséquence peut poser problème. L'inconvénient est que la collectivité devra assumer financièrement l'entretien des lieux de culte ainsi construits, de telle sorte que les contribuables supporteront le coût de ces bâtiments édifiés par des personnes privées. Par exemple, un rapport sénatorial relevait en 2015 que « l'arrivée à terme de baux emphytéotiques conclus dans les années 1930 va faire entrer dans le patrimoine de la Ville de Paris une trentaine d'églises d'ici vingt à trente ans. Ces bâtiments seront en mauvais état et nécessiteront cinq à dix millions d'euros de travaux, selon l'Observatoire du patrimoine religieux. Cette charge va s'ajouter à celles que la municipalité supporte déjà pour l'entretien du patrimoine religieux existant. » Le rapport concluait en conséquence : « le bail emphytéotique conclu en vue de la construction d'un édifice cultuel est certes un outil efficace pour résorber les inégalités d'accès aux lieux de culte des différents groupes religieux, mais il faut absolument en anticiper les conséquences pour les finances locales futures. À long terme, en effet, la propriété des édifices cultuels va représenter une

---

[1] CE, 10 février 2017, n° 395433. Conclusions : O. Henrard, *AJDA*, 2017, n° 12, p. 684. Notes : M. Ubaud-Bergeron, *Contrats et marchés publics*, 2017, n° 4, p. 41 ; H. Pauliat, *JCP A*, 2017, n° 16, p. 23 ; N. Foulquier, *Revue de droit de l'immobilier*, 2017, n° 6, p. 298.

[2] Hélène Pauliat, « Bail emphytéotique administratif et association cultuelle : l'interprétation de l'article L. 1311-2 du CGCT », *JCP A*, 2017, n° 16, 2114.

charge très lourde d'entretien et de conservation pour les collectivités territoriales qui auront eu recours à ce type de contrats. »[1]

433. La conclusion d'un bail emphytéotique (4) : achèvement ou résiliation du bail. C'est pourquoi certaines collectivités choisissent de vendre à l'association titulaire du BEA le bien construit sur ce terrain, que ce soit à l'expiration du contrat ou suite à sa résiliation anticipée (qui peut être décidée, comme pour tout contrat administratif, pour un motif d'intérêt général ou suite à une faute du cocontractant). La résiliation du contrat peut d'ailleurs être motivée par la volonté de céder le bien à l'association.

Il en a été ainsi dans l'affaire qui a donné lieu à l'arrêt *Commune de Bagnolet* de la Cour administrative d'appel de Paris[2]. Par une délibération du 11 avril 2019, le conseil municipal de Bagnolet avait approuvé la résiliation d'un bail emphytéotique et autorisé la cession du bien à l'association au prix de 950 000 euros hors taxes, dont 700 000 euros versés à la signature de l'acte de vente et 250 000 euros versés en quarante-huit mensualités sans intérêt. Si la résiliation du bail était possible et si elle pouvait s'accompagner de la cession du bien, « l'application de la loi du 9 décembre 1905 implique que cette cession soit effectuée dans des conditions qui excluent toute libéralité et, par suite, toute aide directe ou indirecte à un culte » (point 12). En l'espèce, si le montant de la vente (950 000 euros) était le prix proposé par le service des domaines et ne posait donc pas de difficulté, la commune n'a pas tenu compte dans son estimation du prix de l'avantage qui consistait en un paiement échelonné sans intérêt de plus d'un quart du montant total de la somme due. « Ainsi, la commune doit être regardée comme ayant consenti un avantage, sans contrepartie, ayant pour effet de minorer le prix de cession du bien en deçà de sa valeur réelle et, par suite, comme ayant versé à l'association une subvention proscrite par les dispositions précitées de la loi du 9 décembre 1905. » (point 13)

L'assouplissement législatif permis pour construire un édifice cultuel grâce à un bail emphytéotique est donc assez drastiquement

---

[1] Hervé Maurey, *Le financement des lieux de culte*, Rapport d'information n° 345 fait au nom de la délégation aux collectivités territoriales et à la décentralisation, Sénat, 17 mars 2015, p. 86.

[2] CAA Paris, 22 septembre 2023, *Commune de Bagnolet*, n° 22PA02509. Conclusions : I. Lipsos, *AJDA*, 2023, p. 2119. Notes : H. de Gaudemar, *JCP A*, 2023, n° 43-44, 2322 ; C. Chamard-Heim, *Contrats et marchés publics*, 2023, n° 12, comm. 342, p. 21 ; T. Rombauts-Chabrol, *AJCT*, 2024, n° 1, p. 50. N. Foulquier, *Dr. Adm.*, 2024, n° 1, comm. 2.

interprété par le juge administratif, qui surveille de près les conditions de financement du projet pour n'admettre aucune libéralité de la part de la commune.

434. L'interdiction de céder un terrain à vil prix pour la construction d'un nouvel édifice religieux. Pour le même motif, le Tribunal administratif de Toulouse a refusé qu'une commune cède un terrain communal à vil prix, c'est-à-dire à un prix inférieur à sa valeur, à une association cultuelle en vue de l'édification d'un édifice cultuel. Le Tribunal a logiquement jugé que cette cession à vil prix s'apparentait à une libéralité et au subventionnement d'un culte[1].

Le Conseil d'État ne s'est pas prononcé sur cette question, mais il est probable qu'il apporterait une solution proche de celle-ci.

D'une part, il a jugé, à propos d'un bail emphytéotique administratif non cultuel, qu'une personne publique ne peut pas céder au titulaire du bail le terrain dont il était locataire à un prix inférieur à sa valeur[2].

D'autre part, il a admis qu'une commune puisse utiliser son droit de préemption pour acquérir un terrain jouxtant une mosquée, afin de revendre ce terrain à l'association gestionnaire de la mosquée. En l'espèce, la revente du terrain s'était opérée au même prix que son achat par la commune préemptrice[3]. Certes, cela constituait un avantage financier pour l'association religieuse, puisque l'exercice du droit de préemption avait permis à la commune d'acquérir le terrain à un prix deux fois inférieur à la valeur qu'en demandaient les propriétaires, ce qui permettait donc à l'association religieuse, lors du rachat à la commune, de bénéficier d'un prix bien inférieur à celui du marché. L'intérêt général justifiant l'exercice du droit de préemption se confondait ainsi très largement avec l'intérêt religieux de l'association gestionnaire de la mosquée et des fidèles qui la fréquentaient (v. §318). Néanmoins, il n'en résultait aucune libéralité de la part de la commune, puisque la somme qu'elle avait déboursée pour acheter le terrain lui était intégralement reversée par l'association, qui lui rachetait le bien préempté au même prix. Dès lors, le principe est que « l'aide est légale

---

[1] TA Toulouse, 1er décembre 2016, *Commune de Montauban*, n° 1505595. Note : É. Untermaier-Kerléo, *JCP A*, 2017, n° 2, 2016.

[2] CE, 13 septembre 2021, *Commune de Dourdan*, n° 439653. Conclusions : R. Victor, *BJCP*, 2021, n° 140, p. 48. Notes : C. Roux, *JCP A*, 2021, n° 43, 2315, p. 25 ; P. Soler-Couteaux, *Contrats et marchés publics*, 2021, n° 11, p. 24 ; G. Eveillard, *Dr. Adm.*, 2021, n° 12, comm. 51, p. 48 ; N. Foulquier, *RDI*, 2022, n° 2, p. 104.

[3] CE, 22 décembre 2022, *Commune de Montreuil*, n° 447100, points 6 et 7, préc.

tant qu'elle reste indolore pour les finances de la collectivité »[1]. On peut en déduire que, *a contrario*, si la revente appauvrissait la collectivité, elle serait illégale. Le critère de l'appauvrissement de la collectivité semble déterminant. Rejoint-il pour autant l'interdiction de la cession à vil prix, alors que, en l'espèce, l'absence d'appauvrissement de la commune justifiait de revendre le bien à un prix inférieur à sa valeur réelle (puisque c'était à ce prix que la collectivité l'avait acquis) ?

Conclusion sur les exceptions législatives

435. Conclusion. Ces quelques illustrations législatives démontrent, si besoin était, que le législateur n'admet pas le principe de non-subventionnement des cultes sans exception. L'interdiction de financement public des cultes devait marquer la fin de la coopération entre les personnes publiques et les institutions religieuses. Les atténuations nombreuses à la règle témoignent que toute coopération n'est pas éteinte pour autant et que le législateur a en réalité, dès 1905, entendu maintenir certains liens financiers. Certes, « il existe incontestablement un lien privilégié entre la laïcité et la suppression de toute dépense publique relative au culte. Ce lien, pour autant, n'est pas systématique ; si bien que la valeur constitutionnelle du principe de laïcité ne peut être étendue à la règle d'abstention financière. »[2] Là encore, l'idée de séparation des Églises et de l'État ne s'avère pas adéquate pour décrire les relations réelles des pouvoirs publics et des associations religieuses.

Du point de vue juridique, ces nombreuses exceptions législatives témoignent que le principe de non-subventionnement a une simple valeur législative, qui résulte de sa consécration par la loi de 1905. Cette valeur législative explique que d'autres lois peuvent prévoir d'autres modalités d'application du concept de laïcité, qui impliquent une neutralité de l'État plus minimale et qui permettent en conséquence une forme de subventionnement des cultes aussi bien dans les zones du territoire où s'applique la loi de 1905 que dans les autres (ce qui ne serait pas possible si ce principe était de rang constitutionnel).

[1] Benjamin Lecoq, « Le droit de préemption urbain : nouvel outil de politique cultuelle ? », *AJDA*, 2023, n° 21, p. 1137.

[2] Mylène Le Roux, « La règle d'abstention financière des pouvoirs publics en matière cultuelle », *RDP*, 2007, n° 1, p. 264.

2. Les assouplissements jurisprudentiels à l'interdiction de subventionner un culte

436. Une interprétation souple du principe de non-subventionnement des cultes. Le Conseil d'État a retenu une « interprétation neutralisante du principe de non-financement »[1], conduisant, au-delà des dérogations législatives admises, à le nuancer considérablement. Maurice Hauriou en a très rapidement dégagé la ligne générale. Comme il l'indique dès 1910, les financements seront possibles « toutes les fois qu'ils n'impliqueront pas reconnaissance officielle du culte »[2]. Tant qu'elle reste étrangère à la reconnaissance du culte, la subvention, si elle trouve une justification dans l'intérêt général, peut être légale.

La jurisprudence en la matière a notamment été systématisée par cinq arrêts d'assemblée du Conseil d'État du 19 juillet 2011[3]. Précisant l'interprétation et l'application de la loi du 9 décembre 1905, ces arrêts aménagent un équilibre entre laïcité (neutralité religieuse des personnes publiques), liberté de culte des individus et intérêt public.

Cet équilibre tient au fait que le juge administratif admet les aides financières des collectivités territoriales au profit des organismes religieux dès lors qu'existe un intérêt public local et que ce n'est pas directement le culte qui est financé, mais une activité ou un projet annexe de l'organisme. En d'autres termes, le juge administratif interprète l'article 2 de la loi de 1905 comme autorisant les personnes publiques à faire abstraction du caractère religieux d'un organisme pour financer son fonctionnement matériel ou ses activités non religieuses directement ou indirectement utiles à l'intérêt général. Si ces conditions sont respectées (présence d'un intérêt public et absence de soutien à une activité cultuelle), la personne publique ne manque pas à son devoir d'impartialité en venant au soutien d'une association religieuse,

---

[1] Emmanuel Tawil, « La République ne reconnaît, ne salarie ni ne subventionne aucun culte », *ADR*, vol. 1, 2005, p. 60.

[2] Maurice Hauriou, *Principes de droit public* [1910], Dalloz, coll. Bibliothèque Dalloz, 2010, p. 403.

[3] CE, ass., 19 juillet 2011, *Commune de Trélazé*, n° 308544. *Fédération de la libre pensée et de l'action sociale du Rhône, Picquier*, n° 308817. *Communauté urbaine du Mans - Le Mans Métropole*, n° 309161. *Commune de Montpellier*, n° 313518. *Vayssière c/ Commune de Montreuil-sous-Bois*, n° 320796. Conclusions : É. Geffray, *RFDA*, 2011, n° 5, p. 967. Notes : X. Domino et A. Bretonneau, *AJDA*, 2011, n° 29, p. 1667 ; J.-.F. Amédro, *JCP A*, 2011, n° 39, p. 10 ; J. Fialaire, *AJDA*, 2012, p. 2305 ; E. Forey, *SDR*, 2013, p. 87.

puisqu'elle vise un intérêt général et ne cherche pas à favoriser une religion ou une Église. En conséquence, à condition de viser l'intérêt général et de ne pas financer directement une activité cultuelle, il est possible d'octroyer une subvention à une association religieuse (a), mais aussi de financer des travaux sur un édifice cultuel (b), de prêter ou de transférer du matériel à une association religieuse (c) ou de lui permettre d'utiliser des locaux publics (d).

a. L'octroi d'une subvention

437. L'interprétation organique initiale de l'interdiction de subventionner un culte. *A priori*, la loi de 1905 laisse peu de doute. L'article 2 interdit à la République de subventionner un culte. Et cette interdiction est précisée par l'article 19, qui prescrit que les associations cultuelles « ne pourront, sous quelque forme que ce soit, recevoir des subventions » publiques : il semble donc impossible aux personnes publiques de verser des subventions aux associations cultuelles prévues par la loi de 1905 ou aux associations ordinaires ayant des activités cultuelles.

D'ailleurs, le Conseil d'État a jugé en 1992 qu'une association ayant à la fois des activités cultuelles et des activités sociales et culturelles « ne peut, du fait des activités cultuelles ci-dessus mentionnées, recevoir de subventions publiques qui constitueraient des subventions à un culte interdites par l'article 2 précité de ladite loi »[1]. Lapidaire, la formule excluait toute subvention à une association ayant, ne serait-ce que pour partie, des activités de nature religieuse. Elle appliquait ainsi rigoureusement l'interdiction énoncée par l'article 2 de la loi de 1905, en retenant de l'article la « lecture organique »[2] proposée par le commissaire du gouvernement : dès lors que l'organisme présentait un caractère religieux (critère organique), toute subvention publique devait lui être refusée, quel que soit par ailleurs le motif de cette subvention et la nature de l'activité financée.

---

[1] CE, sect., 9 octobre 1992, *Commune de Saint-Louis de La Réunion*, n° 94455. Conclusions : F. Scanvic, *AJDA*, 1992, n° 12, p. 817. Note : A. Ashworth, *JCP G*, 1993, II, 22068, p. 226.

[2] Frédéric Scanvic, « Illégalité d'une subvention d'un conseil municipal à une association exerçant à la fois des activités culturelles et cultuelles », *AJDA*, 1992, n° 12, p. 817.

438. L'évolution vers une interprétation matérielle. Par la suite, le Conseil d'État a toutefois eu de cette interdiction une interprétation matérielle plutôt qu'organique. Qu'est-ce à dire ?

Dorénavant, selon le juge, la prohibition de subventionner un culte interdit de financer les activités cultuelles (critère matériel), et non pas l'association qui assume ces activités (critère organique). Dès lors que le financement public n'est pas utilisé à des fins cultuelles et qu'il vise un intérêt général quelconque, il est possible. Si, en vertu de l'article 19 de la loi de 1905, les associations cultuelles ont un objet exclusivement cultuel et ne sont donc pas concernées, des associations dites mixtes, c'est-à-dire des associations qui ont plusieurs objets (dont l'un cultuel), peuvent être financées pour leurs activités non religieuses, ce qui avait été refusé en 1992. Ainsi, si une activité cultuelle ne peut être financée, une association à objet (notamment) religieux peut-elle recevoir un soutien public pour ses activités non cultuelles d'intérêt général.

Il résulte de cette interprétation matérielle qu'une association peut recevoir une subvention publique pour ses activités non religieuses, dès lors qu'elle concourt à la réalisation de l'intérêt général et que la subvention vise bien à la soutenir dans cette tâche (et non dans son action religieuse). En d'autres termes, « l'organisme bénéficie d'un soutien à raison de l'utilité publique de ses activités, et indépendamment de sa nature confessionnelle. Il y aurait au reste discrimination à distinguer, pour une même activité, en fonction de l'orientation confessionnelle ou idéologique des établissements qui en sont les porteurs, dès lors qu'ils remplissent les conditions fixées pour le soutien financier et que leurs activités ne sont pas contraires à l'ordre public. »[1]

Certes, la distinction de l'activité et de l'association qui l'assume n'est pas sans artifice. Octroyer un soutien financier à une association, même pour ses activités profanes, peut « lui offrir la faculté de dégager au profit de ses activités cultuelles des ressources supplémentaires à ce qu'elle aurait pu lui consacrer sans cette intervention publique. Mais un tel effet financier apparaît bien trop indirect pour conduire à regarder la subvention comme une aide au culte prohibée. »[2]

---

[1] Francis Messner, Pierre-Henri Prélot, Jean-Marie Woehrling et Isabelle Riassetto (dir.), *Traité de droit français des religions*, LexisNexis, 2e éd., 2013, p. 1414.

[2] Émilie Bokdam-Tognetti, « Le financement des cultes dans la jurisprudence du Conseil d'État », *NCCC*, n° 53, 2016, p. 43.

Il n'en demeure pas moins que cette interprétation matérielle facilite le soutien financier des collectivités publiques à des organismes de nature religieuse et retient de ce fait « une vision libérale de la laïcité »[1].

439. Les conditions jurisprudentielles encadrant le versement de subventions publiques à une association religieuse. D'après la jurisprudence administrative, plusieurs conditions doivent néanmoins être réunies pour que le versement d'une subvention à une association religieuse soit possible. Les personnes publiques « ne peuvent accorder une subvention à une association qui, sans constituer une association cultuelle au sens du titre IV de la même loi, a des activités cultuelles, qu'en vue de la réalisation d'un projet, d'une manifestation ou d'une activité qui ne présente pas un caractère cultuel et n'est pas destiné au culte et à la condition, en premier lieu, que ce projet, cette manifestation ou cette activité présente un intérêt public local et, en second lieu, que soit garanti, notamment par voie contractuelle, que la subvention est exclusivement affectée au financement de ce projet, de cette manifestation ou de cette activité et n'est pas utilisée pour financer les activités cultuelles de l'association »[2].

Trois conditions doivent donc être réunies pour que la subvention à une association religieuse soit légale. Premièrement, il faut que la subvention ne soit pas destinée à alimenter la pratique du culte, mais finance d'autres activités (non religieuses) de l'association ; cette association est donc, par hypothèse, une association mixte et ne peut être une association cultuelle au sens de la loi de 1905, puisqu'une telle association a exclusivement des activités de nature religieuse, si bien que des subventions publiques financeraient immanquablement ses – seules – activités religieuses. Deuxièmement, il faut que l'activité non religieuse réponde à un intérêt public. Troisièmement et d'un point de vue formel, il faut que le versement de cette subvention fasse l'objet d'une convention qui *flèche* la subvention, afin de garantir que cette somme d'argent soit exclusivement destinée au financement de cette activité ou de ce projet non religieux.

---

[1] Anne Iljic, « Table ronde 3 : laïcité et biens des services publics », *La laïcité dans les services publics. Aspects pratiques, entre renouveau et renoncement*, Clément Benelbaz et Charles Froger (dir.), Institut francophone pour la justice et la démocratie, coll. Colloques et essais, 2022, p. 183.

[2] CE, 4 mai 2012, *Fédération de la libre pensée et d'action sociale du Rhône*, n° 336462. Notes : V. Grillet-Carabajal, *AJCT*, 2012, n° 6, p. 287 ; J.-F. Amédro, *JCP A*, 2012, n° 27, p. 25 ; O. Carton, *Revue Lamy des collectivités locales*, 2012, n° 82, p. 13.

Par exemple, a été jugée légale, car conforme à ces conditions, la subvention octroyée par la commune de Lyon à la communauté Sant'Egidio. Cette association de fidèles catholiques avait organisé des conférences relatives « au courage d'un humanisme de paix » et abordant des thèmes en rapport avec le religieux. Un créneau horaire était laissé pour les fidèles désireux de prier. Mais le juge a relevé, d'une part, que la manifestation ne comportait aucune cérémonie religieuse, ce qui signifiait que la subvention publique ne finançait pas directement une activité cultuelle. Le juge admet d'autre part que l'événement est positif « pour "l'image de marque" et le rayonnement de la commune de Lyon et qu'elle était de nature à contribuer utilement à la vie économique de son territoire »[1], en raison de l'importance internationale de l'événement et du nombre de participants, notamment de personnalités nationales et internationales : de tels constats dénotent l'existence d'un intérêt public local. Cette subvention qui n'était pas liée au culte et qui était d'intérêt public était donc légale.

Semblablement, le versement d'une subvention de l'Agence de l'environnement et de la maîtrise de l'énergie (ADEME) à une congrégation religieuse pour installer un mode de chauffage moins polluant dans son bâtiment répond à ces trois conditions, dès lors qu'il est certain que la somme allouée sera bien dédiée à cet emploi et non au financement du culte[2].

A contrario, si la subvention finance des activités cultuelles ou n'a pas une finalité d'intérêt général, elle est illégale. Dans l'affaire des ostensions septennales de reliques de saints dans le Limousin par exemple[3], le juge, après avoir rappelé les trois conditions posées par la jurisprudence, a considéré qu'elles n'étaient pas réunies en l'espèce. L'intérêt public local était certes caractérisé par un intérêt touristique local. Mais malgré le caractère simultanément religieux et culturel de la manifestation, les fonds versés n'avaient pas été suffisamment fléchés et avaient permis de financer la dimension cultuelle de l'événement.

---

[1] CE, 4 mai 2012, *Fédération de la libre pensée et d'action sociale du Rhône*, n° 336462, préc.

[2] CE, 26 novembre 2012, *Communauté des bénédictins de l'abbaye Saint Joseph de Clairval* et *Agence de l'environnement et de la maîtrise de l'énergie*, n° 344284 et n° 344378, 2 espèces. Conclusions : E. Cortot-Boucher, *RFDA*, 2013, n° 2, p. 326. Notes : J.-M. Pontier, *AJDA*, 2013, n° 4, p. 245 ; M. Comte-Perrier, *RFDA*, 2013, n° 2, p. 342.

[3] CE, 15 février 2013, *Association Grande confrérie de Saint Martial et autres*, n° 347049, point 5. Conclusions E. Cortot-Boucher, *RFDA*, 2013, n° 2, p. 335. Notes : M. Comte-Perrier, *RFDA*, 2013, n° 2, p. 342 ; M. Le Roux, *AJDA*, 2013, n° 26, p. 1529.

« La subvention aurait ainsi été licite si elle avait un objet axé prioritairement vers la dimension culturelle et touristique de l'événement, présentant un intérêt public local, et d'une utilisation garantie de celle-ci, notamment par voie contractuelle, à une activité culturelle. »[1]

De même, la ville de Reims n'a pas pu financer les installations techniques destinées à assurer la célébration de la messe papale du 22 septembre 1996 liée à la célébration du 1 500e anniversaire du baptême de Clovis. Le juge a effectivement indiqué qu'un tel financement « met à la charge du budget communal une dépense directement liée à la célébration du culte et accorde ainsi une subvention à un culte prohibée par les dispositions de l'article 2 de la loi du 9 décembre 1905 ». Le jugement du tribunal administratif avait notamment indiqué que « l'intérêt local présenté par la visite du pape à Reims, en raison du rayonnement intellectuel et culturel et des ressources économiques qu'elle est susceptible de procurer à la ville, ne saurait davantage justifier la prise en charge par la ville de Reims d'une dépense relative à l'exercice d'un culte »[2]. Si l'invocation d'un tel intérêt général pourrait aujourd'hui justifier plus de souplesse du juge administratif qu'en 1996, la solution pourrait toutefois être identique dans la mesure où c'est bien la célébration d'une messe qui était directement facilitée par la présente subvention, ce qui renvoie au cœur même de la pratique du culte catholique.

La règle d'abstention financière n'est donc pas niée. Le Conseil d'État veille toujours à son application au regard des conditions qu'il a lui-même posées. Mais ces conditions, du fait qu'elles relativisent le poids de l'interdiction, conduisent tout de même à tempérer sérieusement le principe de non-subventionnement.

b. Les travaux sur un édifice cultuel

440. La possibilité de concourir au financement de travaux sur un édifice cultuel. Une collectivité publique peut-elle financer des travaux sur un édifice cultuel lorsque ceux-ci ne sont pas nécessaires à

---

[1] Jean-Sébastien Château, « Les liens entre culture et sacré à l'épreuve du droit public », *Sacré et droit*, Julien Douillard et Diane Jeusel (dir.), éd. Institut francophone pour la justice et la démocratie, coll. Colloques et essais, 2021, p. 148.

[2] TA Châlons-en-Champagne, 18 juin 1996, *Thierry Come et Association Agir c/ Ville de Reims*. Conclusions : D. Warin, *RFDA*, 1996, p. 1012.

la conservation de l'édifice (auquel cas les travaux sont autorisés par les articles 13 ou 19 de la loi de 1905 ; v. §424) ?

La juridiction administrative a répondu à cette interrogation dans l'arrêt *Fédération de la libre pensée et de l'action sociale du Rhône* du 19 juillet 2011[1], où était en cause une subvention versée par la ville de Lyon à la fondation Fourvière, association mixte gérant notamment la basilique de Fourvière, et destinée à financer un ascenseur pour faciliter l'accès à la basilique, notamment pour les personnes à mobilité réduite. Le Conseil d'État considère qu'une telle opération est légale, que la collectivité soit ou non propriétaire de l'édifice religieux.

Mais l'arrêt pose, là encore, certaines conditions, qui répondent d'ailleurs à la même logique que pour l'octroi de toute subvention publique.

Premièrement, « cet équipement ou cet aménagement » doit présenter un intérêt public local, « lié notamment à l'importance de l'édifice pour le rayonnement culturel ou le développement touristique et économique de son territoire », et il ne doit pas être « destiné à l'exercice du culte ».

La deuxième condition est que, lorsque la collectivité territoriale accorde une subvention pour le financement de travaux sur un édifice du culte, il faut que « soit garanti, notamment par voie contractuelle, que cette participation n'est pas versée à une association cultuelle et qu'elle est exclusivement affectée au financement du projet ». Avec cette seconde condition, il est impératif que la subvention ne soit pas destinée au financement d'un culte, « traçabilité »[2] qui peut adéquatement être garantie (comme pour toute subvention) par la conclusion d'une convention indiquant explicitement l'objet des travaux. Le juge disant que cette garantie peut être apportée « notamment par voie contractuelle », il n'est pas obligatoire que cette convention soit conclue si un autre moyen assure le fléchage de l'aide publique. « Rien n'empêcherait que des engagements seulement oraux soient pris, à charge pour le juge, le cas échéant, de s'assurer de leur existence, voire de les consigner dans sa décision s'il les estime suffisants. »[3] Il semble néanmoins que, pour des raisons de transparence, le recours à une convention écrite soit à privilégier.

---

[1] CE, ass., 19 juillet 2011, n° 308817, préc.

[2] Elsa Forey, « L'interdiction de financer les cultes dans la jurisprudence administrative », *SDR*, n° 3, 2013, p. 93.

[3] Xavier Domino et Aurélie Bretonneau, « Le sacré et le local », *AJDA*, 2011, n° 29, p. 1667.

Appliquant ces conditions, le juge a d'abord considéré qu'une communauté d'agglomération ne pouvait, au titre de sa compétence en matière d'équipements culturels, prendre en charge que les travaux afférents à « la seule partie à vocation culturelle » d'un édifice du culte – en l'espèce, l'église Saint-Pierre de Firminy Vert bâtie par Le Corbusier –, et non à la partie dédiée à la pratique du culte[1]. C'était ainsi restreindre le financement des travaux à raison de la destination de la partie du bâtiment visée par ces travaux. Pourtant, la décision *Région Rhône-Alpes* de 2016[2], relatif aux aides que la région Rhône-Alpes a apportées à la restauration de la basilique Saint-Augustin d'Hippone (Algérie), lieu de culte accueillant de nombreuses manifestations culturelles et abritant aussi une bibliothèque, a tempéré cette solution en n'opérant pas de distinction stricte entre les parties culturelles et cultuelles du projet. Il semble donc que la jurisprudence de 2016 tempère la nécessité que les travaux ne portent pas directement sur une partie de l'édifice destinée à l'exercice du culte.

c. Le prêt ou le transfert de matériel à une association religieuse

441. Le prêt ou le transfert de matériel conditionné par l'existence d'un intérêt public et l'interdiction de favoriser un culte. Il se pose régulièrement la question du prêt ou du transfert d'un bien meuble à des associations religieuses, prêt ou transfert qui consiste bien en un avantage financier puisqu'il évite un achat à l'association. Ici encore, le Conseil d'État exige la réunion de plusieurs conditions comparables à celles qu'il a mises à l'octroi d'une subvention à une association religieuse.

D'une part, ce prêt ou ce transfert doit avoir un autre objectif que l'aide au culte : la collectivité doit répondre à un intérêt public local. Ainsi lorsque la commune de Trélazé a acquis et restauré un orgue afin de l'installer dans l'église communale, le Conseil d'État a jugé que les dispositions de la loi de 1905 « ne font pas obstacle à ce qu'une commune qui a acquis, afin notamment de développer l'enseignement artistique et d'organiser des manifestations culturelles dans un but d'intérêt public communal, un orgue ou tout autre objet comparable » l'installe dans un lieu de culte qu'elle en soit ou non propriétaire[3]. Dans

[1] CE, 3 octobre 2011, *Communauté d'agglomération Saint-Étienne métropole*, n° 326460. Note : E. Péchillon, *AJCT*, 2012, p. 264.
[2] CE, 17 février 2016, n° 368342.
[3] CE, ass., 19 juillet 2011, *Commune de Trélazé*, n° 308544, préc.

la mesure où un orgue est un « bien mixte »[1], selon l'expression du rapporteur public, c'est-à-dire susceptible de faire l'objet d'une utilisation tant cultuelle que culturelle, son installation dans une église ne répond pas qu'à une finalité religieuse, mais épouse aussi un intérêt public local, en l'espèce l'enseignement artistique et des manifestations culturelles.

Dans ce cas, il est néanmoins nécessaire que la commune s'assure qu'elle puisse utiliser l'objet en question conformément à ses besoins en matière artistique, culturelle et éducative. Là encore, une convention peut être conclue afin de bien préciser les droits et obligations respectifs des parties[2]. Mais d'autres modalités d'accords qu'un contrat écrit peuvent être envisagées. « Des engagements doivent être pris, mais leur forme semble assez libre. Il faut sûrement y voir la volonté, de la part du Conseil d'État, de ne pas faire preuve d'un formalisme excessif dans un domaine qui s'y prêterait mal. [...] Dieu merci, si l'on ose dire, la judiciarisation de notre société n'est pas telle que pour décider en bonne intelligence de faire profiter les habitants, croyants ou profanes, d'un orgue dans l'église du village, le maire et le curé ne doivent parler qu'en présence de leurs avocats. »[3]

D'autre part, l'association doit rémunérer ce prêt ou cette installation (ce qui exclut le don pur et simple), de façon à ce qu'il n'y ait aucune libéralité en provenance de la collectivité publique. Une telle libéralité, octroyée à un culte plutôt qu'à un autre, serait en effet un manque d'impartialité religieuse de la personne publique. L'arrêt *Commune de Trélazé* précise en ce sens qu'il est nécessaire de prévoir « une participation de l'affectataire ou du propriétaire de l'édifice, dont le montant soit proportionné à l'utilisation qu'il pourra faire de l'orgue afin d'exclure toute libéralité et, par suite, toute aide à un culte ».

---

[1] Édouard Geffray, « Loi de 1905 et aides des collectivités publiques aux cultes. Conclusions sur CE, ass., 19 juillet 2011 », *RFDA*, 2011, n° 5, p. 967.

[2] V. Jean-François Amédro, « Modèle de convention pour l'application de la jurisprudence *Commune de Trélazé*. Convention relative à l'installation d'un équipement communal dans un édifice du culte et à son utilisation partagée par la commune et le ministre du culte », *JCP A*, 2012, n° 21, 2172, p. 28.

[3] Xavier Domino et Aurélie Bretonneau, « Le sacré et le local », *AJDA*, 2011, p. 1667.

d. L'utilisation de locaux ou d'équipements publics par une association religieuse

442. Position du problème. Une collectivité publique peut-elle prêter un local à une association religieuse pour permettre à ses membres de se réunir ? *A priori*, le prêt d'un local à une association est une faculté offerte aux collectivités territoriales, et non une obligation qui pèse sur elles. C'est en tout cas ce qui ressort de la lettre de l'article L. 2144-3 du Code général des collectivités territoriales, qui donne au maire la compétence de réglementer l'usage des locaux communaux.

Toutefois, la jurisprudence conduit à tempérer la lecture de cet article par deux précisions d'importance. D'une part, la liberté de la collectivité dans sa décision de mettre un local à disposition d'une association religieuse est encadrée par quatre conditions énoncées par la juridiction administrative. D'autre part, la dernière de ces conditions – l'existence d'un intérêt public local – fait l'objet d'une interprétation telle que cette faculté paraît se muer en obligation lorsque l'exercice de la liberté religieuse est conditionné par la mise à disposition de ce local[1].

443. Respect du principe de neutralité et de l'égalité de traitement des cultes. La première condition que doit respecter la collectivité publique dans sa décision de mettre (ou non) un local à disposition d'une association religieuse est le respect de l'impartialité religieuse des pouvoirs publics et l'absence d'atteinte au principe de l'égalité de traitement des cultes. Il est en effet indispensable que tous les cultes puissent utiliser les locaux de la collectivité dans les mêmes conditions. « Il s'agit d'une application classique du principe de neutralité, dans sa dimension négative, qui impose de ne faire aucune distinction entre les usagers du service public en fonction, notamment, de leurs opinions religieuses. »[2]

444. Interdiction de toute libéralité. Deuxièmement, le prêt à titre gratuit est impossible, notamment en vue de respecter le principe d'impartialité et d'égalité des cultes : l'octroi d'un tel avantage financier (du fait de la gratuité) risquerait de favoriser indûment l'Église

---

[1] CE, 30 mars 2007, *Ville de Lyon*, n° 304053. Note : S. Damarey, *AJDA*, 2007, p. 1242. Pour une jurisprudence identique concernant des associations de nature politique : CE, 30 avril 1997, *Commune de Montsoult*, n° 157115.

[2] Jean-Baptiste Chevalier, « La mise à disposition d'une salle municipale pour la célébration d'une fête religieuse », *AJDA*, 2016, n° 2, p. 108.

à qui ce local serait ainsi gracieusement alloué[1]. Au contraire, le droit d'utiliser l'équipement doit être concédé « dans des conditions, notamment tarifaires, qui respectent le principe de neutralité à l'égard des cultes et le principe d'égalité et qui excluent toute libéralité et, par suite, toute aide à un culte »[2]. Autrement dit, la collectivité ne pourra mettre une salle à la disposition d'un culte que dans le cadre d'un contrat de location conclu dans les conditions de droit commun. Cette mise à disposition ne pourra, en principe, être faite à titre gracieux, ni à un tarif inférieur à ceux fixés par l'organe délibérant de la collectivité.

445. Location temporaire (pour un bien du domaine public). Les collectivités territoriales ne peuvent « décider qu'un local dont elles sont propriétaires sera laissé de façon exclusive et pérenne à la disposition d'une association pour l'exercice d'un culte et constituera ainsi un édifice cultuel »[3]. Un local public ne peut donc être prêté de manière durable et exclusive pour la pratique du culte, ce qui aurait pour effet de l'ériger en édifice cultuel. Faut-il en déduire que, selon le juge, seul un bâtiment affecté de manière durable au culte est un édifice cultuel ? Peu de justifications théoriques pourraient étayer cette définition, et ce n'est sans doute pas ce que fait le juge administratif (qui a déjà qualifié d'édifice cultuel une salle de classe temporairement utilisée, hors des heures de cours, pour la célébration du culte protestant[4]). Cette restriction temporelle ne semble s'expliquer que par la volonté du juge de faciliter le prêt temporaire de locaux communaux à des associations cultuelles.

Le Conseil d'État a de surcroît tempéré sérieusement cette interdiction, en la réservant aux dépendances du domaine public, dans son arrêt *Commune de Valbonne* de 2019[5]. Après avoir indiqué que « les locaux affectés aux services publics communaux » (point 5) – qui relèvent du domaine public – ne peuvent être laissés « de façon

---

1 CE, ass., 19 juillet 2011, *Commune de Montpellier*, n° 313518, préc. CE, 23 septembre 2015, *Association des musulmans de Mantes sud*, n° 393639.

2 CE, ass., 19 juillet 2011, *Communauté urbaine du Mans - Le Mans Métropole*, n° 309161, préc.

3 CE, ass., 19 juillet 2011, *Commune de Montpellier*, n° 313518, préc.

4 CE, sect., 15 juillet 1938, *Association cultuelle d'Allondans-Dung et consistoire de Montbéliard*, n° 60769, *Lebon* p. 673.

5 CE, 7 mars 2019, n° 417629. Conclusions : R. Victor, *Droit de la voirie*, 2019, p. 62. Notes : C. Malverti et C. Beaufils, *AJDA*, 2019, p. 980 ; C. Chamard-Heim, *JCP A*, 2019, n° 16, 2108 ; P. Soler-Couteaux, *Contrats et marchés publics*, 2019, n° 5, comm. 167 ; A.-S. Juilles, *AJCT*, 2019, n° 6, p. 305 ; G. Eveillard, *Dr. Adm.*, 2019, n° 6, comm. 35, p. 38.

exclusive et pérenne à la disposition d'une association pour l'exercice d'un culte » (point 6), il ajoute que les collectivités territoriales peuvent « donner à bail, et ainsi pour un usage exclusif et pérenne », à une association cultuelle un local de leur domaine privé sans méconnaître la loi de 1905, dès lors que les conditions matérielles financières de cette location excluent toute libéralité (point 7). La distinction du domaine public et du domaine privé est ici cardinale pour distinguer le régime juridique applicable et la possibilité de prêter durablement un local à un groupe religieux.

On ne peut toutefois que s'étonner de cette décision : pourquoi l'usage, par une personne publique, de son domaine privé ne serait-il pas soumis à l'obligation de neutralité religieuse ? Les services publics industriels et commerciaux, bien que régis par le droit privé, doivent demeurer neutres. Pourquoi en va-t-il différemment des biens du domaine privé ? Voilà un point sur lequel le Conseil d'État demeure silencieux. Selon les commentateurs autorisés de la décision, cela tient au fait que l'interdiction de laisser durablement un bien du domaine public à une association cultuelle répond à « l'exigence d'une utilisation conforme et compatible du bien avec le service public auquel il est affecté », alors qu'un bien du domaine privé n'est en principe pas affecté au service public et peut donc être donné à bail pour un usage exclusif et pérenne à une association religieuse : « c'est avant tout le bon fonctionnement du service public qui justifie une telle interdiction et, par suite, c'est bien l'absence d'affectation du bien au service public qui prive de tout fondement cette interdiction. »[1] Pourtant, on peine à comprendre pourquoi le principe d'impartialité de la collectivité propriétaire serait modulé par le fait qu'il s'agisse d'un bien du domaine public ou du domaine privé, car ce principe n'est pas réservé au service public, mais s'étend à toute décision ou action de la collectivité.

446. Présence d'un intérêt public local. Enfin, cette location doit répondre à un intérêt public. Un abattoir temporaire pour ovins peut par exemple être créé à l'occasion de la fête musulmane de l'Aïd-el-Kebir en vue de préserver la salubrité et la santé publiques[2].

La présence de cet intérêt public local est très souplement admise par le juge administratif. Cet intérêt se résume parfois à la seule nécessité de permettre un bon exercice de la liberté religieuse. Le Conseil d'État

---

[1] Clément Malverti et Cyrille Beaufils, « Le domaine (privé) des dieux », *AJDA*, 2019, p. 980.

[2] CE, ass., 19 juillet 2011, *Communauté urbaine du Mans - Le Mans Métropole*, n° 309161, préc.

a ainsi jugé manifestement illégal le refus opposé par le maire de louer à l'association franco-musulmane de Saint-Gratien une salle communale pour des réunions ponctuelles pendant le mois du ramadan[1]. « Une commune ne peut rejeter une demande d'utilisation d'un tel local au seul motif que cette demande lui est adressée par une association dans le but d'exercer un culte. »[2] S'il n'existe ni libéralité, ni trouble potentiel à l'ordre public, ni mise à disposition « de façon exclusive et pérenne » d'un bien communal, l'interdiction porte une atteinte grave et manifestement illégale aux libertés de réunion et de culte[3]. Le refus uniquement motivé par la nature religieuse du groupement serait discriminatoire.

Dès lors, il semble que le principe soit désormais l'obligation de prêter un local à une association religieuse, sous réserve que le maire puisse invoquer l'un des trois motifs énoncés à l'article L. 2144-3 du CGCT, tirés soit de l'existence d'une menace à l'ordre public, soit des nécessités de l'administration des propriétés communales, soit, enfin, du fonctionnement des services de la commune[4]. Un refus qui ne serait motivé par aucun de ces motifs serait illégal et porterait une atteinte manifestement excessive à la liberté de réunion[5]. Un refus exclusivement motivé par la nature religieuse de l'organisme demandeur serait donc illégal et discriminatoire. Bref, seules des circonstances locales ou particulières, entendues strictement, peuvent permettre à un maire de refuser la location ponctuelle d'une salle à une association dans le but d'exercice du culte.

Cette jurisprudence identifie l'intérêt public local « à la seule satisfaction d'une nécessité de nature religieuse ; l'intérêt est constitué par la nécessité de rendre effective la liberté religieuse des adeptes du culte concerné. Ce qui est donc admis, c'est qu'une aide publique puisse franchir le "mur de séparation" sur le seul fondement de la nécessité religieuse. On est là très loin de l'esprit et de la lettre de la loi de 1905. »[6] À nouveau la laïcité-neutralité l'emporte sur la laïcité-séparation.

---

[1] CE, 26 août 2011, *Commune de Saint-Gratien*, n° 352106 et 352107.

[2] CE, 7 mars 2019, *Commune de Valbonne*, n° 417629, point 6, préc.

[3] CE, 23 septembre 2015, *Association des musulmans de Mantes sud*, n° 393639, point 4.

[4] CE, 30 avril 1997, *Commune de Montsoult*, n° 157115. CE, ass., 19 juillet 2011, *Commune de Montpellier*, n° 313518, préc. CE, 23 septembre 2015, *Association des musulmans de Mantes sud*, n° 393639, point 4.

[5] CE, 30 mars 2007, *Ville de Lyon*, n° 304053, préc.

[6] Vincent Valentin, « Laïcité et neutralité », *AJDA*, 2017, n° 24, p. 1389.

Conclusion sur les aménagements de la règle d'abstention financière

447. Le passage de la laïcité-séparation à la laïcité-neutralité. L'interdiction de subventionner directement ou indirectement un culte apparaît désormais comme un principe législatif grevé de multiples exceptions tant législatives que jurisprudentielles. En définitive, il s'est en effet opéré une « banalisation des intérêts cultuels », c'est-à-dire que les intérêts cultuels « sont pris en considération comme d'autres intérêts collectifs très variés, sans privilèges mais sans discriminations »[1]. Dès lors que l'intérêt religieux se dédouble d'un intérêt public local (touristique, culturelle, social, éducatif, sanitaire, etc.), la subvention de l'activité exercée par une association religieuse est possible. La seule contrainte est donc que la subvention ne soit pas allouée à une activité proprement religieuse et, si tel est indirectement le cas (comme en cas de prêt d'une salle à une association religieuse), « que les conditions financières excluent toute libéralité et, par suite, toute aide à un culte »[2].

Il en résulte donc que le juge administratif admet de plus en plus souplement la légalité du soutien financier octroyé par une collectivité publique à une association à objet religieux, sous réserve que ce ne soit pas le culte qui soit financé. Une telle veine jurisprudentielle témoigne nettement de ce que la laïcité est désormais comprise comme la neutralité des pouvoirs publics plutôt que comme la séparation de l'État d'avec les Églises.

Si cet assouplissement facilite indéniablement l'exercice de la liberté religieuse, son possible effet pervers est que l'octroi d'une subvention, désormais facilitée, peut devenir un enjeu politique et électoral au niveau local. La possibilité d'aider financièrement des associations religieuses peut incliner certains élus locaux à favoriser certaines associations influentes au niveau local, à des fins clientélistes.

C. L'INTERDICTION DE RECONNAÎTRE SYMBOLIQUEMENT UN CULTE

448. La reconnaissance symbolique. La reconnaissance d'un culte pourrait aussi être, non plus explicite ou financière, mais symbolique. Afficher un symbole religieux pourrait être de nature à conférer à la religion ainsi représentée un statut éminent, une reconnaissance

---

[1] Jean Morange, « Principe de laïcité et droit de préemption pour un édifice cultuel », *RFDA*, 2023, n° 2, p. 345.

[2] CE, ass., 19 juillet 2011, *Commune de Montpellier*, n° 313518, préc.

officielle, en affichant un lien (symbolique) entre la religion symbolisée et le service public arborant ce symbole. Le symbole est étymologiquement ce qui rassemble. Le symbole religieux rassemble une communauté religieuse. L'arborer manifesterait la volonté des pouvoirs publics de s'affilier à cette communauté et de prêter allégeance à ses dogmes religieux.

Pour ce motif, les pouvoirs publics ne doivent donc se rallier qu'aux symboles de la République, notamment ceux mentionnés à l'article 2 de la Constitution (hymne national, drapeau, devise républicaine), car ces symboles garantissent l'unité de la communauté nationale. Il ne leur est notamment pas permis de dénaturer ces symboles, qu'il leur faut respecter et dont ils doivent respecter l'intégrité. Il en résulte par exemple que la décision d'un maire d'adjoindre le principe de laïcité à la devise républicaine en l'inscrivant sur les bâtiments publics est illégale, puisqu'elle ne respecte pas la devise républicaine telle qu'elle figure à l'article 2 de la Constitution[1].

Toute la question est alors de déterminer si le symbole religieux en question entraîne (ou non) une reconnaissance publique du culte symbolisée. La question s'est notamment posée lorsque, en 1984, la commune de Lille a érigé, sur la place de la cathédrale, la statue d'un cardinal qui était une personnalité locale. Le Conseil d'État fut alors amené à se prononcer sur le point de savoir si une telle décision n'était pas adoptée en méconnaissance de l'article 2 de la loi de 1905, en vertu duquel la République ne reconnaît, ne salarie, ni ne subventionne aucun culte. Après avoir écarté le grief selon lequel cette décision serait une subvention à l'association diocésaine de Lille, le Conseil d'État juge que l'article 2 de la loi de 1905 ne fait pas davantage obstacle à ce que la ville de Lille « commémore le souvenir de cette personnalité ». Ce faisant le Conseil distingue la nature cultuelle de l'association à laquelle renvoie l'image de ce prélat et son action personnelle, qui a eu un rayonnement dans la ville et qui justifie que l'érection de cette statue présente « le caractère d'une opération d'intérêt communal »[2]. Rendre hommage à une personnalité locale, même à un ecclésiastique, n'est pas la reconnaissance symbolique d'un culte.

449. L'article 28 de la loi de 1905 : l'interdiction d'élever ou d'apposer un signe ou emblème religieux. C'est pour éviter toute

[1] CAA Versailles, 15 décembre 2023, *Commune d'Étampes*, n° 21VE02760. Conclusions : M. Frémont, *JCP A*, 2024, n° 4, 2022.

[2] CE, 25 novembre 1988, *Dubois*, n° 65932.

reconnaissance symbolique que l'article 28 de la loi de 1905 interdit en principe aux personnes publiques d'élever ou d'apposer des signes et emblèmes religieux sur des monuments publics ou dans des emplacements publics[1]. Sauf exception limitativement prévues, l'article « interdit, à l'avenir, d'élever ou d'apposer aucun signe ou emblème religieux sur les monuments publics ou en quelque emplacement public que ce soit ». Il s'agit bien entendu de donner corps, symboliquement, à l'interdiction de reconnaissance d'un culte posée à l'article 2 et de garantir, dans les apparences, l'absence de parti-pris religieux de l'État.

La jurisprudence a explicité la portée de l'interdiction ainsi posée et des exceptions qui l'assortissent (1). Cette portée a en particulier été modulée par l'interprétation jurisprudentielle de la notion de signe ou emblème religieux évoquée par l'article 28 (2). En agissant sur ces deux leviers interprétatifs, les juridictions administratives ont notablement assoupli la rigueur de l'interdiction ainsi faite, faisant à nouveau prévaloir une laïcité-neutralité sur une stricte laïcité-séparation.

1. La portée de l'interdiction d'élever ou d'apposer un signe religieux sur un bâtiment public ou dans un emplacement public

La portée de l'interdiction d'apposer ou d'élever un signe ou emblème religieux, apparemment claire, a été précisée par la jurisprudence sur plusieurs points.

450. Une interdiction uniquement applicable aux personnes publiques. Premièrement, l'interdiction ainsi édictée ne s'applique qu'aux personnes publiques. L'article 28 a ainsi motivé l'interdiction d'installer un crucifix dans la salle de célébration des mariages d'une mairie, tout en reconnaissant qu'un usage local pourrait justifier le maintien de cet objet religieux[2]. Dans cette hypothèse en effet, il serait à craindre que la mairie manque d'impartialité, puisqu'elle placerait explicitement la célébration du mariage sous le patronage d'une religion particulière. De même, un crucifix ne peut demeurer en place dans le bâtiment municipal accueillant la cantine scolaire[3].

---

[1] V. Xavier Bréchot, « L'article 28 de la loi du 9 décembre 1905. L'interdiction d'installer des signes ou emblèmes religieux dans l'espace public », *RFDA*, 2024, n° 1, p. 108.

[2] CAA Nantes, 4 février 1999, *Association civique Joué Langueurs*, n° 98NT00207.

[3] TA Lille, 10 février 2009, *Mme A. c/ Commune de Wandignies-Hamage*, n° 0701277. L'appel contre ce jugement a été rejeté : CAA Douai, 29 décembre 2009, *Commune de Wandignies-Hamage*, n° 09DA00629.

En revanche, une personne privée peut parfaitement élever ou apposer un signe ou emblème religieux sur sa propriété, y compris si ce signe ou emblème est visible depuis la voie publique, comme ce peut être le cas d'un champ contigu à la voie publique[1].

451. Les lieux visés par l'interdiction. Deuxièmement, le juge a délimité l'étendue de l'espace public concerné par l'interdiction. Précisant les notions de « bâtiments publics » et d'« emplacements publics » sur lesquels est interdite l'apposition de signes ou emblèmes religieux, le juge considère que cette interdiction s'applique tant au domaine public qu'au domaine privé de la personne publique[2]. Puisque l'interdiction vise à garantir la neutralité de la personne publique, la distinction de son domaine public et de son domaine privé n'est pas fondamentale dès lors que l'apposition d'un signe religieux, sur l'un ou l'autre de ces domaines, pourrait faire douter de sa neutralité religieuse.

En revanche, l'interdiction posée par l'article 28 n'est pas applicable aux propriétés et bâtiments privés, y compris s'ils sont ouverts au public : « un emplacement ou un bâtiment privé ouvert au public, mais à des fins privées – commerces, salles de spectacles… – ne saurait constituer un emplacement ou un bâtiment public au sens de la loi de 1905. Au demeurant, […] la finalité de l'accès du public à de tels lieux n'est pas la même que celle qui préside à la fréquentation des propriétés des personnes publiques, quand bien même les modalités concrètes de cette fréquentation seraient identiques (les deux catégories pouvant donner lieu à un accès libre ou à un accès restreint) : ce n'est pas dans l'intérêt général, mais dans l'intérêt propre de leur exploitant, que de tels lieux sont accessibles au public. »[3]

La difficulté peut néanmoins surgir à propos de la qualification de certains lieux abritant un service public et constituant également un domicile privé. Si le service public doit être hébergé dans un lieu où ne trône aucun signe religieux, le domicile privé est quant à lui ouvert à toute expression religieuse puisqu'il est régi par le seul principe de liberté religieuse. Quelle solution appliquer lorsque ces deux lieux n'en constituent qu'un et qu'un domicile privé accueille un service public ?

La question peut se poser à propos des assistants maternels recrutés par une collectivité qui, participant au service public d'accueil de la

---

[1] CE, 23 mars 2015, *Veysset*, n° 366813, points 4 et 5. Conclusions : É. Crépy, *BJCL*, 2015, n° 5, p. 401.

[2] CE, 11 mars 2022, *Commune de Saint-Pierre-d'Alvey*, n° 454076, point 7, préc.

[3] Gweltaz Eveillard, « Statues religieuses et loi de 1905 », *Dr. Adm.*, 2022, n° 6, comm. 24, p. 25.

petite enfance, exercent ce service public à leur domicile. Sans doute faut-il alors distinguer deux questions. D'un côté, les assistants maternels employés par une collectivité territoriale ont la qualité d'agents non titulaires de droit public[1]. En tant que tels, ils sont indéniablement soumis à un devoir de neutralité, dont la violation peut justifier une sanction. Ce manquement peut être caractérisé même s'il a lieu au domicile de l'agent[2]. Toutefois, si l'agent est soumis au principe de neutralité, peut-on en déduire que son domicile, où il accueille les enfants dans la journée, doit respecter ce même principe de neutralité au motif qu'il est le lieu où s'exerce essentiellement ce service public ? Il est difficile de répondre positivement à cette question et de juger que le domicile de l'assistant maternel doit être entièrement vidé de tout signe religieux, ne serait-ce que dans les seuls espaces où seront accueillis les enfants. D'ailleurs, lorsque les députés se sont prononcés sur la proposition de loi n° 61 adoptée par le Sénat visant à étendre l'obligation de neutralité à certaines personnes ou structures privées accueillant des mineurs et à assurer le respect du principe de laïcité, les débats parlementaires ont expressément fait ressortir la volonté des députés de ne pas soumettre le domicile des assistants maternels à un strict principe de neutralité religieuse[3].

452. Une interdiction qui n'est pas rétroactive. Troisièmement, l'article 28 précise que l'interdiction ne vaut que pour l'avenir. Si le projet de loi Pressensé de 1904 prévoyait d'enlever tous les signes religieux n'ayant pas d'intérêt historique ou culturel, cette proposition ne fut pas retenue. L'article 28 ne vaut que pour l'avenir, ce qui permet, selon la formule d'un député, de préserver « les droits acquis des monuments publics »[4]. Sont autorisés les signes et emblèmes religieux qui existaient avant l'adoption de cette loi et qui peuvent être maintenus en place, mais aussi entretenus, restaurés, reconstruits ou remplacés[5]. Une commune peut ainsi financer la réfection d'une croix placée à l'entrée du village et « renversée par des malfaiteurs inconnus », car

---

[1] Article L. 422-6 du Code de l'action sociale et des familles.

[2] CAA Versailles, 6 octobre 2011, *Commune de Pierrefitte-sur-Seine*, n° 06VE02048.

[3] Assemblée nationale, séance du 13 mai 2015, *JOAN*, compte-rendu intégral des séances, 14 mai 2015, p. 4545-4569, not. p. 4548 et 4562.

[4] Jules Auffrey, Chambre des députés, 2e séance du 28 juin 1905, *JO*, compte-rendu intégral des séances, 29 juin 1905, p. 2558.

[5] CE, avis, 28 juillet 2017, *Bonn*, n° 408920, point 2.

l'article 28 ne vaut que pour l'avenir et « ne s'applique pas à l'entretien et à la réparation des monuments préexistants »[1].

453. Les exceptions fixées à l'article 28 de la loi de 1905. Quatrièmement, l'article 28 de la loi de 1905 admet des exceptions à l'interdiction d'élever ou d'apposer des signes ou emblèmes religieux, y compris dans l'avenir. Sont autorisés les signes religieux sur les édifices servant aux cultes, sur les « terrains de sépulture dans les cimetières » et les monuments funéraires, ainsi que dans un cadre culturel ou historique (musées, expositions, etc.).

Le juge administratif a précisé la portée de ces exceptions.

D'une part, il a clarifié la notion d'« édifice servant au culte » désignée comme l'une de ces exceptions par l'article 28 de la loi de 1905. Il l'a dissocié de la notion d'« édifice cultuel » utilisé aux articles 12 et 13 de la loi et qui renvoie à la propriété et à l'affectation de ces biens. Il indique ainsi que « la notion d'"édifice servant au culte", au sens et pour l'application de l'article 28 de la loi du 9 décembre 1905 relatif à l'interdiction d'élever ou d'apposer un signe ou emblème religieux, [est] distincte de celle de dépendance d'un édifice du culte laissé à la disposition des fidèles et des ministres du culte au sens et pour l'application des articles 12 et 13 de la loi du 9 décembre 1905 »[2]. En l'espèce, il s'agissait de l'implantation d'une statue de la Vierge sur le domaine privé de la commune. La commune soutenait que ce terrain était une dépendance nécessaire de l'église. Le juge administratif suprême rejette l'argument, car la propriété du bien et son affectation ou son caractère de dépendance d'un édifice du culte (même s'il est établi) sont distincts de l'interdiction d'apposer des signes religieux : en effet, l'article 28 ne mentionne, comme exception, que les « édifices servant au culte ». Or un terrain n'est pas un édifice religieux, à moins qu'il serve de base à l'érection d'édifices cultuels[3].

D'autre part, le Conseil d'État a précisé la double exception visant les « terrains de sépulture dans les cimetières » et les « monuments funéraires ». En distinguant ainsi terrains de sépulture dans les cimetières et monuments funéraires, le législateur a englobé dans la catégorie des monuments funéraires tous ceux qui sont « destinés à rappeler le souvenir des morts, même s'ils ne recouvrent pas de sépultures et quel que soit le lieu où ils sont érigés » ; un monument aux

---

[1] CE, 12 janvier 1912, *Commune de Montot*, n° 38934, *Lebon* p. 36.

[2] CE, 11 mars 2022, *Commune de Saint-Pierre-d'Alvey*, n° 454076, point 6, préc.

[3] CE, 22 juin 1934, *Abbé Badoual*, n° 32445, *Lebon* p. 722.

morts communal peut donc constituer un tel monument funéraire, même s'il n'est pas placé dans l'enceinte du cimetière[1]. Le juge a en outre concilié la compétence du maire pour réglementer l'ornementation des terrains de sépulture et des monuments funéraires avec la possibilité, mentionnée à l'article 28, d'y apposer un signe religieux après 1905. La solution est d'ailleurs empreinte de classicisme. Si un arrêté municipal peut réglementer l'ornementation des sépultures dans les cimetières « dans l'intérêt de la sécurité, de la salubrité, de la tranquillité publiques ou pour le maintien du bon ordre et de la décence dans le cimetière », il ne peut interdire de façon générale « la pose de toute croix revêtant le caractère d'emblèmes religieux », puisque « l'article 28 de la loi de 1905 maintient le droit des familles de donner à leurs sépultures un caractère religieux »[2]. De même, si le maire peut interdire, lorsque les circonstances l'exigent, l'apposition sur le monument aux morts « d'emblèmes de nature à enlever à ce monument son véritable caractère et à provoquer des troubles », il excède ses pouvoirs s'il prohibe « le simple dépôt de croix, emblèmes religieux et autres autour du monument aux morts », puisqu'il s'agit là d'un hommage « normal » et « traditionnellement respectable » que les familles de ceux qui sont morts pour la France sont en droit de rendre à leurs défunts[3].

Enfin, l'article 28 pose l'exception des expositions artistiques et des musées. Bien qu'un musée soit un lieu où se déroule le service public culturel, il est possible d'y rencontrer des signes et symboles religieux, certains d'entre eux présentant un évident intérêt historique, patrimonial, artistique, etc. On comprend alors que le service public remplit pleinement sa vocation en exposant de tels objets et ne manque nullement à la neutralité. Le juge administratif a ainsi parfaitement admis que le crucifix qui était auparavant accroché dans la salle de célébration des mariages d'une mairie (ce qui avait été jugé illégal) soit placé dans une vitrine, au titre du patrimoine historique de la commune, ce qui répond alors à l'exception mentionnée à l'article 28[4].

---

[1] CE, 4 juillet 1924, *Abbé Guerle*, n° 75410, *Lebon* p. 640.

[2] CE, 21 janvier 1910, *Gonot,* n° 25367, *Lebon* p. 49. Conclusions : Saint-Paul, *Lebon*, 1910, p. 49.

[3] CE, 4 juillet 1924, *Abbé Guerle*, n° 75410, *Lebon* p. 640.

[4] CAA Nantes, 12 avril 2001, n° 00NT01993.

2. La définition du signe ou emblème religieux au sens de l'article 28 de la loi de 1905

454. Approche objective du signe religieux. Si l'article 28 prohibe l'élévation ou l'apposition des signes et emblèmes religieux, le point déterminant l'interdiction est bien entendu la définition de ces signes et emblèmes religieux.

Or la définition du signe ou emblème religieux aurait pu être faite de manière purement objective : le signe ou emblème religieux aurait pu être appréhendé par le fait qu'il représente figurativement ou métaphoriquement une divinité, une scène ou un symbole religieux, autour duquel se rassemble une communauté de croyants. Le juge administratif reconnaît d'ailleurs que des signes ou emblèmes sont par nature religieux : c'est le cas d'un crucifix[1], d'une statue de la Vierge Marie[2] ou de la statue d'un saint local[3].

Toutefois, même lorsqu'elle en use encore aujourd'hui, la jurisprudence tempère parfois cette approche purement objective. Tel fut le cas lorsque le Conseil d'État se prononça sur la légalité de l'installation d'une croix en surplomb de la statue du pape Jean-Paul II érigée à Ploërmel. La croix est habituellement conçue comme un symbole objectivement religieux. Pourtant, le juge a considéré que, « eu égard à ses caractéristiques », notamment sa « grande dimension », la croix devait être regardée comme un signe religieux au sens de l'article 28 de la loi[4]. Une telle précision semblerait induire qu'il faut se référer aux caractéristiques de la croix, sa dimension notamment, pour déterminer s'il s'agit bien d'un signe religieux prohibé par l'article 28 de la loi de 1905. Certes, ces caractéristiques sont également objectives, elles résident dans l'objet lui-même. Mais faudrait-il admettre qu'une croix de petite taille pourrait n'être plus considérée comme un signe religieux ? Voilà qui serait étonnant au regard du fait que la croix, même petite, même discrète, est immanquablement un

---

[1] CAA Nantes, 4 février 1999, *Association civique Joué Langueurs*, n° 98NT00207.

[2] CE, 11 mars 2022, *Commune de Saint-Pierre-d'Alvey*, n° 454076, préc. CAA Marseille, 18 juillet 2022, *Commune de Cogolin*, n° 21MA03245. CAA Bordeaux, 12 janvier 2023, *Commune de La Flotte en Ré*, n° 22BX01113, point 9. Conclusions : R. Roussel, *AJDA*, 2023, p. 507. Note : A. Rançon Meyrel, *AJCT*, 2023, n° 5, p. 307.

[3] CAA Marseille, 18 juillet 2022, *Commune de Cogolin*, n° 21MA03245.

[4] CE, 15 octobre 2017, *Fédération morbihannaise de la libre pensée*, n° 396990, point 12. Notes : P. Juston, *AJDA*, 2018, n° 8, p. 452 ; C. Alonso, *Recueil Dalloz*, 2018, p. 56 ; G. Eveillard, *Dr. Adm.*, 2018, n° 2, comm. 7, p. 26 ; M. Heitzmann-Patin, *RFDA*, 2018, p. 624.

symbole chrétien ! L'article 28 n'opère pas une telle distinction, qui implique également de condamner le recours au caractère ostentatoire du signe apposé, auquel la jurisprudence s'est parfois référée[1].

455. Difficultés soulevées par l'approche objective du signe religieux. La difficulté de cette approche objective est qu'un signe, même religieux, peut parfois avoir objectivement une autre dimension, notamment culturelle. Certains signes ne sont pas seulement religieux ; ils renvoient aussi à des éléments de la culture, qui transcendent leur sens religieux. C'est ce qui est apparu de manière flagrante avec les crèches de Noël. À leur propos, le juge admet la « pluralité de significations » de la crèche de Noël. Il reconnaît qu'elle « fait partie de l'iconographie chrétienne et [...], par là, présente un caractère religieux ». Cependant elle dépasse cette seule signification : « il s'agit aussi d'un élément faisant partie des décorations et illustrations qui accompagnent traditionnellement, sans signification religieuse particulière, les fêtes de fin d'année. »[2] La crèche a donc une nature polysémique : elle possède, en elle-même (objectivement), un caractère cultuel et un caractère culturel.

Cette polysémie *objective* rend difficile la seule définition objective du signe religieux : ne retenir que l'aspect religieux du signe et occulter son caractère culturel pourrait conduire à sacrifier une partie significative de la culture française, historiquement très liée au catholicisme. D'où la difficulté de qualifier un signe ou emblème ayant une pluralité de significations.

Cette difficulté a suscité un long contentieux, noué autour de la question de l'installation des crèches de la Nativité par des personnes publiques. Cette installation était-elle conforme à l'article 28 de la loi de 1905 ? Une telle question a fait l'objet de réponses antinomiques par

---

[1] V. Mathilde Philip-Gay, « L'ostentatoire dans l'application du principe de laïcité », *RFDA*, 2018, p. 613.

[2] CE, ass., 9 novembre 2016, *Commune de Melun* et *Fédération de libre pensée de Vendée*, n° 395122 et n° 395223, 2 espèces, point 4. Conclusions : A. Bretonneau, *Lebon*, 2016, p. 449. Notes : M. Touzeil-Divina, *JCP A*, 2016, n° 45, act. 853 ; L. Dutheillet de Lamothe et G. Odinet, *AJDA*, 2016, n° 42, p. 2375 ; N. Chifflot, *JCP A*, 2016, n° 48, 2309 ; J. Morange, *RFDA*, 2017, n° 1, p. 127 ; H. Bouillon, *Journal du Droit Administratif*, 2017, chr. 05, art. 189 ; F. de la Morena et M. Yazi-Roman, *AJCT*, 2017, p. 90 ; F. Vialla, *RDS*, n° 75, 2017, p. 92 ; G. Eveillard, *Dr. Adm.*, 2017, n° 4, comm. 18, p. 40 ; B. Camguilhem, *Les annales de droit*, n° 12, 2018, p. 123.

les juridictions administratives du fond[1], car les Tribunaux et Cours administratives d'appel ont pu mettre l'accent sur l'une ou l'autre des dimensions cultuelle ou culturelle.

456. Approche subjective du signe religieux. En cas de polysémie objective du symbole, à la fois religieux et culturel, le Conseil d'État recourt à une définition subjective pour déterminer la qualification juridique qu'il convient d'attribuer à ce signe et emblème (religieux ou non, au sens de l'article 28).

C'est ce qu'il a fait lorsqu'il a été saisi de la question des crèches de Noël, alors même que ses membres ont, semble-t-il, été tout aussi divisés sur la question que les juges du fond[2]. Pour trouver une solution tempérée, qui ne procède ni à une autorisation générale ni à une interdiction absolue, le rapporteur public Aurélie Bretonneau avait prôné une dimension pragmatique et « pacificatrice de la laïcité » et avait encouragé le Conseil d'État à admettre la mise en place de crèches, sauf si celles-ci ont manifestement été érigées comme « le geste de reconnaissance d'un culte » c'est-à-dire par « prosélytisme religieux »[3].

Le Conseil d'État s'est finalement prononcé par deux arrêts *Commune de Melun* et *Fédération de la libre pensée de Vendée* du 9 novembre 2016[4].

Le point de départ de son raisonnement, dans les deux décisions, est sa définition du signe ou emblème religieux. Le juge l'appréhende comme le « signe ou emblème manifestant la reconnaissance d'un culte ou marquant une préférence religieuse » (point 3).

Cette définition est tout aussi intéressante que subtile. En effet, elle ne définit pas le signe ou emblème religieux de manière objective, ce qui est rendu bien délicat par la polysémie de l'objet en cause. La définition est subjective : est religieux le signe ou emblème qui

---

[1] Par exemple : CAA Paris, 8 octobre 2015, *Fédération départementale des libres penseurs de Seine-et-Marne*, n° 15PA00814. CAA Nantes, 13 octobre 2015, *Fédération de la libre pensée de Vendée*, n° 14NT03400.

[2] « La question (comme souvent en matière de laïcité) a divisé les juridictions et même les conseillers d'État. Ces derniers – ce qui n'était pas arrivé depuis 1945 paraît-il – n'ont ainsi pas réussi à parvenir spontanément à un vote, à la suite de l'audience du 21 octobre, au point qu'il a fallu attendre le mois de novembre. » (Mathieu Touzeil-Divina, « Ceci n'est pas une crèche », *JCP A*, 2016, n° 45, act. 853)

[3] Aurélie Bretonneau, « Conditions d'installation d'une crèche de Noël sur un emplacement public. Conclusions sur CE, ass., 9 novembre 2016, *Commune de Melun* et *Fédération de libre pensée de Vendée* », *Lebon*, 2016, p. 449.

[4] CE, ass., 9 novembre 2016, *Commune de Melun* et *Fédération de libre pensée de Vendée*, n° 395122 et n° 395223, 2 espèces, préc.

témoigne de la volonté de la personne publique de reconnaître un culte ou de marquer sa préférence pour l'un d'eux. Un signe ou emblème n'est pas, en l'occurrence, religieux objectivement, puisqu'il est par nature doté de plusieurs significations ; il est donc religieux par la coloration que lui donne la personne publique, par la faveur qu'elle manifeste envers le culte désigné par ce signe ou emblème (selon le raisonnement qui était déjà auparavant celui des juridictions états-uniennes[1]). Une telle définition subjective semble d'ailleurs correspondre aux vues d'Aristide Briand, qui affirmait en 1905 : « Je vous indique que par ces mots "emblèmes, signes religieux", nous entendons désigner des objets qui ont un caractère nettement symbolique, qui ont été érigés moins pour rappeler des actions d'éclat accomplies par les personnages qu'ils représentent que dans un but de manifestation religieuse. »[2] Il suffit donc que la personne publique aménage le contexte dans lequel elle appose ce signe ou emblème, afin de témoigner qu'elle n'accorde aucune préférence à un culte pour que l'objet ne soit pas religieux (au sens juridique) et ne soit donc plus contraire à l'article 28 de la loi de 1905.

Par cette interprétation, l'article 28 se trouve placé sous le patronage de l'article 2 de la même loi. L'article 2 interdit en effet aux personnes publiques de reconnaître ou de promouvoir un culte. L'interprétation de l'article 28 ici retenue en fait une simple déclinaison de l'article 2 : les personnes publiques ne doivent reconnaître ni promouvoir aucun culte (article 2), notamment par l'apposition de signes ou emblèmes religieux, lesquels s'appréhendent précisément comme étant les signes ou emblèmes témoignant d'une telle reconnaissance ou promotion (article 28). Cette imbrication de l'article 28 dans l'article 2 est mise en relief dans le point 3 des décisions. Après avoir mentionné l'article 2, le Conseil d'État introduit l'article 28 en disant : « pour la mise en œuvre de ces principes ».

457. La qualification juridique des crèches de Noël. Puis, après avoir rappelé le caractère polysémique, à la fois culturel et cultuel, de la crèche (point 4), le juge admet que l'installation d'une crèche par une personne publique « n'est légalement possible que lorsqu'elle présente un caractère culturel, artistique ou festif, sans exprimer la reconnaissance d'un culte ou marquer une préférence religieuse »

---

[1] V. Jean-Marie Woehrling, « Qu'est-ce qu'un signe religieux ? », *SDR*, n° 2, 2012, spéc. p. 16.

[2] Aristide Briand, Chambre des députés, 2e séance du 27 juin 1905, *JO*, compte-rendu intégral des séances, 28 juin 1905, p. 2528.

(point 5). La crèche peut être installée si son caractère culturel prévaut sur son caractère religieux, tandis que l'installation sera prohibée si « la vocation artistique et pédagogique apparaît secondaire par rapport à la symbolique religieuse »[1]. Comment l'un peut-il prévaloir sur l'autre, alors que la crèche possède objectivement, en elle-même, ces deux caractères ? Le Conseil d'État nous dit qu'il faut que la crèche possède « un caractère culturel, artistique ou festif, sans exprimer la reconnaissance d'un culte ou marquer une préférence religieuse ». Cette affirmation est à relever avec intérêt, car on retrouve ici la formule exacte par laquelle le juge a défini le signe ou emblème religieux. En effet, dès lors que la crèche n'exprime pas la reconnaissance d'un culte et ne marque aucune préférence religieuse, elle n'entre plus dans la définition du signe ou emblème religieux dégagée par l'interprétation que le Conseil d'État donne de l'article 28.

En d'autres termes, bien qu'une crèche soit à la fois un emblème religieux et culturel (objectivement), elle ne sera qualifiée juridiquement de signe ou emblème religieux au sens de l'article 28 que si la volonté (subjective) de la personne publique est de reconnaître ou de promouvoir le culte (chrétien) symbolisé par ce signe. Dans le cas contraire, si la crèche ne marque aucune reconnaissance ou promotion de la religion chrétienne, elle n'est plus qualifiée de signe ou emblème religieux. La crèche a certes, par nature, les deux significations – cultuelle et culturelle –, mais elle perdrait juridiquement l'un ou l'autre en fonction de sa qualification juridique (signe religieux ou non), qui tient à la volonté de la personne publique de faire prévaloir subjectivement l'un ou l'autre. Bref, faute d'une signification univoque, ce n'est pas la signification intrinsèque de la crèche qui révélera sa compatibilité avec l'article 28 de la loi de 1905. Ce qui sera déterminant est le sens qu'entend faire prévaloir la personne publique en l'installant au moment de la fête de Noël. « Ce n'est donc pas le sens de la crèche, faute d'univocité, qui détermine le respect de l'article 28, mais le sens de son installation au moment de Noël. »[2]

458. L'appréciation concrète du caractère religieux d'une crèche de Noël. Toute la difficulté est alors de percer à jour l'intention de la personne publique, d'apprécier le sens qu'elle entend faire prévaloir, pour déterminer concrètement si la personne publique a entendu

---

[1] CAA Lyon, 25 juin 2019, *Région Auvergne-Rhône-Alpes*, n° 17LY03989, point 6.

[2] Louis Dutheillet de Lamothe et Guillaume Odinet, « La crèche entre dans les Tables », *AJDA*, 2016, n° 42, p. 2375.

« exprimer la reconnaissance d'un culte ou marquer une préférence religieuse » (point 5). Or, après avoir affirmé que la mise en place d'une crèche « n'est légalement possible que lorsqu'elle présente un caractère culturel, artistique ou festif, sans exprimer la reconnaissance d'un culte ou marquer une préférence religieuse », le Conseil ajoute immédiatement : « pour porter cette dernière appréciation… » (sous-entendu : sur le fait que la crèche exprime la reconnaissance d'un culte ou marque une préférence religieuse) et il énonce les critères qui servent à déterminer la volonté de la personne publique. Ces critères permettent de savoir si la crèche témoigne de la reconnaissance et de la promotion d'un culte par la personne publique, c'est-à-dire si la crèche est ou non un signe ou emblème religieux au sens conféré ici à l'article 28 de la loi de 1905.

Quels sont ces critères ? Selon le point 5 des deux décisions, plusieurs critères sont à prendre en considération.

Premièrement, joue le contexte de la mise en place de la crèche, et notamment la présence ou l'absence de tout élément de prosélytisme. Par exemple, l'inauguration dans une mairie d'une crèche de la Nativité suivie d'une bénédiction par un prêtre atteste du caractère cultuel de la crèche : « une bénédiction par un prêtre, revêt, en tant que telle, et alors même qu'elle aurait acquis un caractère traditionnel et populaire du fait qu'elle ait lieu depuis plus de vingt ans, un caractère cultuel, marquant ainsi la reconnaissance d'une préférence religieuse. »[1]

Deuxièmement, sont prises en compte les conditions particulières de l'installation de la crèche. C'est la question de son « inscription dans un environnement culturel, artistique ou festif » (point 11 de l'arrêt *Commune de Melun*). La région Auvergne-Rhône-Alpes a ainsi pu installer temporairement, dans le hall de l'hôtel de la région, deux décors de crèches respectivement réalisés par un ornemaniste et un maître-santonnier drômois présentant les métiers d'art et les traditions santonnières de la région, ainsi que quatre vitrines de crèches réalisées par des maîtres-artisans et santonniers de la région. Annoncés par un communiqué comme « une exposition vitrine du savoir-faire régional des métiers d'art et traditions populaires », ces décors, « représentant la diversité des traditions de la création santonnière dans la région, sont explicités par des panneaux didactiques sur le travail du santonnier à travers les étapes de la réalisation d'un santon » et sont complétés « par

[1] TA Marseille, 18 décembre 2018, *Fédération départementale de la libre pensée des Bouches-du-Rhône*, n° 1702359.

des ateliers à destination notamment des enfants visant à la découverte des métiers d'art, objets d'un plan régional lancé en 2016 ». La dimension culturelle et artistique de ces décors rendait légale leur exposition[1].

Troisièmement, l'existence ou l'absence d'usages locaux est aussi un élément déterminant. Le fait que l'installation de la crèche procède d'une tradition locale éclipse en principe son caractère religieux. On pense spontanément aux santons de Provence.

Quatrièmement, et c'est là sans doute le critère essentiel, le lieu de cette installation de la crèche est capital, le juge distingue selon que la crèche est placée dans un « bâtiment public, siège d'une collectivité publique ou d'un service public » ou dans un autre emplacement public. Sur ce point, « la solution retenue est la suivante : interdiction *à l'intérieur* des bâtiments publics (sauf exceptions visées, tenant à un usage local et à l'environnement de la crèche) / liberté *au dehors*, sur tout autre emplacement public (mais uniquement pendant les fêtes de fin d'année et en l'absence de toute signification religieuse). »[2]

Dans le premier cas, si la crèche est mise en place dans un lieu qui abrite un service public, une interdiction de principe est posée, car « l'installation d'une crèche est présumée reconnaître un culte [et] le faisceau d'indices a donc pour fonction de déterminer si cette présomption est renversée »[3]. En effet, les bâtiments publics sont le siège de la collectivité, l'endroit « où elle s'incarne comme institution et où les administrés se rendent pour établir une relation avec elle : ils en constituent la personnification matérielle »[4]. Dès lors, la proximité de l'installation de la crèche avec le service public tend à indiquer la volonté de la personne publique de marquer la reconnaissance du culte chrétien et de l'associer à l'exécution du service public, puisqu'elle l'a installé au cœur même de son activité, témoignant par là de son *attachement* à la crèche. La présomption peut toutefois être renversée si « des circonstances particulières permettant de lui reconnaître [à la crèche] un caractère culturel, artistique ou festif » (point 6) : des usages et traditions locaux justifient ainsi que la personne publique procède à

---

[1] CAA Lyon, 26 août 2021, *Ligue des droits de l'homme*, n° 19LY00309, point 8.

[2] Nicolas Chifflot, « L'affaire des crèches de Noël devant le Conseil d'État. Rendre à César ce qui est à César », *JCP A*, 2016, n° 48, 2309.

[3] Louis Dutheillet de Lamothe et Guillaume Odinet, « La crèche entre dans les Tables », *AJDA*, 2016, n° 42, p. 2375.

[4] Gweltaz Eveillard, « Laïcité : la crèche de Noël, mode d'emploi… », *Dr. Adm.*, 2017, n° 4, comm. 18, p. 44.

cette installation dans un bâtiment où siège un service public, sans que le juge y voie la reconnaissance d'un culte.

Appliquant cette solution, la CAA de Marseille a considéré qu'une crèche installée dans le hall de la mairie de Béziers « ne résultait d'aucun usage local et n'était accompagnée d'aucun autre élément marquant son inscription dans un environnement culturel, artistique ou festif » et était par conséquent illégalement installée[1]. À l'inverse, sur renvoi du Conseil d'État suite à l'une de ses décisions du 9 novembre 2016, la CAA de Nantes a jugé que la crèche de Noël installée dans l'hôtel de ville du département de Vendée n'était pas contraire à l'article 28 de la loi de 1905 : la Cour relève que, mise en place chaque année depuis plus de vingt ans, la crèche « est dépourvue de tout formalisme susceptible de manifester un quelconque prosélytisme religieux », qu'elle est accompagnée de diverses manifestations et célébrations laïques liées à la fête de Noël (arbre de Noël des enfants des personnels départementaux et celui des enfants de la DDASS) et, en conséquence que son installation temporaire « résulte d'un usage culturel local et d'une tradition festive »[2].

Dans le second cas, c'est-à-dire lorsque la crèche est installée dans un autre emplacement public, le principe est la liberté pour les personnes publiques d'y implanter une crèche de Noël, « eu égard au caractère festif des installations liées aux fêtes de fin d'année notamment sur la voie publique » (point 7). Cette liberté se heurte néanmoins à une double limite : elle ne doit être faite qu'à l'occasion des fêtes de fin d'année (limitation temporelle) et elle ne doit pas constituer un acte de prosélytisme ou de revendication d'une opinion religieuse. Noël étant une fête que beaucoup célèbrent, même sans dévotion religieuse, et la crèche demeurant la représentation la plus significative de cette fête, on comprend ici que la crèche est associée aux décorations dont les communes agrémentent les rues pour les fêtes de fin d'année. Hormis le cas où elle est instrumentalisée en vue d'un prosélytisme évident, c'est-à-dire le cas où elle sert manifestement à reconnaître ou à promouvoir un culte (conformément à la définition du

---

[1] CAA Marseille, 3 avril 2017, *Ligue des droits de l'homme*, n° 15MA03863. Dans le même sens, v. not. : TA Lille, 30 novembre 2016, n° 1509979. TA Lyon, 5 octobre 2017, n° 1609063 et n° 1701752. CAA Douai, 16 novembre 2017, *Commune d'Hénin-Beaumont*, n° 17DA00054.

[2] CAA Nantes, 6 octobre 2017, *Fédération de la libre pensée de Vendée*, n° 16NT03735. Le Conseil d'État a rejeté le pourvoi en cassation contre cet arrêt : CE, 14 février 2018, n° 416348.

signe ou emblème religieux), la crèche de Noël ne revêt là qu'un caractère culturel et festif, « elle s'inscrit dans le cadre d'une tradition relative à la préparation de la fête familiale de Noël »[1]. À l'inverse de la première hypothèse donc, la crèche placée dans un lieu public avec d'autres décorations de fin d'année, et sauf si la personne publique affiche par là un net prosélytisme, ne revêt qu'une dimension culturelle : elle n'est plus (juridiquement) un signe ou emblème religieux et redevient compatible avec l'article 28 de la loi de 1905.

Tous ces éléments sont donc destinés à déterminer si la personne publique a entendu reconnaître ou promouvoir un culte et, donc, si la crèche doit être juridiquement qualifiée de signe ou emblème religieux au sens donné ici à cette notion.

459. Conclusion sur les crèches de Noël. En définitive, une alternative existe. Soit la crèche de Noël est qualifiée de signe religieux parce que la personne publique a entendu reconnaître ou promouvoir la religion chrétienne et elle est alors juridiquement une crèche cultuelle, si bien que, tombant sous le coup de l'article 28, son installation s'avère illégale. Soit elle ne manifeste aucune intention de la personne publique de reconnaître ou promouvoir un culte : n'étant alors pas qualifiée de signe ou emblème religieux, n'étant juridiquement qu'une décoration culturelle, artistique ou festive, elle n'entre plus dans le champ d'application de l'article 28 et peut être légalement installée.

Contrairement à ce qu'ont pu soutenir certains commentateurs[2], le Conseil d'État n'a pas érigé ici une nouvelle exception à l'interdiction de principe posée à l'article 28 de la loi de 1905. Le juge ne pouvant réécrire une loi, une telle attitude aurait été critiquable. Mais ce n'est pas ce qui a été fait. La solution est plus subtile. L'article 28 s'applique dans l'hypothèse où une personne publique veut installer un signe ou emblème religieux, l'article tolérant seulement quelques exceptions (sépultures, musées, etc.), c'est-à-dire quelques cas où un signe ou emblème religieux n'est pas, par exception, frappé d'interdit. Or la crèche n'est pas une nouvelle exception. La définition subjective du

---

[1] CAA Nantes, 13 octobre 2015, *Fédération de la libre pensée de Vendée*, n° 14NT03400.

[2] « La liste des exceptions est législative et limitative : il s'agit des lieux de culte, des éléments funéraires et des éléments culturels que sont les musées ou expositions. Or, force est de constater que la crèche n'en fait pas partie. […] Il nous semble alors que le Conseil d'État a tout simplement complété la liste exhaustive des exceptions en y instaurant la crèche "culturelle, artistique ou festive". » (Mathieu Touzeil-Divina, « Ceci n'est pas une crèche », *JCP A*, 2016, n° 45, act. 853)

signe ou emblème religieux implique que la crèche reçoive la qualification juridique de signe ou emblème religieux et soit alors interdite par l'article 28 ou bien qu'elle échappe à cette qualification et soit qualifiée de décoration culturelle, artistique ou festive. Dans ce second cas, l'article 28 de la loi n'a pas lieu de s'appliquer, puisque l'on n'est plus face à un signe ou emblème religieux. Il ne s'agit pas d'une exception à l'interdiction en présence d'un signe religieux. Il s'agit de l'inapplication de l'interdiction par absence de signe religieux.

460. Une définition subjective bien assise en jurisprudence. Permettant de répondre au problème des symboles possédant objectivement une dimension à la fois culturelle et cultuelle, cette définition subjective du signe religieux au sens de l'article 28 n'a pas été appliquée qu'aux seules crèches de Noël.

D'une part, cette définition subjective avait, d'une certaine manière, été préfigurée par la jurisprudence administrative et n'apparaît donc pas entièrement inédite. En 1999 en effet, la Cour administrative d'appel de Nantes avait été appelée à se prononcer sur le logotype du département de Vendée, représentant deux cœurs entrelacés surmontés d'une croix. Comme le rappelle le commissaire du gouvernement dans ses conclusions, certains ont pu y voir un signe religieux, notamment du fait de la croix, alors que l'objectif de ce logo était davantage de rappeler l'épisode historique le plus fameux de ce département, à savoir les guerres de Vendée sous la Terreur (puisque ce logo était le symbole des chouans). La Cour déclarait ainsi dans cette espèce que « ce logotype, qui n'a pas été réalisé dans un but de manifestation religieuse, ni n'a eu pour objet de promouvoir une religion, a pour unique fonction d'identifier, par des repères historiques et un graphisme stylisé, l'action du Département de la Vendée ; que, dès lors, ce logotype ne peut être regardé comme un "emblème religieux" au sens des dispositions précitées de l'article 28 de la loi du 9 décembre 1905. »[1] La Cour anticipait ainsi la définition subjective du signe religieux et le raisonnement tenu par le Conseil d'État dans l'affaire des crèches de Noël. Elle appuyait la distinction du culturel et du cultuel sur la volonté de la personne publique de procéder (ou non) à une manifestation religieuse ou à la promotion d'une religion. Et en l'absence d'une telle volonté, elle déclara que le signe n'avait pas de caractère religieux et

---

[1] CAA Nantes, 11 mars 1999, *Association Une Vendée pour tous les vendéens*, n° 98NT00357. Conclusions : C. Jacquier, *RFDA*, 2000, n° 5, p. 1084.

n'était donc pas contraire à l'article 28 de la loi de 1905. La jurisprudence du Conseil d'État a, en 2016, entériné ce raisonnement.

D'autre part, la jurisprudence posée à l'occasion de l'affaire des crèches de Noël n'est pas restée cantonnée à ce genre de litiges. L'interprétation subjective de l'article 28 de la loi de 1905 a été, depuis, régulièrement reprise par le juge administratif, à propos, par exemple, de la croix d'un cimetière[1] ou d'une statue de l'archange Saint Michel[2]. Elle est donc bien, désormais, l'interprétation *officielle* de l'article 28, même si le Conseil ne la mobilise que dans les hypothèses où la distinction du culturel et du religieux est difficile à faire (sinon, il recourt encore à l'approche objective évoquée *supra* ; v. §454).

Enfin, le Conseil d'État a sanctuarisé l'interprétation qu'il a délivré de l'article 28 de la loi de 1905 en refusant de transmettre une question prioritaire de constitutionnalité (QPC) la prenant pour objet. Le requérant soutenait en effet que cette interprétation jurisprudentielle était très restrictive « en ce qu'elle caractérise "l'élévation ou l'apposition d'un signe ou emblème religieux" par l'installation d'un signe ou emblème manifestant la reconnaissance d'un culte ou marquant une préférence religieuse »[3]. La critique n'était pas sans fondement, dans la mesure où cette interprétation repose sur une dimension subjective (volonté de la personne publique) plutôt que sur la nature objective de l'objet (cultuel ou non). Le Conseil d'État a toutefois refusé de transmettre la QPC au Conseil constitutionnel, ce dont il résulte que l'interprétation n'est pas inconstitutionnelle.

461. Extension de la définition subjective du signe religieux au-delà de l'article 28 de la loi de 1905. L'affaire dans laquelle a été déposée cette QPC concernait le choix, par une commune, du blason communal, sur lequel figuraient deux crosses épiscopales. Le requérant jugeait un tel choix contraire au principe de laïcité. Se prononçant au fond (après le rejet de la QPC), l'arrêt *Commune de Moëslains*[4] reprend ici la définition subjective du signe ou emblème religieux (point 3). Mais il la détache de l'article 28 de la loi de 1905 qui en était le soubassement (même si l'article est aussi cité au point 7, avec la même

[1] CE, avis, 28 juillet 2017, *Bonn*, n° 408920.

[2] CAA Nantes, 16 septembre 2022, *Commune des Sables-d'Olonne*, n° 22NT00333, point 8. Notes : F.-X. Bréchot, *AJDA*, 2023, n° 2, p. 67 ; C. Demunck, *AJCT*, 2023, n° 1, p. 60.

[3] CE, 22 février 2019, *M. B.*, n° 423702, point 4.

[4] CE, 15 juillet 2020, *M. B. c/ Commune de Moëslains*, n° 423702. Note : P. Noual, *AJCT*, 2021, n° 1, p. 50.

interprétation), car le blason litigieux n'a pas pour vocation première d'être apposé sur un monument ou un emplacement public. Certes le juge note incidemment que, s'il était apposé sur un tel monument ou emplacement, il ne serait pas contraire à l'article 28 (point 8). Mais ce blason doit avant tout être imprimé sur les documents de la commune, ce qui ne relève pas du champ d'application de l'article 28. La définition du signe et emblème religieux est donc étendue. Elle n'est plus seulement une définition de ce signe ou emblème *au sens de l'article 28 de la loi de 1905*, mais une définition générale.

Plus spécifiquement, le Conseil juge que le blason communal peut reproduire un symbole cultuel s'il est emblématique de l'histoire et des spécificités culturelles de la commune. La commune peut donc « faire état de son patrimoine historique et culturel y compris religieux mais non seulement ce patrimoine et cette histoire doivent objectivement exister et donc être circonstanciés mais encore l'objectif du blason ne doit pas être la provocation ou le prosélytisme religieux »[1]. Le juge recherche donc l'intention de la commune en s'appuyant sur les éléments objectifs de son patrimoine, ces aspects objectifs compensant la définition subjective du signe religieux. En l'espèce, le blason se réfère, par le léopard, au blason de la famille Dampierre qui a fondé la commune, et, par les deux volutes représentant les crosses épiscopales, aux évêques à qui sont dédiés les « deux édifices notables du patrimoine de la commune », l'église Saint-Nicolas et la chapelle Saint-Aubin. Les deux crosses épiscopales, au graphisme « très stylisé », font donc référence à des caractéristiques historiques et patrimoniales de la commune. En retenant ces symboles, le conseil municipal n'a donc pas entendu promouvoir ou reconnaître le culte catholique (ce qui aurait fait de cette représentation graphique un symbole religieux). Il n'a donc pas méconnu le principe de laïcité.

Conclusion sur l'impartialité symbolique

462. Une impartialité ne remettant pas en cause la culture traditionnelle. L'interdiction d'élever ou d'apposer des signes et emblèmes religieux, qui est posée à l'article 28 de la loi de 1905, a fait l'objet d'une interprétation souple par le juge administratif. Grâce à sa définition subjective du signe et emblème religieux prohibé par l'article, le juge administratif a entendu permettre plus facilement

---

[1] Mathieu Touzeil-Divina, « Blason communal, moins cultuel qu'historico-culturel », *JCP A*, 2020, n° 30-34, act. 458.

l'implantation de signes ou emblèmes qui, bien que religieux, possèdent aussi une dimension culturelle que le juge n'a pas voulu condamner. Il a ainsi fait de l'interdiction d'élever ou d'apposer un signe ou emblème religieux, moins l'expression d'une complète séparation de l'État et des cultes, qu'une manière « d'assurer la neutralité des personnes publiques à l'égard des cultes »[1]. La laïcité-neutralité s'impose, là encore, au détriment de la laïcité-séparation, mais aussi au détriment d'une interprétation de la laïcité qui pourrait l'instrumentaliser pour en faire un outil de sécularisation de la société française.

Par cette interprétation, le juge administratif rejoint ce faisant la jurisprudence européenne. Sur la question de l'affichage de signes religieux dans les lieux servant au service public, la CEDH a en effet été contrainte d'adopter une position plus nuancée que la loi de 1905. Elle a en effet dû admettre la présence des crucifix dans les écoles italiennes. Après avoir condamné leur présence en 2009[2], elle dut rejuger l'affaire suite à la contestation que fit naître sa décision. Sa grande chambre déclara finalement, en 2011, que les États avaient la faculté de donner « à la religion majoritaire du pays une visibilité prépondérante dans l'environnement scolaire [...] vu la place qu'occupe le christianisme dans l'histoire et la tradition de l'État défenseur »[3]. L'affichage d'un tel symbole religieux ne remet donc pas en cause, pour la Cour, l'impartialité religieuse de l'École publique italienne, compte tenu du caractère traditionnel des crucifix ornant le mur des classes, qui ne saurait être assimilé à l'affirmation du caractère confessionnel de l'enseignement. Une telle position est donc plus accommodante que la loi de Séparation du 9 décembre 1905.

---

[1] CE, avis, 28 juillet 2017, *Bonn*, n° 408920, point 2. CAA Lyon, 25 juin 2019, *Région Auvergne-Rhône-Alpes*, n° 17LY03989, point 4. CAA Nantes, 16 septembre 2022, *Commune des Sables-d'Olonne*, n° 22NT00333, point 8, préc. CAA Bordeaux, 12 janvier 2023, *Commune de La Flotte en Ré*, n° 22BX01113, point 7, préc.

[2] CEDH, 3 novembre 2009, *Lautsi c/ Italie*, n° 30814/06.

[3] CEDH, gd ch., 18 mars 2011, *Lautsi c/ Italie*, n° 30814/06. Notes : O. Bachelet, *Recueil Dalloz*, 2011, p. 949 ; J.-P. Marguénaud, *RTD civ.*, 2011, p. 303 ; L.-L. Christians, *ADR*, vol. 6, 2012-2013, t. 2, p. 571 ; F. Dieu, *ADR*, vol. 6, 2012-2013, t. 2, p. 585 ; S. Langlaude, *ADR*, vol. 6, 2012-2013, t. 2, p. 601 ; S. Biagini-Girard, *ADR*, vol. 6, 2012-2013, t. 2, p. 619.

CHAPITRE 5
L'OBLIGATION DE NEUTRALITÉ DANS LA RÉGLEMENTATION DE LA LIBERTÉ RELIGIEUSE

501. Importance de la laïcité au regard de la réglementation de la liberté religieuse. La neutralité religieuse des pouvoirs publics et, en particulier leur impartialité, est déterminante pour éviter toute remise en cause illégitime de la liberté religieuse. Si leur neutralité leur impose parfois une abstention afin de laisser la liberté religieuse se développer sans entrave, elle n'exclut aucunement leur intervention, notamment parce que, comme toute liberté, la liberté religieuse doit recevoir des bornes capables de la concilier avec les autres impératifs sociaux, tels que l'ordre public ou le respect des autres droits et libertés.

Aussi les pouvoirs publics sont-ils amenés à réglementer la liberté religieuse. Or, en cette occasion où ils sont en prise directe avec la foi et ses expressions, il est indispensable qu'ils n'agissent qu'en toute impartialité, sans chercher à faire prévaloir une opinion religieuse ou anti-religieuse qui les conduirait à brimer ou à favoriser indûment une croyance religieuse ou anti-religieuse au détriment des autres. La laïcité est alors la règle de bonne conduite des autorités publiques et elle apparaît de ce fait comme une garantie de la liberté religieuse.

Concrètement, s'il est évident que la préservation de l'ordre social et de l'intérêt général exige que la liberté religieuse soit parfois restreinte et encadrée, notamment pour qu'elle ne fasse pas l'objet d'un usage abusif, la réglementation émise à cette fin ne doit pas conduire à sacrifier entièrement cette liberté, qui est elle aussi une composante importante de l'intérêt général. Toute la problématique de ce chapitre est ainsi de voir quel équilibre la laïcité des pouvoirs publics conduit à établir entre les prérogatives dont ils disposent pour assurer leur mission et la liberté religieuse des personnes.

502. Définition de la liberté religieuse. Il convient avant tout de cerner précisément la notion de liberté religieuse, qui n'est pas évidente. Mélanie Lopez en donne une définition qui épouse bien les contours du droit positif : « La liberté religieuse peut être définie comme le droit subjectif et fondamental des individus de choisir une religion et de la pratiquer. »[1] La liberté de religion peut en effet être appréhendée comme la faculté qu'a la personne d'adhérer à une doctrine religieuse et de régler son mode de vie et son comportement sur elle.

À l'exception de la jurisprudence, le droit français ne mentionne nulle part *une* liberté religieuse. En réalité, le droit protège un ensemble de libertés (liberté de conscience, liberté de culte, etc.) qui trouvent à s'appliquer, souvent de façon spéciale d'ailleurs, en matière religieuse. La religion n'est donc pas assimilée complètement, d'un point de vue juridique, aux autres convictions et bénéficie souvent d'un statut propre, « soit qu'on veuille [la] surveiller, soit qu'on veuille assurer l'effectivité d'une liberté qui exige des mesures particulières ou dérogatoires »[2].

Il convient donc d'indiquer que la liberté religieuse comporte au moins deux dimensions, mises en avant par la définition précitée : elle est une déclinaison de la liberté de conscience en matière religieuse ; elle implique aussi la liberté de manifester extérieurement ses opinions religieuses et de pratiquer librement le culte de son choix. L'article 10 de la Déclaration des droits de l'homme et du citoyen consacre bien cette dualité : « nul ne doit être inquiété pour ses opinions, même religieuses, pourvu que leur manifestation ne trouble pas l'ordre public établi par la loi. » Les deux phrases de l'article 1er de la loi de 1905 confirment cette dualité : l'article prévoit, en premier lieu, que « la République assure la liberté de conscience » et, en second lieu, qu'« elle garantit le libre exercice des cultes ». La même dualité figure à l'article 18 de la Déclaration universelle des droits de l'homme de 1948, à l'article 9§1 de la Convention européenne de sauvegarde des droits de l'homme de 1950 (CESDH) et à l'article 10 de la Charte européenne des droits fondamentaux (ces trois stipulations conventionnelles ayant d'ailleurs des rédactions très proches les unes des autres).

Il faut donc distinguer la dimension interne de la liberté de réligion, qui résulte de la liberté de conscience, et sa dimension externe, qui englobe à la fois les manifestations et expressions extérieures de la foi, la liberté de culte et l'autonomie des groupements religieux.

503. Le régime juridique pluriel de la liberté religieuse. La distinction des dimensions interne et externe est d'autant plus

---

[1] Mélanie Lopez, *Liberté religieuse et contrôle des cultes en France et en Espagne : lieux et ministres*, thèse, Paris-Sud XI, 2010, p. 13.

[2] Patrice Rolland, « Qu'est-ce qu'un culte aux yeux de la République ? », *ASSR*, vol. 129, 2005, p. 51, §5.

importante que leur régime juridique diffère. Elles ne reçoivent pas le même traitement juridique.

En effet, la liberté de conscience est en principe absolue. Elle ne rencontre point de limite. Aucune règle de droit ne peut régir ce que pensent les individus. « Au fond de sa conscience, chaque homme peut penser et croire ce qu'il veut ; aucune puissance ne peut descendre jusque-là. »[1] Dès lors, leur neutralité religieuse exclut que les pouvoirs publics cherchent à restreindre la liberté de conscience et à évaluer les convictions ou croyances pour en encourager certaines ou en décourager d'autres, car une pensée ne trouble pas l'ordre public. Au contraire, l'article 1er de la Constitution précise que la République « respecte toutes les croyances ». Le principe de laïcité protège ainsi la conscience d'une immixtion indue des pouvoirs publics (I).

Il en va différemment pour la dimension extérieure de la liberté religieuse, c'est-à-dire la liberté de manifester sa foi, la liberté de pratiquer son culte individuellement ou collectivement et l'autonomie des Églises. Cette dimension doit être conciliée avec d'autres impératifs sociaux, au premier rang desquels figure l'ordre public. Mais il faut insister sur le fait que ces restrictions ne puisent en principe pas leur fondement dans le principe de laïcité. Par principe, et sauf exception, la laïcité est un gage de liberté pour les individus et les Églises, puisqu'elle les prémunit d'une immixtion injustifiée des pouvoirs publics dans le champ de la foi. Les limitations à la liberté religieuse sont quant à elles étrangères à la question de la laïcité, laquelle n'est d'ailleurs pas une composante de l'ordre public[2], mais relèvent bien davantage de la préservation de l'ordre public. L'article 10 de la DDHC indique par exemple que la « manifestation » des opinions, c'est-à-dire leur expression publique, ne doit pas troubler l'ordre public. L'ordre public justifie ainsi des restrictions à l'extériorisation des opinions religieuses, que ce soit par des propos ou par des tenues (II) ou encore par l'exercice du culte (III), mais explique aussi un encadrement de l'autonomie des communautés religieuses, qui n'est point une autonomie absolue (IV).

Cette conception française n'est pas démentie par le droit européen des droits de l'homme. L'article 9§ 2 de la CESDH admet clairement

---

[1] Adhémar Esmein, *Éléments de droit constitutionnel français et comparé* [1914], Éditions Panthéon Assas, coll. Les introuvables, 2008, p. 1175.

[2] CE, 26 août 2016, *Ligue des droits de l'homme*, n° 402742. Notes : H. Pauliat, *JCP A*, 2016, n° 35, p. 2 ; G. Le Chatelier, *AJCT*, 2016, p. 508 ; P. Gervier, *AJDA*, 2016, n° 37, p. 2122 ; E. Putman, *RJPF*, 2016, n° 11, p. 14 ; G. Eveillard, *Dr. Adm.*, 2016, n° 11, p. 31.

que « la liberté de manifester sa religion ou ses convictions ne peut faire l'objet d'autres restrictions que celles qui, prévues par la loi, constituent des mesures nécessaires, dans une société démocratique, à la sécurité publique, à la protection de l'ordre, de la santé ou de la morale publiques, ou à la protection des droits et libertés d'autrui ». Quoique la formulation soit négative (« ne peut faire l'objet d'autres restrictions que celles… »), afin de montrer que le principe doit rester la liberté de manifester ses croyances, il est évident que la CESDH reconnaît la nécessite de limiter la liberté de manifester ses convictions religieuses pour des motifs d'intérêt général, d'ordre public ou de protection des droits d'autrui. La Cour de Strasbourg a d'ailleurs adjoint à ces motifs la paix religieuse et la tolérance[1].

I. L'IMPOSSIBILITÉ DE RÉGIR JURIDIQUEMENT LA CONSCIENCE

504. Laïcité et liberté de conscience. La neutralité de l'État, et en particulier sa neutralité religieuse, a pour première conséquence que les pensées et les idées lui échappent et qu'il n'a aucune compétence pour y imposer le moindre impératif. Tout ce qui éclot et se joue dans la conscience individuelle est hors de la sphère de compétence de l'État. Le dialogue de l'âme avec elle-même, qui caractérisait la pensée selon Platon, n'a pas à faire intervenir d'autres interlocuteurs qu'elle-même, et notamment pas l'État (même si la pensée se nourrit bien sûr de ses interactions avec l'extérieur, ce n'est en aucun cas une obligation juridique). La liberté de conscience est ainsi la seule liberté qui ne puisse subir absolument aucune restriction en droit.

En vertu de la liberté de conscience, chacun peut opter, en son for intérieur, pour les convictions qu'il juge les plus exactes ou les meilleures pour lui. Cette liberté de conscience inclut notamment la liberté d'admettre les convictions religieuses de son choix ou même de n'en retenir aucune (athéisme ou agnosticisme). Elle apparaît ainsi comme la composante principielle de la liberté de religion, celle qui détermine et conditionne toutes les autres.

Puisque la laïcité implique que l'État ne porte aucune appréciation sur les convictions religieuses des individus et qu'il « respecte toutes

---

[1] CEDH, gr. ch., 27 juin 2000, *Cha'are Shalom Ve Tsedek c/ France*, n° 27417/95, §84. Note : J.-F. Flauss, *RTDH*, 2001, n° 45, p. 195.

les croyances »[1], la seule réglementation que les pouvoirs publics peuvent émettre en la matière vise, non pas à encadrer la liberté de penser, mais à la préserver contre les pressions extérieures. Or, si la conscience va être protégée des pressions d'autrui de différentes manières complètement déconnectées de la laïcité (notamment par des dispositifs pénaux), la laïcité va constituer une protection efficace de la conscience contre les pouvoirs publics.

La liberté de conscience peut en effet recevoir une protection par la laïcité lorsque les individus se trouvent en contact avec les administrations publiques. La laïcité des pouvoirs publics conforte cette liberté de penser, parce que leur impartialité implique qu'ils ne doivent pas chercher à influencer la pensée des individus ou à promouvoir une doctrine religieuse ou antireligieuse (v. §403-409). En leur imposant la neutralité, elle va notamment leur interdire toute tentative d'invasion de la conscience individuelle ou toute réglementation destinée à rompre le secret dont l'individu est en droit d'entourer ses convictions. « Si la neutralité interdit à l'État toute pression qui pourrait déterminer l'option d'une conscience, elle lui prescrit aussi le respect des libres opinions. Libéral, il accepte les conséquences de la liberté dans l'ordre religieux comme dans les autres : la conscience de l'incroyant n'a à ses yeux ni moins ni plus de prix que celle du croyant ; tant que leurs exigences ne troublent pas l'ordre public, l'un et l'autre doivent être également libres d'y satisfaire. »[2] Par ricochet, tout individu tire donc avantage de la laïcité, puisqu'il y trouve une protection de ses opinions contre l'interférence possible des autorités publiques.

505. Le droit de ne pas révéler ses convictions. La neutralité religieuse dont ils doivent faire montre interdit aux pouvoirs publics d'imposer à un individu de révéler ses convictions. La liberté de conscience implique en effet le droit de ne pas exprimer ses convictions et de n'en pas faire mention. En ce sens, comme l'indique la CEDH, elle comporte « un aspect négatif, à savoir le droit pour l'individu de ne pas être obligé de faire état de sa confession ou de ses convictions religieuses et de ne pas être contraint d'adopter un comportement duquel on pourrait déduire qu'il a – ou n'a pas – de telles

[1] Article 1er de la Constitution.

[2] Jean Rivero, « La notion juridique de laïcité » [*Recueil Dalloz*, 1949], *APD*, 2004, p. 259.

convictions »[1]. C'est un droit de la conscience de demeurer dans le for interne et de n'en pas déborder. La Cour considère de ce fait que la mention de la religion d'une personne sur sa carte d'identité est une atteinte au « droit de ne pas divulguer sa religion ou sa conviction, qui relève du for intérieur de chacun »[2].

L'État ne peut donc forcer un individu, en quelque circonstance que ce soit, à dévoiler ses convictions. En ce sens, il est interdit aux pouvoirs publics de constituer des fichiers ou de procéder à des recensements faisant mention de l'obédience religieuse des personnes. En France, le dernier recensement de population en portant trace date de 1872. Depuis, cette pratique a été abandonnée. Et l'article 8 de la loi n° 78-17 du 6 janvier 1978 relative à l'informatique, aux fichiers et aux libertés interdit de « collecter ou de traiter des données à caractère personnel qui font apparaître, directement ou indirectement, [...] les opinions [...] religieuses ».

Même si cette garantie est indépendante de la laïcité, en particulier dans la jurisprudence de la CEDH, la laïcité peut être un renfort utile à ce droit, dans la mesure où la neutralité de l'État exclut qu'il recherche quelles sont les croyances intimes de la personne, auxquelles il reste en principe indifférent. Il est par exemple interdit à un jury de concours d'interroger un candidat sur sa foi et ses pratiques religieuses, ainsi que celles de son épouse[3].

506. L'objection de conscience. La réglementation émise par les pouvoirs publics peut aussi violer la conscience individuelle en imposant à certaines personnes d'agir contre les prescriptions de leur conscience. Face aux risques qu'engendrent de telles règles, la protection de la conscience s'exercera grâce au mécanisme de l'objection de conscience, car « c'est par l'objection de conscience que la personne défend sa liberté de se conformer au jugement de sa conscience, c'est-à-dire à sa conviction qui lui prescrit de ne pas accomplir un acte particulier qu'elle juge mauvais »[4].

La problématique inhérente à cette question est évidente : un individu peut-il opposer les *dictamens* de sa conscience à une

---

[1] CEDH, 21 février 2008, *Alexandridis c/ Grèce*, n° 19516/06, §38. Note : T. Massis, *Gaz. pal.*, 2008, n° 102, p. 12. CEDH, 3 juin 2010, *Dimitras et autres c/ Grèce*, n° 42837/06, §78. Note : D. Amson, *Gaz. pal.*, 2010, n° 237-238, p. 20.

[2] CEDH, 2 février 2010, *Sinan Isik c/ Turquie*, n° 21924/05, §42.

[3] CE, 10 avril 2009, *El Haddioui*, n° 311888. Note : G. Calvès, *AJDA*, 2009, p. 1386.

[4] Grégor Puppinck, *Objection de conscience et droits de l'homme*, éd. Pierre Téqui, 2020, p. 28.

législation pour refuser de l'appliquer ? Évidemment, il est impératif que le droit soit appliqué et que personne ne puisse s'en affranchir unilatéralement au seul motif que sa conscience lui prescrit de ne pas accomplir certains actes : il s'agit là d'un principe d'intérêt général, qui conditionne la force obligatoire et l'effectivité du droit. Toutefois, il est également vrai que, en certaines occurrences (d'ailleurs marginales), certaines actions auxquelles une personne est contrainte peuvent heurter ses convictions les plus profondes ; la liberté de conscience, dont la protection relève également de l'intérêt général, est alors mise en cause.

La conciliation entre ces exigences étant fort difficile, l'objection de conscience fait l'objet d'une reconnaissance rare. Dans certains cas, notamment pour les agents des services publics, la loi peut créer des clauses de conscience venant donner corps à cette objection de conscience (v. §618). Plus difficiles sont bien sûr les cas où la loi est muette. Dans ce cas, le principe est l'obligation de se conformer à la loi.

Si, malgré tout, une personne décide de ne pas respecter une loi qu'elle juge contraire à ses devoirs moraux ou religieux (ce qui est toujours possible en fait sinon en droit), elle devra en répondre juridiquement et sa responsabilité pourra être engagée. Elle ne pourra s'exonérer de toute sanction que si elle peut démontrer que l'obligation à laquelle elle a objecté méconnaissait ses droits et libertés juridiquement garantis (par le biais qu'une question prioritaire de constitutionnalité ou par la déclaration d'inconventionnalité de la loi applicable). À cet égard, il reviendra donc au juge de statuer.

La jurisprudence de la Cour européenne des droits de l'homme (CEDH) a donné, de son côté, quelques indications sur les critères permettant que l'objection de conscience puisse être valablement accueillie. Il faut que soit rempli un critère subjectif, relatif aux convictions de la personne, et un critère objectif, relatif au lien entre ces convictions et l'acte en cause. D'un point de vue subjectif, il faut que l'objection s'appuie sur des convictions sérieuses. Selon la CEDH, l'objection de conscience doit permettre de résoudre « un conflit grave et insurmontable » entre une obligation juridique et « la conscience d'une personne ou ses convictions sincères et profondes, de nature religieuse ou autre, constitu[ant] une conviction atteignant un degré suffisant de force, de sérieux, de cohérence et d'importance »[1]. La difficulté de ce premier critère est que la neutralité religieuse des pouvoirs publics leur fait normalement interdiction d'apprécier la

[1] CEDH, 7 juillet 2011, *Bayatyan c/ Arménie*, n° 23459/03, §110.

solidité d'une croyance religieuse et *a fortiori* la sincérité d'une personne qui s'en revendique ; la seule chose qui leur est permise est de dire si le comportement résultant de cette croyance est compatible ou non avec l'ordre public (et, en l'espèce, avec les prescriptions légales). D'un point de vue objectif, il faut que l'acte en cause se heurte directement aux convictions exprimées. Il doit avoir, non pas seulement un « rapport lointain », mais « un lien suffisamment direct et étroit »[1] avec l'acte auquel il est objecté. Si ces deux critères ne sont pas remplis, l'objection de conscience ne saurait être invoquée, car il est à craindre que, dans ce cas, la personne agisse « par intérêt personnel ou par convenance personnelle »[2].

Il n'en reste pas moins que certaines situations sont délicates à trancher. La CEDH a par exemple jugé irrecevable la requête d'un pharmacien condamné par la France parce qu'il s'était prévalu de ses convictions religieuses pour refuser de vendre la pilule contraceptive. La CEDH indique que cette vente était légale et que la liberté de conscience pouvait « s'exercer de multiples manières hors de la sphère professionnelle »[3]. La motivation de cette déclaration d'irrecevabilité est cependant curieuse. La demande du requérant était de ne pas appliquer une disposition légale le contraignant à un acte professionnel heurtant sa conscience. Dire qu'il n'y a pas violation de la liberté de conscience parce que l'obligation ne s'applique que dans la sphère professionnelle – ce qui était l'objet du problème soulevé par la requête – ne répond donc pas à la question. « L'argument selon lequel il n'y aurait aucune interférence avec la liberté de religion parce que les pharmaciens pouvaient manifester leurs convictions par d'autres voies ne peut valoir que si les pharmaciens avaient été empêchés d'exercer positivement un acte de foi ; or ici au contraire, ils sont contraints à participer à une opération qui, selon eux, désobéit aux commandements religieux. »[4] En tout état de cause, la présente affaire aurait sans doute mérité un jugement au fond et une motivation plus étoffée.

---

[1] CEDH, 15 janvier 2013, *Eweida et autres c/ Royaume-Uni*, n° 48420/10, 59842/10, 51671/10 et 36516/10, §82. Notes : P. Lokiec et J. Porta, *Recueil Dalloz*, 2013, p. 1026 ; C. de La Hougue, *Journal du droit international*, 2014, n° 3, p. 1011 ; J.-P. Marguénaud, *Revue des contrats*, 2013, n° 4, p. 1503 ; J. Mouly, *Dr. soc.*, 2018, n° 4, p. 330 ; H. Nasom-Tissandier, *Dr. soc.*, 2018, n° 4, p. 348.

[2] CEDH, 7 juillet 2011, *Bayatyan c/ Arménie*, n° 23459/03, §124.

[3] CEDH, 2 octobre 2001, *Pichon et Sajous c/ France*, n° 49853/99. Note : J. Raynaud, *JCP E*, 2002, n° 27, 1045.

[4] Estelle Brosset, « Santé, religion et laïcité en droit européen », *Les cahiers de droit de la santé du sud-est*, 2010, n° 13, p. 36.

II. L'OBLIGATION DE NEUTRALITÉ DANS LA RÉGLEMENTATION DE LA LIBERTÉ D'EXTÉRIORISER SA FOI

507. La liberté d'exprimer et de manifester sa foi. La liberté de religion ne peut être amputée de la possibilité offerte à ses titulaires d'exprimer et de manifester leur foi. Outre une préservation de la conscience, la liberté religieuse nécessite la faculté d'extérioriser ses croyances, de même que la liberté de penser induit la liberté d'expression. L'interdiction de manifester ou d'exprimer sa foi serait le fossoyeur de la liberté de conscience, tant il est vrai que toute conscience qui se bâillonne finit par s'engourdir et que toute conscience qui ne reçoit plus les pensées d'aucune autre finit, faute de résonner d'idées nouvelles, par ne plus raisonner.

La liberté de manifester et d'exprimer sa foi est une déclinaison, en matière religieuse, de la liberté d'expression. Cette dernière trouve une définition à l'article 10 de la CESDH, selon lequel elle implique « la liberté de recevoir ou de communiquer des informations ou des idées sans qu'il puisse y avoir ingérence d'autorités publiques et sans considération de frontière ».

La liberté d'expression fait l'objet d'une protection assez étendue compte tenu de son importance. Elle est notamment garantie au niveau constitutionnel. « La libre communication des pensées et des opinions est un des droits les plus précieux de l'homme : tout citoyen peut donc parler, écrire, imprimer librement », énonce l'article 11 de la DDHC. Si nulle mention expresse n'est faite de la liberté d'exprimer ses opinions religieuses, alors que l'article 10 de la DDHC mentionnait explicitement la protection des opinions « même religieuses », il est certain que cette liberté couvre également l'expression des croyances religieuses et est donc protégée par l'article 11. D'ailleurs le Conseil d'État a reconnu l'existence d'un « principe constitutionnel de liberté d'expression religieuse »[1]. L'article 9§1 de la CESDH est sur ce point « infiniment plus clair que les sources constitutionnelles internes »[2], puisqu'il inclut dans la liberté religieuse « la liberté de manifester sa religion ou sa conviction individuellement ou collectivement, en public ou en privé, par le culte, l'enseignement, les pratiques et

[1] CE, 27 juin 2008, *Mabchour*, n° 286798, préc.

[2] Guillaume Drago, « Religion (Liberté de) », *Dictionnaire des droits fondamentaux*, Dominique Chagnollaud et Guillaume Drago (dir.), Dalloz, 2010, p. 650.

l'accomplissement des rites ». Si bien que la CEDH a très explicitement admis cette composante de la liberté religieuse : « Si la liberté de religion relève d'abord du for intérieur, elle implique également celle de manifester sa religion individuellement et en privé, ou de manière collective, en public et dans le cercle de ceux dont on partage la foi. »[1]

Polymorphe (A), cette liberté est donc protégée par le droit et elle est notamment confortée, vis-à-vis des pouvoirs publics, par la laïcité (B). Grâce à ce principe constitutionnel, les individus savent que les pouvoirs publics ne pourront pas réduire arbitrairement leur liberté d'exprimer leur foi et ne pourront, pour ce faire, qu'invoquer des risques de trouble à l'ordre public (C).

A. UNE LIBERTÉ POLYMORPHE

508. La libre expression écrite ou orale des croyances religieuses. La liberté d'exprimer sa foi vise avant tout la libre expression écrite ou orale des opinions et croyances religieuses, qui rencontre d'ailleurs les mêmes limites que toute expression publique d'opinions, notamment celles indiquées par la loi du 29 juillet 1881. Le Conseil d'État indique en ce sens que la liberté religieuse implique le « droit de tout individu d'exprimer les convictions religieuses de son choix dans le respect de l'ordre public »[2]. Les personnes sont en principe autorisées à exprimer publiquement leurs convictions.

Le prosélytisme n'est lui-même pas interdit, contrairement à une idée reçue. Puisqu'il consiste à exprimer ses idées à autrui dans le but de l'y faire adhérer, il apparaît même comme une composante de la liberté religieuse qui, aux dires de la Cour de justice de l'Union européenne (CJUE), comporte « le droit d'essayer de convaincre d'autres personnes, par exemple au moyen d'une prédication »[3]. Il est donc par principe autorisé, sous réserve des restrictions habituelles (ne pas troubler l'ordre public ou le fonctionnement d'un service public, ne pas porter atteinte aux droits d'autrui, en particulier des personnes vulnérables, ne pas enfreindre, pour les agents publics, l'obligation de

---

[1] CEDH, gd. ch., 1er juillet 2014, *S.A.S. c/ France*, n° 43835/11, §125, préc.

[2] CE, 18 mai 2020, *Parti chrétien-démocrate et autres*, n° 440366. Notes : M. Nihoul, X. François et S. Wattier, *RTDH*, n° 124, 2020, p. 1029 ; T. Rambaud, *AJDA*, 2020, n° 30, p. 1733 ; B. Mérand, *LPA*, 2020, n° 157, p. 5 ; C. Dounot, *Revue du Centre Michel de l'Hospital*, n° 22, 2021, p. 21.

[3] CJUE, 10 juillet 2018, *Tietosuojavaltuutettu*, aff. C-25/17, §48. Note : A. Debet, *Communication commerce électronique*, 2018, n° 11, p. 32.

neutralité qui pèse sur eux dans le cadre de leurs fonctions, etc.). La CEDH juge aussi que le prosélytisme est libre, sans quoi la liberté de changer de religion resterait lettre morte, mais il ne doit pas être abusif[1]. Appliquant l'article 10 de la CESDH, la Cour de Strasbourg a ainsi indiqué que « la liberté d'expression vaut non seulement pour les "informations" ou "idées" accueillies et considérées comme inoffensives ou indifférentes, mais aussi pour celles qui heurtent, choquent ou inquiètent »[2].

509. Le libre port de tenues ou signes religieux. Mais la liberté de faire connaître publiquement ses opinions religieuses ne se réduit pas à leur expression verbale. Elle implique aussi le droit de porter des tenues ou des signes manifestant visiblement son obédience religieuse. En principe, chacun peut arborer les signes et tenues qu'il souhaite, en toute liberté, dans le respect de l'ordre public et des exigences de sécurité propres à certaines situations particulières (v. §703).

La jurisprudence de la Cour européenne des droits de l'homme est globalement identique ici aux exigences du droit français. Elle considère aussi que les citoyens peuvent se vêtir librement dans l'espace public[3]. Elle n'admet de restrictions que si la tenue religieuse constitue ou risque de constituer une menace pour l'ordre public ou une pression sur autrui[4], ce qui justifie, par exemple, l'interdiction française ou belge de la dissimulation du visage dans l'espace public[5]. Le principe demeure donc bien celui de la liberté de se vêtir.

B. UNE LIBERTÉ CONFORTÉE PAR LA LAÏCITÉ

510. Apport de la laïcité. Contrairement à une opinion répandue, la laïcité n'impose aux administrés aucune entrave à leur liberté d'exprimer et de manifester leurs convictions. En principe, elle n'est point une source de limitation de la liberté d'extérioriser sa foi, en contraignant par exemple les individus à dissimuler leur foi dans l'espace public. Il y a à ce principe, et sauf le cas spécifique des agents

---

[1] CEDH, 25 mai 1993, *Kokkinakis c/ Grèce*, n° 14307/88, §31. Notes : J. Mouly, *Dr. soc.*, 2018, n° 4, p. 330 ; B. Palli, *Dr. soc.*, 2018, n° 4, p. 343.
[2] CEDH, 7 décembre 1976, *Handyside c/ Royaume-Uni*, n° 5493/72, §49.
[3] CEDH, 23 février 2010, *Ahmet Arslan c/ Turquie*, n° 41135/98, §49. Note : J.-P. Marguénaud, *Recueil Dalloz*, 2010, n° 11, p. 682.
[4] CEDH, 23 février 2010, *Ahmet Arslan c/ Turquie*, n° 41135/98, §50, préc.
[5] CEDH, gd. ch., 1er juillet 2014, *S.A.S. c/ France*, n° 43835/11, préc. CEDH, 11 juillet 2017, *Belcacemi et Oussar c/ Belgique*, n° 37798/13. Note : J.-P. Marguénaud, *RTD civ.*, 2017, n° 4, p. 823.

des services publics (v. §604-610), une notable exception : celle des élèves des écoles, collèges et lycées publics, sur laquelle nous reviendrons (v. §713 s.).

Mais, et à rebours d'une interprétation inverse, tout aussi erronée de par sa généralisation excessive, la laïcité n'est pas davantage la source de cette liberté, qui est, comme nous l'avons dit (v. §502 ; §507), consacrée par différents textes juridiques : certains, comme la DDHC, sont antérieurs à la consécration juridique de la laïcité ; d'autres, comme la CESDH, ignorent l'idée même de laïcité.

En réalité, la laïcité concourt à renforcer cette dimension de la liberté de religion, ce qui n'est pas rien, mais ce qui n'est pas tout. À la vérité, elle lui apporte une caution supplémentaire : en garantissant la neutralité des personnes publiques et des services publics, la laïcité assure les personnes qu'elles ne seront pas indûment empêchées de manifester et d'exprimer publiquement leur foi. La laïcité les assure ainsi de la neutralité des personnes publiques vis-à-vis de ces comportements et vêtements inspirés par leur obédience confessionnelle, qui ne pourront être encadrés que pour des motifs liés à l'ordre public et non pas parce qu'ils entrent en contradiction avec une doctrine religieuse ou antireligieuse officielle. Par la neutralité religieuse qu'elle impose aux autorités publiques, la laïcité exclut toute réglementation indue de la liberté d'extérioriser sa foi. Il en est en particulier ainsi pour les individus, les usagers des services publics notamment, qui sont en contact avec les personnes publiques ou les services publics et qui sont certains de ne pas entrer en conflit avec eux du fait de leur obédience religieuse, même affichée.

511. Liberté de se vêtir et laïcité. C'est surtout autour de l'habillement qu'entendent revêtir certaines personnes que se sont noués plusieurs contentieux.

Pourtant, même si certains auteurs, y compris des juristes, incluent dans la laïcité un « pacte de discrétion »[1] qui imposerait à chacun de dissimuler sa foi en société, il est certain, au regard du droit français, que la laïcité ne justifie pas de restreindre la liberté de se vêtir. Une telle conception de la laïcité a en effet été explicitement refusée par le législateur en 1905. Les députés avaient alors rejeté, par 391 voix contre 184, l'amendement du député Charles Chabert qui entendait inscrire

[1] Jean-Éric Schoettl, « La laïcité en questions », *Constitutions*, 2017, n° 1, p. 19.

dans la loi l'interdiction de porter la soutane dans l'espace public[1]. La volonté du législateur n'était donc pas d'interdire par principe le port de tenues à connotation religieuse dans l'espace public. Et, sur ce point, le droit français n'a jamais varié depuis 1905. « Certes, philosophiquement, la laïcité peut parfois être définie comme le rejet de toute manifestation religieuse dans l'espace public, mais en droit cette manifestation religieuse est au contraire protégée. »[2]

Le Conseil d'État s'est fait l'écho de cette solution législative lorsqu'il fut saisi d'arrêtés municipaux interdisant le port du burkini sur les plages. Le burkini est un maillot de bain couvrant tout le corps des femmes, à l'exception du visage et des mains ; la terminologie est en effet tirée de la contraction des mots burka et bikini. Cette tenue de bain vise à protéger la pudeur des femmes musulmanes. Certains maires avaient souhaité interdire ce maillot de bain à forte connotation religieuse au nom du principe de laïcité. Devant se prononcer sur la légalité de ces arrêtés dits anti-burkini, le Conseil d'État les a censurés, refusant ainsi de faire de la laïcité, en tant que *valeur républicaine*, un but de la police administrative générale justifiant de restreindre la liberté religieuse[3].

La laïcité est donc en principe protectrice de la liberté des individus de se vêtir ou de s'apprêter comme ils l'entendent, sauf dans les deux hypothèses exceptionnelles précitées. Cependant, les pouvoirs publics peuvent mobiliser d'autres principes que la laïcité pour limiter la liberté d'extérioriser sa foi, et notamment la préservation de l'ordre public.

C. LIMITER LA LIBERTÉ D'EXTÉRIORISER SA FOI SUR LE FONDEMENT DE L'ORDRE PUBLIC

512. La liberté d'extérioriser sa foi limitée par l'ordre public. La liberté d'exprimer ou de manifester ses convictions religieuses peut, comme toute liberté, faire l'objet de diverses restrictions afin de préserver l'ordre public. La CESDH, après avoir proclamé la liberté religieuse dans son article 9§ 1, admet dans son article 9§2 que « la liberté de manifester sa religion ou ses convictions ne peut faire l'objet d'autres restrictions que celles qui, prévues par la loi, constituent des

---

[1] Chambre des députés, 2e séance du 26 juin 1905, *JO*, compte-rendu intégral des séances, 27 juin 1905, p. 2477-2480.

[2] Mathilde Philip-Gay, « L'ostentatoire dans l'application du principe de laïcité », *RFDA*, 2018, p. 613.

[3] CE, 26 août 2016, *Ligue des droits de l'homme*, n° 402742, préc.

mesures nécessaires, dans une société démocratique, à la sécurité publique, à la protection de l'ordre, de la santé ou de la morale publiques, ou à la protection des droits et libertés d'autrui. » Comme toute liberté, la liberté de manifester sa foi est donc bornée par divers impératifs exigés par la vie en société.

En ce sens, si la loi n° 2010-1192 du 11 octobre 2010 interdit la dissimulation du visage dans l'espace public, cette interdiction répond « à des fins de protection de l'ordre public »[1] et doit « garantir les conditions du "vivre ensemble" »[2]. Ce n'est donc point la laïcité qui justifie ici cette loi dite anti-burka, mais bien des considérations liées à l'ordre public.

De même, le burkini n'est en principe pas interdit sur une plage, en raison de la liberté de se vêtir qui demeure le principe. Le Conseil d'État censure ainsi systématiquement les arrêtés anti-burkini qui ne préviennent aucun risque avéré de trouble à l'ordre public[3]. Logiquement, il peut donc en aller différemment si son port risque véritablement de troubler l'ordre public. Appliquant la jurisprudence du Conseil d'État, la Cour administrative d'appel de Marseille a pu reconnaître en 2017, sans contradiction avec la décision de l'année précédente, qu'un arrêté anti-burkini adopté dans la ville de Sisco, en Corse, est légal, car il a été pris pour prévenir de possibles troubles à l'ordre public à la suite d'une violente altercation survenue, quelques jours avant, entre plusieurs familles d'origine maghrébine, dont les femmes portaient une burka ou un hijab, et des habitants de la commune, suite à la *privatisation* de ces plages par ces familles. S'en était suivi une rixe, qui avait nécessité l'intervention massive des forces de l'ordre et avait conduit à l'hospitalisation de cinq personnes. Ces faits étaient donc « susceptibles de faire apparaître des risques avérés de troubles à l'ordre public justifiant légalement l'interdiction édictée par l'arrêté en litige », une mesure moins contraignante, « telle que celle consistant à solliciter la présence d'une patrouille de gendarmerie aux

---

[1] Cons. const., 7 octobre 2010, *Loi interdisant la dissimulation du visage dans l'espace public*, n° 2010-613 DC, considérant 4. Notes : B. Mathieu, *JCP G*, 2010, n° 42, p. 1930 ; A. Levade, *JCP G*, 2010, n° 43, p. 1977 ; F. Dieu, *JCP A*, 2010, 48, p. 35 ; M. Verpeaux, *AJDA*, 2010, n° 42, p. 2373 ; O. Cayla, *Recueil Dalloz*, 2011, n° 17, p. 1166 ; M. Afroukh, *Constitutions*, 2014, n° 4, p. 483 ; X. Delgrange et M. El Berhoumi, *RTDH*, 2014, n° 99, p. 639.

[2] CEDH, gd. ch., 1er juillet 2014, *S.A.S. c/ France*, n° 43835/11, §142, préc.

[3] CE, ord., 26 août 2016, *Ligue des droits de l'homme et autres*, n° 402742, préc. CE, 17 juillet 2023, *Ligue des droits de l'homme*, n° 475636. Note : G. Durand, *AJCT*, 2023, n° 11, p. 635.

abords de la plage » étant insuffisante[1]. La menace pesant sur l'ordre public justifiait donc une restriction à la liberté de porter un burkini, quand bien même ce port est en principe possible.

La CEDH admet parfaitement cette limitation à la liberté religieuse et considère que la liberté de manifester ses convictions religieuses peut être restreinte pour des raisons d'ordre public. Selon la Cour, la restriction dans l'exercice du droit de manifester sa religion doit, pour être compatible avec l'article 9 de la CESDH, être « prévue par la loi » (c'est-à-dire fondée sur une norme interne), accessible aux justiciables et prévisible dans ses effets[2], être inspirée par un ou plusieurs des buts légitimes visés par l'article 9§2 de la CESDH et être nécessaire à la poursuite de ces buts. N'est ainsi pas inconventionnel le fait d'imposer à une personne de retirer son turban sikh ou son voile afin de se soumettre à un contrôle d'identité ou de sécurité dans un aéroport ou un consulat, compte tenu de la nécessité de tels contrôles pour la sécurité publique et du caractère limité dans le temps de la restriction en cause[3].

Toujours est-il, et c'est le point sur lequel il convient d'insister à nouveau, que la laïcité n'est pas à l'origine de ces restrictions. En tant que telle, elle n'est point une entrave pour le citoyen. Ce principe lui épargne toute obligation. La laïcité est conçue comme une obligation de l'État et une garantie pour le citoyen.

513. La proportionnalité de la restriction à la liberté de se vêtir ou de porter des signes religieux. Comme pour toute mesure restrictive de liberté, la question est alors celle de la proportionnalité de la mesure au regard du but d'ordre public qu'elle vise. En effet, les mesures de police administrative doivent être aussi peu attentatoires aux libertés que possible. Selon la fameuse formule du commissaire du gouvernement Louis Corneille, « la liberté est la règle et la restriction de police l'exception »[4] : la restriction aux libertés doit donc être aussi minime que possible pour satisfaire les exigences de l'ordre public.

---

[1] CAA Marseille, 3 juillet 2017, *Ligue des droits de l'homme*, n° 17MA01337. Le Conseil d'État a refusé d'admettre le pourvoi en cassation de l'association requérante (CE, 14 février 2018, n° 413982).

[2] CEDH, 27 juin 2017, *Atakunnan Markkinapörssi Oy et Satamedia Oy c/ Finlande*, n° 931/13.

[3] CEDH, 11 janvier 2005, *Phull c/ France*, n° 35753/03. CEDH, 4 mars 2008, *El Morsli c/ France*, n° 15585/06.

[4] Louis Corneille, « Conclusions sur CE, 10 août 1917, *Baldy* », *Lebon*, 1910, p. 640.

Concrètement, pour que la restriction aux libertés ne soit pas excessive, la mesure de police doit être adaptée, nécessaire et proportionnée[1].

L'ordre public ne justifie donc que des entorses proportionnées à la liberté de religion. Le Conseil d'État a par exemple admis que, pour délivrer la carte nationale d'identité, il faille présenter des photographies d'identité tête nue, pour lutter contre les risques de fraude. Il affirme à cette occasion que « le port du voile ou du foulard, par lequel les femmes de confession musulmane peuvent entendre manifester leurs convictions religieuses, peut faire l'objet de restrictions notamment dans l'intérêt de l'ordre public »[2]. Compte tenu du caractère ponctuel de l'obligation de se découvrir pour prendre ces photographies, une telle obligation a été jugée proportionnée[3].

III. L'OBLIGATION D'IMPARTIALITÉ DANS L'ENCADREMENT DE L'EXERCICE DU CULTE

514. La protection de la liberté de culte. La possibilité de vivre conformément à ses croyances religieuses implique, de manière évidente, la liberté de culte, c'est-à-dire la possibilité d'effectuer librement les rites et pratiques prescrits par sa foi. Selon Adhémar Esmein, « la *liberté de culte* est pour chaque personne le droit de pratiquer extérieurement la religion à laquelle elle croit, d'en suivre les rites et d'en accomplir les cérémonies. »[4]

Si la pratique religieuse est individuelle ou familiale, elle n'appelle en principe pas de réglementation juridique particulière, sauf atteinte manifeste à l'ordre public ou troubles de voisinage.

Plus délicate est en revanche la question de l'exercice collectif ou communautaire du culte, qui est ouvert à tous.

En principe, le culte, même public, peut être pratiqué librement. Selon l'article 1er de la loi de 1905, la République « garantit le libre exercice des cultes ». Aussi le Conseil d'État considère-t-il que le

---

[1] CE, ass., 26 octobre 2011, *Association pour la promotion de l'image et autre*, n° 317827. Cons. const., 28 février 2012, *Loi visant à réprimer la contestation de l'existence des génocides reconnus par la loi*, n° 2012-647 DC.

[2] CE, 27 juillet 2001, *Fonds de défense des musulmans en justice*, n° 216903.

[3] CE, 24 octobre 2003, *Benchemachk*, n° 250084. CE, 15 décembre 2006, *Association United Sikhs*, n° 289946. Conclusions : T. Olson, *AJDA*, 2007, n° 6, p. 313.

[4] Adhémar Esmein, *Éléments de droit constitutionnel français et comparé* [1914], Éditions Panthéon Assas, coll. Les introuvables, 2008, p. 1177.

principe de laïcité « impose que la République garantisse le libre exercice des cultes »[1]. De même, l'article 9§1 de la CESDH inclut dans la liberté religieuse qu'il consacre « la liberté de manifester sa religion ou sa conviction individuellement ou collectivement, en public ou en privé, par le culte, l'enseignement, les pratiques et l'accomplissement des rites ». L'article 18 de la Déclaration universelle des droits de l'homme admet une formulation très proche. Il ne fait donc pas de doute que la liberté de culte est juridiquement protégée.

Il est en revanche plus délicat de déterminer les protections concrètes que lui apporte le droit. On peut, par esprit de simplification, identifier une protection négative et une protection positive.

De manière négative, le droit sanctionne les atteintes portées à la liberté de culte. Le plus souvent, ce sont les dispositions du Code pénal qui s'appliqueront lorsqu'une personne entrave la liberté de culte d'une personne ou d'une association. Mais la loi du 9 décembre 1905 prévoit aussi des dispositions spécifiques. Son article 31 sanctionne toute personne qui, soit par violences ou menaces contre un individu, soit en lui faisant craindre de perdre son emploi ou d'exposer à un dommage sa personne, sa famille ou sa fortune, entendrait contraindre quelqu'un à exercer ou à s'abstenir d'exercer un culte, à appartenir ou à cesser d'appartenir à une association cultuelle, à contribuer ou à s'abstenir de contribuer aux frais d'un culte. Commentant cet article, Aristide Briand indiquait que « ces différents actes procédant d'une égale intolérance, sont à bon droit punis des mêmes peines »[2], ce qui établit une égalité formelle entre la croyance et l'incroyance. De même, selon l'article 32, la liberté d'action des associations cultuelles est protégée contre toute entrave, par le fait qu'un individu s'exposerait à des sanctions s'il empêchait, retardait ou interrompait l'exercice d'un culte par des troubles ou désordres causés dans le local servant à cet exercice.

De manière plus positive, la liberté de culte garantit également certaines pratiques de nature religieuse. Toute pratique n'étant pas autorisée (contrairement aux opinions, toutes protégées par le droit), il faut dresser la liste des composantes de la liberté de culte. Elle comporte « le droit de participer collectivement […] à des cérémonies, en

---

[1] CE, 5 juillet 2013, *Œuvre d'assistance aux bêtes des abattoirs*, n° 361441. Notes : G. Eveillard, *Dr. Adm.*, 2013, n° 12, comm. 85, p. 44 ; H. de Gaudemar, *Revue semestrielle de droit animalier*, 2013, n° 2, p. 67.

[2] Aristide Briand, *La séparation des Églises et de l'État. Rapport n° 2302 fait au nom de la commission relative à la séparation des Églises et de l'État et à la dénonciation du Concordat*, Chambre des députés, 8e législature, éd. ARD Cornély, 1905, p. 337.

particulier dans les lieux de culte »[1], la protection des sonneries de cloche[2], le droit qu'une inhumation soit accomplie selon les rites religieux souhaités par le défunt ou sa famille[3], le droit d'organiser des convois funéraires[4], l'abattage rituel des animaux[5], le droit d'observer des prescriptions alimentaires[6], la libre disposition des biens nécessaires à l'exercice du culte[7], l'accès des aumôniers aux malades dans les hôpitaux[8] ou encore le port du viatique[9].

515. Des restrictions justifiées par le respect de l'ordre public. Comme toute liberté, la liberté de culte ne saurait être absolue : elle est bornée, en particulier par l'ordre public, avec lequel elle doit s'harmoniser. Un tel principe ressort clairement de la loi de Séparation du 9 décembre 1905. Son article 1er énonce que la République « garantit le libre exercice des cultes sous les seules restrictions édictées ci-après dans l'intérêt de l'ordre public ». Il est donc clair que la liberté de culte peut être restreinte au nom de l'ordre public, les « restrictions édictées ci-après » renvoyant notamment au titre V de la loi, consacré à la « police des cultes ». Le premier article de ce titre V, l'article 25, précise d'ailleurs que les cérémonies religieuses « restent placées sous la surveillance des autorités dans l'intérêt de l'ordre public ».

Il est donc bien certain, en l'occurrence, que les restrictions apportées à la liberté religieuse ne sont nullement motivées par la laïcité, qui n'ampute la liberté de culte d'aucune de ses composantes, mais bien par des raisons d'ordre public.

---

[1] CE, 18 mai 2020, *Parti chrétien-démocrate et autres*, n° 440366, point 11, préc. CE, 7 novembre 2020, *Association Civitas et autres*, n° 445825, point 10. Note : G. Gonzalez, *JCP G*, 2020, n° 51, p. 2287. CE, 29 novembre 2020, *Conférence des évêques de France et autres*, n° 446941, point 11, préc. CE, 29 mars 2021, *Association Civitas et Association VIA La voie du peuple*, n° 450893 et 451038, point 8.

[2] CE, 5 août 1908, *Morel et autres*, n° 28275, *Lebon* p. 865. Conclusions : Saint-Paul, *Lebon*, 1908, p. 858. CE, 8 avril 1911, *Abbé Anselme*, n° 36911, *Lebon* p. 464.

[3] Article L. 2213-11 du CGCT.

[4] CE, 19 février 1909, *Abbé Olivier et autres c/ Maire de Sens*, n° 27355, *Lebon* p. 186. Conclusions : P. Chardenet, *Lebon*, 1909, p. 180.

[5] CE, 27 mars 1936, *Association cultuelle israélite de Valenciennes*, n° 32147, *Lebon* p. 383. CEDH, gr. ch., 27 juin 2000, *Cha'are Shalom Ve Tsedek c/ France*, n° 27417/95, §73-74, préc.

[6] CEDH, 7 décembre 2010, *Jakobski c/ Pologne*, n° 18429/06, §45.

[7] CE, 25 août 2005, *Commune de Massat*, n° 284307. Notes : P. Subra de Bieusses, *AJDA*, 2006, p. 91 ; B. Quiriny, *JCP G*, 2006, II, 10024, p. 323.

[8] CE, ass, 6 juin 1947, *Union catholique des hommes du diocèse de Versailles*, n° 81278, *Lebon* p. 250.

[9] CE, 19 mars 1909, *Abbé Deguille*, n° 24039, *Lebon* p. 311.

De ce fait, la police administrative – dont c'est la fonction – doit pouvoir protéger l'ordre public en restreignant la liberté de culte. Mais cette intervention est encadrée. D'une part, seule la préservation de l'ordre public doit guider la police administrative. La laïcité exclut notamment qu'un objectif religieux puisse motiver les décisions de police[1]. D'autre part, l'exercice de la police administrative ne doit porter à la liberté de culte qu'une atteinte limitée et proportionnée à ce qui est absolument indispensable à la préservation de l'ordre public.

Outre l'intervention possible de la police administrative générale pour restreinte l'exercice de la liberté de culte, il existe de surcroît un certain nombre de polices spéciales, plus particulièrement dédiées à la conciliation de la liberté religieuse avec l'ordre public. Tel est d'abord l'objet de la police des cultes créée par la loi de 1905 (A). Toutefois, dans la mesure où les polices administratives spéciales sont nombreuses et variées, de nombreux autres dispositifs peuvent encadrer et limiter la liberté de culte. Il en est notamment ainsi de la police des funérailles (B) et de la police de l'abattage rituel (C).

A. LA POLICE DES CULTES

516. La police des cultes. Le titre V de la loi de 1905 consacre, selon son intitulé, une police des cultes[2].

Celle-ci est une espèce de survivance du régime des cultes reconnus antérieurs à 1905 et visait à ne pas désarmer l'État en le séparant des Églises. Le Concordat du 15 juillet 1801 et les Articles organiques du 8 avril 1802 élaboraient en effet un régime de surveillance des cultes assez spécifique (v. §107-108). Il visait autant le respect de l'ordre public que le maintien du gouvernement[3]. Et certains républicains craignaient que la fin du régime des cultes reconnus laisse trop de liberté aux Églises. Pour ne pas désarmer l'État, une police des cultes est maintenue par la loi de 1905. L'article 27 procède en particulier à

---

[1] CE, ord., 26 août 2016, *Ligue des droits de l'homme et autres*, n° 402742, préc.

[2] V. Emmanuel Tawil, « La police administrative des cultes en droit français », *RRJ*, 2004-1, p. 507 ; Henri Bouillon, « Contrôler l'expression de la foi en régime de laïcité : la police des cultes », *Le contrôle en droit administratif*, Jean-Marie Pontier et Urbain Ngampio-Obélé-Bélé (dir.), Institut francophone pour la justice et la démocratie, coll. Colloques et essais, 2023, p. 91.

[3] V. Brigitte Basdevant-Gaudemet, *Le jeu concordataire dans la France du XIXe siècle*, PUF, coll. Histoire, 1988, 298 pages ; Claude Goyard, « Police des cultes et Conseil d'État : du Concordat à la séparation », *La revue administrative*, n° 220, 1984, p. 335.

l'encadrement des cérémonies, processions et autres manifestations extérieures du culte dans son alinéa 1er (1) et des sonneries de cloche dans son alinéa 2 (2).

Cependant, à l'inverse du régime des cultes reconnus, la police des cultes issue de la loi de 1905 se greffe au régime de droit commun, dont elle reprend l'essentiel des principes, sous réserve de dispositions dérogatoires. En ce sens, l'article 27 alinéa 1er, relatif aux manifestations des cultes dans l'espace public, se réfère explicitement à l'article L. 2212-2 du CGCT, fondement du pouvoir de police administrative générale détenu par le maire. Il n'en reste pas moins que, même si elle s'appuie largement sur le droit commun de la police administrative, cette police des cultes est une police administrative spéciale. Maurice Hauriou faisait ainsi de la police des cultes une police spéciale finalisée par la tranquillité publique[1], finalité également retenue par le Conseil d'État[2]. La stabilité du gouvernement disparaît, ce faisant, des objectifs assignés à cette police spéciale.

1. Les cérémonies, processions et autres manifestations extérieures du culte

517. Le régime juridique des manifestations extérieures du culte. L'article 27 de la loi de 1905 évoque les cérémonies, processions et autres manifestations extérieures d'un culte (comme les convois funéraires ou le port du viatique, qui n'est plus guère pratiqué). En renvoyant à l'article L. 2212-2 du CGCT, fondement de la police administrative générale du maire, l'alinéa 1er soumet la réglementation de ces manifestations extérieures du culte au droit commun de la police administrative[3], ce qui n'était pas le cas avant 1905[4].

Dès lors que la liberté est le principe et la restriction l'exception, les cérémonies et processions religieuses dans l'espace public sont par principe autorisées. En ce sens, « l'article 27 de la loi de 1905, en soumettant les manifestations extérieures du culte au droit commun de la police municipale, traite l'espace public comme un espace de

---

[1] Maurice Hauriou, *Précis de droit administratif et de droit public* [1933], Dalloz, coll. Bibliothèque Dalloz, 2002, p. 631 et suivantes.

[2] CE, 14 mai 1982, *Association internationale pour la conscience de Krishna*, n° 31102.

[3] Sur ce régime juridique, v. Jean-Charles Jobart, « Commune et manifestations religieuses », *AJCT*, 2022, p. 609.

[4] V. Brigitte Basdevant-Gaudemet, *Le jeu concordataire dans la France du XIXe siècle*, PUF, coll. Histoire, 1988, p. 230-245.

communication et d'exercice des libertés publiques. L'État et le service public n'ayant pas vocation en démocratie à couvrir tout l'espace public, la loi ne s'oppose pas dans ce cas à la visibilité du religieux. »[1] Le religieux peut donc s'épanouir dans l'espace public. Les communautés religieuses peuvent s'y manifester.

Les manifestations extérieures du culte doivent simplement faire l'objet d'une déclaration préalable à la mairie ou à la préfecture si la police est étatisée ou si la manifestation concerne plusieurs communes[2]. Sont toutefois exonérées de cette obligation les processions qui relèvent de l'usage local[3], car leur caractère traditionnel implique que l'autorité administrative en ait déjà connaissance, étant entendu qu'il revient à l'administration, sous le contrôle du juge administratif, d'apprécier la notion d'usage[4]. Cette déclaration préalable permet à l'autorité de police d'interdire la manifestation s'il juge qu'elle peut porter atteinte à l'ordre public[5], ce qui semblerait indiquer que les manifestations traditionnelles bénéficient d'une présomption de conformité à l'ordre public (puisqu'aucune déclaration préalable n'est requise pour ce qui les concerne). Évidemment, si cette manifestation traditionnelle peut occasionner des troubles à l'ordre public, cette présomption peut céder et un maire peut l'interdire[6] ou lui imposer un autre itinéraire[7].

D'ailleurs, avant même l'adoption de ces dispositions en 1935, le juge administratif avait immédiatement protégé les cortèges funéraires[8] et le port du viatique aux mourants[9]. Les processions et manifestations extérieures du culte qui sont traditionnelles ont également été très tôt sanctuarisées par le juge, qui a considéré qu'elles ne peuvent être interdites que si elles représentent une menace précise et sérieuse à

---

[1] Patrice Rolland, « Le droit français et la visibilité du religieux dans l'espace public », *RFDA*, 2021, n° 3, p. 515.

[2] Articles L. 211-1 et L. 211-2 du Code de la sécurité intérieure.

[3] Article L. 211-1 du Code de la sécurité intérieure.

[4] CE, 19 février 1909, *Abbé Olivier c/ Maire de Senlis*, n° 27355, *Lebon* p. 186, préc. CE, 4 novembre 1959, *Duranton de Magny*, n° 36055.

[5] Article L. 211-3 du Code de la sécurité intérieure.

[6] CE, 23 juillet 1947, *Guiller*, n° 81874, *Lebon* p. 293.

[7] CE, 21 janvier 1966, *Legastelois*, n° 61692, *Lebon* p. 45. Conclusions : Galmot, *JCP G*, 1966, II, 14568. Note : J. Moreau, *AJDA*, 1966, p. 435.

[8] CE, 19 février 1909, *Abbé Olivier et autres c/ Maire de Sens*, n° 27355, *Lebon* p. 186, préc.

[9] CE, 19 mars 1909, *Abbé Deguille*, n° 24039, *Lebon* p. 311. Conclusions : Saint-Paul, *Lebon*, 1909, p. 307.

l'ordre public[1]. Quant aux cérémonies non traditionnelles, elles ont tout d'abord été moins bien protégées, mais elles le furent finalement au titre du contrôle que le juge administratif opère sur les mesures de police administrative, qui doivent être adaptées, nécessaires et proportionnées au maintien de l'ordre public[2].

En définitive, l'autorité de police administrative est compétente pour réglementer, et éventuellement interdire, les manifestations extérieures du culte dès lors qu'existe un risque de trouble à l'ordre public, à condition que la mesure prise soit nécessaire, adaptée et proportionnée. Il en résulte notamment, conformément aux principes généraux du droit de la police administrative, que les mesures d'interdiction générale et absolue de toute manifestation extérieure du culte sont irrégulières. À l'inverse, le maire serait tenu d'exercer son pouvoir de police si le déroulement d'une procession « était de nature à créer une situation particulièrement dangereuse pour l'ordre public »[3]. Finalement, le juge administratif a appliqué à ces questions les règles et principes de la police administrative générale, conformément au renvoi que l'article 27 opère lui-même à la police administrative municipale.

2. Les sonneries de cloche

518. Les sonneries de cloche pour motifs religieux et pour motifs civils. L'article 27 de la loi de 1905 confie au maire la compétence pour encadrer les sonneries de cloches. En cas de conflit avec le président de l'association cultuelle, qui doit être sollicité et peut s'opposer à la décision de l'édile local dans un délai de 15 jours[4], cette compétence est transférée au préfet.

Ce pouvoir du maire peut porter aussi bien sur l'emploi des cloches pour des motifs religieux qu'à des fins civiles (article 27 alinéas 2 et 3). Mais la marge de manœuvre laissée à l'autorité administrative n'est pas

---

[1] CE, 26 décembre 1913, *Abbé Deguille*, n° 38528, *Lebon* p. 1294. CE, 1er mai 1914, *Abbé Didier*, n° 49842, *Lebon* p. 515.

[2] CE, 2 juillet 1947, *Guiller*, n° 81874, *Lebon* p. 293. CE, 21 janvier 1966, *Legastelois*, n° 61692, *Lebon* p. 45.

[3] CAA Nantes, 8 juin 2018, *Favot*, n° 17NT02695, point 6. Conclusions : F.-X. Bréchot, *RFDA*, 2018, p. 632.

[4] Article 50 du décret du 16 mars 1906 portant règlement d'administration publique pour l'exécution de la loi du 9 décembre 1905 sur la séparation des Églises et de l'État en ce qui concerne l'attribution des biens, les édifices des cultes, les associations cultuelles, la police des cultes.

la même dans les deux hypothèses, car la liberté religieuse est l'enjeu du premier cas et non du second.

Pour les sonneries de cloches religieuses, le maire ne peut les interdire ou les restreindre que pour assurer la tranquillité publique. La restriction doit être justifiée par ce but d'ordre public et être adaptée, nécessaire et proportionnée à ce but. Si le contentieux sur ce point a été abondant durant les premières années d'application de la loi[1], il s'est quelque peu tari depuis lors. Le contentieux porte aujourd'hui, non plus sur des arrêtés municipaux qui interdisent l'usage des cloches à des fins religieuses et qui sont contestés par les ministres du culte[2], mais sur le refus de maires d'interrompre les sonneries de cloches à la demande des riverains au nom de la tranquillité publique[3].

À l'inverse, les sonneries de cloches civiles ne peuvent être autorisées que dans des cas limités : elles peuvent retentir lorsqu'elles sont justifiées par un « péril commun exigeant un prompt secours » ou dans les cas exigés par les lois et règlements[4] ou bien encore lorsqu'elles ressortent d'usages locaux[5], « l'usage local s'entend[ant] de la pratique régulière et suffisamment durable de telles sonneries civiles dans la commune, à la condition que cette pratique n'ait pas été interrompue dans des conditions telles qu'il y ait lieu de la regarder comme abandonnée »[6].

B. LA POLICE DES FUNÉRAILLES

519. La police des funérailles et obsèques et l'obligation de neutralité religieuse du maire. Dans un sens large, débordant les

---

[1] V. Jean-François Amédro, *Le juge administratif et la Séparation des Églises et de l'État sous la IIIe République. Un exemple des interactions entre les institutions républicaines et le contrôle juridictionnel de l'administration*, thèse, Paris II, 2011, p. 610-616.

[2] Par exemple : CE, 5 août 1908, *Morel et autres*, n° 28275, *Lebon* p. 865, préc. CE, 5 août 1908, *Leclercq et Gruson*, n° 29964, *Lebon* p. 866. Conclusions : Saint-Paul, *Lebon*, 1908 p. 862. CE, 12 février 1909, *Abbé Rimbaud*, n° 28662, *Lebon* p. 157.

[3] V. not. CE, 11 mai 1994, *Larcena*, n° 137612. CAA Douai, 26 mai 2005, *Commune de Ferin*, n° 04DA00251. Note : P. Türk, *Dr. Adm.*, 2005, n° 8-9, comm. 122. CAA Paris, 13 décembre 2016, n° 15PA03983. Note : C. Dounot, *JCP A*, 2017, n° 3, 2034.

[4] Article 51 du décret du 16 mars 1906.

[5] CE, 5 août 1908, *Braux et autres*, n° 27292, *Lebon* p. 867. Conclusions : Saint-Paul, *Lebon*, 1908, p. 864.

[6] CE, 14 octobre 2015, *Commune de Boissettes*, n° 374601. Note : E. Salaun, *BJCL*, 2015, n° 11/15, p. 774.

seules dispositions de la loi de 1905, la police des cultes concerne aussi les funérailles et obsèques. Cette police est attribuée au maire[1].

Or, par héritage de la IIIe République, qui voulait mettre en terre les dérives relevées durant la période de l'Ordre moral[2], l'article L. 2213-9 du Code général des collectivités territoriales (CGCT) impose au maire la plus stricte impartialité religieuse dans l'exercice de ce pouvoir de police spéciale, qui ne doit viser que le respect de l'ordre public et de la décence. Définissant l'objet de la police des funérailles, l'article dispose : « Sont soumis au pouvoir de police du maire le mode de transport des personnes décédées, le maintien de l'ordre et de la décence dans les cimetières, les inhumations et les exhumations, sans qu'il soit permis d'établir des distinctions ou des prescriptions particulières à raison des croyances ou du culte du défunt ou des circonstances qui ont accompagné sa mort. » Dans le même sens, l'article L. 2213-13 du CGCT rappelle qu'« il ne peut être établi, même par voie d'arrêté, de prescriptions particulières applicables aux funérailles, selon qu'elles présentent un caractère civil ou religieux ». Ces deux articles imposent ainsi au maire une complète neutralité religieuse dans l'exercice de ce pouvoir de police. Il s'agit là d'une déclinaison du principe de laïcité appliquée à cette police administrative spéciale, qui touche de près aux convictions religieuses des personnes.

En revanche, dans la mesure où la neutralité découlant de la laïcité s'applique à l'autorité de police et non aux individus (les défunts et leurs familles ici), l'article L. 2213-9 ne remet pas en cause la liberté des défunts ou des familles de voir leurs vœux respectés quant aux obsèques. Il doit au contraire se concilier avec eux. La volonté des défunts quant à l'organisation des funérailles doit en effet être respectée et toute personne qui en aurait eu connaissance et qui passerait outre pourrait être sanctionnée[3]. Semblablement, les familles peuvent apposer sur les tombes et sépultures de leurs défunts des signes et emblèmes religieux (puisqu'il s'agit d'une exception mentionnée à l'article 28 de la loi de 1905 et rappelée à l'article L. 2223-12 du CGCT), sous réserve, là encore, de ne pas troubler l'ordre public.

520. La question des carrés confessionnels. Sous le régime des cultes reconnus, on admettait les carrés confessionnels, c'est-à-dire le regroupement des tombes et sépultures en raison de la religion des

---

[1] Article L. 2213-8 du Code général des collectivités territoriales.

[2] V. Jacqueline Lalouette, *La séparation des Églises et de l'État. Genèse et développement d'une idée. 1789-1905*, Le Seuil, 2005, p. 317-320.

[3] Article 433-21-1 du Code pénal.

défunts. L'article 15 du décret du 23 prairial an XII prévoyait la possibilité de divisions confessionnelles dans les cimetières des communes où plusieurs cultes étaient pratiqués. En Alsace et en Moselle, où cette législation perdure, il est encore aujourd'hui prévu que « dans les communes où on professe plusieurs cultes, chaque culte a un lieu d'inhumation particulier » et que « lorsqu'il n'y a qu'un seul cimetière, on le partage par des murs, haies ou fossés, en autant de parties qu'il y a de cultes différents »[1].

En revanche, dans les autres portions du territoire, ce dispositif a été abrogé par la loi du 14 novembre 1881, semblant bien indiquer la volonté du législateur de mettre fin à cette pratique de regroupement confessionnel des sépultures[2]. En outre, l'article 97 de la fameuse loi du 5 avril 1884 relative à l'organisation municipale (actuel article L. 2213-9 du CGCT), qui a interdit au maire de distinguer les défunts en fonction de leurs croyances ou des circonstances de leur mort, semble corroborer cette interdiction des carrés confessionnels, dans la mesure où le maire ne semble pas autoriser à organiser l'aménagement du cimetière sur le fondement du critère de la religion des défunts, qu'il n'est pas habilité à prendre en compte.

Depuis les années 1970, la pratique administrative s'est toutefois éloignée de cette compréhension des textes. En effet, diverses circulaires ministérielles ont encouragé le développement de ces carrés confessionnels, en vue de concilier les demandes des familles avec la neutralité religieuse des collectivités. La circulaire INTA0800038C du 19 février 2008 relative à la police des lieux de sépulture a par exemple poussé les maires à prendre en considération la religion du défunt et, donc, à créer des carrés confessionnels[3].

---

[1] Article L. 2542-12 du Code général des collectivités territoriales.

[2] La loi du 14 novembre 1881 comporte pour unique article l'abrogation de l'article 15 du décret du 23 prairial an XII. La consultation de cet article unique au *Journal officiel* (15 novembre 1881, p. 6345) montre que celui-ci ne mentionne aucunement que « tout regroupement par confession sous la forme d'une séparation matérielle du reste du cimetière est interdit », contrairement à ce que l'on peut lire dans plusieurs articles de doctrine.

[3] V. Jean-François Boudet, « Les cimetières doivent-ils rester des espaces publics ? Commentaire critique de la circulaire du 19 février 2008 relative à la police des lieux de sépulture », *Dr. Adm.*, 2009, n° 2, étude 4.

Une récurrente critique doctrinale frappe cet encouragement des carrés confessionnels par circulaires, dans la mesure où il semble s'opérer en contradiction avec les textes[1].

De nombreuses instances publiques encouragent néanmoins cette pratique, puisqu'il s'agit de respecter les vœux des défunts ou de leurs familles. Il conviendrait donc, pour elles, d'admettre un regroupement des tombes selon les convictions des défunts, à condition bien sûr que ce regroupement reste sous la gestion de l'autorité de police municipale (et non gérée par une Église par exemple[2]), que ce carré reste public (donc accessible à toute personne qui en fait la demande) et que cela n'affecte pas la neutralité des parties communes du cimetière[3]. Le rapport Machelon a notamment proposé une interprétation téléologique des textes législatifs pour circonscrire strictement l'interdiction des carrés confessionnels à ce qu'exige la neutralité de l'autorité de police : « La loi prohibe la création de "carrés confessionnels" dans la mesure où ceux-ci imposeraient au maire de s'interroger, dans l'exercice de son pouvoir de police et notamment au moment de l'attribution d'une concession, sur l'appartenance religieuse du défunt. En procédant ainsi, il s'interdirait par avance d'autoriser l'inhumation d'un défunt dans un espace donné du cimetière communal, au seul motif de son appartenance religieuse, ce qui paraît contraire au principe constitutionnel d'égalité. Le texte, en revanche, ne fait pas obstacle à ce que le maire prenne acte de la volonté du défunt d'être enterré dans un

---

[1] V. Olivier Guillaumont, « Du principe de neutralité des cimetières et de la pratique des carrés confessionnels », *JCP A*, 2004, n° 50, 1799 ; Damien Dutrieux, « Cimetières et cultes : la solution des carrés confessionnels illégaux dans les cimetières communaux », *AJCT*, 2012, n° 6, p. 298 ; Katarzyna Kmonk, « Les "carrés confessionnels" : requiem pour la neutralité des cimetières publics », *RFDA*, 2016, p. 1201.

[2] Le maire ne peut s'appuyer sur l'avis du consistoire pour accepter ou refuser l'enterrement d'une personne dans le carré confessionnel juif (TA Grenoble, 5 juillet 1993, *Époux Darmon* ; cité par Jean-Pierre Sueur et Jean-René Lecerf, *Sérénité des vivants et respects des défunts. Bilan et perspectives de la législation funéraire*, Rapport d'information n° 372 fait au nom de la commission des lois constitutionnelles, de la législation et du suffrage universel, Sénat, 31 mai 2006, p. 90)

[3] V. Commission de réflexion sur l'application du principe de laïcité dans la République présidée par Bernard Stasi, Rapport, 11 décembre 2003, p. 65 ; Assemblée nationale, *Résolution n° 672 sur l'attachement au respect des principes de laïcité, fondement du pacte républicain, et de liberté religieuse*, 31 mai 2011, point 12.

espace particulier. Le regroupement de fait de sépultures, comme somme de décisions individuelles, n'est donc pas prohibé par la loi. »[1]

En s'inspirant de l'exemple alsacien-mosellan, la commission Machelon préconisait aussi la création de nouveaux cimetières privés confessionnels (en plus de ceux existants) : « Dans un cimetière privé, le maire conserve son pouvoir de police à l'égard des sépultures dont il assure la surveillance (article L. 2213-10 du CGCT), mais le règlement interne du cimetière relève de la compétence du culte concerné (notamment pour la délivrance d'un emplacement, l'agencement des sépultures, le droit d'accès…). Les autorisations d'inhumer dans un cimetière confessionnel sont délivrées par le préfet, conformément aux dispositions de l'article R. 2213-32 du code général des collectivités territoriales concernant une inhumation dans une propriété privée. Elles ne sont accordées à l'heure actuelle que dans la mesure des emplacements disponibles, aucune extension de tels cimetières n'étant possible. Il pourrait être envisagé à terme, par voie législative, d'en autoriser l'agrandissement, voire d'ouvrir la faculté d'en créer de nouveaux. »[2]

C. LA POLICE DE L'ABATTAGE RITUEL

521. L'abattage rituel, composante de la liberté de culte. L'abattage rituel des animaux est une composante de la liberté de culte, comme l'ont reconnu aussi bien le Conseil d'État[3] que la Cour européenne des droits de l'homme[4], puisqu'elle permet aux croyants de consommer des aliments conformes aux prescriptions de leur foi.

C'est pourquoi l'abattage rituel justifie des dérogations aux principes qui encadrent normalement l'abattage des animaux. En particulier, l'étourdissement des animaux avant leur abattage est en principe obligatoire pour éviter le mauvais traitement de l'animal et pour assurer la salubrité publique, ce qui est un motif de protection de l'ordre public[5]. Toutefois, certaines religions comme le judaïsme ou

---

[1] Jean-Pierre Machelon (dir.), Rapport officiel, *Les relations des cultes avec les pouvoirs publics*, 20 septembre 2006, p. 61.
[2] Jean-Pierre Machelon (dir.), Rapport officiel, *Les relations des cultes avec les pouvoirs publics*, 20 septembre 2006, p. 64.
[3] CE, 27 mars 1936, *Association cultuelle israélite de Valenciennes*, n° 32147, *Lebon* p. 383.
[4] CEDH, gr. ch., 27 juin 2000, *Cha'are Shalom Ve Tsedek c/ France*, n° 27417/95, §73-74, préc.
[5] Articles L. 214-1 et L. 214-4 du Code rural et de la pêche maritime.

l'islam prescrivent que l'égorgement de l'animal soit fait lorsque celui-ci est conscient, ce qui s'accommode mal de l'obligation de l'étourdissement préalable de l'animal.

Aussi, dans le but de concilier liberté religieuse et bien-être animal, le droit de l'Union européenne admet-il que des dérogations soient apportées à la règle de l'étourdissement préalable de l'animal[1]. Toutefois, la CJUE entend laisser aux États une certaine latitude pour déterminer si l'étourdissement préalable des animaux doit être imposé ou non, notamment quant à son caractère réversible et létal. Selon la Cour, le droit de l'Union « ne s'oppose pas à la réglementation d'un État membre qui impose, dans le cadre de l'abattage rituel, un procédé d'étourdissement réversible et insusceptible d'entraîner la mort de l'animal »[2]. La CEDH retient d'ailleurs une solution comparable. Elle n'a pas sanctionné la Belgique pour des décrets, adoptés par certaines de ses régions, visant à « interdire l'abattage des animaux sans étourdissement préalable [...], tout en prévoyant un étourdissement réversible pour l'abattage rituel ». La Cour de Strasbourg juge que les autorités publiques ont ce faisant adopté « une mesure qui est justifiée dans son principe et qui peut passer pour proportionnée au but poursuivi, à savoir la protection du bien-être animal en tant qu'élément de la "morale publique" »[3]. Elle en conclut qu'il n'y a pas, en l'espèce, méconnaissance de la liberté religieuse. Les États disposent donc d'une indéniable marge de manœuvre.

La solution retenue par le droit français est toutefois plus favorable à la liberté religieuse que la réglementation de ces régions belges. L'article R. 214-70, I du Code rural et de la pêche maritime prévoit une exception à l'obligation d'étourdissement des animaux avant l'abattage ou la mise à mort si cet étourdissement n'est pas compatible avec la pratique de l'abattage rituel juif et musulman.

---

[1] Article 13 du Traité sur le fonctionnement de l'Union européenne. Article 4 du règlement (CE) n° 1099/2009 du Conseil du 24 septembre 2009 sur la protection des animaux au moment de leur mise à mort. V. Isabelle Tison, « La liberté de religion au cœur du dialogue des juges européens. Réflexions à propos de la réglementation de l'abattage rituel », *AJDA*, 2022, p. 1551.

[2] CJUE, 17 décembre 2020, *Centraal Israëlitisch Consistorie van België et autres c/ Vlaamse Regering*, aff. C-336/19, §81. Notes : G. Gonzalez, *JCP G*, 2021, n° 7, p. 346 ; G. Gonzalez et F. Curtit, *RTDH*, 2021, n° 127, p. 693 ; F. Benoît-Rohmer, *RTD eur.*, 2021, n° 4, p. 975.

[3] CEDH, 13 février 2024, *Executief van de Moslims van België et autres c/ Belgique*, n° 16760/22, §123.

Mise en perspective avec les règles préservant le bien-être animal, cette disposition fait l'objet de nombreux débats[1]. Pourtant, appelé à plusieurs reprises à se prononcer sur sa légalité, le Conseil d'État a à chaque fois refusé de l'annuler.

Une première fois, il a indiqué que cette disposition « ne peut être regardée comme autorisant un "mauvais traitement" » de l'animal : l'abattage sans étourdissement préalable de l'animal ne peut être ainsi qualifié. En outre, cette disposition « a été édictée dans le but de concilier les objectifs de police sanitaire et l'égal respect des croyances et traditions religieuses » : elle ne porte donc pas atteinte au principe de laïcité, qui vise au contraire à garantir le libre exercice du culte[2].

Une deuxième fois, il a indiqué que, même s'il relève de la compétence du Premier ministre d'adopter les mesures imposant que cet abattage soit effectué dans des conditions conformes à l'ordre public et à la salubrité publique[3], il ne lui revient pas « d'arbitrer » un débat théologique sur la compatibilité, avec les préceptes religieux, d'un étourdissement réversible de l'animal avant abattage rituel. Il en résulte que le pouvoir réglementaire, « qui doit rechercher le plus grand degré de bien-être animal compatible avec la liberté religieuse », n'a pas adopté une réglementation contraire au droit de l'Union européenne en n'imposant pas « le recours à des mesures qui seraient plus protectrices des animaux au moment de leur mise à mort par abattage rituel »[4].

Une troisième fois, il était invoqué devant lui le fait que ce texte ne prévoyait pas la traçabilité des viandes abattues suite à un abattage rituel sans étourdissement, ce qui empêchait les consommateurs de savoir en toute occurrence s'ils achètent et consomment de la viande (hallal ou casher notamment) issue de l'abattage rituel, en particulier lorsqu'ils ne souhaitent pas consommer cette alimentation. Mais le Conseil d'État juge qu'aucune règle n'impose cette traçabilité pour l'information des consommateurs. Il rejette en outre l'idée qu'il y aurait là une atteinte au

---

[1] V. Anne Fornerod, « L'encadrement de l'abattage rituel en droit français : une irréductible exception ? », *RDR*, n° 12, 2021, p. 65.

[2] CE, 5 juillet 2013, *Œuvre d'Assistance aux Bêtes d'Abattoirs*, n° 361441, points 4 et 5, préc.

[3] CE, 2 mai 1973, *Association cultuelle des israélites nord-africains de Paris*, n° 81861. CE, 13 mars 2017, *Association de sensibilisation, d'information et de défense de consommateurs musulmans*, n° 391499. Note : P. Combau, *Revue semestrielle de droit animalier*, 2017, n° 1, p. 61.

[4] CE, 4 octobre 2019, *Association Œuvre d'assistance aux bêtes d'abattoirs*, n° 423647, point 7. Note : M. Deguergue, *Revue semestrielle de droit animalier*, 2020, n° 1, p. 66.

principe de laïcité, car l'association requérante « ne se prévaut d'aucune conviction religieuse reposant sur la prohibition de la consommation des viandes ou des produits carnés issus d'abattages pratiqués sans étourdissement »[1].

522. L'encadrement de l'abattage rituel. Il n'en reste pas moins que, pour des raisons de salubrité publique et de respect des libertés publiques[2], la police administrative peut encadrer les conditions dans lesquelles s'opère l'abattage rituel, sous réserve de ne pas « régir les conditions dans lesquelles il doit être procédé à l'abattage d'un animal dans le respect de prescriptions religieuses »[3]. C'est notamment à cet encadrement que procède le paragraphe du Code rural consacré à l'abattage rituel.

Son article R. 214-73 impose que l'abattage rituel soit effectué dans un abattoir. Est donc irrégulière l'autorisation, donnée par le préfet à un particulier, de procéder à un abattage rituel dans sa propriété privée[4]. Une telle règle est conforme au droit de l'Union européenne, qui ne s'oppose pas à ce que l'abattage rituel soit obligatoirement opéré dans des abattoirs agréés, dans la mesure où un tel encadrement ne restreint pas la liberté religieuse[5].

En deuxième lieu, l'article R. 214-74 dispose qu'« avant l'abattage rituel, l'immobilisation par un procédé mécanique des animaux des espèces bovine, ovine et caprine est obligatoire. L'immobilisation doit être maintenue pendant la saignée. »

En outre, d'après l'article R. 214-75, « l'abattage rituel ne peut être effectué que par des sacrificateurs habilités par les organismes religieux agréés, sur proposition du ministre de l'intérieur, par le ministre chargé de l'agriculture ». Il revient donc au ministre chargé de l'agriculture de délivrer, sur proposition de son collègue de l'Intérieur, les agréments aux « organismes religieux », à charge pour ses derniers d'habiliter les « sacrificateurs » pouvant procéder à l'abattage rituel. Une association

---

[1] CE, 1er juillet 2022, *Association Œuvre d'assistance aux bêtes d'abattoirs*, n° 441260, points 5 et 6.

[2] CE, 2 mai 1973, *Association cultuelle des israélites nord-africains de Paris*, n° 81861.

[3] CE, 13 mars 2017, *Association de sensibilisation, d'information et de défense de consommateurs musulmans*, n° 391499, préc.

[4] CE, 28 février 1997, *Préfet des Yvelines*, n° 145983.

[5] CJUE, 29 mai 2018, *Liga van Moskeeën en Islamitische Organisaties Provincie Antwerpen VZW e.a. c/ Vlaams Gewest*, aff. C-426/16. Notes : G. Gonzalez et C. Vial, *RTDH*, 2019, n° 117, p. 179 ; F. Benoît-Rohmer, *RTD eur.*, 2019, n° 2, p. 395 ; A. Peters, *Cahier de droit européen*, 2020, n° 1, p. 107.

qui s'était vu refuser un agrément au motif qu'elle n'était pas un organisme religieux au sens de cet article a soutenu que cette procédure d'agrément permettait au ministre de s'immiscer dans le fonctionnement d'un organisme religieux et qu'il portait ainsi atteinte à la liberté de religion. Le Conseil d'État a toutefois rejeté cette argumentation en jugeant qu'il ne ressort pas des pièces du dossier que l'association, « qui n'organise pas de célébration et ne dispense aucun enseignement, présente, en raison de ses activités, le caractère d'un "organisme religieux" ». Il considère en outre que l'intervention du ministre prévue par cette procédure d'agrément est justifiée afin que « l'abattage rituel des animaux soit effectué dans des conditions conformes à l'ordre public, à la salubrité et au respect des libertés publiques »[1]. En revanche, si les organismes religieux sont agréés par décision ministérielle (de nature administrative), les habilitations que ces organismes délivrent à des sacrificateurs ne sont pas des décisions administratives contestables devant le juge administratif[2].

Le même article ajoute également, dans son alinéa 3, que si aucun « organisme religieux » n'a été agréé, le préfet peut accorder des autorisations individuelles sur demande motivée des intéressés, ce qui est « ultra-dérogatoire » puisque « de simples autorisations individuelles ouvrent droit à la mise en œuvre de l'abattage rituel »[3].

IV. L'EXIGENCE DE NEUTRALITÉ DANS LE CONTRÔLE DES GROUPEMENTS RELIGIEUX

523. L'autonomie des Églises, composante de la liberté religieuse. La liberté religieuse implique un « droit à l'auto-détermination des confessions religieuses »[4]. Les Églises bénéficient en effet d'une certaine autonomie, qui leur donne la faculté de créer et d'organiser librement leurs structures institutionnelles, de se régir par

---

[1] CE, 25 novembre 1994, *Association cultuelle israélite Cha'are Shalom Ve-Tsedek*, n° 110002. Note : P.-J. Quillien, *AJDA*, 1995, n° 6, p. 476.

[2] CE, 19 décembre 2018, *M. A. c/ Association consistoriale israélite de Paris*, n° 419773, point 5. Note : P. Combau, *Revue semestrielle de droit animalier*, 2018, n° 2, p. 57.

[3] Jacques Fialaire, « Les interférences entre le principe de laïcité et le respect de rites religieux. L'exemple de l'abattage rituel », *AJDA*, 2024, n° 1, p. 35.

[4] Brigitte Basdevant-Gaudemet, « Un siècle de régime des cultes reconnus, un siècle de séparation », *RHDFE*, vol. 82, 2004, n° 1, p. 52.

des règles propres, de déterminer leurs dogmes et leurs rites et de choisir leurs ministres du culte.

Si cette liberté est la moins clairement consacrée par le droit positif, la laïcité a néanmoins permis de libérer les Églises d'une tutelle étatique qui réduirait leur autonomie à néant.

Dans la mesure où elle sépare les Églises et l'État et met fin à toute immixtion de l'État dans la structuration et les activités des Églises (contrairement à ce que prévoyaient, pour les cultes reconnus, le Concordat du 15 juillet 1801 et les Articles organiques du 8 avril 1802), la loi du 9 décembre 1905 constitue une assise solide de l'indépendance des Églises. Puisqu'elle engendre un certain retrait des pouvoirs publics du domaine religieux, ils abandonnent nécessairement aux Églises le soin de s'organiser selon des principes qu'elles déterminent elles-mêmes, dans le seul respect de l'ordre public. Dès lors, en abrogeant le Concordat, la loi de 1905 a mis fin à un (plus) sévère contrôle public sur les Églises, comme la nomination des ministres du culte par les autorités publiques ou la vérification des publications faites par les Églises.

Cette autonomie des Églises transparaît d'ailleurs aussi, indépendamment de la loi de 1905, dans les départements d'Alsace et de Moselle où le système des cultes reconnus reste en vigueur et où le culte demeure un service public. Le juge administratif refuse ainsi de contrôler les « décisions prises par les archevêques et évêques pour l'organisation du culte catholique dans leurs diocèses », en déniant à ces décisions « le caractère de décisions administratives », quand bien même elles auraient des conséquences sur l'occupation des bâtiments appartenant au domaine public[1]. L'organisation du culte, bien qu'organisation d'un service public, échappe ainsi à l'appréciation du juge lorsqu'elle est décidée par les autorités religieuses[2], marquant ainsi l'autonomie dont elles disposent.

---

[1] CE, 17 octobre 2012, *Singa*, n° 352742, point 2. Notes : S. Biagni-Girard, *Dr. Adm.*, 2013, n° 1 ; F. Dieu, *JCP A*, 2013, 2107 ; G. Eveillard, *RFDA*, 2013, p. 39 ; P. Subra de Bieusses, *AJDA*, 2013, n° 15, p. 867.

[2] En revanche, le juge administratif contrôle les décisions administratives afférentes à l'organisation du culte en Alsace-Moselle lorsqu'elles sont adoptées par les autorités administratives (le ministre de l'Intérieur et le Premier ministre en l'espèce), afin de s'assurer notamment qu'elles ne méconnaissent pas la liberté de religion (CE, 28 septembre 1998, *Association séfarade de Mulhouse*, n° 162289).

L'autonomie des Églises a surtout fait l'objet d'une consécration claire par la CEDH[1]. Bien que l'article 9 de la CESDH ne la consacre pas, la décision *Hassan et Tchaouch c/ Bulgarie* de 2000 reconnaît pour sa part que, « si l'organisation de la vie de la communauté n'était pas protégée par l'article 9 de la Convention, tous les autres aspects de la liberté de religion de l'individu s'en trouveraient fragilisés »[2]. Se faisant ensuite plus précise, la Cour souligne que cette autonomie implique deux éléments essentiels. Le premier est la possibilité pour les Églises d'exister « sous la forme de structures organisées » et de pouvoir « fonctionner paisiblement, sans ingérence arbitraire de l'État » : les Églises ont donc le droit d'exister juridiquement et de ne subir aucune ingérence injustifiée des pouvoirs publics dans leurs modalités d'existence (ce qui implique qu'une ingérence peut à l'inverse être justifiée, par des raisons d'ordre public par exemple). Le second élément est que ces Églises disposent, outre du droit d'exister, du droit de s'organiser librement selon des règles propres « que les adeptes considèrent souvent comme étant d'origine divine ». La Cour consacre donc l'autonomie d'organisation des Églises.

524. Une autonomie relative. L'autonomie des Églises n'existe toutefois que pour autant que le droit étatique la consacre. Il ne revient en effet pas aux Églises de déterminer elles-mêmes leur sphère de compétence. Celle-ci s'inscrit dans le cadre juridique dessiné par l'État souverain, qui dispose de la capacité de délimiter lui-même les limites de l'autonomie des Églises.

S'il en était déjà ainsi à l'époque des cultes reconnus, la loi de 1905, en réencastrant les Églises dans la société civile, procède à la même affirmation de la supériorité de l'État et de son droit, qui a précisément pour objet d'encadrer cette société civile. Il ne saurait en aucun cas être question que les Églises s'érigent en puissances concurrentes de l'État, ni même en puissances indépendantes.

Aussi, contrairement à l'autonomie absolue de l'État vis-à-vis des Églises (v. §301), l'autonomie des Églises à l'égard de l'État est-elle toute relative. Elle n'exclut aucunement qu'il pèse sur elles de nombreux contrôles. Le droit assigne ainsi aux Églises des statuts et formes juridiques qu'elles doivent embrasser pour être légalement

---

[1] V. not. Francis Messner, Pierre-Henri Prélot, Jean-Marie Woehrling et Isabelle Riassetto (dir.), *Traité de droit français des religions*, LexisNexis, 2e éd., 2013, p. 483 s. ; Françoise Curtit « Les droits et devoirs des ministres du culte devant la Cour européenne des droits de l'homme », *RDR*, n° 8, 2019, p. 59.

[2] CEDH, 26 octobre 2000, *Hassan et Tchaouch c/ Bulgarie*, n° 30985/96, §62.

constituées. Il prévoit aussi divers contrôles sur le fonctionnement des Églises, une fois qu'elles sont constituées. Ces contrôles visent essentiellement à garantir le respect de l'ordre public. L'article 19 de la loi de 1905 précise désormais, depuis la loi *séparatisme* du 24 août 2021, que les associations cultuelles « ne doivent, ni par leur objet statutaire, ni par leurs activités effectives, porter atteinte à l'ordre public ». La même mention est ajoutée par la même loi à l'article 79-VI du Code civil alsacien-mosellan pour les associations inscrites à objet cultuel. Il est ainsi clair que les Églises ne doivent se constituer et ne peuvent agir que dans le respect de l'ordre public, dont l'observance sera vérifiée par les autorités publiques.

Toute la question est alors de savoir jusqu'où peuvent porter les contrôles des autorités publiques sur les Églises. En effet, ce contrôle doit nécessairement exister afin que l'ordre public soit préservé. Mais, à le pousser trop loin, il est à craindre que l'État sorte de sa traditionnelle réserve laïque, en portant une appréciation sur des doctrines et activités des Églises qui ne devraient relever que de leur libre détermination ; le risque serait alors d'oblitérer purement et simplement l'autonomie des Églises, que la laïcité doit au contraire préserver. Il faut donc rechercher l'équilibre établi entre ces deux impératifs.

Or, dans un contexte marqué par le radicalisme islamique et la lutte contre le terrorisme, la tendance est aujourd'hui au renforcement et à l'amplification des contrôles sur les groupements religieux, dont on craint l'influence délétère sur certains citoyens, de par leur projet communautariste. La loi n° 2021-1109 du 24 août 2021 confortant le respect des principes de la République (loi *séparatisme*) s'est nettement inscrite dans ce mouvement : elle a lourdement renforcé les dispositifs de surveillance sur les associations religieuses dans le but de lutter contre le séparatisme islamique. À cette fin, la loi rénove le titre V la loi de 1905 pour renforcer la police des cultes (comme elle le fait pour un certain nombre de mécanismes pénaux[1]), tandis que son article 74 implante dans le Code pénal alsacien-mosellan certains dispositifs de la loi de 1905[2] – toujours inapplicable en Alsace et en Moselle – dans leur version *post loi séparatisme*[3]. Dans son avis sur le projet de loi

---

[1] V. Julie Alix, « La répression convoquée au soutien des principes de la République », *RDR*, n° 13, 2022, p. 131-151.

[2] Articles 167-1 à 167-8 du Code pénal local.

[3] V. Jean-Marie Woehrling, « *Quid* du droit local après la loi confortant le respect des principes de la République ? », *JCP G*, 2022, n° 10, act. 310, p. 493.

séparatisme, « le Conseil d'État observe que le projet de loi alourdit les contraintes pesant sur les associations cultuelles et modifie l'équilibre opéré en 1905 par le législateur entre le principe de la liberté de constitution de ces associations et leur nécessaire encadrement du fait qu'elles bénéficient d'avantages publics »[1].

D'ailleurs, aujourd'hui, ce contrôle n'est plus seulement répressif : il ne consiste plus uniquement à réprimer les abus de la liberté religieuse. Il se fait de plus en plus préventif, ce qui conduit à contrôler l'exercice de cette liberté en amont. « Le politique veille aujourd'hui à aller au-delà de cette philosophie du contrôle *a posteriori*, en lui substituant, selon la logique "néo-libérale" un mode de surveillance *a priori*, au nom d'une conception plus extensive qu'hier de la dignité du sujet et de la sécurité de la société. »[2] Un tel changement dans le régime de la libre autonomie des Églises tend à faire prévaloir l'ordre public sur cette liberté et interroge donc l'équilibre entre ces deux impératifs sociaux.

Pourtant, la loi *séparatisme* présente l'ambivalence de désigner les associations religieuses comme les principales responsables du séparatisme et des dérives religieuses (puisque ce sont elles qui sont visées par beaucoup des mesures prises par cette loi) mais de les désigner en même temps comme co-responsables, avec l'État, du maintien de l'ordre et de la lutte contre le séparatisme, notamment parce qu'elles doivent discipliner leurs membres et peuvent en conséquence être tenues pour responsables de certains de leurs propos ou comportements. Il en résulte pour paradoxe que les groupements religieux qui ont adopté une forme associative reconnue par le droit (qui se sont juridiquement organisés) sont mis sous une étroite surveillance du représentant de l'État, alors que les groupements de fait, « qui tendent à échapper aux cadres institutionnels destinés à les organiser en s'en tenant à l'écart ou en les contournant »[3], sont par principe exemptés de ces contraintes. Un tel paradoxe n'encourage pas les communautés religieuses à se constituer sous forme d'associations, mais les pousse sans doute davantage à demeurer des groupements de fait, échappant à un certain nombre des contrôles ainsi mis en place.

---

[1] CE, avis, 3 décembre 2020, n° 401549, point 71.

[2] Philippe Portier, *L'État et les religions en France. Une sociologie historique de la laïcité*, Presses universitaires de Rennes, coll. Histoire, 2016, p. 297.

[3] CE, ass., 3 décembre 2020, *Avis sur un projet de loi confortant le respect, par tous, des principes de la République*, n° 401549, point 71.

Toujours est-il que le contrôle sur les Églises est facilité : de nombreux contrôles sont organisés, sans remettre en cause la neutralité religieuse des autorités publiques, puisqu'ils visent pour l'essentiel à assurer le respect du droit et de l'ordre public (A). Mais pour que l'autonomie des Églises ne soit pas annihilée, d'autres types de contrôle demeurent interdits ou sont très subsidiaires, notamment parce qu'ils pourraient conduire l'État à violer son obligation de neutralité religieuse (B).

A. LES CONTRÔLES ORGANISÉS PAR LE DROIT

525. Contrôler l'organisation et le fonctionnement des Églises. Dans la mesure où le droit de l'Union européenne « ne préjuge pas du statut dont bénéficient, en vertu du droit national, les Églises et les associations ou communautés religieuses dans les États membres »[1], dans la mesure où l'Union européenne est neutre sur ce point[2], c'est dans le droit français et le droit européen des droits de l'homme qu'il faut partir en quête des règles encadrant l'autonomie des Églises et régissant les contrôles publics pesant sur elles.

La première forme de contrôle qui pèse sur les Églises touche à leur constitution même. Pour exister en droit français, une Église est contrainte d'adopter une personnalité juridique (en principe associative) admise par ce droit. Elle doit concrètement adopter, sous le contrôle des autorités administratives et du juge, « la forme juridique qui répond à l'objet et à la nature de l'activité qu'[elle] mène sur la base de ses statuts »[3]. Aussi l'État fournit-il « aux diverses confessions des cadres juridiques au sein desquels celles-ci peuvent s'organiser et se doter d'un statut juridique »[4]. Il en résulte que l'organisation des Églises doit se couler dans le moule de structures juridiques prédéfinies, ce qui est de nature à corseter leur autonomie d'organisation et ce qui fait l'objet d'un contrôle des autorités publiques, afin de s'assurer que les structures associatives choisies sont pertinentes, conformes à l'activité réelle des associations.

---

[1] Article 17§1 du TFUE.

[2] CJUE, 17 avril 2018, *Egenberger*, aff. C-414/16, §58. Notes : D. Simon, *Europe*, 2018, n° 6, p. 5 ; J. Mouly, *Dr. soc.*, 2018, n° 11, p. 915 ; F. Benoît-Rohmer, *RTD eur.*, 2019, n° 2, p. 387 ; X. Delgrange, *RTDH*, 2019, n° 119, p. 655.

[3] CE, avis, 14 novembre 1989, n° 346040.

[4] Brigitte Basdevant-Gaudemet, « Droit et religions en France », *RIDC*, vol. 50, 1998, n° 2, p. 351.

Une fois ces personnes juridiques constituées, d'autres contrôles portent sur leur fonctionnement, que ce soit sur leur comptabilité et leurs modes de financement, sur les édifices du culte, etc. Si ces contrôles variaient traditionnellement en fonction de la forme juridique des associations, la loi *séparatisme* de 2021 procède à une certaine homogénéisation de ces contrôles, sans les aligner entièrement.

Ces deux types de contrôle – sur la constitution et sur le fonctionnement des Églises – varient donc toujours en fonction de la catégorie d'association visée. Si bien que, malgré le fait que certains contrôles se recoupent, il est plus commode d'aborder cette présentation par les différentes catégories de structure possibles plutôt que par les différents types de contrôle. On pourra successivement se pencher sur les contrôles pesant sur les associations cultuelles (1), les associations loi de 1901 (2), les associations diocésaines catholiques (3) et les personnes juridiques spécifiques à l'Alsace et à la Moselle (4), avant d'aborder le délicat problème du contrôle des mouvements sectaires (5).

1. Les associations cultuelles

526. Caractéristiques des associations cultuelles[1]. L'article 18 de la loi du 9 décembre 1905 crée la catégorie des « association[s] pour l'exercice des cultes », couramment dénommées associations cultuelles. L'article précise que ces associations sont « formées pour subvenir aux frais, à l'entretien et à l'exercice public d'un culte ». La création de ces associations est justifiée par « l'idée selon laquelle le culte est une activité spécifique dont la nature justifie, d'une part, un support institutionnel dédié pour l'exercice du culte et, d'autre part, un contrôle des pouvoirs publics aux seules fins de préserver l'ordre public ainsi qu'en dispose l'article 1er de la loi de séparation »[2]. Il s'agit ainsi, comme l'a indiqué le Conseil d'État sans ambages, de rechercher « l'équilibre entre le pouvoir de contrôle de l'administration et le principe de neutralité religieuse de l'État »[3].

---

[1] Sur ces associations, v. circulaire n° NOR/IOC/D/10/16585/C du ministre de l'Intérieur et du Ministre de l'Économie du 23 juin 2010, « Le support institutionnel de l'exercice du culte : les associations cultuelles régies par la loi du 9 décembre 1905 et les associations exerçant un culte sous le régime de la loi du 1er juillet 1901 ».

[2] CE, ass., 3 décembre 2020, *Avis sur un projet de loi confortant le respect, par tous, des principes de la République*, n° 401549, point 69.

[3] Conseil d'État, *Un siècle de laïcité. Rapport public 2004*, La documentation française, coll. Études et documents du Conseil d'État, n° 55, 2004, p. 283.

L'article 18 précise encore que les associations cultuelles « devront être constituées conformément aux articles 5 et suivants du titre Ier de la loi du 1er juillet 1901. Elles seront, en outre, soumises aux prescriptions de la présente loi. » En vertu de cet article, les associations cultuelles sont en principe régies par le droit commun des associations, établi par la loi du 1er juillet 1901, sauf lorsque la loi de 1905 lui apporte des dérogations afin d'aménager le régime de droit commun à la spécificité religieuse des associations cultuelles. Ces dernières sont donc une catégorie dérogatoire d'associations, qu'il faut distinguer aussi bien des associations de droit commun (loi de 1901) que des congrégations religieuses, placées dans une situation particulière par le titre III de la loi de 1901 (que l'article 18 exclut en mentionnant bien le titre Ier). Aristide Briand résumait la philosophie de l'article en disant que la loi de 1901 « qui aura été la préface de la séparation des Églises et de l'État en sera aussi la charte. Dans tous les cas, où la loi [de 1905] n'aura pas statué, c'est la loi de 1901 qui devra servir de règle pour tout ce qui concerne l'organisation des associations religieuses. »[1]

L'article 19 de la loi de 1905 ajoute cette précision importante que « ces associations devront avoir exclusivement pour objet l'exercice d'un culte ». L'adverbe est capital. L'association doit avoir « exclusivement » pour objet l'exercice d'un culte. Une association ne peut prétendre à la qualité d'association cultuelle si elle a des missions non rattachables au culte. Le fait qu'une association poursuive des activités n'ayant pas pour objet l'exercice du culte conduit à la priver des bénéfices et avantages qui résultent du statut de l'association cultuelle[2]. Il en est ainsi, aux termes des circulaires ministérielles d'alors, des « œuvres, même confessionnelles, consacrées à l'enseignement, à la bienfaisance ou tout autre objet d'utilité sociale »[3]. Il en va également ainsi, d'après la jurisprudence, de « l'assistance morale et matérielle des vieillards »[4], des activités éditoriales[5] ou de la mission « de guérir en soutenant la vérité telle qu'elle est révélée dans

---

[1] Aristide Briand, *La séparation des Églises et de l'État. Rapport n° 2302 fait au nom de la commission relative à la séparation des Églises et de l'État et à la dénonciation du Concordat*, Chambre des députés, 8e législature, éd. ARD Cornély, 1905, p. 311.

[2] CE, avis, 14 novembre 1989, n° 346040.

[3] Circulaire du ministre de l'Instruction publique, des Beaux-arts et des Cultes du 30 août 1906.

[4] Cass., civ., 1er juillet 1968, *Association orthodoxe russe Sainte-Anastasie*, bull. n° 189.

[5] CE, 21 janvier 1983, *Association Fraternité des serviteurs du monde nouveau*, n° 32350.

la bible [...] »[1]. Pour bénéficier de la qualité d'association cultuelle, une association doit donc limiter ses activités à « l'acquisition, la location, la construction, l'aménagement et l'entretien des édifices servant au culte ainsi qu'à l'entretien et la formation des ministres et autres personnes concourant à l'exercice du culte »[2].

Il revient aux autorités administratives, et notamment au représentant de l'État, de vérifier que l'association se limite bien à son objet cultuel « au regard des stipulations statutaires de l'association en cause et de ses activités réelles »[3].

527. Difficultés soulevées par l'identification de l'association cultuelle. La difficulté qui peut se poser aux administrations vient du fait que la loi ne définit pas *a priori* l'association cultuelle, ni la notion de culte qui doit caractériser son objet exclusif. La qualification appartient à ceux qui prennent l'initiative de constituer l'association. Il revient donc au groupe de ceux qui partagent des convictions communes de s'auto-désigner comme cultuel. Ce n'est que dans un second temps que l'administration intervient, sous le contrôle du juge, pour éprouver la validité de cette appellation.

Sur le fondement de la loi du 9 décembre 1905, l'avis *Association locale pour le culte des témoins de Jéhovah de Riom*[4] du Conseil d'État a jugé qu'une association ne peut être regardée comme une association cultuelle au sens de cette loi que si elle a pour objet exclusif l'exercice d'un culte et si elle n'a aucune activité contraire à l'ordre public. Si les principes de laïcité et de neutralité exigent de l'État qu'il ne connaisse des religions et des convictions que sous leurs manifestations extérieures qui, seules, peuvent appeler une réglementation ou une intervention publique, on voit qu'il est pourtant difficile de s'en tenir à une définition purement formelle, qui ferait l'économie d'une référence matérielle à la religion proprement dite.

Le premier critère d'identification de l'association cultuelle tient à son activité : elle doit se dédier exclusivement à l'exercice d'un culte. Le juge doit donc constater, d'une part, l'existence d'un culte au sens des dispositions de la loi de 1905 et doit s'assurer, d'autre part, que

---

[1] CE, 6 juin 1986, *Association cultuelle "Troisième Église du Christ Z... Paris"*, n° 56497.

[2] CE, avis, 14 novembre 1989, n° 346040.

[3] CE, ass., avis, 24 octobre 1997, *Association locale pour le culte des témoins de Jéhovah de Riom*, n° 187122, préc.

[4] CE, ass., 24 octobre 1997, n° 187122, préc.

l'exercice du culte est l'activité exclusive de l'association[1]. Encore faut-il cerner ce qu'est le culte et en quoi consiste son exercice. D'après le Conseil d'État, l'exercice du culte consiste en « la célébration de cérémonies organisées en vue de l'accomplissement, par des personnes réunies par une même croyance religieuse, de certains rites ou de certaines pratiques »[2]. En vertu de cette définition, « un culte suppose la réunion de deux éléments : le premier, subjectif, une croyance ou une foi en une divinité ; le second, objectif, l'existence d'une communauté se réunissant pour pratiquer cette croyance lors de cérémonies. »[3] Au regard de ces critères, le Conseil d'État a jugé que l'union des athées, qui regroupe des personnes qui considèrent que Dieu est un mythe, n'a pas pour objet l'exercice d'un culte[4].

La Commission européenne des droits de l'homme a toutefois condamné la France dans l'affaire *Union des athées*. Bien qu'elle prenne acte de l'origine historique de la différence des régimes associatifs, « elle n'aperçoit, quant à elle, aucune justification objective et raisonnable de maintenir un système qui défavorise à un tel degré les associations non-cultuelles », en les privant des avantages dont bénéficient les *cultuelles* en matière de libéralités. Du point de vue du droit d'association, la Commission ne discerne aucune justification convaincante à la distinction établie en fonction de la nature des convictions : « La requérante ne fait pourtant qu'exprimer une certaine conception métaphysique de l'homme qui conditionne sa perception du monde et justifie son action. Ainsi, pour la Commission, la teneur philosophique, certes fondamentalement différente dans l'un et l'autre cas, ne semble pas un argument suffisant pour distinguer l'athéisme d'un culte religieux au sens classique et servir de fondement à un statut juridique aussi différent. »[5] Le gouvernement français a considéré dans sa réponse que la loi de 1987 sur le développement du mécénat donnait à ce type d'associations non-cultuelles des capacités financières

---

[1] CE, ass., 1er février 1985, *Association chrétienne des témoins de Jéhovah*, n° 46488. Conclusions : F. Delon, *RDP*, 1985, p. 483. Notes : J. Robert, *RDP*, 1985, p. 497 ; L. Richer, *AJDA*, 1985, p. 232.

[2] CE, ass., avis, 24 octobre 1997, *Association locale pour le culte des témoins de Jéhovah de Riom*, n° 187122, préc.

[3] Patrice Rolland, « Qu'est-ce qu'un culte aux yeux de la République ? », *ASSR*, vol. 129, 2005, p. 51, §14.

[4] CE, 17 juin 1988, *Union des athées*, n° 63912.

[5] Commission européenne des droits de l'homme, rapport, 6 juillet 1994, n° 14635/89, §78-79.

identiques, c'est-à-dire le droit de recevoir des libéralités et notamment des dons manuels.

La Cour administrative d'appel de Nantes a ajouté à ce critère de l'exercice du culte la nécessité du « caractère public du culte, lequel permet l'exercice effectif de la liberté religieuse en offrant la possibilité à toute personne intéressée d'y participer ». En l'espèce, une grande partie des cérémonies et des services étant réservés aux adhérents, à un cercle restreint d'initiés ou à des personnes invitées, et seul le service du deuxième mardi du mois étant d'accès libre, la Cour a jugé que l'activité de l'association ne permettait pas à cette dernière d'être qualifiée d'association cultuelle[1].

Le second critère de reconnaissance de l'association cultuelle est l'absence d'atteinte à l'ordre public. Le statut d'association cultuelle peut être reconnu à condition que l'association n'ait pas d'activités qui troublent l'ordre public. L'article 1er de la loi de 1905 garantissant la liberté de culte sous la seule réserve des exigences tenant à l'ordre public, le Conseil d'État en déduit que « le fait que certaines des activités de l'association pourraient porter atteinte à l'ordre public s'oppose à ce que ladite association bénéficie du statut d'association cultuelle »[2]. En conséquence, le juge exerce un contrôle sur l'objet et les activités ou les agissements de l'association. La même réserve s'applique si les atteintes à l'ordre public sont le fait d'autres associations avec lesquelles l'association cultuelle partage une communauté d'intérêts, les statuts et les dirigeants. Le Conseil d'État a ainsi jugé que le préfet avait pu refuser le bénéfice du statut d'association cultuelle à l'association du *Vajra triomphant*. En effet, le fondateur de cette association faisait l'objet de plusieurs procédures pénales pour des faits qui n'étaient pas indépendants de l'exercice de ses activités cultuelles et son association exerçait ses activités en liaison étroite avec deux autres associations regroupées au sein de l'*Ordre du Vajra triomphant*, qui avaient fait l'objet de diverses condamnations pour des infractions graves et délibérées à la législation de l'urbanisme et avec lesquelles elle partageait les mêmes références statutaires et

---

[1] CAA Nantes, 21 avril 2016, *Association Lectorium Rosicrucianum Rennes*, n° 15NT00581.

[2] CE, ass., avis, 24 octobre 1997, *Association locale pour le culte des témoins de Jéhovah de Riom*, n° 187122, préc.

possédait des dirigeants communs[1]. À l'inverse, le fait qu'une association de témoins de Jéhovah n'ait fait l'objet d'aucune poursuite ni d'aucune condamnation pénale atteste qu'elle ne menace pas l'ordre public et peut donc recevoir la qualité d'association cultuelle[2].

528. Avantages du statut de l'association cultuelle. Quoiqu'elle soit l'objet de sévères contrôles administratifs, l'acquisition du statut d'association cultuelle est cependant importante, car ces associations bénéficient de plein droit des avantages attachés à ce statut, ce que le nouvel article 19-1 de la loi de 1905 (datant de 2021) appelle les « avantages propres à la catégorie des associations cultuelles » : recevoir des dons et legs déductibles des impôts, ainsi que des dons manuels sans avoir besoin d'obtenir d'autorisation préalable[3], bénéficier de certains dispositifs fiscaux ou patrimoniaux[4] (v. §422), « posséder et administrer des immeubles acquis à titre gratuit » (ce que l'on appelle des immeubles de rapport), étant entendu que les revenus issus de cette gestion ne peuvent excéder 50 % des ressources annuelles de l'association[5], ne subir aucune tutelle particulière pour l'acquisition ou la construction d'immeubles même si les associations font l'objet d'un contrôle financier[6], pouvoir rattacher leur ministre du culte au régime de sécurité sociale dédié (la CAVIMAC[7]), etc.

Définissant la notion d'« avantages propres à la catégorie des associations cultuelles » présent à l'article 19-1 de la loi de 1905, le Conseil d'État a indiqué qu'il s'agissait des « avantages à caractère patrimonial et fiscal dont bénéficient ces associations »[8]. Toutefois « la formule retenue par le Conseil d'État est pour le moins maladroite car

---

[1] CE, 28 avril 2004, *Association cultuelle du Vajra triomphant*, n° 248467. Conclusions : S. Boissard, *AJDA*, 2004, n° 25, p. 1367. Note : E. Tawil, *JCP A*, 2004, n° 25, p. 838 ; T. Daups, *ADR*, vol. 1, 2005, p. 129.

[2] CE, 23 juin 2000, *Ministre de l'Économie, des Finances et de l'Industrie c/ Association locale pour le culte des témoins de Jéhovah de Clamecy*, n° 215109. Conclusions : G. Bachelier, *RDP*, 2000, n° 6, p. 1839. Notes : P. Goni et A. Garay, *RDP*, 2000, n° 6, p. 1825 ; M. Guyomar et P. Collin, *AJDA*, 2000, n° 7-8, p. 597 ; P. Graveleau, *Gaz. pal.*, 2001, n° 68, p. 25 ; G. Gonzalez, *RTDH*, n° 48, 2001, p. 1207.

[3] Article 19-2, II de la loi du 9 décembre 1905.

[4] V. Emmanuel Tawil, « La loi de la Saint-Barthélemy. Sur deux dispositifs de contrôle des cultes introduits par la loi confortant le respect des principes de la République », *Gaz. Pal.*, 2021, n° 36, p. 14.

[5] Article 19-2 de la loi du 9 décembre 1905.

[6] Article 21 de la loi du 9 décembre 1905.

[7] Articles L. 382-15 du Code de la sécurité sociale.

[8] CE, 22 décembre 2022, *Association diocésaine de France*, n° 461800, point 8. Notes : E. Tawil, *Gaz. pal.*, 2023, n° 8, p. 19 ; N. Sild, *AJDA*, 2023, n° 16, p. 843.

le premier des avantages propres à la catégorie des associations cultuelles [...] est le crédit d'impôt des donateurs personnes physiques prévu par l'article 200 du Code général des impôts. Or, le bénéficiaire direct de cet avantage est le donateur et non l'association cultuelle... »[1] Ces avantages justifient d'ailleurs, selon cette même décision du Conseil d'État, les contraintes spécifiques pesant sur les associations et l'existence d'un fort contrôle administratif.

529. Les contrôles sur la qualité cultuelle de l'association. En principe, « les associations cultuelles se constituent, s'organisent et fonctionnent librement »[2]. Toutefois, cette liberté s'exerce dans le cadre établi par la loi de Séparation de 1905 et fait donc l'objet d'un contrôle accru des pouvoirs publics.

Jusqu'en 2021, les associations cultuelles n'avaient pas de démarche particulière à effectuer pour obtenir cette qualité. Ce n'était que lorsque le préfet s'opposait, en application de l'article 910, II du Code civil, aux libéralités reçues par une association au motif qu'elle ne remplissait pas les conditions pour être reconnue comme association cultuelle que cette qualité était contestée par l'administration. Bref, la création d'une association cultuelle répondait au principe de libre déclaration. De plus, l'association pouvait obtenir un rescrit administratif certifiant son caractère cultuel[3], possibilité supprimée par l'article 69 II de la loi du 24 août 2021.

Mais depuis la loi n° 2021-1109 confortant les principes de la République du 24 août 2021, les associations souhaitant bénéficier de la qualité d'association cultuelle doivent déclarer cette qualité au préfet[4]. Le préfet peut, dans les deux mois suivant la déclaration, s'opposer à ce que l'association bénéficie des avantages découlant de cette qualité s'il constate que l'association ne remplit pas ou ne remplit plus les conditions prévues aux articles 18 et 19 ou pour un motif

---

[1] Emmanuel Tawil, « Le Conseil d'État et les décrets sur le régime des cultes : est-ce l'ultime étape du parcours contentieux ? », *Gaz. pal.*, 2023, n° 8, p. 21.

[2] Article 30 du décret du 16 mars 1906 portant règlement d'administration publique pour l'exécution de la loi du 9 décembre 1905 sur la séparation des Églises et de l'État en ce qui concerne l'attribution des biens, les édifices des cultes, les associations cultuelles, la police des cultes.

[3] Article 111 de la loi n° 2009-526 du 12 mai 2009.

[4] Dans les formes fixées à l'article 32-1 du règlement d'administration publique du 16 mars 1906 ajouté par le décret n° 2021-1844 du 27 décembre 2021 relatif aux associations cultuelles régies par la loi du 9 décembre 1905.

d'ordre public[1]. Une association qui n'aurait pas une activité répondant aux critères (précités) d'un culte ne pourrait pas être qualifiée d'association cultuelle et ne pourrait donc pas bénéficier des « avantages propres à la catégorie des associations cultuelles »[2]. Il en irait également ainsi si l'association troublait gravement l'ordre public. Ce n'est qu'en l'absence d'opposition du préfet au moment de la déclaration et tant qu'il ne constate pas la disparition des conditions propres à caractériser une association cultuelle que l'association pourra bénéficier de cette qualité et en tirer les avantages qui y sont attachés. « Formellement, le régime est donc toujours un régime de déclaration, même s'il pourrait aussi être perçu de fait comme un régime "d'autorisation déguisé". »[3]

Certes cette nouvelle procédure apporte une certaine sécurité juridique aux associations, dans la mesure où elles sauront d'emblée si elles peuvent prétendre au statut d'association cultuelle (même si la procédure de rescrit supprimée pouvait remplir cette tâche).

Mais elle alourdit considérablement les contraintes pesant sur elles, et facilite l'opposition préfectorale. Toutefois, saisi d'une QPC à l'endroit de cette procédure, le Conseil constitutionnel ne l'a pas jugé contraire à la Constitution[4]. La première question était de savoir si cette intervention du préfet ne conduisait pas l'administration à « reconnaître » l'existence d'un culte, reconnaissance qui serait contraire au principe de laïcité, comme le rappelle le juge constitutionnel (considérant 10). Il considère en premier lieu que cette procédure n'impose qu'une obligation de déclaration aux associations religieuses : elle n'entraîne donc aucunement la reconnaissance d'un culte (considérant 12). Il observe en outre que la décision du préfet est accompagnée de garanties : l'association qui serait privée de la qualité d'« association cultuelle » a le droit d'être entendue (considérant 13). « Dès lors, les dispositions contestées, qui ne privent pas de garanties légales le libre exercice des cultes, ne méconnaissent pas le principe de

---

[1] Nouvel article 19-1 de la loi du 9 décembre 1905. Nouvel article 32-4 du décret du 16 mars 1906.

[2] Article 19-1 de la loi du 9 décembre 1905.

[3] Mathilde Philip-Gay, « Le libre exercice du culte. Une remise en cause de l'équilibre issu de la loi de 1905 ? », *AJDA*, 2021, p. 2078.

[4] Cons. const., 22 juillet 2022, *Union des associations diocésaines de France et autres [Régime des associations exerçant des activités cultuelles]*, n° 2022-1004 QPC. Notes : G. Gonzalez, *JCP G*, 2022, n° 35, act. 966, p. 1565 ; E. Tawil, *RFDA*, 2022, p. 1099 ; H. Bouillon, *Gaz. Pal.*, 2022, n° 31, p. 16 ; M. Verpeaux, *AJDA*, 2022, p. 2482.

laïcité. » (considérant 14) La deuxième question était de savoir si cette procédure portait atteinte à la liberté d'association. Tel n'est pas le cas selon le Conseil constitutionnel, pour qui cette procédure déclarative n'a « pas pour objet d'encadrer les conditions dans lesquelles elles se constituent et exercent leur activité » (considérant 16).

En outre, depuis la loi *séparatisme* du 24 août 2021, l'association cultuelle doit renouveler sa déclaration d'existence auprès du préfet tous les cinq ans. Cette déclaration quinquennale permet ainsi au préfet d'apprécier à nouveau la réunion des critères requis pour obtenir le statut d'association cultuelle[1]. Le préfet doit toutefois recueillir les observations de l'association. Le Conseil constitutionnel a par ailleurs jugé que si le préfet ne reconnaît plus la qualité cultuelle de l'association ou lui retire cette qualité, cette décision ne saurait avoir d'effet rétroactif et ne pourrait « conduire à la restitution d'avantages dont l'association a bénéficié avant la perte de sa qualité cultuelle »[2].

Si l'administration dénie à une association la qualité d'association cultuelle, ce refus prive l'association des avantages attachés à cette qualité. En revanche, il reste évidemment sans effet sur la liberté d'opinion et de religion des membres, comme sur leur possibilité de se constituer en association (association ordinaire).

530. Les contrôles financiers et comptables. Les autorités publiques vérifient aussi les comptes et les finances des associations cultuelles[3].

Comme elles doivent assumer *exclusivement* l'exercice du culte, il s'agit en particulier « de vérifier la "probité" des associations cultuelles, où chaque dépense doit être faite par l'association uniquement dans le but d'assurer le culte public »[4]. L'association cultuelle est ainsi tenue de déclarer au préfet les libéralités reçues et le préfet peut former opposition à la libéralité sur le fondement de l'article 910, II du Code civil si l'association « ne satisfait pas aux conditions légales exigées pour avoir la capacité juridique à recevoir des libéralités ou qu'[elle]

---

[1] Nouvel article 19-1 de la loi de 1905.

[2] Cons. const., 22 juillet 2022, *Union des associations diocésaines de France et autres [Régime des associations exerçant des activités cultuelles]*, n° 2022-1004 QPC, considérant 17, préc.

[3] V. Jean Morange, « La loi du 24 août 2021. Les associations », *RFDA*, 2021, n° 5, p. 824.

[4] Nicolas Deiller, *La métamorphose religieuse de la France. Vers une nouvelle laïcité ?*, VA éd., 2019, p. 83.

n'est pas apte à utiliser la libéralité conformément à son objet statutaire ».

Les obligations comptables des associations cultuelles ont cependant été renforcées par la loi de 2021. Sont principalement visés les fonds versés directement ou indirectement par un État étranger ou une personne morale située à l'étranger[1], dès lors que ce montant excède 50 000 euros[2], car les financements provenant de l'étranger peuvent « constituer l'instrument de stratégies d'influence ou d'ingérence, justifiant un contrôle légitime des pouvoirs publics »[3]. À cet égard, la loi de 2021 introduit un nouvel article 910-1 dans le Code civil : après avoir rappelé le principe selon lequel les libéralités sont acceptées librement par les associations assumant une mission cultuelle, l'article permet à l'autorité administrative de s'opposer, après respect d'une procédure contradictoire, à l'acceptation des libéralités en provenance de l'étranger, privant celles-ci d'effet, lorsque les agissements de l'association bénéficiaire ou de l'un de ses dirigeants ou administrateurs établissent l'existence d'une « menace réelle, actuelle et suffisamment grave affectant un intérêt fondamental de la société » ou lorsque les agissements de l'État ou l'organisme étranger consentant la libéralité constituent une menace de la même nature.

531. Les contrôles sur les lieux de culte de l'association cultuelle. C'est encore sur la propriété et la gestion des lieux de culte eux-mêmes que le contrôle de l'administration se renforce avec la loi confortant les principes de la République. La loi fait peser un contrôle nouveau sur l'aliénation d'un lieu de culte à un État étranger[4]. Même si les associations cultuelles ne subissent en principe aucune tutelle particulière pour l'acquisition ou la construction d'immeubles, bien qu'elles fassent l'objet d'un contrôle financier[5], la loi de 2021 leur

[1] Nouvel article 19-3 et article 21 modifié de la loi du 9 décembre 1905.

[2] Article 38 du règlement d'administration publique du 16 mars 1906 résultant du décret n° 2021-1844 du 27 décembre 2021 relatif aux associations cultuelles régies par la loi du 9 décembre 1905.

[3] Jacqueline Eustache-Brinio et Dominique Vérien, *Rapport n° 454 fait au nom de la commission des lois constitutionnelles, de législation, du suffrage universel, du Règlement et d'administration générale sur le projet de loi confortant le respect des principes de la République*, Sénat, 18 mars 2021, t. 1, p. 215.

[4] Nouvel article 17-1 de la loi du 9 décembre 1905. Articles 1 à 3 du décret n° 2022-619 du 22 avril 2022 relatif au contrôle du financement étranger des cultes et portant diverses dispositions relatives aux libéralités et à la transparence des associations et fonds de dotation.

[5] Article 21 de la loi du 9 décembre 1905.

impose de dresser une « liste des lieux dans lesquels elles organisent habituellement l'exercice public du culte »[1], qui doit être tenue à disposition du préfet, afin de faciliter sa surveillance.

2. Les associations ordinaires à objet religieux

532. Des associations exerçant un culte sous le régime de la loi du 1er juillet 1901. Les catholiques ayant refusé, en 1905, de constituer des associations cultuelles, l'article 4 de la loi concernant l'exercice public du culte du 2 janvier 1907 admet que d'autres associations, constituées conformément au droit commun (loi du 1er juillet 1901), puissent aussi avoir un objet cultuel. Dans un premier temps, le Conseil d'État a considéré que l'exercice du culte devait être l'objet exclusif de l'association[2]. Il a toutefois assoupli cette condition par la suite[3]. Il est donc possible qu'une association fondée sur la loi de 1901 inscrive dans ses statuts une pluralité d'activités, dont une activité cultuelle, mais aussi des activités caritatives, culturelles, éditoriales, etc. À leur propos on parle d'associations à objet mixte, parce qu'elles possèdent plusieurs objets, parmi lesquels figure un objet cultuel. Ceci étant, rien ne s'oppose à ce qu'une association loi de 1901 se dédie exclusivement au culte.

Il ne faut donc pas négliger le fait que, outre les associations cultuelles (loi de 1905), d'autres formes d'associations (associations loi de 1901) peuvent assumer des missions religieuses, à condition de prévoir explicitement « dans [leur] objet l'accomplissement d'activités en relation avec l'exercice public d'un culte »[4]. La notion « d'activités en relation avec l'exercice public d'un culte » a cependant été critiquée en justice pour son obscurité, à travers le recours en excès de pouvoir contre l'article 2 du décret du 23 décembre 2021 reprenant la notion. Le Conseil d'État n'a toutefois pas fait droit à la demande d'annulation, jugeant la notion suffisamment claire. Elle inclut, selon lui, « l'acquisition, la location, la construction, l'aménagement et l'entretien des édifices servant au culte, ainsi que l'entretien et la

[1] Article 21 de la loi du 9 décembre 1905, tel que modifié en 2021.

[2] CE, sect., 9 octobre 1992, *Commune de Saint-Louis de la Réunion*, n° 94455, préc.

[3] CE, ass., 19 juillet 2011, *Fédération de la libre pensée et de l'action sociale du Rhône, Picquier*, n° 308817, préc. CE, 4 mai 2012, *Fédération de la libre pensée et d'action sociale du Rhône*, n° 336462, préc.

[4] Article 4-2 de la loi du 2 janvier 1907 concernant l'exercice public des cultes, issu de la loi n° 2021-1109 confortant les principes de la République du 24 août 2021.

formation des ministres et autres personnes concourant à l'exercice du culte »[1]. Une telle définition reprend textuellement celle donnée par le Conseil pour identifier le culte évoqué, pour les *cultuelles*, par l'article 19 de la loi de 1905[2].

Imposer à l'association d'indiquer un objet cultuel dans ses statuts poursuit concrètement un double objectif : « d'une part, il doit permettre à l'État de disposer d'une meilleure connaissance des activités auxquelles se livrent les associations religieuses (cultuelles ou culturelles ?) ; d'autre part, cette obligation de déclarer toute activité cultuelle permettra de clarifier la situation financière de l'association, afin d'éviter qu'elle ne puisse obtenir des subventions publiques qui serviraient à financer en tout ou partie ses activités cultuelles. »[3]

Ces associations peuvent alors être soumises à certaines dispositions applicables aux *cultuelles*. Elles bénéficient bien sûr de la neutralité de l'État. Elles peuvent aussi se voir attribuer la jouissance de lieux de culte[4]. En outre, à condition d'avoir présenté séparément, dans leurs comptes annuels, « leurs activités en relation avec l'exercice public d'un culte »[5], la loi du 24 août 2021 leur permet de bénéficier, le cas échéant, des dispositions du régime fiscal de faveur des articles 200 et 238 bis du Code général des impôts et délivrer des reçus fiscaux à leurs donateurs pour les activités d'intérêt général qu'elles mettent en œuvre[6]. Depuis 2021, elles peuvent aussi bénéficier d'une exonération des droits de mutation à titre gratuit pour les dons manuels qu'elles reçoivent au titre de leurs activités d'intérêt général[7]. Il ne semble en revanche pas qu'elles puissent bénéficier de la même facilité pour les libéralités et dons manuels qu'elles reçoivent pour leurs activités cultuelles, comme ce peut être le cas pour les *cultuelles*, car l'article 795, 10° du Code général des impôts visent explicitement « les dons et legs faits aux associations cultuelles ».

533. L'amplification des contrôles. Les *associations loi de 1901*, dès lors qu'elles assument une mission religieuse, sont inversement

[1] CE, 22 décembre 2022, *Association diocésaine de France*, n° 461800, point 4, préc.
[2] CE, avis, 14 novembre 1989, n° 346040.
[3] Nicolas Sild, « La conventionnalité des dispositions de la loi Séparatisme relatives aux associations cultuelles et para-cultuelles », *AJDA*, 2023, n° 16, p. 843.
[4] Article 5 de la loi du 2 janvier 1907.
[5] Article 4-1 alinéa 1er de la loi du 2 janvier 1907 ajouté par l'article 73 de la loi du 24 août 2021.
[6] Nouvel article 4-1 alinéa 4 de la loi du 2 janvier 1907.
[7] Article 757 du Code général des impôts.

soumises à certaines obligations identiques aux *cultuelles*, la loi du 24 août 2021 procédant ici à une large homogénéisation des obligations juridiques des différentes associations, dans l'objectif de pousser l'islam, qui a eu recours à ce type d'association, à se convertir au modèle des *cultuelles*[1].

Jusqu'en 2021, leur régime juridique était en effet régi par la loi (libérale) du 1er juillet 1901 et aucun texte législatif spécifique n'avait complété cette loi pour réglementer d'une façon spécifique les associations à vocation religieuse. Ces dernières étaient simplement « pénalisées »[2] par rapport aux autres *associations loi de 1901* en termes de subventions publiques. En raison même de la neutralité de l'État à leur égard, elles ne peuvent percevoir de subventions publiques, puisque l'octroi de subventions publiques violerait l'interdiction de financer un culte : est illégale la subvention à une association dont l'objet est de réunir ses membres pour la pratique en commun et l'étude de la religion hindoue ainsi que pour acquérir des terrains ou des bâtiments nécessaires à l'exercice de ce culte[3]. Cela n'exclut pas, en revanche, que soit financée une activité non cultuelle prise en charge par l'association[4], conformément à l'assouplissement du principe de non-subventionnement des cultes opéré par la jurisprudence administrative (v. §436-446).

La loi de 2021 met un terme à ce régime relativement libéral. Elle entend au contraire rapprocher assez largement leur régime juridique de celui des associations cultuelles de 1905, afin de renforcer le contrôle qu'exercent sur elles les autorités administratives[5]. La loi de 2021 les soumet à un certain nombre des dispositions de la loi de 1905 : elles

[1] « L'objectif est d'intégrer l'islam encore organisé dans le cadre de la loi 1901 dans le régime des cultes de la loi de 1905, en pariant sur une meilleure organisation du culte musulman sous la forme d'associations cultuelles et d'une union d'associations cultuelles à l'instar des autres cultes (catholiques, protestants, juifs). Le gouvernement et le législateur espèrent ainsi mettre fin au pouvoir des fédérations qui sont pour la plupart sous tutelle d'États étrangers. » (Gérard Gonzalez et Philippe Goni, « Une garantie paradoxale du libre exercice du culte : la loi du 24 août 2021 et les associations à objet cultuel », *RDR*, n° 13, 2022, p. 66)

[2] Jean-Pierre Machelon (dir.), Rapport officiel, *Les relations des cultes avec les pouvoirs publics*, 20 septembre 2006, p. 38.

[3] CE, sect., 9 octobre 1992, *Commune de Saint-Louis de la Réunion*, n° 94455, préc.

[4] CE, 4 mai 2012, *Fédération de la libre pensée et d'action sociale du Rhône*, n° 336462, préc.

[5] Article 4 modifié et nouveaux articles 4-1 et 4-2 de la loi du 2 janvier 1907.

doivent déclarer leurs ressources en provenance de l'étranger[1], elles doivent dresser une liste des lieux dans lesquels s'organise ordinairement l'exercice public du culte[2], elles doivent faire certifier leurs comptes par l'intervention (onéreuse) d'un commissaire aux comptes ou d'un expert-comptable[3] (ce que le Conseil d'État a jugé conforme aux articles 9 et 11 de la CESDH[4]), etc. « Concrètement, les associations à objet mixte ne peuvent développer des activités cultuelles qu'à la condition de respecter, pour ces dernières, une grande partie des dispositions de la loi de 1905 de façon à assurer à l'État des moyens de contrôle et d'intervention plus importants. »[5] Il en résulte, comme l'admettait le Conseil d'État dans son avis du 3 décembre 2020, que « c'est donc un ensemble très significatif de contraintes nouvelles de gestion qui s'imposeront à ces associations »[6].

3. Les associations diocésaines

534. Les spécificités des associations diocésaines[7]. Le refus des catholiques de constituer des associations cultuelles ou des associations ordinaires a entraîné, en 1924, la création des associations diocésaines (v. §134), afin de permettre aux catholiques, selon la formule de l'article 4 de la loi de 1905, de « se conform[er] aux règles d'organisation générale [de leur] culte ». Avec la création des *diocésaines*, le droit français a ainsi levé l'essentiel des barrières à la libre organisation de l'Église catholique.

Les associations diocésaines sont en réalité des associations cultuelles d'un genre particulier[8].

---

[1] Articles 4 à 7 et 13 à 16 du décret n° 2022-619 du 22 avril 2022 relatif au contrôle du financement étranger des cultes et portant diverses dispositions relatives aux libéralités et à la transparence des associations et fonds de dotation. V. Xavier Cabannes, « La loi confortant les principes de la République et le financement public des associations », *SDR*, n° 11, 2022/1, not. p. 11-14.

[2] Articles 2 et 6 du décret n° 2021-1789 du 23 décembre 2021 pris pour l'application de la loi du 2 janvier 1907.

[3] Article 4 du décret n° 2021-1789 du 23 décembre 2021 préc.

[4] CE, 22 décembre 2022, *Association diocésaine de France*, n° 461800, préc.

[5] Lionel Devic et Marie Magro, « Associations cultuelles et à objet mixte : des contraintes juridiques et fiscales nouvelles », *Juris association*, 2022, n° 653, p. 26.

[6] CE, ass., 3 décembre 2020, *Avis sur un projet de loi confortant le respect, par tous, des principes de la République*, n° 401549, point 88.

[7] V. Émile Poulat, *Les diocésaines*, La documentation française, 2003.

[8] Sur l'organisation des associations diocésaines, v. Emmanuel Tawil, *Cultes et congrégations*, Dalloz JurisÉditions, coll. Juris-Corpus, 2019, p. 127-135.

Leur principale singularité, qui motiva d'ailleurs leur création, est de préserver l'autorité de l'évêque. Contrairement aux *cultuelles*, ce ne sont en effet pas les fidèles qui se regroupent en association. L'évêque nommé par l'Église est le seul chef de l'association diocésaine.

De ce fait, par dérogation aux *cultuelles*, les *diocésaines* ont une circonscription diocésaine, librement délimitée par l'Église, et non pas communale. Les paroisses elles-mêmes n'ont pas, en droit français, la personnalité juridique (qu'elles ont en droit canonique) et sont de simples établissements de l'association diocésaine, ce qui maintient là encore l'autorité de l'évêque sur les curés de son diocèse.

Leur autre spécificité, qui se déduit de la précédente, tient au fait que, par dérogation à l'article 18 de la loi de 1905 qui précise que les *cultuelles* sont « formées pour subvenir aux frais, à l'entretien et à l'exercice public d'un culte », les *diocésaines* ne sont quant à elles formées que pour subvenir au frais et à l'entretien du culte catholique, c'est-à-dire pour *gérer* les questions matérielles, et non pour assumer la pratique du culte, ce qui est réservé au clergé.

Contrairement aux autres associations, les diocésaines ont reçu l'aval du pape, qui approuva leur création en 1924[1]. Le statut de ces associations diocésaines a d'ailleurs été fixé par des statuts-types approuvés par Rome[2]. « C'est en effet de concert avec le Saint-Siège et le Gouvernement français que ces statuts types ont pu être mis au point, les garanties canoniques et civiles ayant été considérées comme suffisantes, respectivement par le Saint-Siège et par le Gouvernement français. »[3] C'est pourquoi, sauf quelques exceptions, l'Église catholique n'a constitué que des associations diocésaines, lesquelles sont d'ailleurs regroupées en une Union nationale, conformément à ce que permet l'article 20 de la loi de 1905[4].

535. Un régime juridique calqué sur celui des associations cultuelles (renvoi). Réservées à l'Église catholique, ces associations bénéficient des avantages matériels, notamment fiscaux, des *cultuelles*.

---

[1] Pie XI, encyclique *Maximam gravissimamque*, 18 janvier 1924.

[2] Pour consulter ces statuts-types, v. Bernard Jeuffroy et François Tricard (dir.), *Liberté religieuse et régimes des cultes en droit français*, Le Cerf, 1996, p. 313-318.

[3] Jean-Paul Durand, « Le *modus vivendi* et les diocésaines (1921-1924) », *AC*, t. XXXV, 1992, p. 205.

[4] L'article 20 de la loi de 1905 admet que les associations cultuelles se regroupent en unions cultuelles. Ces unions sont des associations d'associations cultuelles. Une Église peut ainsi conserver une certaine unité par l'affiliation des différentes associations cultuelles locales à une union cultuelle nationale.

Elles en subissent aussi l'essentiel des contraintes, notamment celles qui ont été ajoutées par la loi *séparatisme* de 2021 (v. §529-531).

4. Les établissements publics cultuels et les associations religieuses en droit local alsacien-mosellan

En Alsace et en Moselle, il faut opérer une distinction entre les cultes reconnus et les cultes non reconnus.

536. Les établissements publics cultuels pour les cultes reconnus. Les cultes reconnus regroupent les cultes catholique, juif (le consistoire israélite), luthérien et calviniste.

Ces différents cultes s'organisent sous forme d'établissements publics *sui generis*, dont l'une des spécificités est de n'être pas rattachés à une collectivité publique. Leur personnel est assujetti à un régime de droit public et leurs décisions sont en principe des décisions administratives relevant de la juridiction administrative.

Pour le culte catholique, la loi du 18 germinal an X, qui a édicté les fameux Articles organiques dans le cadre du régime des cultes reconnus, et le décret du 30 décembre 1809 prévoient l'organisation des fabriques d'église, qui sont le support juridique des paroisses catholiques. La fabrique est dirigée par un conseil de fabrique, qui se compose du curé et du maire, ainsi que de conseillers (neuf conseillers si la paroisse comprend plus de 5 000 habitants ou de cinq en deçà de ce seuil), et par un bureau, qui est l'exécutif de l'établissement. Ces fabriques administrent le culte au point de vue matériel et temporel (finances, salaires et charges sociales du personnel, gestion du patrimoine immobilier, etc.), mais n'ont pas à gérer la dimension proprement religieuse de la vie paroissiale, qui revient au seul curé[1].

Il existe aussi deux diocèses catholiques, celui de Strasbourg et celui de Metz. De même que les paroisses sont administrées par des fabriques d'église, les diocèses sont administrés par des menses épiscopales, créées par le décret du 6 novembre 1813.

Pour les cultes protestants, l'Église de la Confession d'Augsbourg d'Alsace et de Lorraine (luthériens) et l'Église protestante réformée d'Alsace et de Lorraine (calvinistes) se sont fédérées dans l'Union des Églises protestantes d'Alsace et de Lorraine. Chaque paroisse est administrée par un conseil presbytéral, sous l'autorité d'un consistoire.

---

[1] Sur l'organisation des paroisses catholiques et l'évolution du cadre juridique, v. Francis Messner, « Les transformations des paroisses du diocèse de Strasbourg en droit local alsacien-mosellan », *RDL*, n° 84, 2019, p. 14.

Contrairement à la fabrique catholique, ces établissements publics interviennent dans le domaine spirituel et ne sont pas cantonnés à l'administration matérielle du culte. En vertu du décret du 26 mars 1852, ils participent à la nomination des pasteurs, soit à titre décisionnel (pour les calvinistes), soit à titre consultatif (pour les luthériens).

Le culte juif est administré par un consistoire départemental, le consistoire israélite d'Alsace et de Moselle. Cet établissement public assure la gestion des synagogues, en vertu de l'ordonnance du 25 mai 1844. Il nomme aussi le grand rabbin et les rabbins, sous réserve d'un agrément gouvernemental (un décret du Premier ministre pour le grand rabbin, un arrêté du ministre de l'Intérieur pour les rabbins).

537. Les associations inscrites à objet cultuel pour les cultes non reconnus. En Alsace et en Moselle, l'organisation des cultes qui ne sont pas reconnus peut s'opérer au moyen d'une association inscrite de droit local, la loi *séparatisme* du 24 août 2021 créant à cet égard la catégorie des « associations inscrites à objet cultuel »[1], dénomination qui n'est pas sans rappeler les *cultuelles*, même si leur régime juridique n'est pas pour autant aligné sur elles. L'association doit se déclarer et être inscrite sur le registre local[2], le juge judiciaire vérifiant que les statuts et le but de l'association respectent le droit en vigueur. Si le juge judiciaire accepte l'inscription de l'association, il transmet l'autorisation au préfet, qui peut alors s'opposer à l'inscription d'une association ayant un objet religieux[3], mais à la seule condition que cette association puisse porter atteinte à l'ordre public[4]. Ainsi tout culte peut-il prétendre à accéder à ce statut, sauf atteinte à l'ordre public[5]. De même, si le préfet constate qu'une association locale a un objet cultuel sans que cela soit explicitement mentionné dans ses statuts, il mettra en demeure l'association de mettre ses statuts en conformité avec son objet réel ; si l'association ne s'exécute pas, le préfet peut lui imposer une astreinte d'un maximum de 100 euros par jour de retard[6].

Ce statut est relativement favorable aux associations assumant l'exercice d'un culte, par comparaison avec celui des associations cultuelles ou des associations loi de 1901. D'une part, « les associations

---

[1] Articles 79-V et suivants du Code civil local.

[2] Article 21 du Code civil local.

[3] Article 61 du Code civil local.

[4] CE, sect., 25 juillet 1980, *Ministre de l'Intérieur c/ Église évangélique baptiste de Colmar*, n° 17971. Conclusions : J.-M. Galabert, *AJDA*, 1981, p. 207.

[5] Nouvel article 79-VI du Code civil local.

[6] Nouvel article 79-XII du Code civil local.

de droit local à but religieux peuvent avoir un but plus large que les associations cultuelles du droit général dont l'activité doit se limiter exclusivement à l'exercice d'un culte »[1]. D'autre part, en plus des avantages fiscaux reconnus aux *cultuelles*, les associations de droit local peuvent recevoir plus facilement des financements publics, puisque la loi de 1905 (et la prohibition des financements publics) ne s'applique pas dans ces départements : « la pratique de financement d'organisations cultuelles n'est donc en Alsace et Moselle prohibée par aucune loi locale ; elle est de surcroît ancienne et elle n'est pas contraire à la Constitution »[2]. Le respect de la neutralité religieuse s'applique néanmoins évidemment et empêche de verser de l'argent public à une quelconque association sans un motif d'intérêt général[3].

Comme ce statut est assez favorable aux associations, les cultes non reconnus (l'islam par exemple) ne se plaignent pas de leur situation différenciée d'avec les cultes reconnus, puisqu'elle leur réserve un traitement plus favorable que dans la « France de l'intérieur ».

Toutefois, en créant les associations inscrites à objet cultuel, la loi du 24 août 2021 a entendu soumettre ces associations locales à un certain nombre des contraintes pesant également sur les *cultuelles* et associations religieuses de droit commun, régime juridique précisé par décret. En premier lieu, ces associations devront, dans un délai de trois mois après leur inscription, transmettre au préfet la liste des lieux où elles organisent habituellement l'exercice public du culte[4]. Deuxièmement, ces associations à objet cultuel doivent faire certifier leurs comptes dès lors que le montant annuel des subventions publiques dépasse 23 000 euros ou lorsque leur budget annuel dépasse 100 000 euros[5]. Troisièmement, il pèse sur elles un contrôle des fonds étrangers

---

[1] Jean-Marie Woehrling, « Droit local des cultes en Alsace-Moselle : entre système subtil et complexe et exemple de différenciation territoriale », *AJCT*, 2022, p. 622.

[2] Jean-Marie Woehrling, « Ne déformons pas le droit local », *JCP G*, 2021, n° 16, 422, p. 746.

[3] « En vertu du principe de laïcité, qui signifie neutralité religieuse des autorités publiques, l'attribution d'une subvention ne saurait être commandée par des motifs religieux (ou antireligieux). La subvention ne peut être affectée à un culte, quel qu'il soit, mais seulement à une organisation cultuelle en raison de l'utilité publique que présente l'emploi de cette subvention. » (Jean-Marie Woehrling, « Ne déformons pas le droit local », *JCP G*, 2021, n° 16, 422, p. 747)

[4] Articles 2 et 8 du décret n° 2022-1623 du 22 décembre 2022 relatif aux associations inscrites à objet cultuel des départements du Bas-Rhin, du Haut-Rhin et de la Moselle.

[5] Article 79-X du Code civil local et article 5 du décret n° 2022-1623 du 22 décembre 2022 préc.

qui permettent de les financer[1], ainsi qu'un contrôle de toute aliénation d'un local servant habituellement à l'exercice du culte au bénéfice d'un aliénataire étranger[2].

5. Un contrôle spécifique sur les sectes ?

538. La difficile identification de la secte. Si la secte peut *a priori* répondre aux critères juridiques définissant un culte (croyance en un dieu et pratique de cérémonies collectives pour l'honorer), le droit français différencie toutefois la secte de la religion. La notion de secte pose néanmoins des problèmes, étant entendu qu'il paraît *a priori* difficile au droit de distinguer une doctrine religieuse *légitime* et une doctrine religieuse *illégitime*, ce qui présenterait le risque de créer un « religieusement correct »[3] qui conduirait à limiter outrageusement la liberté de religion. Aussi le terme de secte n'est-il que très peu présent en droit et se retrouve-t-il essentiellement à travers l'adjectif sectaire.

Il s'avère en effet fort délicat de délimiter abstraitement ce qu'est objectivement une secte. Le rapport parlementaire Gest-Guyard sur *Les sectes en France* de 1996 se contentait par exemple de poser plusieurs indices, qui montrent qu'un groupement, en conséquence qualifié de sectaire, peut porter atteinte à l'ordre public : déstabilisation mentale, exigences financières exorbitantes, rupture avec l'environnement familial et social d'origine, atteintes à l'intégrité physique, embrigadement des enfants, discours asocial ou antisocial, démêlés judiciaires et condamnation pénale de ses dirigeants, détournement de circuits économiques, infiltration des pouvoirs publics... Peut-on néanmoins identifier une secte par cette liste de faits répréhensibles, alors même que tout groupement qui aurait l'un des comportements identifiés devrait être sanctionné, qu'il soit ou non sectaire ?

Le législateur lui-même « est gêné par une image trop vague du phénomène sectaire qu'il est incapable de nommer clairement

---

[1] Article 79-VIII du Code civil local et articles 4 à 7 et 13 à 16 du décret n° 2022-619 du 22 avril 2022 relatif au contrôle du financement étranger des cultes et portant diverses dispositions relatives aux libéralités et à la transparence des associations et fonds de dotation. V. Éric Sander, « Financement étranger des cultes en Alsace-Moselle : les mesures impactant les associations inscrites à objet cultuel », *RDL*, n° 93, 2022, p. 6.

[2] Articles 1 à 3 du décret n° 2022-619 du 22 avril 2022 préc.

[3] Jean-Paul Willaime, « Les définitions sociologiques de la secte », *Les « sectes » et le droit en France*, Francis Messner (dir.), PUF, coll. Politique d'aujourd'hui, 1999, p. 21.

autrement que par une peur diffuse, celle de la manipulation mentale »[1]. L'article 20 de la loi n° 2001-504 du 12 juin 2001 tendant à renforcer la prévention et la répression des mouvements sectaires portant atteinte aux droits de l'homme et aux libertés fondamentales (dite loi About-Picard) vise tout « groupement qui poursuit des activités ayant pour but ou pour effet de créer, de maintenir ou d'exploiter la sujétion psychologique ou physique des personnes qui participent à ces activités ». C'est bien ici l'idée de sujétion, de manipulation ou d'exploitation de l'état de faiblesse qui caractérise le mouvement sectaire, ce qui permet de l'appréhender par ses actes plutôt que dans l'abstrait, même si la difficulté est alors que cette appréhension « renvoie en pratique à des actions dont la preuve est difficile à rapporter ou dont l'appréciation repose largement sur des éléments subjectifs »[2].

Cette absence de définition des sectes doit préserver la neutralité religieuse de l'État. Le risque d'une définition plus précise serait de mettre en cause certaines minorités religieuses, en les incluant dans le périmètre des sectes. Sous couvert de *lutter contre les dérives sectaires*, l'État ne doit en effet pas manquer à son devoir de laïcité, en condamnant certaines opinions (même farfelues) ou certaines pratiques qui pourraient être rattachées à l'exercice d'un culte. Aussi l'approche par les actes répréhensibles auxquels peut se livrer une secte présente-t-elle l'avantage de ne pas avoir de présomption négative contre un groupement et de ne s'attacher qu'à ses faits et gestes et à leur contrariété avec l'ordre public ou la protection des personnes. Il n'est ainsi pas nécessaire de se prononcer sur la nature sectaire du groupement, mais seulement sur le caractère répréhensible de ses agissements.

Aussi, sans interdire les convictions qui en sont à l'origine, l'État juge-t-il que les pratiques de sujétions mentales ou physiques de ces groupes ne sont point acceptables, non pas en raison d'un parti-pris religieux ou antireligieux, mais parce que l'ordre public ne saurait s'accommoder de tout comportement. Si le droit n'admet en aucune façon que les personnes publiques *luttent* contre les sectes, car elles manqueraient alors à leur devoir d'impartialité[3], les autorités publiques

---

[1] Patrice Rolland, « La loi du 12 juin 2001 contre les mouvements portant atteinte aux droits de l'homme. Anatomie d'un débat législatif », *ASSR*, vol. 121, 2003, p. 151.
[2] *Ibid.*, p. 157.
[3] V. Francis Messner, Pierre-Henri Prélot, Jean-Marie Woehrling et Isabelle Riassetto (dir.), *Traité de droit français des religions*, *op. cit.*, p. 117-170.

peuvent bien entendu poursuivre et condamner les comportements qui heurtent l'ordre public. C'est à ce titre que le gouvernement peut subventionner une campagne d'information pour dénoncer les dangers que présentent certains groupements, sans méconnaître pour autant le principe de neutralité, « et alors même que certains de ces mouvements prétendent poursuivre également un but religieux »[1]. C'est également pour ce motif qu'une circulaire du ministre de la Justice peut désigner aux parquets certains groupes sectaires nommément cités pour leur recommander une stricte application du droit pénal, car l'objectif de cette liste, annexée à la circulaire à titre indicatif, était la bonne application de la politique pénale et la prévention des « risques que peuvent présenter les pratiques de certains organismes communément appelés sectes »[2].

539. Les contrôles pesant sur les mouvements sectaires. Une fois que ces pratiques ont été décelées dans un groupement, des outils juridiques peuvent être mobilisés.

Les sectes se voient refuser certains des avantages octroyés aux associations cultuelles, qualité à laquelle elles ne peuvent prétendre du fait qu'elles troublent l'ordre public (v. §527). L'article 910, II du Code civil dispose que « les dispositions entre vifs ou par testament au profit des fondations, des congrégations et des associations ayant la capacité de recevoir des libéralités et, [en Alsace et en] Moselle, des établissements publics du culte et des associations inscrites de droit local, à l'exception des associations ou fondations dont les activités ou celles de leurs dirigeants sont visés à l'article 1er de la loi n° 2001-504 du 12 juin 2001 tendant à renforcer la prévention et la répression des mouvements sectaires portant atteinte aux droits de l'homme et aux libertés fondamentales, sont acceptées librement par celles-ci. »

Mais de surcroît, des sanctions spécifiques peuvent frapper les associations ou dirigeants des groupements qui seront identifiés comme sectaires. Peut ainsi être dissoute, selon les termes de la loi du 12 juin 2001, « toute personne morale, quelle qu'en soit la forme juridique ou l'objet, qui poursuit des activités ayant pour but ou pour effet de créer, de maintenir ou d'exploiter la sujétion psychologique ou physique des personnes qui participent à ses activités ». La loi instaure aussi un délit

---

[1] CE, 17 février 1996, *Église de scientologie de Paris*, n° 86954. Note : C. Devès, *AJDA*, 1992, n° 6, p. 460.

[2] CE, 18 mai 2005, *Association spirituelle de l'Église de scientologie d'Île-de-France et autres*, n° 259982. Conclusions : F. Donnat, *AJDA*, 2005, n° 27, p. 1506.

de publicité sectaire, qui vise à réduire la propagation des mouvements sectaires[1].

Les individus œuvrant pour une secte peuvent également faire l'objet de sanctions. L'article 223-15-2 du Code pénal punit à présent « l'abus frauduleux de l'état d'ignorance ou de la situation de faiblesse soit d'un mineur, soit d'une personne dont la particulière vulnérabilité, due à son âge, à une maladie, à une infirmité, à une déficience physique ou psychique ou à un état de grossesse, est apparente ou connue de son auteur, soit d'une personne en état de sujétion psychologique ou physique résultant de l'exercice de pressions graves ou réitérées ou de techniques propres à altérer son jugement, pour conduire ce mineur ou cette personne à un acte ou à une abstention qui lui sont gravement préjudiciables. » Est ainsi sanctionné un délit de manipulation mentale : la difficulté est bien entendu de différencier un enseignement religieux prosélyte d'une manipulation mentale.

En revanche, un maire ne peut se borner à invoquer le caractère sectaire d'une association pour lui refuser l'octroi d'un local pour se réunir. Il lui faut invoquer une véritable menace à l'ordre public[2].

B. LES CONTRÔLES INTERDITS OU SUBSIDIAIRES

540. Préserver l'autonomie des Églises par l'exclusion de certains contrôles publics. L'existence de contrôles sur la constitution et le fonctionnement des associations à objet religieux tend à montrer que, même si l'État est laïc et s'abstient de trop interférer dans le domaine spirituel, l'autonomie des Églises est toute relative et n'existe que dans le cadre aménagé par le droit. Néanmoins, cette autonomie n'est pas fragile pour autant parce que ces contrôles eux-mêmes ne sont pas omnipotents. Au contraire, certains d'entre eux sont interdits ou, plus souvent, très subsidiaires, parce que la laïcité interdit à l'État de se faire le censeur de choix proprement spirituels, qui ne relèvent que des autorités cultuelles. De cette façon, la laïcité prémunit les Églises d'une immixtion trop importante de l'État et leur confie une indéniable marge de liberté, mais qui n'est pas non plus illimitée, car le droit pose toujours des bornes, aussi souples soient-elles (c'est pourquoi il n'est pas possible d'évoquer une séparation pure et simple des sphères de

---

[1] V. Patrice Rolland, « La loi du 12 juin 2001 contre les mouvements portant atteinte aux droits de l'homme. Anatomie d'un débat législatif », *ASSR*, vol. 121, 2003, p. 149.

[2] CE, 4 mai 2012, *Commune d'Étampes*, n° 358939.

compétence, puisqu'il y a de possibles interférences étatiques dans le domaine religieux ; v. §301). Il en est ainsi pour la détermination des dogmes et enseignements des Églises (1), pour la désignation et le statut des ministres du culte (2) ou encore pour la *police* intérieure des lieux de culte (3). Dans tous ces cas, les Églises peuvent agir avec une liberté assez étendue, le droit faisant simplement office de garde-fou pour empêcher que cette liberté porte atteinte aux impératifs fondamentaux de l'ordre social.

1. Les contrôles sur les dogmes et les enseignements

541. La détermination des dogmes et doctrines. La laïcité exclut que les pouvoirs publics contrôlent les croyances que professe une communauté religieuse. Les dogmes et doctrines religieux sont à l'abri de toute censure de la part d'un État neutre et aconfessionnel. De même que les individus disposent d'une complète liberté de conscience, les Églises possèdent une liberté absolue de définir leurs dogmes.

Il est également possible aux communautés religieuses de diffuser leurs doctrines par des publications. L'article 11 de la DDHC dispose que « tout citoyen peut donc parler, écrire, imprimer librement ». Et l'article 1er de la loi du 29 juillet 1881 sur la liberté de la presse précise à son tour que, en principe, « l'imprimerie et la librairie sont libres ». Appliquée en matière religieuse, cette liberté rompt avec le système des cultes reconnus où la procédure d'*exequatur* encadrait strictement les publications (v. §108 ; §117).

Par application du droit commun, cette liberté de publication reçoit toutefois des limites, de nature essentiellement pénale[1]. Dans le cadre d'exposés doctrinaux, seraient par exemple répréhensibles, sur le fondement de l'article 24 de la loi du 1er juillet 1881, les propos qui incitent à attenter à la vie ou à l'intégrité des personnes, à commettre des vols, extorsions, destructions, dégradations et détériorations volontaires dangereuses pour les personnes ou à porter atteinte « aux intérêts fondamentaux de la nation ». Sont aussi sanctionnés par l'article 24 les propos qui font l'apologie des crimes de guerre, des crimes contre l'humanité, des crimes de réduction en esclavage ou d'exploitation d'une personne réduite en esclavage ou des crimes et délits de collaboration avec l'ennemi, ainsi que les propos qui auront provoqué à la discrimination, à la haine ou à la violence à l'égard d'une

[1] Article 23 et suivants de la loi du 29 juillet 1881 sur la liberté de la presse.

personne ou d'un groupe de personnes à raison de leur origine ou de leur appartenance ou de leur non-appartenance à une ethnie, une nation, une race ou une religion déterminée.

En outre, les autorités de police administrative pourraient interdire la distribution d'une publication manifestement contraire à l'ordre public. Le Conseil d'État admet par exemple qu'un maire puisse, sur le fondement de ses pouvoirs de police, « interdire la distribution sur la voie publique des écrits de nature à troubler l'ordre, notamment à proximité des églises », à condition que l'interdiction soit justifiée par un risque réel de trouble à l'ordre public : en l'espèce, l'interdiction faite par un arrêté municipal de distribuer des imprimés, journaux, tracts, dessins ou gravures sous le porche ou dans le square de l'église était illégale, car elle ne répondait à aucun risque de trouble à l'ordre public[1]. La Cour européenne des droits de l'homme admet quant à elle que l'interdiction de diffusion d'une publication puisse être motivée par « la sauvegarde de l'ordre public, en empêchant la mise en circulation en France d'un ouvrage incitant au séparatisme et justifiant le recours à l'action violente » ; encore faut-il que l'interdiction réponde « à un besoin social impérieux » et soit « proportionné au but légitime poursuivi »[2].

542. La détermination des rites. La définition des rites et de la liturgie est, semblablement, assez libre en droit français. Il n'en irait autrement qu'en cas de rites manifestement contraires à l'ordre public, notamment des rites qui pourraient porter atteinte à l'intégrité physique ou psychologique des personnes (mutilations, sacrifices humains, suicides collectifs, etc.) ou à la préservation des biens d'autrui, hypothèses qui sont aujourd'hui davantage des hypothèses d'école.

543. L'enseignement et la prédication. L'enseignement et la prédication sont en principe libres, puisqu'ils sont couverts par le principe de la liberté d'expression énoncé à l'article 11 de la DDHC. En conséquence, les Églises sont autorisées à diffuser leurs doctrines et leurs croyances librement, notamment par le biais de l'enseignement et de la prédication.

Elles reçoivent certes les limites qui encadrent classiquement la liberté d'expression. Hormis l'article 24 de la loi du 29 juillet 1881 précité, les propos tenus dans le cadre de l'enseignement ou de prêches

---

[1] CE, sect., 25 juillet 1930, *Abbé de Kervenoael*, n° 555, *Lebon* p. 806.

[2] CEDH, 17 juillet 2001, *Association Ekin c/ France*, n° 39288/98, §48 et 63. Notes : A. Guedj, *Journal du droit international*, 2002, n° 1, p. 299 ; L. Pech, *LPA*, 2002, n° 39, p. 12.

religieux peuvent également être sanctionnés, sur le fondement de l'article 32 de cette loi s'ils constituent des diffamations. Ils peuvent aussi être réprimés s'ils sont qualifiés d'injures au sens de l'article 33.

De plus, la loi de 1905 implique certaines restrictions à la liberté d'enseignement et de prédication des ministres du culte dans les lieux de culte. L'outrage ou la diffamation d'un « citoyen chargé d'un service public » est sanctionné sur le fondement de l'article 34 (v. §306), de même que l'article 35 punit les propos incitant à résister à l'exécution des lois et aux autres actes légaux de l'autorité publique et ceux conduisant à armer une partie des citoyens contre d'autres (v. §306). Quant à l'article 35-1, il interdit à un ministre du culte de prendre publiquement des positions politiques dans un lieu de culte (v. §307).

Mais de surcroît, l'enseignement et la prédication font aujourd'hui l'objet d'une certaine méfiance des pouvoirs publics, notamment en raison de mouvances radicalisées au sein de l'islam, qui procèdent à un véritable endoctrinement de leurs adeptes par le biais de la diffusion de leurs thèses (notamment par la voie d'Internet). Aussi, pour faire face à cette augmentation inquiétante de la radicalisation, les sanctions ont été renforcées. Le *quantum* de chacune des sanctions qui viennent d'être citées a notamment été augmenté.

Par ailleurs, comme tout étranger dont la présence en France « constitue une menace grave pour l'ordre public »[1], un ministre du culte étranger peut être expulsé si ses prêches « portent atteinte aux intérêts fondamentaux de l'État »[2] : il en est ainsi si ses prêches critiquent « avec une particulière gravité » le drapeau tricolore, « remettent en cause les valeurs de la République en faisant l'éloge de la charia » ou en niant l'égalité entre hommes et femmes et provoquent « de manière explicite et délibérée à la discrimination, à la haine ou à la violence envers une personne ou un groupe de personnes à raison de leur non-appartenance à une religion », notamment par des propos antisémites ou par l'exaltation du jihad[3].

544. La responsabilité de l'association religieuse. Si beaucoup de sanctions frappent individuellement le contrevenant, il pèse aussi sur les associations religieuses une responsabilité croissante. De plus en plus, l'État entend associer les groupements religieux à la défense de l'ordre public, voire de l'ordre républicain, et il fait peser sur eux la

---

[1] Article L. 631-1 du Code de l'entrée et du séjour des étrangers et du droit d'asile.

[2] Article L. 631-3 du Code de l'entrée et du séjour des étrangers et du droit d'asile.

[3] TA Paris, 4 mars 2024, *Mahjoubi*, n° 2404728/9, points 8-10.

responsabilité des propos tenus ou des actions accomplies par leurs membres. La loi n° 2021-1109 confortant les principes de la République du 24 août 2021 (dite loi *séparatisme*) s'inscrit nettement dans cette perspective.

Lorsque, dans un lieu servant à l'exercice du culte, des ministres du culte outragent ou diffament un citoyen chargé d'un service public, provoquent directement à résister à l'exécution des lois ou actes légaux de l'autorité publique, cherchent à soulever ou à armer une partie des citoyens contre les autres ou encore prennent des positions politiques, le nouvel article 36 de la loi de 1905 prévoit que l'association cultuelle assumant la gestion de « l'immeuble où l'infraction a été commise » pourra voir sa responsabilité civile engagée (v. §308).

Plus encore, depuis que la loi *séparatisme* a renforcé cette prérogative administrative[1], un décret en conseil des ministres peut prononcer la dissolution des associations ou groupements de fait qui provoquent à des manifestations armées ou à « des agissements violents à l'encontre des personnes ou des biens » ou qui « soit provoquent ou contribuent par leurs agissements à la discrimination, à la haine ou à la violence envers une personne ou un groupe de personnes à raison de leur origine, de leur sexe, de leur orientation sexuelle, de leur identité de genre ou de leur appartenance ou de leur non-appartenance, vraie ou supposée, à une ethnie, une nation, une prétendue race ou une religion déterminée, soit propagent des idées ou théories tendant à justifier ou encourager cette discrimination, cette haine ou cette violence »[2]. L'association peut se voir imputer de tels agissements s'ils sont commis, non plus seulement par leurs dirigeants ès qualité, mais aussi « par un ou plusieurs de leurs membres agissant en cette qualité ou directement liés aux activités de l'association ou du groupement, dès lors que leurs dirigeants, bien qu'informés de ces agissements, se sont abstenus de prendre les mesures nécessaires pour les faire cesser, compte tenu des moyens dont ils disposaient »[3]. Les associations sont ainsi intéressées à maintenir l'ordre en leur sein et à discipliner leurs membres en empêchant, autant qu'il est possible, les propos ou agissements manifestement contraires avec les principes listés ici par le Code de la sécurité intérieure, sous peine d'être elles-mêmes mises en

---

[1] V. Jean Morange, « La loi du 24 août 2021. Les associations », *RFDA*, 2021, n° 5, p. 824 ; Yaodia Sénou-Dumartin, « La dissolution des associations. La portée de la loi du 24 août 2021 », *RFDA*, 2024, n° 1, p. 87.

[2] Article L. 212-1 du Code de la sécurité intérieure.

[3] Article L. 212-1-1 du Code de la sécurité intérieure.

cause et dissoutes. Appelé à apprécier la constitutionnalité de ces nouvelles dispositions, le Conseil constitutionnel a indiqué que la dissolution d'une association est une mesure de police administrative, et non une sanction administrative, si bien qu'il est possible de faire peser la responsabilité des agissements d'un membre de l'association sur l'association elle-même sans méconnaître le principe de personnalité des peines[1].

Interprétant à son tour ces dispositions, le Conseil d'État a quant à lui indiqué que la dissolution de l'association devait être justifiée par le fait que l'association, par la voix de ses dirigeants ou de ses membres agissant en cette qualité ou directement liés à ses activités, « incite des personnes » à commettre les incriminations relevées, « légitime [...] publiquement des agissements violents présentant une gravité particulière » ou s'abstienne « de mettre en œuvre les moyens de modération dont elle dispose pour réagir à la diffusion sur des services de communication au public en ligne d'incitations explicites à commettre des actes de violence »[2].

545. La possible fermeture d'un lieu de culte. Le préfet dispose aussi du pouvoir de fermer un lieu de culte où sont tenus des propos contraires à l'ordre public, soit qu'ils incitent à des actes de terrorisme ou font l'apologie de tels actes, soit qu'ils incitent à la haine ou à la violence.

D'une part, l'article L. 227-1 du Code de la sécurité intérieure permet au préfet ou au préfet de police de Paris, « aux seules fins de prévenir la commission d'actes de terrorisme », de prononcer la fermeture des lieux de culte dans lesquels « les propos qui sont tenus, les idées ou théories qui sont diffusées ou les activités qui se déroulent provoquent à la violence, à la haine ou à la discrimination, provoquent à la commission d'actes de terrorisme ou font l'apologie de tels actes ». Sur ce fondement, un lieu de culte ne peut être fermé que pour prévenir la commission d'actes de terrorisme[3]. La fermeture doit être prononcée

[1] Cons. const., 13 août 2021, *Loi confortant le respect des principes de la République*, n° 2021-823 DC, considérant 41. Note : N. Sild, *SDR*, 2022/1, n° 11, p. 15.

[2] CE, sect., 9 novembre 2023, *Association Coordination contre le racisme et l'islamophobie* et *Association Les soulèvements de la Terre*, n° 459704 et 476384, 2 espèces, point 5. Notes : A. Goin et L. Cadin, *AJDA*, 2023, n° 43, p. 2331 ; G. Eveillard, *Dr. Adm.*, 2024, n° 2, comm. 5, p. 30 ; J.-P. Camby, *RFDA*, 2024, n° 1, p. 100.

[3] Cons. const., 29 mars 2018, *M. Rouchdi B. et autres [Mesures administratives de lutte contre le terrorisme]*, n° 2017-695 QPC. Notes : Y. Mayaud, *Recueil Dalloz*, 2018, n° 16, p. 876 ; J.-C. Jobart, *JCP A*, 2018, n° 36, p. 36.

par un arrêté motivé du représentant de l'État, précédé d'une procédure contradictoire. Elle ne peut excéder six mois, et sa durée doit être proportionnée aux circonstances qui l'ont motivée[1]. Le Conseil d'État a quant à lui précisé que la fermeture peut être justifiée dès lors que des propos sont exprimés, dans les médias ou sur les réseaux sociaux, par les responsables de l'association chargée de gérer ce lieu, par les ministres du culte ou diffusés dans les médias ou sur les réseaux sociaux relevant de la responsabilité de cette association ou de ces personnes en charge du culte ou par le fait que le lieu de culte soit fréquenté par des personnes prônant ces idées ou théories ou que circulent, sur le lieu de culte ou dans des lieux contrôlés par l'association ou les officiants, des ouvrages ou des supports en faveur de ces idées ou théories[2].

D'autre part, pour faciliter la fermeture des lieux de culte, l'article 87 de la loi *séparatisme* du 24 août 2021 a offert au préfet ou au préfet de police de Paris une nouvelle voie pour fermer les lieux de culte, sans qu'il soit nécessaire ici de n'agir qu'en vue de prévenir un acte de terrorisme. Désormais, le nouvel article 36-3 à la loi de 1905 habilite le préfet à « prononcer la fermeture temporaire des lieux de culte dans lesquels les propos qui sont tenus, les idées ou théories qui sont diffusées ou les activités qui se déroulent provoquent à la haine ou à la violence envers une personne ou un groupe de personnes ou tendent à justifier ou à encourager cette haine ou cette violence ». Si la fermeture peut être prononcée sans que soit établi un lien entre les propos tenus et la réalisation d'actes de terrorisme, cette fermeture temporaire ne doit pas excéder 2 mois. Il semble en outre que la menace de fermeture temporaire d'un lieu de culte ajoutée par la loi de 2021 ne pèse que sur les *cultuelles* (et non sur les associations *loi de 1901*), puisque le nouvel article 36-3 de la loi de 1905 ne leur est pas applicable ; le nouvel article 4 de la loi du 2 janvier 1907 applicable aux associations ordinaires n'en fait pas mention. « Cette disposition manque donc son objectif puisqu'elle exonère les associations à objet cultuel de 1901 de cette sanction, ce qui ne milite pas en faveur de leur conversion au statut de 1905. Situation ubuesque s'il en est ! »[3]

---

[1] Article L. 227-1 alinéa 3 du Code de la sécurité intérieure.

[2] CE, 25 novembre 2020, *Fédération musulmane de Pantin*, n° 446303, points 4 et 5. Note : C. Amson, *Gaz. pal.*, 2021, n° 5, p. 21.

[3] Gérard Gonzalez et Philippe Goni, « Une garantie paradoxale du libre exercice du culte : la loi du 24 août 2021 et les associations à objet cultuel », *RDR*, n° 13, 2022, p. 69.

Par ces divers pouvoirs, le préfet devient véritablement un « contrôleur de la vie paroissiale »[1]. Selon Julien Jeanneney, il ne faut cependant pas « exagérer la portée » de ce pouvoir de fermeture temporaire des lieux de culte, parce que ces fermetures sont plus « tempérées que jadis », moins « durables qu'autrefois », et plus « contrôlées »[2].

2. Les contrôles sur les ministres du culte

546. L'autonomie dans les relations de l'Église avec ses ministres. Les Églises disposent d'une grande liberté dans le choix et la formation de leurs ministres[3]. Sous le Concordat, les évêques étaient nommés par le gouvernement, la papauté ne conservant qu'un droit d'investiture canonique, tandis que le choix des prêtres était approuvé par le préfet. Il n'en va plus ainsi aujourd'hui (sauf en Alsace et en Moselle), le choix des ministres du culte étant libre, même si le gouvernement français conserve toujours un « droit de regard »[4] sur le choix des évêques. Ce principe de liberté est une conséquence directe du statut de droit privé octroyé aux associations religieuses. Une telle solution est corroborée par le droit européen des droits de l'homme, qui considère qu'une organisation religieuse a le droit de déterminer librement les modalités d'admission de nouveaux membres et les critères d'adhésion[5], ainsi que les procédures de désignation des instances dirigeantes. Un État ne peut donc pas « obliger une

---

[1] Mathilde Philip-Gay, « Le libre exercice du culte. Une remise en cause de l'équilibre issu de la loi de 1905 ? », *AJDA*, 2021, p. 2078.

[2] Julien Jeanneney, « La résurgence des fermetures punitives de lieux de culte », *RFDA*, 2021, p. 519.

[3] V. Mélanie Lopez, *Liberté religieuse et contrôle des cultes en France et en Espagne : lieux et ministres*, thèse, Paris-Sud XI, 2010, p. 216 s.

[4] « La procédure dite du "droit de regard", appliquée depuis 1921 dans le cadre du régime de séparation, demeure en vigueur aujourd'hui. Lors de la vacance d'un siège épiscopal, l'autorité romaine choisit un candidat ; le nonce fait connaître le nom du candidat pressenti au Conseiller pour les Affaires religieuses auprès du ministre des Affaires étrangères ; celui-ci peut faire valoir des objections. » (Brigitte Basdevant-Gaudemet, « Un siècle de régime des cultes reconnus, un siècle de séparation », *RHDFE*, vol. 82, 2004, n° 1, p. 66)

[5] CEDH, gd ch., 9 juillet 2013, *Sindicatul « Păstorul cel Bun » c/ Roumanie*, n° 2330/09, §137. Notes : G. Gonzalez, *RDLF*, 2013, n° 29 ; R. Pierre, *JCP S*, 2013, 1286 ; E. Déléage, *Journal du droit international*, 2014, n° 3, p. 1022.

communauté religieuse à admettre ou exclure un individu ou à lui confier une responsabilité religieuse quelconque »[1].

Cette autonomie de l'Église se manifeste par la tendance à considérer que les ministres du culte ne sont pas liés à leur Église par un contrat de travail. Une telle solution a pour effet d'exclure l'application du droit du travail et la compétence des juridictions prud'homales et, donc, de laisser aux Églises le soin d'organiser leur relation avec leurs ministres sans ingérence de l'État et de son droit[2]. La Cour de cassation a jugé dès 1912-1913 que les prêtres catholiques et les pasteurs protestants ne concluent pas « un contrat de louage de service » avec l'évêque diocésain ou avec l'association cultuelle pour laquelle ils officient[3]. Si cette solution a été confirmée par le législateur pour les prêtres[4], elle n'a pas été remise en cause par la jurisprudence pour les pasteurs[5].

Sauf pour les prêtres catholiques régis par une disposition législative, cette exclusion du droit du travail n'est toutefois pas valable inconditionnellement. Deux conditions sont requises.

D'une part, toute entité religieuse ne peut en principe bénéficier de cette exonération. La Cour de cassation précise ainsi que « l'engagement religieux d'une personne n'est susceptible d'exclure l'existence d'un contrat de travail que pour les activités qu'elle accomplit pour le compte et au bénéfice d'une congrégation ou d'une association cultuelle légalement établie »[6]. Sont *a priori* exclus les ministres du culte qui officient pour une association loi de 1901, qui sont alors liés à elle par un véritable contrat de travail.

D'autre part, l'exclusion du droit du travail ne vaut que pour les tâches des ministres du culte qui sont liées aux fonctions sacerdotales,

---

[1] CEDH, 12 juin 2014, *Fernandez-Martinez c/ Espagne*, n° 56030/07, §129. Note : J.-P. Schouppe, *RDP*, 2015, n° 2, p. 499.

[2] V. Philippe Auvergnon, « Ministres du culte et exclusion du contrat de travail : à propos d'un changement de paradigme », *RDR*, n° 8, 2019, p. 93.

[3] Pour les prêtres catholiques : Cass., civ., 24 décembre 1912, *Abbé Bernard*, bull. n° 235, p. 404. Pour les pasteurs protestants : Cass., civ., 23 avril 1913, *Dieny*, bull. n° 73, p. 133.

[4] Article 1er de la loi n° 50-222 du 19 février 1950 précisant le statut des ministres du culte catholique au regard de la législation sociale.

[5] Cass., soc., 20 novembre 1986, *Caldier c/ Union nationale des associations cultuelles de l'Église réformée de France*, n° 84-43.643. Notes : J. Savatier, *Dr. soc.*, 1987, p. 379 ; P. Rémy, *RTD. Civ.*, 1987, p. 569 ; T. Revet, *JCP G*, 1987, II, 20798.

[6] Cass., soc., 20 janvier 2010, *Association La croix glorieuse*, n° 08-42.207. Notes : J. Savatier, *Dr. soc.*, 2010, n° 6, p. 623 ; J. Mouly, *Dr. soc.*, 2010, n° 11, p. 1070 ; G. Vachet, *JCP S*, 2010, 1137 ; B. Ines, *Recueil Dalloz*, 2010, n° 7, p. 377 ; J. Couard, *RDT*, 2010, n° 3, p. 162.

c'est-à-dire celles qui sont relatives « à l'exercice de leur ministère »[1], et qui, de surcroît, sont exercées hors de tout lien de subordination, c'est-à-dire celles pour lesquelles les ministres ne reçoivent « ni ordres ni directives de l'association cultuelle dont il[s] dépend[ent] »[2]. À l'inverse, l'exercice de tâches qui ne sont pas liées aux fonctions sacerdotales d'un ministre du culte et qui sont exercées sous la dépendance de l'association peut caractériser un contrat de travail : un imam employé à des fonctions de planton et d'huissier n'exerce pas de fonctions spirituelles et est subordonné à son Église, avec laquelle il est donc lié par un contrat de travail[3] ; un pasteur protestant recruté pour assurer, à la faculté libre de théologie protestante de Montpellier, un enseignement « ne relevant pas du ministère pastoral » et sous la subordination de l'employeur est bien lié à lui par un contrat de travail[4]. Tout dépend donc des tâches exercées et du lien qui unit le ministre du culte à son Église.

L'exclusion de principe du droit du travail permet aux Églises de déterminer elles-mêmes les règles applicables à leurs ministres et, donc, aux fonctions sacerdotales qu'ils remplissent[5]. Les conditions de travail et les litiges qui opposent un ministre du culte à son Église relèvent ainsi du droit ecclésiastique et non pas du droit du travail national[6]. Parmi ces règles échappant à l'État figurent ainsi – et essentiellement – celles qui habilitent les ministres du culte à célébrer les cérémonies religieuses. La CEDH rattache d'ailleurs explicitement l'habilitation des ministres du culte par la hiérarchie de l'Église à la liberté

---

[1] Cass., soc., 20 novembre 1986, *Caldier*, n° 84-43.643, préc. Cass., soc., 12 juillet 2005, *Cavalie*, n° 03-43.354. Notes : J. Savatier, *Dr. soc.*, 2005, n° 11, p. 1035 ; J.-F. Cesaro, *JCP S*, 2005, n° 15, p. 23 ; J. Volff, *JCP G*, 2006, n° 15, 10060, p. 750. Cass., soc., 28 avril 2011, *Association générale de la mission intérieure de l'Église évangélique luthérienne de France*, n° 09-72.721.

[2] Cass., soc., 6 mai 2009, *Achour c/ Association cultuelle et culturelle de la communauté musulmane de l'agglomération d'Annecy*, n° 08-40.129. V. aussi : Cass., soc., 18 mars 2020, *Association Avicenne Limay c/ M. X. et Pôle emploi de Noisy-le-Grand*, n° 18-14.297. Note : J. Mouly, *Dr. soc.*, 2020, n° 5, p. 470.

[3] Cass., soc., 6 mars 1986, *Farfour c/ La société des habous et des lieux saints de l'islam*, n° 83-41.787.

[4] Cass., soc., 20 novembre 1986, *Fischer*, n° 84-43.243. Note : T. Revet, *JCP G*, 1987, II, 20798.

[5] V. Jean-Marie Woehrling, « Statut des ministres du culte et droit français », *RDR*, n° 8, 2019, p. 75.

[6] CEDH, gd ch., 14 septembre 2017, *Károly Nagy c/ Hongrie*, n° 56665/09, §72. Notes : L. Milano, *JCP S*, 2017, act. 1033 ; G. Gonzalez, *RDR*, n° 5, 2018, p. 175. V. aussi : CEDH, 12 juin 2014, *Fernández Martínez c/ Espagne*, n° 56030/07.

religieuse : « Les cérémonies religieuses ont une signification et une valeur sacrée pour les fidèles lorsqu'elles sont célébrées par des ministres du culte qui y sont habilités en vertu de ces règles. »[1]

À l'inverse des ministres du culte, les laïcs recrutés par une Église, même pour des missions pastorales, sont quant à aux soumis au droit du travail national[2]. Ainsi en est-il, par exemple, des permanents d'une association de témoins de Jéhovah[3].

547. Une autonomie valable en Alsace-Moselle. Il en est également ainsi en Alsace et en Moselle. Malgré la présence d'un service public cultuel, le juge administratif n'intervient pas dans les décisions prises par le supérieur ecclésiastique vis-à-vis d'un ministre du culte[4]. Il en résulte, par exemple, que si l'évêque de Strasbourg décide de révoquer un desservant, l'autorité administrative est tenue de mettre fin au versement de son traitement, sans avoir d'appréciation à formuler sur la décision de révocation prise par l'évêque[5].

En revanche, comme dans le reste du territoire national, l'exemption d'application des règles ordinaires ne s'applique qu'aux ministres du culte et non aux autres employés, car leur relation avec l'Église qui les emploie ne préserve pas au même degré la libre autonomie de l'Église. Les agents des établissements publics du culte alsaciens-mosellans qui ne sont pas eux-mêmes ministres du culte peuvent ainsi bénéficier de certaines protections applicables aux agents publics de l'État et de ses établissements publics, comme l'exigence de réunir une commission consultative paritaire pour le prononcé de certaines sanctions importantes[6]. Et le juge administratif est compétent pour connaître des litiges qui peuvent s'élever entre l'agent et son employeur.

548. La liberté des Églises de régler les dissidences internes. La CEDH refuse de surcroît, au nom de « l'autonomie interne des groupes confessionnels », de reconnaître un « droit à la dissidence à l'intérieur d'un organisme religieux : en cas de désaccord doctrinal ou

---

[1] CEDH, 26 octobre 2000, *Hassan et Tchaouch c/ Bulgarie*, n° 30985/96, §62.

[2] V. Jean Mouly, « L'applicabilité des règles de droit du travail aux membres de l'organisation religieuse », *RDR*, n° 5, 2018, p. 87.

[3] Cass., crim., 14 janvier 2003, n° 01-87.300.

[4] CE, 6 février 2023, *Directoire de l'Église protestante de la Confession d'Augsbourg d'Alsace et de Lorraine*, n° 468425, point 7. Note : A. Le Brun, *JCP A*, 2023, n° 17, 2140.

[5] CE, 2 décembre 1981, *Siegel*, n° 27903.

[6] CE, 22 juillet 2016, *Horst*, n° 383412, point 4. CE, 28 février 2020, *Évêque de Metz c/ X.*, n° 428441, point 2. Notes : J.-M. Woehrling, *RDL*, n° 87, 2020, p. 10 ; V. Lamy, *AJDA*, 2020, n° 22, p. 1237.

organisationnel entre une communauté religieuse et l'un de ses membres, la liberté de religion de l'individu s'exerce par sa faculté de quitter librement la communauté »[1]. Une telle jurisprudence est de nature à protéger le fonctionnement interne des Églises, ainsi que leur unité et leur cohérence. Tout en devant assurer l'ordre public et la coexistence des différentes opinions, l'État doit donc reconnaître le « droit pour ces communautés de réagir conformément à leurs propres règles et intérêts aux éventuels mouvements de dissidence qui surgiraient en leur sein et qui pourraient présenter un danger pour leur cohésion, pour leur image ou pour leur unité »[2]. Selon la Cour, un État est donc fondé à refuser la constitution d'un syndicat de ministres du culte qui n'a pas été agréé par l'autorité religieuse elle-même, car ce serait aller contre l'autonomie de décision de cette autorité[3]. La CEDH préserve ainsi l'autonomie des Églises sans leur imposer un pluralisme qui risquerait de détruire leur unité ou la cohérence de leur doctrine.

549. La situation particulière des aumôniers intervenant dans les services publics. Toutefois, la situation des aumôniers intervenant dans des établissements publics (prisons, hôpitaux, écoles, asiles, armées, etc.) est singulière. S'ils dépendent avant tout de l'autorité religieuse, l'État (ou l'établissement public au sein duquel ils interviennent) ne peut se désintéresser complètement du choix qui est fait de la personne qui sera admise au sein de l'établissement public. Aussi la personne publique donne-t-elle son aval au choix de la personne investie de la fonction d'aumônier par l'autorité religieuse. « Étant donné que l'aumônier est doublement investi par une personne publique et par une autorité religieuse, il a un double lien de confiance. »[4] Il en résulte donc que l'aumônier est placé dans une situation de double dépendance vis-à-vis de son Église et vis-à-vis de l'autorité administrative[5].

---

1 CEDH, 12 juin 2014, *Fernandez-Martinez c/ Espagne*, n° 56030/07, §128, préc.

2 *Ibid.*

3 CEDH, gd ch., 9 juillet 2013, *Sindicatul « Păstorul cel Bun » c/ Roumanie*, n° 2330/09, préc.

4 Pauline Vidal-Delplanque, *L'aumônerie républicaine. La conciliation moderne des principes de laïcité de l'État et de liberté de conscience des individus*, thèse, Lille II, 1998, t. II, p. 387.

5 Cela ressort clairement, pour les aumôniers militaires, de l'article 3 du décret n° 2008-1524 du 30 décembre 2008 relatif aux aumôniers militaires qui dispose : « Les aumôniers militaires relèvent conjointement : 1° De l'aumônier militaire en chef de leur culte, pour ce qui concerne les questions relatives à leur culte ; 2° De l'autorité militaire, pour ce qui concerne les modalités d'exercice de leurs missions au sein des forces armées et formations rattachées. »

D'une part, l'aumônier doit impérativement bénéficier du soutien des autorités du culte au nom duquel il intervient. Lorsque l'autorité religieuse entend mettre fin aux fonctions d'un aumônier, l'établissement public ou le service administratif au sein duquel il intervient est tenu de prendre acte de la décision de l'autorité religieuse et de mettre à son tour un terme aux fonctions d'aumônier de l'intéressé[1]. Il n'en va pas différemment lorsque l'autorité religieuse entend déplacer un aumônier militaire présent en Polynésie française, « le commandant supérieur des forces armées de la Polynésie française [étant alors] tenu, comme il l'a fait, de mettre fin aux fonctions de M. X… auprès des forces armées en Polynésie »[2].

D'autre part, sans effectuer un contrôle sur le choix des ministres du culte, l'État contrôle les aumôniers qui interviendront dans les services publics. Les aumôniers qui interviennent auprès des détenus doivent par exemple être « agréés »[3] par l'administration pénitentiaire, « sur proposition de l'aumônier national du culte concerné »[4]. Et l'agrément peut être retiré par l'administration à un aumônier qui aurait tenté d'introduire un téléphone portable dans l'établissement pénitentiaire[5]. Quant aux aumôniers militaires, ils sont nommés par le ministre de la Défense, « parmi les candidats proposés par chaque culte, conformément à ses règles d'organisation » ou « sur proposition de l'aumônier militaire en chef de leur culte »[6]. Par ailleurs, l'intervention des aumôniers dans ces établissements publics est dorénavant subordonnée, par le décret n° 2017-756 du 3 mai 2017, à l'obtention d'un diplôme, délivré après le suivi d'une formation civile et civique agréée, touchant notamment aux *valeurs républicaines*[7]. Il s'agit en effet, pour l'État, de s'assurer que les personnes habilitées à intervenir dans les services publics ne soient pas amenées à promouvoir des valeurs antinomiques avec celles de ces services publics.

---

[1] CE, sect., 17 octobre 1980, *Pont*, n° 13567. Conclusions : D. Labetoulle, *AJDA*, 1981, p. 257.

[2] CE, 27 mai 1994, *Bourges*, n° 119947.

[3] Article R. 351-3 du Code pénitentiaire.

[4] Article D. 439 du Code de procédure pénale.

[5] CAA Versailles, 1er mars 2022, n° 20VE02036.

[6] Article 5 du décret n° 2008-1524 du 30 décembre 2008 relatif aux aumôniers militaires.

[7] CE, 27 juin 2018, *Union des associations diocésaines de France*, n° 412039.

3. Les contrôles sur les activités se déroulant dans les lieux de culte

550. Le partage de responsabilité entre l'autorité publique et l'autorité cultuelle dans les lieux de culte. L'article 25 de la loi de 1905 précise que les réunions pour la célébration des cultes « restent placées sous la surveillance des autorités dans l'intérêt de l'ordre public ». S'est donc posée la question de l'exercice du pouvoir de police à l'intérieur des lieux de culte. Une séparation radicale du politique et du religieux aurait pu conduire à interdire l'immixtion des autorités publiques dans les lieux de culte, à y sanctuariser la liberté religieuse et à en exclure toute intervention publique. Le risque aurait alors été que l'ordre public en pâtisse. C'est pourquoi, selon l'article L. 2212-2, 3° du Code général des collectivités territoriales, la police municipale comprend notamment « le maintien du bon ordre dans les endroits où il se fait de grands rassemblements d'hommes, tels que les [...] églises » (les lieux de culte catholiques n'étant pas les seuls concernés).

À l'inverse, une intervention trop importante des autorités administratives pourrait nuire à l'autonomie dont doivent jouir les Églises dans les lieux dédiés à l'exercice même du culte. C'est pourquoi l'administration n'intervient en principe pas dans un lieu de culte, abandonnant la police intérieure de l'édifice aux autorités religieuses (a). Ce n'est que de manière dérogatoire que l'autorité de police peut intervenir dans un lieu de culte, lorsque l'ordre public lui fait un impérieux besoin de suppléer aux carences de l'autorité religieuse (b).

a. L'incompétence de principe des autorités de police dans les lieux de culte

551. La *police intérieure* de l'édifice. La police administrative est en principe incompétente dans l'enceinte d'un lieu de culte. Comme sous l'ère du régime des cultes reconnus (1801-1905)[1], l'affectataire du lieu dispose seul de la police intérieure dans l'édifice cultuel : il peut s'agir soit du président de l'association affectataire ou propriétaire du lieu de culte (le président pouvant être ministre du culte), soit du prêtre desservant de l'église dans le cas du culte catholique. Dès 1910, la Cour de cassation jugeait ainsi « qu'il n'est pas douteux que l'exercice du culte a pour conséquence nécessaire l'attribution aux curés et desservants de la police intérieure des temples ; qu'il appartient en effet

---

[1] V. Brigitte Basdevant-Gaudemet, « Le statut des ministres du culte en France au XIXe siècle », *RDR*, n° 8, 2019, p. 35-37.

à ces derniers de déterminer les heures des offices et cérémonies, et d'organiser les services religieux, d'en régler la tenue et de prendre, par suite, les mesures et les dispositions propres à garantir le bon ordre dans les églises »[1].

Bien entendu, « il ne s'agit pas d'un pouvoir de police au sens juridique du terme, car un tel pouvoir ne peut appartenir à un particulier, mais d'un pouvoir de discipline intérieure qui se rencontre dans toutes les organisations privées »[2]. Sans être un véritable pouvoir de police, ce pouvoir de « police sacerdotal »[3] permet au président de l'association ou au prêtre d'assurer l'ordre et la sécurité dans l'édifice pour que se déroule normalement l'exercice du culte. Il peut, seul et sans en référer aux autorités publiques (mêmes propriétaires de l'édifice), décider de l'aménagement et de la décoration du lieu, ainsi que de l'organisation des cérémonies et de la détermination de leurs horaires, la loi du 28 mars 1907 relative aux réunions publiques ayant supprimé l'exigence de déclaration préalable que posait la version initiale de l'article 25 de Séparation. « Tout l'ordre intérieur relève du prêtre »[4], affirmait le commissaire du gouvernement dans l'affaire de l'église de Baume-les-Messieurs.

À cet égard, la circulaire du 29 juillet 2011 du ministre de l'Intérieur énumère les prérogatives de l'affectataire[5]. Il revient par exemple à l'affectataire du lieu de culte de saisir l'autorité judiciaire pour requérir la force publique en vue de l'expulsion de personnes occupant une église[6].

552. L'usage de l'édifice cultuel. L'autorité publique ne peut pas invoquer le fait qu'elle est propriétaire d'un édifice du culte pour réglementer son usage et celui des biens mobiliers qu'il renferme. Certes, en vertu de l'article 25 de la loi du 13 décembre 1913, le conseil

---

[1] Cass., crim., 1er décembre 1910, *Galin*, bull. n° 593, p. 1091.

[2] Clément Benelbaz, *Le principe de laïcité en droit public français*, L'Harmattan, coll. logiques juridiques, 2011, p. 404.

[3] Francis Messner, Pierre-Henri Prélot, Jean-Marie Woerhling et Isabelle Riassetto, *Traité de droit français des religions*, LexisNexis, coll. Traités, 2e éd., 2013, p. 829.

[4] Rémy Schwartz, « La visite des édifices cultuels et de leurs trésors peut-elle être soumise à redevance ? Conclusions sur CE, sect., 4 novembre 1994, *Abbé Chalumey* », *RFDA*, 1995, n° 5, p. 986.

[5] Circulaire n° IOCD11/21246C du 29 juillet 2011 du ministre de l'Intérieur, « Édifices du culte : propriété, construction, réparation et entretien, règles d'urbanisme, fiscalité », p. 7-8.

[6] Cass., 1e civ., 17 octobre 1978, *Abbé Coache c/ Abbé Bellegro et autres*, n° 77-14.244.

municipal peut établir un droit de visite des objets mobiliers classés exposés dans l'église (par dérogation à l'article 17 de la loi de 1905 qui précise que la visite des édifices du culte ne peut donner lieu ni au prélèvement d'une taxe ni au paiement d'une redevance). Mais « la jouissance exclusive des lieux [...] reconnue au prêtre interdit [...] l'institution d'un droit de visite perçu par la commune sans l'accord de ce même prêtre. »[1] En vertu de la jurisprudence *Abbé Chalumey* de 1994, rendue à propos de l'église de Baume-les-Messieurs, la compétence est ainsi partagée entre le prêtre et le conseil municipal, de telle sorte que le conseil municipal ne peut pas, par exemple, créer des visites guidées payantes dans l'église[2] ou organiser une manifestation dans un édifice religieux sans l'accord du desservant[3].

Le Code général de la propriété des personnes publiques s'inscrit dans la lignée de la jurisprudence *Abbé Chalumey*. Si son article L. 2124-31 autorise à présent l'usage de l'église pour des activités non cultuelles mais « compatibles avec l'affectation cultuelle » (sans troubler, donc, l'exercice du culte), et en particulier pour « la visite de parties d'édifices affectés au culte », l'article subordonne cette possibilité à l'accord de l'affectataire[4]. La circulaire précitée du 29 juillet 2011 précise notamment les prérogatives de l'affectataire dans l'utilisation de l'église à des fins compatibles avec l'affectation du lieu (p. 9).

En revanche, si « la toiture d'un édifice cultuel, en tant qu'elle est nécessaire au bon déroulement des célébrations cultuelles organisées dans l'édifice qu'elle protège, est affectée au culte », ce qui interdit à la personne publique de pouvoir y organiser des visites touristiques payantes, il en va différemment, comme en l'espèce, lorsqu'il est possible d'accéder à la terrasse et au chemin de ronde situés sur le toit de cet édifice sans passer par l'intérieur de l'édifice : au nom de la

---

[1] Rémy Schwartz, « La visite des édifices cultuels et de leurs trésors peut-elle être soumise à redevance ? Conclusions sur CE, sect., 4 novembre 1994, *Abbé Chalumey* », *RFDA*, 1995, n° 5, p. 986.

[2] CE, sect., 4 novembre 1994, *Abbé Chalumey*, n° 135842. Conclusions : R. Schwartz, *RFDA*, 1995, n° 5, p. 986. Notes : M.-C. Rouault, *LPA*, 1995, n° 11, p. 21 ; M. Viviano, *JCP G*, 1995, n° 15, II, 22415.

[3] CE, 25 août 2005, *Commune de Massat*, n° 284307, préc.

[4] V. Christian Lavialle, « Le code général de la propriété des personnes publiques. Les édifices affectés aux cultes », *RFDA*, 2006, n° 5, p. 949 ; Élise Untermaier, « Les églises et le code général de la propriété des personnes publiques. À propos de l'article L. 2124-31 », *AJDA*, 2006, n° 40, p. 2210.

« dissociabilité fonctionnelle »[1] de l'église et de son toit, le maire peut se dispenser de recueillir l'accord du desservant de l'église pour organiser des visites du toit-terrasse, à condition de ne pas perturber l'exercice du culte[2].

Bien que tous les organismes privés puissent régir, dans une certaine mesure, leur ordre intérieur, l'autonomie (relative) du pouvoir de l'affectataire a bien pour objectif d'assurer l'autonomie de l'organisation du culte par les Églises.

b. La compétence d'exception des autorités de police dans les lieux de culte

553. Une intervention exceptionnelle des autorités administratives dans un lieu de culte. Malgré ce principe, les autorités de police peuvent exceptionnellement user de leurs pouvoirs de police pour intervenir dans le sanctuaire et y surveiller le respect de l'ordre public. Cette « surveillance » est d'ailleurs facilitée par l'article 25 de la loi, qui dispose que « les réunions pour la célébration d'un culte [...] sont publiques », la jurisprudence ayant étendu cette obligation de publicité aux cérémonies ne présentant pas de caractère de culte pour les fidèles[3].

Néanmoins, « exception à la compétence de droit commun du desservant, l'immixtion [de l'autorité administrative] est interprétée restrictivement par la jurisprudence. »[4] L'arrêt *Abbé Sarralongue* de 1912 rappelait déjà que, « conféré dans l'intérêt de l'ordre et de la tranquillité publique [le pouvoir de police] ne peut en aucun cas servir à réglementer l'usage de l'église par lesdits fidèles »[5]. L'ordre public ne saurait fournir aux autorités de police administrative un prétexte pour réduire arbitrairement l'autonomie de gestion des Églises.

554. L'intervention de la police administrative générale. Cette intervention de la police administrative dans un lieu de culte peut se

[1] Pierre-Henri Prélot, « La valorisation patrimoniale des édifices religieux entre affectation cultuelle exclusive et contractualisation », *RDR*, n° 3, 2017, p. 37.

[2] CE, 20 juin 2012, *Commune des Saintes-Maries-de-la-Mer*, n° 340648. Conclusions : E. Cortot-Boucher, *RFDA*, 2012, n° 5, p. 821. Notes : J. Morange, *RFDA*, 2012, n° 5, p. 826 ; F. Dieu, *JCP A*, 2012, 2390 ; H. Pauliat, *RDP*, 2012, p. 1573 ; M. Perrier, *AJCT*, 2012, n° 11, p. 571 ; Y. Délicat, *AJDA*, 2012, n° 38, p. 2103.

[3] Cass., crim., 25 octobre 2011, n° 11-80.266.

[4] Michel Viviano, « Culte : compétence pour réglementer l'usage des biens laissés à la disposition des fidèles et des desservants », *JCP G*, 1995, n° 15, II, 22415.

[5] CE, 24 février 1912, *Abbé Sarralongue*, n° 41913, *Lebon* p. 250.

fonder sur la police administrative générale et être motivée par l'ordre public lui-même. En 1911, le Conseil d'État admettait déjà explicitement que le fait que l'église soit affectée au culte catholique par détermination de la loi n'empêche pas le maire d'user de la police administrative pour remédier, dans une situation d'urgence, à un risque avéré de trouble à l'ordre public. En l'espèce, une partie de la voûte d'une église s'étant effondrée, le maire était fondé à user de son pouvoir de police pour ordonner, « dans l'intérêt de la sécurité publique, la fermeture totale de cette église »[1].

Dans l'affaire dite des sans-papiers de Saint-Bernard, le préfet de police de Paris avait prescrit l'évacuation de toute personne présente dans l'église Saint-Bernard de la Chapelle, dont il avait provisoirement interdit l'accès. Cette église était en effet occupée de manière pacifique par environ deux cents étrangers séjournant en France de façon irrégulière et sollicitant leur régularisation. Or l'arrêté préfectoral était motivé par le fait que les conditions d'hygiène et d'hébergement se détérioraient et que cette occupation provoquait des troubles aux abords de l'église. La Cour administrative d'appel avait jugé à cette occasion que, « si les ministres du culte occupant les édifices sont chargés d'en régler l'usage de manière à assurer aux fidèles la pratique de leur religion, cela ne fait pas obstacle à l'intervention des autorités de police compétentes en charge de la préservation de l'ordre public ». En conséquence, elle a jugé que le préfet pouvait légalement « ordonner cette mesure d'évacuation qui présentait ainsi un caractère nécessaire et proportionné »[2].

Dans la même affaire, la CEDH a jugé dans un sens identique. Rappelant que « les autorités de police générale sont responsables de l'application de la loi du 9 décembre 1905, qui leur fait obligation de respecter l'ordre public et de garantir la vocation culturelle des lieux dans l'intérêt des fidèles »[3], la Cour admet que le préfet de police ait pu, de sa propre initiative et sans demande du desservant, faire évacuer l'église, même si « aucun trouble direct à l'ordre public ni à l'exercice du culte par les fidèles » n'était à relever, en raison de la santé précaire des personnes qui avaient entamé une grève de la faim (§51).

555. L'intervention d'une police administrative spéciale. L'intervention de l'autorité publique peut aussi se fonder, en certains

---

[1] CE, 26 mai 1911, *Sieur Ferry et autres*, n° 34776, *Lebon* p. 638.

[2] CAA Paris, 4 novembre 2003, *Cissé*, n° 99PA01806.

[3] CEDH, 9 avril 2002, *Cissé c/ France*, n° 51346/99, §36. Note : I. Kitsou-Milonas, *Europe*, 2002, n° 8, p. 34.

cas, sur une police administrative spéciale. Sur le fondement de l'article 35-1 de la loi de 1905, les autorités administratives peuvent par exemple s'assurer que le lieu de culte n'est pas détourné de sa vocation religieuse pour servir de cadre à des réunions de nature politique (v. §307). Les autorités de police peuvent également ordonner la fermeture d'un lieu de culte à raison des propos qui y sont tenus, ce qui constitue là encore une immixtion dans un lieu de culte pour la protection de l'ordre public (v. §545).

Durant l'épidémie du coronavirus en 2020-2021, quand les lieux de culte furent rouverts malgré la propagation du virus, « chaque gestionnaire de lieu de culte » devait veiller au respect de la réglementation sanitaire, y compris lors de l'entrée et de la sortie de l'édifice (principe de la compétence de l'affectataire du lieu de culte), mais le préfet pouvait néanmoins, après mise en demeure restée sans suite, « interdire l'accueil du public dans cet établissement [...] si les conditions de leur organisation ainsi que les contrôles mis en place [n'étaient] pas de nature à garantir le respect de cette réglementation »[1]. Le préfet pouvait donc intervenir dans le lieu de culte pour garantir la santé publique, mais sa compétence était subsidiaire par rapport à celle de l'affectataire du lieu.

Le pouvoir des autorités de police peut bel et bien intervenir dans les édifices du culte, mais il y paraît limité. Là encore, il s'agit évidemment de concilier liberté et ordre public, la laïcité des pouvoirs publics faisant à nouveau figure de protection de la liberté de religion en évitant qu'ils ne s'immiscent dans les affaires internes des Églises.

---

[1] CE, 29 novembre 2020, *Conférence des évêques de France et autres*, n° 446941, point 17, préc.

TROISIÈME PARTIE
LA LAÏCITÉ, GÉNÉRATRICE DE DROITS ET OBLIGATIONS VARIABLES SELON LES PERSONNES

La laïcité est, pour les personnes publiques et leurs services publics, une obligation de neutralité religieuse. Mais elle a aussi des effets juridiques plus ou moins directs sur les différents sujets de droit.

Or, sur ce point, il faut relever que toutes les personnes ne reçoivent pas de la laïcité les mêmes droits et obligations. Puisque la laïcité est d'abord un principe applicable aux pouvoirs publics, les particuliers se verront octroyer des droits et obligations différents en fonction de leur position par rapport à ces pouvoirs publics et de leurs liens plus ou moins étroits avec eux.

De toute évidence, les agents des services publics sont dans une situation singulière, qui justifie la singularité de leurs droits et obligations en la matière. Comme ils incarnent les services publics, qui ne veulent et n'agissent que par leur activité, les agents du service public ont un lien très étroit avec lui. Si bien que le principe de laïcité s'applique également à eux, comme par capillarité. Dans le cadre de leurs fonctions, les agents des services publics sont donc astreints à une stricte obligation de neutralité religieuse, qui leur impose de taire leurs convictions religieuses et de n'arborer aucun signe témoignant de leur foi (chapitre 6).

Les usagers du service public entretiennent bien sûr un lien avec le service public, puisqu'ils bénéficient, par définition, des prestations que délivre ce service. Mais ce lien est plus distendu que celui qui existe pour les agents, puisqu'ils n'en sont pas l'incarnation. C'est pourquoi, contrairement à eux, les usagers sont en principe dans une situation de liberté : la laïcité ne leur impose aucune obligation (ce qui n'exclut pas que d'autres impératifs, comme le bon fonctionnement du service public, justifient de leur imposer des obligations particulières). À ce principe, il faut toutefois poser immédiatement une notable exception : celle des élèves des écoles, collèges et lycées publics qui, bien qu'usagers du service public scolaire, se voient astreints à une obligation de discrétion religieuse (et non pas de neutralité) déduite du principe de laïcité (chapitre 7).

Enfin, existe la catégorie des tiers au service public. Cette étiquette fourre-tout englobe tous les individus qui ne sont pas pris en qualité d'usagers du service public (même si, dans certaines circonstances de leur existence, ils sont amenés à être en relation avec les services publics). Les individus peuvent en effet n'avoir aucun lien avec le service public lorsqu'ils se promènent dans les lieux ouverts au public (un square public, un supermarché, etc.) ou lorsqu'ils travaillent dans une entreprise privée ayant une activité commerciale sans lien avec un service public.

Les tiers au service public ne sont pas concernés par l'exigence de neutralité religieuse qui s'impose aux services et à leurs agents. La laïcité étant un principe dont l'application est cantonnée aux institutions publiques, elle ne rayonne pas au-delà et laisse en principe indifférent les tiers, étrangers au fonctionnement des administrations publiques. Il en résulte que, pour les individus qui sont tiers au service public, la liberté religieuse demeure le principe et la laïcité n'en est pas une limite. Mais il n'est en revanche pas exclu que cette liberté puisse faire l'objet de restrictions sur le fondement d'autres principes que la laïcité. La préservation de l'ordre public en est la première justification (v. §512-513). D'autres sources de restrictions, plus spécifiques et plus exceptionnelles, peuvent être ajoutées, comme le bon fonctionnement de l'entreprise (qui peut justifier de restreindre la liberté religieuse des salariés) ou l'intérêt d'une copropriété manifesté dans son règlement intérieur auquel la liberté religieuse des habitants ne peut justifier de déroger (v. §6). La liberté de religion n'est donc jamais absolue. Mais elle n'est point entravée par la laïcité.

CHAPITRE 6
LA SITUATION DES AGENTS DES SERVICES PUBLICS

601. L'obligation faite aux agents publics d'une neutralité religieuse apparente. L'obligation de neutralité religieuse qui pèse sur les services publics s'impose logiquement aux agents faisant fonctionner ces services publics. Les agents publics sont ainsi astreints à une obligation de neutralité religieuse, qui réduit leur liberté d'exprimer leurs convictions religieuses afin de marquer, y compris dans les apparences, la neutralité du service public qu'ils incarnent. Comme pour l'apposition de signes ou emblèmes religieux (v. §448 s.), les apparences doivent certifier la neutralité des personnes publiques et des services publics. Les agents qui agissent en leur nom et pour leur compte ne doivent afficher aucune conviction religieuse d'aucune sorte, même s'ils disposent bien sûr d'une complète liberté de conscience. Comme ils incarnent les services publics, auxquelles ils prêtent vie, la laïcité de ces services publics déteint en quelque sorte sur eux : la neutralité religieuse des services publics paraîtrait illusoire si leurs agents pouvaient afficher leurs convictions religieuses par leurs tenues ou leurs propos et trahir ainsi un risque de partialité des services. Aussi les agents publics se voient-ils imposer une stricte obligation de neutralité (I).

La soumission des agents publics à la laïcité découle d'un critère organique : ils sont les supports des organes des personnes publiques ; c'est leur rattachement à leur employeur public qui justifie leur soumission à la laïcité. *A contrario*, sur le fondement de ce critère, les personnes privées et leurs salariés sont *a priori* exonérés du respect de ce principe. La laïcité est une obligation des pouvoirs publics qui s'applique à leurs agents, mais qui ne trouve pas à s'appliquer dans les structures privées, étrangères à la sphère publique et qui ne répondent pas à ce critère organique, comme l'a rappelé la fameuse affaire de la crèche Baby Loup[1].

[1] Cass., soc., 19 mars 2013, *Crèche Baby Loup*, n° 11-28.845. Notes : J.-D. Dreyfus, *AJDA*, 2013, p. 1069 ; J. Mouly, *Recueil Dalloz*, 2013, p. 963 ; P. Lokiec et J. Porta, *Recueil Dalloz*, 2013, p. 1026 ; F. Dieu, *JCP A*, 2013, n° 18, p. 44 ; J.-B. Vila, *JCP A*, 2013, n° 18, 2132, p. 51 ; J. Ficara, *AJCT*, 2013, p. 306 ; E. Dockès, *Dr. soc.*, 2013, p. 388 ; H. Peschaud, *LPA*, 2013, n° 127, p.7.

602. La tendance contemporaine à l'extension de cette obligation de neutralité religieuse aux salariés privés. Mais, de plus en plus, un critère fonctionnel s'est ajouté à ce critère organique. Désormais, indépendamment de la relation organique avec une personne publique, c'est la participation à la réalisation d'un service public qui peut justifier qu'un individu, y compris s'il n'est pas agent public, soit astreint à une obligation de neutralité. « Le critère de la participation au service public [...] correspond à une vision fonctionnelle de cette sphère publique – centrée sur les activités de l'autorité publique –, distincte de l'approche organique axée sur ses acteurs, à savoir les personnes publiques à travers leurs organes et leurs subordonnés. »[1] En vertu de ce critère fonctionnel, l'obligation de neutralité est à présent attachée au service public lui-même, et non plus seulement à la nature publique de l'employeur.

Dès lors, cette obligation de neutralité a pu être appliquée au-delà des seuls agents publics, à toute personne faisant fonctionner ses services publics, y compris, donc, si elles sont des salariés privés. En plus des agents publics qui travaillent au sein d'une administration publique (critère organique), des salariés qui ont pour mission de faire fonctionner un service public (critère fonctionnel) peuvent aussi être obligés de respecter le principe de laïcité. Ce n'est donc plus le statut de droit public de l'agent qui justifie sa soumission à l'obligation de neutralité religieuse, mais c'est sa fonction en lien avec le service public qui induit l'application de cette obligation.

Sans doute ce critère n'est-il pas entièrement nouveau, puisque la laïcité est bien attachée au service public. Dans la mesure où les personnes publiques assument en principe la gestion d'un service public, « un individu employé par une personne publique sera le plus souvent soumis à l'obligation de neutralité sans que le critère de la participation au service public soit réellement sollicité, ou alors à un niveau très global. Celui-ci est en revanche incontournable pour assujettir des salariés d'entreprise ou d'associations, des professions libérales ou même des bénévoles. [...] Le critère de la participation au service public n'est véritablement utilisé pour appliquer l'obligation de neutralité que lorsque l'individu concerné n'est pas dans un lien d'emploi avec une personne publique. »[2] Le critère de la participation

---

[1] Julie Arroyo, « Participation au service public et neutralité religieuse », *RFDA*, 2022, p. 1131.
[2] *Ibid.*

au service public apparaît ainsi comme le vecteur d'une extension du champ d'application de la laïcité aux salariés privés d'un service public (II).

La soumission à cette obligation reste toutefois exceptionnelle et peut être modulée en fonction de la participation plus ou moins permanente de l'individu au fonctionnement du service public. Aussi cette extension du champ d'application de la laïcité est-elle contenue. Malgré leur participation au service public, les élus (III) et les personnes concourant au service public (IV) ne se voient imposer qu'une obligation de discrétion ou de neutralité variable et nuancée, qui ne simplifie pas la lisibilité du droit de la laïcité ni la visibilité de la frontière entre le permis et l'interdit.

I. LE PRINCIPE DE LAÏCITÉ DOUBLEMENT APPLICABLE À L'AGENT PUBLIC

603. L'ambivalence de la situation de l'agent public. Pour les agents publics, la laïcité présente une certaine ambivalence. D'un côté, elle leur impose une obligation de neutralité religieuse dans le cadre de leurs fonctions, ce qui a pour effet de restreindre leur liberté de manifester et d'exprimer leur foi (A). Mais, d'un autre côté, comme son employeur public est lui aussi astreint à un devoir de neutralité religieuse, l'agent est protégé contre toute mesure discriminatoire qui le frapperait en raison de ses opinions religieuses (B). La laïcité impose certes des obligations aux agents publics, mais elle les protège aussi contre leur employeur public.

A. L'ASSUJETTISSEMENT DE L'AGENT PUBLIC À UNE OBLIGATION DE NEUTRALITÉ RELIGIEUSE

604. Une stricte obligation. L'article L. 100-2 du Code des relations entre le public et l'administration (CRPA) affirme, de façon générale et impersonnelle, que l'administration « est tenue à l'obligation de neutralité et au respect du principe de laïcité. » Déclinant cette obligation générale aux agents publics, l'article L. 121-2 du Code général de la fonction publique précise ainsi : « Dans l'exercice de ses fonctions, l'agent public est tenu à l'obligation de neutralité. Il exerce ses fonctions dans le respect du principe de laïcité. À ce titre, il s'abstient notamment de manifester ses opinions religieuses. » Dans le cadre de ses fonctions, l'agent public est donc tenu à une stricte obligation de neutralité[1]. Cela lui interdit en particulier de discriminer quelqu'un à raison de ses convictions religieuses, ce qui est pénalement répréhensible[2], mais même de manifester ses propres opinions religieuses d'une quelconque manière.

En outre, cette obligation de neutralité a un champ d'application suffisamment vaste pour s'imposer à « tout agent collaborant à un service public »[3]. Il s'applique par exemple aux stagiaires de la fonction publique, que le stage précède la titularisation de l'agent (après l'obtention du concours), puisque ce stagiaire a déjà la qualité d'agent public, ou que ce stage soit intégré dans le cursus ou la formation des futurs agents publics[4] (qui n'ont donc pas encore cette qualité). Par exemple, les élèves des instituts de formation paramédicaux ont, lorsqu'ils suivent des enseignements théoriques, la qualité d'usager du service public de l'enseignement supérieur et ils peuvent donc faire état de leurs croyances religieuses, notamment par leur tenue ; en revanche, lorsqu'ils effectuent, durant leur formation, un stage dans un établissement public de santé en charge d'une activité de service public, ils « doivent respecter les obligations qui s'imposent aux agents du service public hospitalier », et notamment l'obligation de neutralité religieuse[5].

Cette obligation est applicable à tous ces agents durant l'exercice de leurs fonctions. Importent peu, à cet égard, le lieu où se trouve l'agent (bureau, voie publique, etc.) et le fait que ce lieu le mette ou non en contact avec les usagers du service. De même, le moment de la manifestation de sa foi par l'agent est indifférent. Dès lors qu'il s'agit

---

[1] V. Didier Jean-Pierre, « Les religions du fonctionnaire et la République », *AJFP*, 2001, n° 4, p. 41 ; Joël Berthoud, « La neutralité religieuse du fonctionnaire », *JCP A*, 2005, n° 12, 1142.

[2] En vertu de l'article 432-7 du Code pénal, « une personne dépositaire de l'autorité publique ou chargée d'une mission de service public » peut être punie de cinq ans d'emprisonnement et de 75 000 euros d'amende si, « dans l'exercice ou à l'occasion de l'exercice de ses fonctions ou de sa mission », elle refuse à quelqu'un « le bénéfice d'un droit accordé par la loi » ou « entravait l'exercice normal d'une activité économique » de manière discriminatoire, notamment pour des motifs religieux.

[3] CE, 3 mai 1950, *Jamet*, n° 98284, *Lebon* p. 247.

[4] CAA Paris, 6 décembre 2016, *AP-HP*, n° 15PA03527.

[5] CE, 28 juillet 2017, *Boutaleb*, n° 390740. Notes : H. Pauliat, *JCP A*, 2017, n° 49, 2310 ; P. Juston et J. Guilbert, *AJDA*, 2017, p. 2084 ; S. Renard, *RDS*, n° 80, 2107, p. 834 ; G. Eveillard, *Dr. Adm.*, 2018, n° 1, comm. 5, p. 44 ; A. Zarca, *AJFP*, 2018, p. 160 ; C. Vallar, *JCP A*, 2018, n° 13, 2115.

d'un temps de travail, cette manifestation est interdite. Il en est ainsi y compris durant les temps de pause dont l'agent bénéficie pendant son service, puisque « ces pauses, comprises dans le temps de service, constituent des périodes durant lesquelles les agents demeurent à la disposition de la collectivité qui les emploie et ne peuvent [...] se soustraire aux obligations de tous ordres inhérents à leur statut »[1] ; en conséquence, il n'est pas permis à un agent de prier pendant ses temps de pause, car l'obligation de neutralité y demeure applicable.

605. Les objectifs de la neutralité religieuse. Bien souvent, l'obligation de neutralité religieuse qui pèse sur les agents publics est pensée comme une garantie de l'usager des services publics. Le *Guide de la laïcité dans la fonction publique* du 8 décembre 2023 indique ainsi : « Dans l'exercice de leurs fonctions, les agents publics sont tenus de respecter le principe de laïcité dans tous ses aspects, c'est-à-dire de servir et de traiter de façon égale et sans distinction tous les usagers quelles que soient leurs convictions philosophiques ou religieuses, en faisant preuve d'une stricte neutralité. »[2] Pourtant, si l'on admet cette idée, si l'on considère que l'objectif de la neutralité de l'agent est l'égalité des usagers, il devient difficile de justifier que les agents qui n'ont pas de contacts avec les usagers soient aussi astreints au respect de la laïcité. Si celle-ci n'est conçue qu'en lien avec l'usager, il serait logique que l'absence d'usagers justifie une exemption à l'obligation de neutralité. Or ce n'est pas le cas en droit français.

Cela tient au fait que, en réalité, l'obligation de neutralité des agents publics poursuit une double finalité, qui justifie sa rigueur.

Elle doit premièrement garantir l'autonomie du service public vis-à-vis des convictions religieuses de ses agents. L'autonomie du service public par rapport à la foi de l'agent impose que l'agent laisse de côté sa foi afin d'agir dans l'intérêt du service plutôt qu'en fonction de ses opinions personnelles. Le service public serait rapidement paralysé si son fonctionnement dépendait des opinions personnelles de ses (nombreux) agents. Aussi l'agent doit-il assurer l'administration de son « loyalisme »[3] en ne manifestant aucunement sa foi dans le cadre de ses fonctions. Un agent portant un signe religieux ou portant sa foi dans ses propos pourrait laisser entendre qu'il agit d'abord pour son Église plutôt

[1] CAA Lyon, 28 novembre 2017, *M. A. c/ Métropole de Lyon*, n° 15LY02801, point 4.
[2] Direction générale de l'administration et de la fonction publique et Direction des libertés publiques et des affaires juridiques, *Guide de la laïcité dans la fonction publique*, La documentation française, 8 décembre 2023, p. 31.
[3] TA Lyon, 8 juillet 2003, *Ben Adallah*, n° 0201383.

que pour le service public, qu'il est guidé avant tout par les préceptes de sa religion plutôt que par les instructions de son supérieur hiérarchique.

De surcroît, si l'agent portait témoignage de son obédience religieuse dans le cadre de ses fonctions, on pourrait craindre que, par prosélytisme, il instrumentalise le service public pour diffuser les préceptes de sa foi ou s'appuie sur sa fonction publique pour donner un certain rayonnement à son opinion religieuse. Or le service public est dédié à un intérêt général de nature politique et celui-ci doit être séparé de la foi. C'est pour ce motif que le simple fait qu'un agent public fasse apparaître son adresse électronique professionnelle sur le site de l'Association pour l'unification du christianisme mondial justifie qu'il soit sanctionné par son administration[1], puisque cette inscription associe l'administration à l'association et pourrait laisser penser que le service public ou les moyens du service sont instrumentalisés au profit de l'association.

Le second objectif est de garantir l'impartialité des agents vis-à-vis des usagers des services publics. Il ne serait effectivement pas envisageable que l'agent décide de favoriser ou de défavoriser certains usagers, que ce soit dans les décisions qu'il adopte à leur égard ou dans les prestations qu'il leur fournit. L'agent doit faire preuve du même professionnalisme avec tous les usagers et doit notamment faire abstraction de leur religion, même affichée. À cet égard, le Code de la santé publique illustre cette exigence en disposant que le professionnel de santé « doit écouter, examiner, conseiller ou soigner avec la même conscience toutes les personnes quel[le]s que soient [...] leur appartenance ou leur non-appartenance à [...] une religion déterminée »[2] : il ne pourrait faire preuve d'une diligence variable en fonction de la foi de ses patients.

Cette exigence d'impartialité vis-à-vis des usagers impose en particulier que l'agent ne profère aucun propos religieux ou antireligieux et ne porte aucun signe témoignant de son obédience religieuse, de façon à ce que les usagers ne suspectent pas un parti-pris de l'agent lorsqu'il adopte une décision administrative les concernant ou leur délivre une prestation. L'interdiction faite aux agents publics de porter un signe religieux est, comme le relève le juge administratif,

---

[1] CE, 15 octobre 2003, *Odent*, n° 244428. Note : B. Tabaka, *LPA*, 2004, n° 127, p. 14.

[2] Pour le médecin : article R. 4127-7 du Code de la santé publique. Pour le chirurgien-dentiste : article R. 4127-211. Pour la sage-femme : article R. 4127-305. Pour l'infirmier : article R. 4312-11. Pour le pédicure-podologue : article R. 4322-52.

« commandée par la nécessité de protéger les droits des usagers des services publics »[1]. Il pèse ainsi une présomption de partialité sur les agents qui afficheraient leurs convictions religieuses. « C'est en quelque sorte la consécration d'une "théorie des apparences" en matière de neutralité. »[2] Aucun élément décelable dans la tenue ou le comportement des agents publics ne doit laisser craindre à l'usager que sa foi est prise en compte dans ses relations avec les autorités publiques.

En conséquence de ces deux objectifs rigoureusement compris, constitue une faute disciplinaire de nature à justifier la révocation de l'agent une tenue, une attitude ou des propos manifestant de façon ostentatoire ses convictions religieuses et portant atteinte à l'impartialité religieuse dont il doit faire montre.

606. L'encadrement du port des tenues et signes religieux : l'avis *Mademoiselle Marteaux*. C'est tout d'abord par leur tenue vestimentaire que les agents ne doivent pas déroger à la neutralité religieuse exigée par leurs fonctions. Rendu à propos d'une surveillante d'un collège, l'avis *Mademoiselle Marteaux*[3] pose, de façon générale, l'interdiction faite aux agents publics de porter un signe religieux dans le cadre d'un emploi au sein d'une administration publique. « Si les agents du service de l'enseignement public bénéficient comme tous les autres agents publics de la liberté de conscience qui interdit toute discrimination dans l'accès aux fonctions comme dans le déroulement de la carrière qui serait fondée sur leur religion, le principe de laïcité fait obstacle à ce qu'ils disposent, dans le cadre du service public, du droit de manifester leurs croyances religieuses. » (point 2) Il en résulte une interdiction du port de tout signe religieux dans le cadre des activités de service public, principe qui a été jugé conventionnel par la Cour européenne des droits de l'homme, également à propos d'enseignants[4] et d'universitaires[5].

---

[1] CAA Lyon, 27 novembre 2003, *Ben Abdallah*, n° 03LY01392. Conclusions : É. Kolbert, *RFDA*, 2004, n° 3, p. 588. Notes : F. Melleray, *AJDA*, 2004, n° 3, p. 154 ; F. Lemaire, *AJFP*, 2004, p. 88. V. aussi : CAA Versailles, 6 octobre 2011, *Commune de Pierrefitte-sur-Seine*, n° 06VE02048.

[2] Jean-David Dreyfus, « La gestion d'un service public conditionne l'application des principes de neutralité et de laïcité aux organismes privés », *AJDA*, 2013, n° 18, p. 1069.

[3] CE, avis, 3 mai 2000, n° 217017, préc.

[4] CEDH, 15 février 2001, *Dahlab c/ Suisse*, n° 42393/98. Notes : J.-F. Flauss, *AJDA*, 2001, n° 5, p. 480 ; N. Chauvin, *RFDA*, 2003, n° 3, p. 536.

[5] CEDH, 24 janvier 2006, *Kurtulmus c/ Turquie*, n° 65500/01.

L'avis indique explicitement que ce principe s'applique indistinctement à tous les agents, « qu'ils so[ie]nt au non chargés de fonctions d'enseignement » (point 2). Il importe donc peu que l'agent public soit au contact des usagers : l'interdiction d'arborer un signe religieux est valable dans tous les cas. Néanmoins, le fait d'être au contact des usagers, même s'il ne s'agit pas d'une condition pour que l'obligation de neutralité s'impose, peut constituer une *circonstance aggravante* en cas de sanction disciplinaire : le port du voile par une assistante maternelle constitue une faute grave et justifie son licenciement, car elle se trouve au contact d'enfants, c'est-à-dire d'usagers vulnérables[1].

L'avis précise enfin que la sanction disciplinaire qui résultera de ce manquement devra prendre en compte « la nature et [le] degré du caractère ostentatoire de ce signe », mais aussi les « autres circonstances dans lesquelles le manquement est constaté » (point 3). Toutefois, dans la pratique, « l'administration, sous le contrôle du juge, évite de se prononcer directement sur le caractère ostentatoire du signe pour moduler la sanction »[2] et privilégie des données beaucoup plus objectives, ne serait-ce que la visibilité du signe. Aussi le juge s'appuie-t-il davantage sur les « autres circonstances » : il peut prendre en considération l'existence de contacts avec les usagers, « la nature des fonctions confiées à l'agent, ainsi que [...] l'exercice par lui soit de prérogatives de puissance publique soit de fonctions de représentation »[3] ou encore le comportement de l'agent, comme son refus répété d'ôter le signe en question[4]. Est par exemple justifié le non-renouvellement du contrat d'un agent contractuel refusant obstinément d'ôter le signe religieux qu'il porte et qui manifeste ostentatoirement son appartenance religieuse[5].

607. Le port de la barbe : la jurisprudence *Bekheit*. Plus délicate a été l'appréciation du port d'une barbe qu'une administration hospitalière avait assimilé à une manifestation religieuse et qui avait justifié, selon elle, le renvoi d'un agent stagiaire. Dans un premier

---

[1] CAA Versailles, 23 février 2006, n° 04VE03227.

[2] Mathilde Philip-Gay, « L'ostentatoire dans l'application du principe de laïcité », *RFDA*, 2018, p. 613.

[3] CAA Lyon, 27 novembre 2003, *Ben Abdallah*, n° 03LY01392, préc.

[4] CAA Lyon, 27 novembre 2003, *Ben Abdallah*, n° 03LY01392, préc. CAA Versailles, 23 février 2006, n° 04VE03227.

[5] TA Paris, 17 octobre 2002, *M*[me] *E.*, n° 0101740/5. Note : M.-C. de Montecler, *AJDA*, 2003, n° 2, p. 99.

temps, la Cour administrative d'appel avait entériné la décision administrative, en admettant que le port d'une « barbe imposante » puisse manifester une appartenance religieuse au regard de l'attitude de l'agent : « dans un considérant de principe opportunément teinté de pragmatisme »[1], les juges du fond ont admis que les éléments de l'espèce étaient de nature à faire regarder la barbe litigieuse comme un signe ostensible d'une appartenance religieuse, ce que l'intéressé ne niait pas en l'occurrence[2].

Mais le Conseil d'État a considéré que les éléments liés au fait que l'agent n'ait pas nié que son apparence physique puisse être perçue comme un signe d'appartenance religieuse sont « insuffisants pour caractériser la manifestation de convictions religieuses dans le cadre du service public », en l'absence de toute autre circonstance susceptible d'établir la manifestation d'une conviction religieuse[3].

La différence entre l'interprétation de la Cour administrative d'appel et le Conseil d'État tient surtout au fait que, pour la Cour, l'agent mis en cause avait entendu « manifester ostensiblement un engagement religieux » par le port de cette barbe. Selon le Conseil d'État au contraire, l'agent avait simplement indiqué qu'il avait compris que cette barbe « pouvait être perçue comme un signe d'appartenance religieuse », ce qui est très différent. Il est bien évident que la volonté de manifester son appartenance religieuse est contraire au principe de laïcité, alors que le fait que les collègues de l'agent fassent de cette barbe une manifestation religieuse ne signifie pas que c'est là le sens que lui donne l'agent. « Le fait que l'intéressé "comprenne" leur éventuelle perception, potentiellement discriminatoire, n'éclaire en rien sa propre intention profonde. »[4] Il est bien sûr difficilement admissible que l'administration entende réglementer le port de la barbe (ou non) par ses agents ou que le fait que les collègues d'un agent assimilent cette barbe à un signe religieux suffise à exclure l'agent. En l'espèce néanmoins, la barbe litigieuse posait des problèmes pratiques

---

[1] Alexis Zarca, « Port de la barbe, signe d'appartenance religieuse ? Les terrains glissants de l'obligation de neutralité religieuse », *AJFP*, 2018, p. 160.

[2] CAA Versailles, 19 décembre 2017, n° 15VE03582. Notes : C. Vallar, *JCP A*, 2018, n° 13, 2115 ; M. Krkac, *RDS*, n° 82, 2018, p. 282 ; A. Zarca, *AJFP*, 2018, p. 160.

[3] CE, 12 février 2020, *Bekheit*, n° 418299. Notes : G. Eveillard, *Dr. adm.*, 2020, n° 5, comm. 25, p. 36 ; J. Guilbert, *AJDA*, 2020, n° 19, p. 1076 ; A. Zarca, *AJFP*, 2020, p. 166.

[4] Alexis Zarca, « Caractérisation de la religiosité d'une barbe : le salutaire recadrage du Conseil d'État », *AJFP*, 2020, p. 166.

importants, dans la mesure où elle lui arrivait au milieu du ventre et que, comme le chef du service gynécologique de l'hôpital l'indiquait, « sa barbe dépassait lors des interventions avec le Samu. Elle traînait par terre dans le sang. »[1] L'hôpital aurait sans doute été mieux avisé de s'appuyer sur un autre fondement que celui de la neutralité religieuse, en invoquant ces difficultés pratiques, le bon fonctionnement du service et les exigences d'hygiène et de salubrité.

608. Les attitudes et les propos de l'agent public. Outre le port de vêtements ou de signes d'appartenance religieuse dans le service, toute attitude ou tout propos de l'agent énonçant ses convictions religieuses est interdit et peut être sanctionné en fonction de sa gravité. Le fait de proférer à l'égard de ses supérieurs des menaces assumées comme relevant d'une idéologie religieuse ou de participer, en dehors de ses fonctions, à des manifestations non autorisées traduit une attitude religieuse susceptible de sanctions[2]. Est aussi une faute disciplinaire justifiant la révocation de l'agent le refus, pour des motifs religieux, de serrer la main de ses collègues féminines, ce qui est un comportement « objectivement discriminatoire »[3].

Les actes de prosélytisme religieux d'un agent public sont *a fortiori* très sévèrement sanctionnés par l'administration s'ils sont commis dans l'exercice des fonctions. Toute forme de prosélytisme auprès d'autres agents ou des usagers est constitutive d'une faute passible de sanctions disciplinaires. De tels faits peuvent être constitutifs d'une « faute susceptible de perturber la bonne marche du service et contraire à l'honneur professionnel », appréciation qui se fait notamment en tenant compte de « la nature des fonctions de l'intéressé », en particulier lorsqu'il est « en rapport direct avec le public »[4]. Il en va ainsi de la distribution par un agent public aux usagers de documents à caractère religieux à l'occasion de son service[5], y compris par l'utilisation d'outils numériques mis à sa disposition, tels qu'Internet et les courriels, ou de propos visant à diffuser ses convictions religieuses

---

[1] Propos rapportés par Gérard Davet et Fabrice Lhomme (dir.), *Inch'Allah. L'islamisation à visage découvert. Une enquête spotlight en Seine-Saint-Denis*, Fayard, 2018, p. 76.

[2] CAA Paris, 19 février 2019, n° 17PA00273.

[3] CAA Marseille, 21 mai 2019, n° 18MA04974.

[4] CE, 19 février 2009, *Bouvier c/ La Poste*, n° 311633. Conclusions : B. Bourgeois-Machureau, *AJFP*, 2009, p. 253. Note : D. Bailleul, *AJFP*, 2009, p. 253.

[5] CE, 19 février 2009, *Bouvier c/ La Poste*, n° 311633, préc.

auprès des usagers et de ses collègues[1]. Il en est de même d'un chef de service qui distribue à ses subordonnés des calendriers avec des citations bibliques et les invitant à rejoindre une Église baptiste maranatha[2].

Le prosélytisme religieux peut même être sanctionné lorsqu'il est réalisé hors du service, si les propos sont si excessifs ou médiatisés que, violant le devoir de réserve qu'implique la qualité d'agent public, ils feront à l'avenir douter de l'impartialité de l'agent durant ses fonctions. Ainsi en est-il d'un agent ayant publié sur les réseaux sociaux, en son nom propre et de manière accessible au public, des appels à la diffusion du Coran, accompagnés de citations de sourates appelant à la violence. De telles publications comportent une « virulence » susceptible de remettre en cause la loyauté minimale requise par la participation à une mission de service public. Rappelant que l'obligation de neutralité implique une « obligation de réserve », le juge considère que son licenciement est justifié[3].

Face à ce genre de difficultés, l'administration doit apporter « une réponse graduée »[4]. Le dialogue avec l'agent doit être la première étape de la réaction des supérieurs hiérarchiques : il convient avant tout de rappeler les obligations que doit respecter l'agent et de s'assurer qu'il les a bien comprises. En cas de réitération du comportement fautif, l'autorité peut mettre en garde l'agent par écrit, l'informant notamment des sanctions qu'il encourt. Enfin, lorsque l'attitude ou les propos incriminés perdurent et constituent donc, de surcroît, une désobéissance flagrante, la procédure disciplinaire doit être envisagée. À l'issue de cette procédure, la sanction adoptée par l'administration doit être proportionnée au manquement relevé, aux conditions de sa réalisation et à la situation et à la position hiérarchique de l'agent.

---

[1] CAA Versailles, 30 juin 2016, *M. C. c/ Commune de Sceaux*, n° 15VE00140.

[2] CAA Versailles, 18 avril 2019, *Commune de Conflans-Sainte-Honorine*, n° 17VE00743.

[3] Cass., soc., 19 octobre 2022, *Association Mission locale du pays salonais*, n° 21-12.370, point 20. Notes : C. Berlaud, *Gaz. pal.*, 2022, n° 35, p. 37 ; P. Adam, *Dr. Soc.*, 2022, n° 12, p. 1045 ; H. Pauliat, *JCP A*, 2022, n° 49, 2341, p. 28 ; J. Colonna et V. Renaux-Personnic, *JCP S*, 2022, n° 49, p. 2271 ; F. Pinatel, *JCP S*, 2022, n° 49, p. 18 ; A. Fabre, *RDT*, 2023, n° 1, p. 39 ; C. Biget, *AJFP*, 2023, n° 1, p. 52 ; L. Vanbellingen, *RDT*, 2023, n° 3, p. 190 ; O. Didriche, *AJCT*, 2023, p. 183.

[4] Direction générale de l'administration et de la fonction publique et Direction des libertés publiques et des affaires juridiques, *Guide de la laïcité dans la fonction publique*, La documentation française, 8 décembre 2023, p. 22.

609. La jurisprudence de la CEDH. La Cour européenne des droits de l'homme a été saisie de la question de savoir si ces restrictions ne portaient pas une atteinte excessive à la liberté religieuse des agents publics. Or, dans l'ensemble, la Cour admet ces obligations.

Elle admet en effet que le droit, pour un agent public, de manifester sa religion sur son lieu de travail puisse faire l'objet de restrictions dès lors que cette manifestation empiète sur le droit des usagers du service public. Dans l'arrêt *Eweida c/ Royaume-Uni*[1], la Cour était saisie du recours d'un officier d'état civil britannique chrétien, qui avait fait l'objet d'une procédure disciplinaire ayant débouché sur un licenciement, au motif qu'il avait refusé, en raison de ses convictions, de célébrer des unions civiles de couples homosexuels. Il soutenait que cette procédure et son licenciement étaient discriminatoires et méconnaissaient, d'une part, l'article 14 de la Convention européenne de sauvegarde des droits de l'homme (CESDH), car ils étaient motivés par ses croyances religieuses, et, d'autre part, qu'ils portaient ainsi atteinte à sa liberté religieuse garantie par l'article 9. La Cour a estimé que les juridictions britanniques n'avaient pas outrepassé la marge d'appréciation qui leur est impartie concernant le juste équilibre à établir entre le droit du requérant de manifester sa religion et la possibilité pour l'employeur de garantir les droits d'autrui en poursuivant une politique de non-discrimination à l'égard de ses usagers.

La CEDH a confirmé cette position en ce qui concerne la France dans un arrêt *Ebrahimian c/ France*[2] : l'interdiction faite à l'ensemble des agents publics français de manifester leurs convictions religieuses n'est pas contraire à l'article 9 de la CESDH. La CEDH rejette ici le recours contre la France d'une assistante sociale dont le contrat n'avait pas été renouvelé pour cause de port d'un voile, en jugeant que, si la mesure disciplinaire prise à l'encontre de la requérante constituait une ingérence dans l'exercice de sa liberté de manifester sa religion, celle-ci « peut passer pour proportionnée au but poursuivi » et « nécessaire dans une société démocratique ».

---

[1] CEDH, 15 janvier 2013, n° 48420/10, préc.

[2] CEDH, 26 novembre 2015, n° 64846/11. Notes : A. Zarca, *AJFP*, 2016, n° 1, p. 32 ; G. Gonzalez, *JCP G*, 2016, n° 4, p. 164 ; J.-L. Sauron, *Gaz. pal.*, 2016, n° 2, p. 25 ; J. Andriantsimbazovina, *Gaz. pal.*, 2016, n° 9, p. 45 ; J. Couard, *RJPF*, 2016, n° 2, p. 12 ; C. Benelbaz, *JCP A*, 2016, n° 15, p. 26 ; L. Willocx, *RDT*, 2016, n° 5, p. 345 ; F. Dieu, *JCP A*, 2016, n° 20, p. 41 ; C. de La Hougue, *Journal du droit international*, 2016, n° 4, p. 1344.

De même, les magistrats peuvent légitimement être soumis à une obligation renforcée de neutralité, notamment religieuse, du fait du devoir d'impartialité renforcé qui est le leur. La Cour a ainsi admis la révocation d'un juge qui avait fait preuve de prosélytisme à l'audience[1]. L'arrêt *Hamidovic c/ Bosnie-Herzégovine*, relatif au port de signes et vêtements religieux dans la salle d'audience d'une juridiction, rappelle ainsi que les agents publics, dont les magistrats et les greffiers, « peuvent être soumis à une obligation de discrétion, neutralité et impartialité, y compris une obligation de ne pas porter [des symboles et habits religieux] dans l'exercice de leurs fonctions »[2].

Il faut toutefois préciser que la CEDH n'admet ces restrictions que pour les agents qui sont au contact des usagers, puisque ces restrictions sont justifiées, pour elle, par la préservation des droits des usagers du service. Le droit français a quant à lui une conception beaucoup plus rigoureuse, puisqu'il interdit le port de signes religieux par tout agent public, qu'il soit ou non au contact des usagers. Or il n'est pas absolument certain que la solution de la CEDH serait la même si l'agent n'avait pas de contact avec les usagers, car la sanction n'aurait alors pas été nécessairement proportionnée au but poursuivi.

610. La jurisprudence de la CJUE. La Cour de justice de l'Union européenne admet également, dans son arrêt *Commune d'Ans* du 28 novembre 2023, la possibilité, pour une administration publique, de prôner une « politique de "neutralité exclusive" »[3] et, en conséquence, de prohiber le port visible de signes religieux par ses agents, afin d'instaurer un environnement administratif entièrement neutre du point de vue religieux et idéologique.

Un tribunal belge avait en l'espèce saisi la Cour d'une question préjudicielle au sujet d'une commune qui, suite à la volonté exprimée de l'une de ses employées de porter à l'avenir le foulard islamique, avait modifié son règlement intérieur pour interdire à ses agents le port de signes « ostensibles d'appartenance idéologique ou religieuse », y compris aux agents sans contact avec les usagers ; c'était, comme on le

---

[1] CEDH, 8 février 2001, *Pitkevich c/ Russie*, n° 47936/99.

[2] CEDH, 5 décembre 2017, n° 57792/15, § 40. Notes : P. Beauvais, *Revue pénitentiaire et de droit pénal*, 2018, n° 1, p. 201 ; F.-X. Bréchot, *AJDA*, 2018, p. 1595 ; X. Delgrange et D. Koussens, *RTDH*, 2019, n° 118, p. 447.

[3] CJUE, 28 novembre 2023, *OP c/ Commune d'Ans*, aff. C-148/22, point 33. Notes : D. Simon, *Europe*, 2024, n° 1, comm. 1, p. 11 ; G. Gonzalez, *JCP G*, 2024, n° 5, act. 169 ; C.-A. Chassin et S. Leclerc, *AJDA*, 2024, n° 6, p. 339 ; H. Pauliat, *JCP A*, 2024, n° 10-11, 2076.

voit, une approche comparable au principe français de laïcité. Le tribunal s'interrogeait sur le point de savoir si cette interdiction pouvait être jugée discriminatoire au sens de la directive 2000/78/CE du 27 novembre 2000 portant création d'un cadre général en faveur de l'égalité de traitement en matière d'emploi et de travail.

La Cour répond d'abord qu'une telle règle n'est pas en elle-même une discrimination directe « dès lors qu'elle vise indifféremment toute manifestation de telles convictions et traite de manière identique tous les travailleurs de l'entreprise, en leur imposant, de manière générale et indifférenciée, notamment, une neutralité vestimentaire s'opposant au port de tels signes » (point 26). Il y aurait en revanche discrimination si la requérante établissait que l'interdiction n'est pas identiquement appliquée à tous les employés et qu'elle est la seule visée (point 28).

L'existence d'une discrimination indirecte pourrait quant à elle être caractérisée si « l'obligation en apparence neutre contenue dans cette règle aboutit, en fait, à un désavantage particulier pour les personnes adhérant à une religion ou à des convictions données » (point 29). Tel ne serait pas le cas si l'interdiction « est objectivement justifiée par un objectif légitime et si les moyens de réaliser cet objectif sont appropriés et nécessaires » (point 30). Or, d'une part, l'interdiction vise en l'espèce à mettre en œuvre le principe de neutralité du service public en assurant « un environnement administratif totalement neutre », ce qui constitue un objectif légitime (points 32 et 33). Serait d'ailleurs tout autant justifié le choix (inverse) d'une administration d'autoriser le port de signes religieux visibles, même dans les relations avec les usagers (point 33). D'autre part, pour qu'il n'y ait pas discrimination indirecte, l'interdiction doit être nécessaire à la réalisation de l'objectif et être poursuivie « de manière véritablement cohérente et systématique à l'égard de l'ensemble des travailleurs » (points 37-38). Il revient donc aux juridictions nationales de s'assurer que l'interdiction est « apte, nécessaire et proportionnée au regard de ce contexte [local] et compte tenu des différents droits et intérêts en présence » (point 41).

En définitive, les autorités publiques nationales (voire locales) disposent donc d'une indéniable marge de manœuvre en cette matière où la Cour de justice ne souhaite pas s'ingérer. La position française n'est donc pas contraire à cette jurisprudence.

611. Formation des agents et référent laïcité. Pour garantir la bonne connaissance de ces principes par les agents publics, des dispositifs de formation ont été lancés pour les former au principe de laïcité aussi bien au stade de leur formation initiale que durant leur carrière[1]. Les instituts nationaux supérieurs du professorat et de l'éducation se voient par exemple confier la mission d'organiser, dans le cadre de la formation continue, « des formations sur le principe de laïcité et ses modalités d'application dans les écoles, collèges et lycées publics, ainsi que pendant toute activité liée à l'enseignement »[2].

En outre, pour épauler les agents publics à appliquer correctement le principe de laïcité et à respecter leurs obligations déontologiques qui en découlent, a été mis en place un référent laïcité. Créé par la circulaire RDFF1708728C du 15 mars 2017 relative au respect de la laïcité dans la fonction publique, intronisé par la loi n° 2021-1109 confortant les principes de la République du 24 août 2021, le référent laïcité est un membre de l'administration qui peut être sollicité pour toute question relative à la mise en œuvre du principe de laïcité ou au respect de l'obligation de neutralité par les agents. Il est « chargé d'apporter tout conseil utile au respect du principe de laïcité à tout fonctionnaire ou chef de service qui le consulte. Il est chargé d'organiser une journée de la laïcité le 9 décembre de chaque année. »[3] La désignation d'un tel référent laïcité dans les administrations répond à une double exigence : « d'abord, une exigence de prévention des atteintes au principe de laïcité ; ensuite, une exigence de sensibilisation et de formation de l'ensemble des agents publics »[4].

L'article 5 du décret n° 2021-1802 du 23 décembre 2021 énumère ses missions. Le référent laïcité doit assurer un conseil aux chefs de service et aux agents publics pour la mise en œuvre du principe de laïcité, notamment par l'analyse et la réponse aux sollicitations de ces derniers portant sur des situations individuelles ou sur des questions générales. Il doit *sensibiliser* les agents publics au principe de laïcité et participer à la diffusion, au sein de l'administration, de l'information relative à ce principe. Il doit organiser, à son niveau et le cas échéant en coordination avec d'autres référents laïcité, la journée de la laïcité le 9 décembre de chaque année. Enfin, à la demande de l'autorité compétente, il peut être sollicité en cas de difficulté dans l'application du principe de laïcité entre un agent et des usagers du service public,

---

[1] V. les préconisations de Pierre Besnard et Isabelle de Mecquenem (*Rapport sur la formation au principe de laïcité des agents publics*, mai 2021).

[2] Article L. 721-2 du Code de l'éducation.

[3] Article L. 124-3 du Code général de la fonction publique.

[4] Pierre Villeneuve, « Mettre en place le référent laïcité dans la fonction publique : conseils et méthodes à l'attention des collectivités territoriales », *JCP A*, 2022, n° 18, 2154.

afin de jouer un rôle de médiation. Ces fonctions s'exercent sans préjudice de la responsabilité et des prérogatives du chef de service.

Le même décret précise, en son article 7, que le référent laïcité est astreint à l'obligation de rendre compte de son activité. Il doit établir un rapport annuel d'activité qui dresse un état des lieux de l'application du principe de laïcité et, le cas échéant, des manquements constatés par ce dernier dans les services auprès desquels il est placé et qui rend compte de l'ensemble des actions menées durant l'année écoulée.

B. LA PROTECTION DE L'AGENT PUBLIC CONTRE TOUTE DISCRIMINATION RELIGIEUSE

612. La protection de la liberté religieuse des agents des services publics. L'obligation de neutralité qui s'impose aux agents leur interdit de manifester leurs croyances et convictions religieuses. Mais cela ne signifie évidemment pas qu'ils ne doivent pas avoir de telles convictions[1].

Au contraire, l'interdiction de discrimination qui s'impose à l'administration, au nom de sa neutralité religieuse, protège leur for interne. L'autorité administrative ne peut adopter, à leur encontre, de décisions discriminatoires, motivées par leurs croyances personnelles. « Aucune distinction, directe ou indirecte, ne peut être faite entre les agents publics en raison de leurs opinions politiques, syndicales, philosophiques ou religieuses. »[2] La laïcité des personnes publiques est ainsi une protection à leur égard et les protège aussi bien au moment du recrutement (1) que durant leur carrière (2).

1. Une protection valable dès le recrutement

613. Une procédure de recrutement indifférente aux opinions religieuses des candidats. La liberté de conscience des agents est protégée lors de leur recrutement[3]. Il n'est pas possible de sélectionner les candidats à un concours de la fonction publique ou à la conclusion d'un contrat de recrutement sur le fondement de leur religion. Le

---

[1] V. Didier Jean-Pierre, « Les religions du fonctionnaire : le fonctionnaire et la foi », *AJFP*, 2001, n° 3, p. 31 ; Virginie Saint-James, « La liberté religieuse du fonctionnaire », *JCP A*, 2005, n° 12, 1143.

[2] Article L. 131-1 du Code général de la fonction publique.

[3] V. Pierre Langeron, « L'accès à la fonction publique et la religion », *JCP A*, 2005, n° 12, 1141.

principe est clair : « l'accès aux fonctions publiques [...] s'effectue sans distinction de croyance et de religion. »[1] Depuis longtemps déjà, le juge sanctionne l'administration qui a refusé à une candidate de se présenter à un concours au motif qu'elle avait étudié dans un pensionnat catholique[2] ou au motif qu'elle est de confession catholique[3]. Le juge peut ainsi annuler un concours au cours duquel le jury a posé à un candidat des questions relatives à ses opinions et pratiques religieuses[4].

En revanche, il est possible de refuser l'accès d'un candidat à la fonction publique s'il est possible d'établir qu'il ne pourrait pas respecter son obligation ultérieure de neutralité religieuse, ce qui peut résulter notamment de son comportement passé[5]. Le refus de recruter un agent public peut ainsi être justifié par le fait que l'intéressé a indiqué qu'il ne renoncerait pas à manifester ses croyances religieuses en service, en usant notamment de ses temps de pause pour prier[6], ce qui le conduirait à méconnaître sciemment son obligation de neutralité.

614. Le recrutement d'un ecclésiastique dans la fonction publique. Pour les mêmes motifs, il n'est en principe pas possible d'interdire l'accès d'un ecclésiastique à un concours, sauf à établir l'incompatibilité de son attitude avec son respect de la laïcité.

En réalité, seule une loi peut exclure de manière générale les ecclésiastiques de l'accès à un corps de la fonction publique. Il en est par exemple ainsi pour le corps des professeurs des écoles élémentaires et primaires. En effet, la loi sur l'organisation de l'enseignement primaire (dite loi Goblet) du 30 octobre 1886 interdisait la présence de religieux dans l'enseignement public du premier degré, c'est-à-dire à l'école publique élémentaire et primaire. Aujourd'hui, l'article L. 141-5 du Code de l'éducation (issu de la loi Goblet) précise encore que « dans les établissements du premier degré publics, l'enseignement est exclusivement confié à des personnes laïques ». Cette interdiction n'est pas sans poser problème. Léon Duguit la critiquait déjà en son temps, en jugeant peu libéral de priver certaines personnes de la liberté

---

[1] CE, 27 juin 2018, *Syndicat de l'enseignement supérieur SNESUP-FSU*, n° 419595. Conclusions : F. Dieu, *JCP A*, 2018, n° 48, p. 29. Notes : G. Eveillard, *Dr. Adm.*, 2018, n° 12, comm. 60, p. 38 ; E. Aubin, *AJFP*, 2019, n° 1, p. 51.
[2] CE, sect., 25 juillet 1939, *Demoiselle Beis*, n° 62361, *Lebon* p. 524.
[3] CE, 8 décembre 1948, *Demoiselle Pasteau*, n° 91406, *Lebon* p. 464. Notes : M. Waline, *RDP*, 1949, p. 73.
[4] CE, 10 avril 2009, *El Haddioui*, n° 311888, préc.
[5] S'agissant des opinions politiques : CE, sect., 10 juin 1983, *Raoult*, n° 34832.
[6] CAA Lyon, 28 novembre 2017, *M. A. c/ Métropole de Lyon*, n° 15LY02801.

d'enseigner du seul fait qu'elles aient prononcé des vœux religieux que, d'ailleurs, la loi ne reconnaît pas[1]. D'autant plus que cette disposition vise presque exclusivement le clergé catholique et est inapplicable à beaucoup de ministres du culte (protestant, musulman, juif, etc.) qui peuvent exercer une autre profession que leur sacerdoce religieux.

Mais étendant cette exclusion textuelle, le célèbre arrêt *Abbé Bouteyre*[2] de 1912 a jugé légale l'exclusion, par le ministre, d'un ecclésiastique du concours d'agrégation de philosophie, alors même que ce concours permet l'enseignement dans le second degré, et non dans le premier degré visé par la loi Goblet. D'après le juge, le ministre a légalement pu évincer le candidat, car ce concours vise à permettre l'enseignement et celui-ci doit être laïc. Aussi le Conseil d'État considère-t-il alors que l'état religieux peut affecter la liberté de conscience des élèves. « Dans l'intérêt du service qu'il a la charge de garantir, le ministre peut légalement écarter une candidature s'il lui apparaît que l'intéressé n'est pas à même de remplir correctement les fonctions auxquelles il prétend accéder. Au regard de la neutralité qui s'impose, dans l'enseignement secondaire, pour éviter d'influencer de jeunes élèves, avoir choisi l'état ecclésiastique justifie un refus d'admission à concourir. »[3] Dans ses conclusions, le commissaire du gouvernement Helbronner indiquait en ce sens que l'ecclésiastique est un citoyen comme un autre, soumis au même régime juridique, « avec, toutefois, certaines restrictions apportées par le législateur en raison de l'influence particulière que ses fonctions peuvent exercer sur les âmes.

---

[1] « Les vœux sont sans valeur aux yeux de la loi civile, c'est-à-dire qu'ils ne sont ni bons ni mauvais ; ils sont comme s'ils n'existaient pas ; c'est un fait de conscience intime ; mais c'est pour ce fait qui n'existe pas pour lui que le législateur punit des citoyens français qui veulent user de la liberté d'association [...] ; c'est à raison de ce fait qui n'existe pas pour lui que le législateur privé des citoyens français de la liberté d'enseigner. [...] Tout cela revient à dire que tout Français que l'on soupçonne d'avoir prononcé certains vœux est suspect aux yeux de la loi, passible de condamnation pénale et frappé de déchéance. [...] Ainsi la législation de 1901 et de 1904 peut s'expliquer peut-être par des considérations politiques que je n'ai pas à apprécier. Au point de vue du droit, elle constitue une violation directe du principe de liberté d'association, de liberté d'enseignement et d'égalité civile. » (Léon Duguit, *Traité de droit constitutionnel*, éd. E. de Boccard, 2e éd., 1925, T. V, p. 647-648)

[2] CE, 10 mai 1912, *Abbé Bouteyre*, n° 46027, *Lebon* p. 561. Conclusions : J. Helbronner, *Lebon*, 1912, p. 553. Notes : M. Hauriou, *Sirey*, 1912, 3, 145 ; G. Jèze, *RDP*, 1912, p. 453.

[3] Bernard Stirn, « Le Conseil d'État, l'école et la laïcité », *Mouvement du droit public : du droit administratif au droit constitutionnel, du droit français aux autres droits. Mélanges en l'honneur du professeur Franck Moderne*, Dalloz, 2004, p. 410-411.

[…] L'état ecclésiastique ne s'accommode pas de l'exercice de certaines fonctions publiques. Pourquoi ne pas admettre alors que certaines fonctions publiques ne s'accommodent pas de l'état ecclésiastique ? »[1] Le Conseil d'État étendait ainsi la portée de la loi Goblet à l'enseignement secondaire. Maurice Hauriou s'étonnait toutefois que la mesure ait pu être légalement prise sans fondement textuel. Certes, le ministre avait la faculté de présélectionner les candidats à un concours, mais Hauriou demandait « que les décisions particulières du ministre, refusant d'admettre au concours d'agrégation des ecclésiastiques, fussent annulées pour excès de pouvoir, jusqu'à ce qu'un décret réglementaire eût été pris sur la matière, parce qu'il y a excès de pouvoir à décider par mesure particulière une question qui doit être tranchée par voie de disposition générale »[2].

Une telle jurisprudence n'a en revanche pas été étendue à l'enseignement supérieur. Même si « le service public de l'enseignement supérieur est laïque »[3], l'interdiction de recruter des personnels religieux ne s'y applique pas. De même, un prêtre peut être élu président d'une université : il sera néanmoins tenu, « eu égard à la neutralité des services publics qui découle également du principe de laïcité, à ne pas manifester ses opinions religieuses dans l'exercice de ses fonctions ainsi qu'à un devoir de réserve en dehors de l'exercice de ces fonctions »[4]. Aucune limite tenant à l'état religieux de la personne ne peut justifier l'exclusion d'un ecclésiastique de l'enseignement supérieur ou des fonctions de président d'université.

615. La question de la prestation de serment. L'absence de discrimination pour motif religieux au moment du recrutement a aussi pu poser question lorsqu'est exigé de l'agent une prestation de serment. Certains agents exerçant leurs fonctions au sein d'un service public (administratif ou industriel et commercial) sont en effet tenus à une prestation de serment avant leur entrée en fonction : tel est par exemple le cas des agents de police nationale ou municipale, en vertu de l'article 2 de la loi n° 2021-1109 du 24 août 2021 confortant le respect des principes de la République.

---

[1] Jacques Helbronner, « Conclusions sur CE, 10 mai 1912, *Abbé Bouteyre* », *Lebon*, 1912, p. 556.
[2] Maurice Hauriou, « Note sous CE, 10 mai 1912, *Abbé Bouteyre* », *Sirey*, 1912, 3, 145.
[3] Article L. 141-6 du Code de l'éducation.
[4] CE, 27 juin 2018, *Syndicat de l'enseignement supérieur SNESUP-FSU*, n° 419595, préc.

La compatibilité de ces serments avec les convictions religieuses des agents fait débat. Historiquement en effet, « la formule juratoire empruntant le verbe "jurer" (du latin *jurare* : prendre Dieu/les dieux à témoin) ou l'expression "serment" (du latin *sacrementum* : rendre sacré) tirent leur origine et leur tradition d'un engagement d'ordre surnaturel qui pourrait, par hypothèse, heurter cette fois des personnes athées, sourcilleuses comme le seraient – à l'opposé – des personnes croyantes sur le fondement d'une stricte interprétation de textes sacrés à leurs yeux. »[1] Toute la question est de savoir si cette densité religieuse du serment s'est délitée ou si elle est toujours d'actualité. Or les deux opinions peuvent être soutenues, comme l'a montré l'opposition du conseiller rapporteur et de l'avocat général de la Cour de cassation dans l'affaire du serment des agents de la Régie autonome des transports parisiens[2] (RATP). Toujours est-il que, au-delà de cette question, il est certain que le fait de devoir jurer ou prêter serment peut poser des cas de conscience à certaines personnes.

Si le Conseil d'État n'a pas encore eu l'occasion de se prononcer sur la question, la Cour de cassation a dû prendre position à deux reprises, en 2017 puis en 2021 (suite à la résistance de la Cour d'appel de renvoi), sur le serment qui doit avoir été prononcé par les agents de surveillance de la RATP[3], établissement public industriel et commercial en charge d'un service public. À cette occasion, elle a considéré qu'il « n'est pas loisible aux autorités étatiques de s'immiscer dans la liberté de conscience d'une personne en s'enquérant de ses convictions religieuses ou en l'obligeant à les manifester, et spécialement de le faire, notamment à l'occasion d'une prestation de serment, pour pouvoir exercer certaines fonctions. »[4] En d'autres termes, il n'appartient pas à l'État d'apprécier le cas de conscience que pose le serment à la personne qui doit le prononcer, même s'il peut vérifier la réalité du conflit entre les normes religieuses et l'obligation juridique de prêter serment. Aussi la Cour de cassation admet-elle que les personnes astreintes à une

[1] Christophe Eoche-Duval, « La liberté de conscience en droit du travail », *RFDA*, 2021, n° 6, p. 1053.

[2] V. Jean-Guy Huglo et Raphaël Weissmann, « Le serment des agents de surveillance de la RATP et le principe de laïcité », *Dr. soc.*, 2017, p. 215.

[3] Article L. 130-4, 13° du Code de la route.

[4] Cass., soc., 7 juillet 2021, *Mme B. c/ Régie autonome des transports parisiens (RATP)*, n° 20-16.206, point 8. Notes : B. Bossu, *JCP G*, 2021, n° 35, act. 868, p. 1532 ; F. Pinatel, *JCP S*, 2021, n° 40, p. 20 ; C. Eoche-Duval, *RFDA*, 2021, n° 6, p. 1053 ; J.-M. Chonnier, *JCP E*, 2021, n° 40, p. 42.

prestation de serment puissent substituer une formule ayant un sens proche ou similaire, omettant les formules pouvant heurter leur conscience et respectant « les formes en usage dans leur religion »[1]. *A priori* donc, « la formule (et non le principe) du serment doit accueillir une objection de conscience religieuse »[2]. Le Conseiller rapporteur à la Cour de cassation indiquait en ce sens, en 2017, que, « à la Cour de justice de l'Union européenne, pour la prestation de serment des nouveaux agents, deux formules de serment sont proposées, l'une commençant par "je jure", l'autre par "je promets solennellement" pour tenir compte de ces impératifs religieux. »[3]

D'ailleurs, la CEDH a, dans le même esprit, condamné la République de Saint-Marin car elle contraignait les parlementaires nouvellement élus à prêter serment sur les Évangiles sans prévoir de formule de substitution[4]. Même si, en l'occurrence, la charge religieuse de ce serment était bien plus importante du fait de la présence de textes sacrés, la logique est identique : pour ne pas heurter la liberté de conscience des personnes, une alternative au serment doit être possible.

2. Une protection dans le déroulement de la carrière

616. Les protections octroyées au fonctionnaire. L'interdiction des discriminations religieuses protège l'agent, non seulement au moment de son recrutement, mais aussi durant toute sa carrière.

Selon l'article L. 137-2 du Code général de la fonction publique, « il ne peut être fait état dans le dossier d'un fonctionnaire, de même que dans tout document administratif, des opinions ou des activités politiques, syndicales, religieuses ou philosophiques de l'intéressé. » Le dossier individuel du fonctionnaire (comme de tout agent public) ne doit porter trace d'aucune mention relative aux opinions personnelles

---

[1] Cass., soc., 1er février 2017, n° 16-10.459. Conclusions : J.-G. Huglo, *Dr. soc.*, 2017, p. 215. Avis de l'avocat général : R. Weissmann, *Dr. soc.*, 2017, p. 215. Notes : J. Mouly, *Recueil Dalloz*, 2017, p. 550 ; V. Valentin, *Gaz. pal.*, 2017, n° 13, p. 22 ; J. Colonna et V. Renaux-Personnic, *JCP G*, 2017, n° 12, act. 312 ; J.-M. Chronnier, *JCP S*, 2017, n° 19, 1159 ; I. Desbarats, *RDT*, 2017, p. 332.

[2] Vincent Valentin, « Refus du serment juratoire : l'entreprise au piège de la discrimination du fait de l'autorité judiciaire », *Gaz. pal.*, 2017, n° 13, p. 22.

[3] Jean-Guy Huglo, « Le serment des agents de surveillance de la RATP et le principe de laïcité », *Dr. soc.*, 2017, p. 215.

[4] CEDH, 18 février 1999, *Buscarini et autres c/ Saint-Marin*, n° 24645/94. Notes : L. Couturier-Bourdinière, *Journal du droit international*, 2000, n° 1, p. 96 ; J.-F. Flauss, *RTDH*, 2000, n° 42, p. 261.

de l'agent, même si des dérogations existent pour certains d'entre eux (les préfets par exemple). L'interdiction, pour l'État, de rechercher les opinions religieuses des individus (v. §505) est ainsi rendue applicable aux agents publics. En outre, codifiant le droit à communication du dossier issu de la loi du 22 avril 1905, l'article L. 137-4 du Code précise que « tout agent public a accès à son dossier individuel », ce qui lui permet de vérifier quelles mentions y sont portées.

S'il est donc bien clair que la religion d'un agent ne doit pas être recherchée par l'administration, elle ne peut *a fortiori* pas fonder une mesure défavorable à son encontre, comme une mauvaise appréciation sur une feuille de notation[1], une sanction[2], un refus de titularisation[3] ou un licenciement[4]. Semblablement, un agent public ne peut être muté d'office ou licencié au motif qu'il appartient à une secte, si cette appartenance n'a eu aucune répercussion sur sa manière de servir et n'a été accompagnée d'aucun manquement de l'agent[5].

617. Les protections octroyées dans l'enseignement public secondaire. La situation dans l'enseignement public peut à nouveau servir d'exemple et montrer ainsi la différence entre la période de recrutement et la carrière de l'agent. Dans un avis de 1972, le Conseil d'État a été questionné par le ministre de l'Éducation nationale sur la possibilité d'exclure un enseignant qui, durant une période de disponibilité, avait embrassé l'état ecclésiastique. La question différait de celle posée dans la jurisprudence *Abbé Bouteyre*[6] (v. §614), puisqu'il ne s'agissait plus d'un candidat au concours, mais d'un enseignant déjà en poste. Le Conseil admet en 1972 que les exigences de neutralité et de laïcité du service public « ne mettent pas obstacle par elles-mêmes à ce que des fonctions de ces services soient confiées à des membres du clergé »[7]. Le Conseil précise explicitement qu'« en admettant même que sa qualité [d'ecclésiastique], s'il l'avait acquise avant sa nomination, eût pu permettre de lui refuser l'accès à certaines fonctions d'enseignement », un professeur titulaire du second degré ne peut être exclu du fait qu'il a acquis cette qualité. La jurisprudence *Abbé*

---

[1] CE, 16 juin 1982, *M. Pierre-Yves Z. c/ Ministre de l'Éducation nationale*, n° 23277.
[2] CE, 3 mars 1950, *Jamet*, n° 98284.
[3] CE, 28 avril 1938, *Demoiselle Weiss*, n° 59548, *Lebon* p. 379.
[4] CE, 8 décembre 1948, *Demoiselle Pasteau*, n° 91406, *Lebon* p. 464, préc.
[5] TA Melun, 15 février 2005, *Mlle L. c/ Caisse des écoles de Vincennes*, n° 01-3630-5. Conclusions : D. Salvi, *AJFP*, 2005, p. 317.
[6] CE, 10 mai 1912, *Abbé Bouteyre*, n° 46027, *Lebon* p. 561, préc.
[7] CE, sect. Intérieur, avis, 21 septembre 1972, *Laïcité du corps enseignant*, n° 309354.

Bouteyre semble confirmée, mais ne s'applique qu'aux candidats au concours, et non à l'enseignant déjà en poste, dont la liberté de conscience est donc mieux protégée.

618. Les clauses de conscience. Si la liberté de conscience est assurée aux agents publics, prémunis de tout risque de discrimination sur le fondement de leurs croyances religieuses, il est plus encore possible, en certains cas, de moduler leurs obligations de service pour que les fonctions publiques qu'ils sont tenus d'exercer ne soient pas en contradiction manifeste avec leur foi.

À cet égard, c'est bien entendu par la reconnaissance de clauses de conscience que le droit protège les agents publics, en les exonérant d'accomplir certains actes que leur conscience désapprouverait. Dans ce cas, le législateur admet lui-même que la règle qu'il pose peut soulever un problème éthique et il concède par avance aux agents qui le souhaitent le doit de ne pas agir dans le sens indiqué par la loi, parce qu'il admet que cela puisse leur poser un problème moral. C'est dans la fonction publique hospitalière qu'un certain nombre de ces clauses ont été reconnues[1] : la loi a par exemple instauré une clause de conscience au profit des médecins, sages-femmes, infirmiers ou infirmières qui devraient pratiquer un avortement[2], aux médecins, chercheurs, ingénieurs, techniciens ou auxiliaires de recherche qui pourraient être amené à faire des recherches sur des embryons humains ou des cellules souches embryonnaires[3] ou encore aux médecins sollicités pour opérer une « ligature des trompes ou des canaux déférents à visée contraceptive »[4].

Mais, en dehors de ces consécrations législatives, la liberté de conscience ne peut permettre à un agent public de s'affranchir ponctuellement de ses obligations professionnelles au nom de ses convictions (ce qui serait de surcroît une entorse à sa parfaite neutralité). Saisi de la loi du 17 mai 2013 autorisant le mariage entre personnes de même sexe, le Conseil constitutionnel a considéré que le législateur avait pu, à bon droit, omettre toute clause de conscience au profit des élus locaux ne souhaitant pas célébrer ce genre de mariage : « en ne permettant pas aux officiers de l'état civil de se prévaloir de leur désaccord avec les dispositions de la loi du 17 mai 2013 pour se

---

[1] V. Stéphane Bouisson, « L'agent public entre l'allégeance et la tentation d'Antigone : la clause de conscience », *AJFP*, 2003, n° 2, p. 34.

[2] Article L. 2212-8 du Code de la santé publique.

[3] Article L. 2151-10 du Code de la santé publique.

[4] Article L. 2123-1 du Code de la santé publique.

soustraire à l'accomplissement des attributions qui leur sont confiées par la loi pour la célébration du mariage, le législateur a entendu assurer l'application de la loi relative au mariage et garantir ainsi le bon fonctionnement et la neutralité du service public de l'état civil ». Le législateur est donc libre d'accorder ou non une clause de conscience à des agents publics. Le juge constitutionnel précise néanmoins, dans une formulation moins catégorique, « qu'eu égard aux fonctions de l'officier de l'état civil dans la célébration du mariage, [le législateur] n'a pas porté atteinte à la liberté de conscience »[1].

Tout dépend, en définitive, de la perception que l'on a, au moment du vote de la loi, de la moralité d'un acte. En 1975, la dépénalisation de l'avortement était très critiquée au Parlement et dans les médias : le législateur a pris acte de ces contestations d'ordre moral, pour que la loi soit acceptable, en consacrant une clause de conscience[2]. En 2013, le mariage pour tous est affirmé comme une liberté fondamentale des personnes, recevant un assez large soutien de la population : en ne consacrant aucune clause de conscience, le législateur juge que la célébration de tels mariages ne soulève aucune difficulté d'ordre moral.

619. Les aménagements d'horaires et les autorisations d'absence des agents publics. Hormis la protection de sa liberté de croire ou de ne pas croire et d'agir en conformité avec ses croyances les plus intimes, l'agent public se voit de plus en plus largement reconnaître une certaine protection de sa liberté de culte à travers les aménagements d'horaires et les autorisations d'absence que son administration lui octroie au nom de ses convictions religieuses. Représentatifs d'une « forme de laïcité ouverte »[3], certains aménagements du temps de travail des agents publics peuvent être autorisés au nom de la liberté religieuse, à la condition qu'ils soient compatibles avec le bon fonctionnement du service public.

Si la possibilité d'admettre de tels aménagements relève en principe de la seule décision du chef de service (ce qui fait courir le risque

---

[1] Cons. const., 18 octobre 2013, *M. Franck M. et autres [Célébration du mariage. Absence de "clause de conscience" de l'officier de l'état civil*, n° 2013-353 QPC, considérant 10. Notes : C. Tukov, *JCP A*, 2013, n° 44, p. 3 ; P. Lutton, *Constitutions*, 2013, n° 4, p. 564 ; J. Roux, *Recueil Dalloz*, 2014, n° 2, p. 196 ; J.-B. d'Onorio, *RRJ*, 2014, n° 2013-3, p. 1139.

[2] V. Henri Bouillon, « Les origines de l'IVG. La loi du 17 janvier 1975 », *Les grandes lois de la Ve République*, Henri Bouillon, Renaud Bueb et Béatrice Lapérou-Scheneider (dir.), éd. Mare & Martin, 2023, p. 107.

[3] Charles Froger, « L'autorisation d'absence pour motif religieux dans la fonction publique », *AJFP*, 2021, p. 62.

d'importantes différences d'interprétation d'un chef de service à l'autre), la chose a aussi été admise, de façon plus générale, par voie de circulaires. Une circulaire n° 901 FP du 23 septembre 1967 du ministre de la Fonction publique adressée aux autres ministres ouvre la possibilité, pour les chefs de service, « d'accorder aux agents qui désirent participer aux cérémonies célébrées à l'occasion des principales fêtes propres à leur confession les autorisations d'absence nécessaires dans la mesure, toutefois, où leur absence demeure compatible avec le fonctionnement normal du service ». L'annexe de la circulaire Sauvadet du 10 février 2012 l'a complétée en listant treize fêtes religieuses pouvant donner lieu à une autorisation d'absence.

Le Conseil d'État a admis que cette question soit régie par circulaires, en considérant que « le régime des autorisations d'absence des fonctionnaires constitue au même titre que les congés proprement dits un élément du statut des intéressés ; [...] il revient à tout chef de service, dans le silence des lois et règlements, de fixer les règles applicables en la matière aux agents concernés ». Et il ajoute que l'existence de « fêtes légales ne fait pas, en elle-même, obstacle à ce que, sous réserve des nécessités du fonctionnement normal du service, des autorisations d'absence soient accordées à des agents publics pour participer à d'autres fêtes religieuses correspondant à leur confession. »[1] La limite rappelée ici est bien sûr que ces dispenses ne doivent pas porter atteinte au bon fonctionnement du service, et elles peuvent être refusées pour ce motif[2].

Il est néanmoins capital de relever que de telles dispenses constituent des tolérances de l'administration et non pas des droits des agents qui seraient assortis d'obligations pour l'administration. Celle-ci n'est jamais contrainte d'accorder une telle dispense[3]. « La délivrance de l'autorisation repose d'abord sur la confiance, parce qu'il n'est pas demandé à l'agent qui sollicite une autorisation spéciale d'absence de prouver son appartenance à un mouvement religieux. D'ailleurs, l'administration n'aurait en aucun cas à demander la véracité de la

---

[1] CE, 12 février 1997, *Henny*, n° 125893. Note : F. Bouscau, *LPA*, 1998, n° 5, p. 8. V. aussi : CAA Paris, 22 mars 2001, *Crouzat*, n° 99PA02621. Note : O. Guillaumont, *AJFP*, 2001, n° 1, p. 28.

[2] V. aussi CE, 16 février 2004, *Benaissa c/ Office municipal d'habitations à loyer modéré de Saint-Dizier*, n° 264314. Note : G. Guglielmi et G. Koubi, *AJDA*, 2004, p. 822.

[3] CE, 19 novembre 2004, *Marty*, n° 265064. Note : E. Tawil, *JCP A*, 2004, n° 53, p. 1714.

croyance, elle violerait par là même son devoir de neutralité. Mais les dispenses reposent également sur une forme de tolérance, qui peut alors varier selon les sensibilités du chef de service. »[1] Un agent ne peut notamment opposer à l'administration sa liberté de conscience pour se voir octroyer une autorisation d'absence[2].

Le juge effectue un contrôle minimal sur le refus d'un chef de service, puisque l'agent ne dispose d'aucun droit à l'obtenir et qu'il n'y a donc, en toute hypothèse, aucune violation de droit. Le juge s'assure seulement que le refus de l'employeur public est justifié par les besoins du service et n'est pas discriminatoire (par comparaison avec la situation réservée aux autres agents). Commet par exemple une erreur de droit le chef de service qui refuserait une autorisation d'absence au motif que l'intérêt du service exigerait la présence d'un agent mais qui accepterait, aux mêmes dates, de lui accorder un de ses congés légaux[3].

La pratique de ces autorisations d'absence n'en soulève pas moins quelques difficultés.

La première est de contraindre l'agent à dévoiler ses préférences religieuses de manière assez précise (jour, durée…), notamment pour les fonctionnaires qui ne sont pas chrétiens (ceux-ci bénéficiant des jours de congé chômés officiels). En effet, même si l'agent qui sollicite cette autorisation n'est pas tenu de prouver les convictions qui sont les siennes, il dévoile à tout le moins le jour des fêtes religieuses auxquelles il entend participer, ce qui révèle avec une grande certitude ses convictions religieuses. De surcroît, le Conseil d'État a jugé légale la circulaire du 10 décembre 2010 sur les règles de vie quotidienne dans les services déconcentrés de la direction générale des finances publiques, exigeant que les demandes d'autorisation d'absence, y compris pour motifs religieux, soient accompagnées d'une « justification » ; mais il a dans le même temps rappelé que la circulaire ne saurait « avoir légalement pour effet de permettre que ce document soit versé au dossier de l'agent concerné »[4].

---

[1] Clément Benelbaz, « Liberté religieuse et laïcité dans les relations de travail dans les secteurs public et privé », *RDP*, 2018, n° 1, p. 1417.

[2] CE, 16 décembre 1992, *Gilot*, n° 96459.

[3] TA Cergy-Pontoise, 26 janvier 2017, *M. M. c/ Conseil général du Val d'Oise*, n° 1502409 et 1503289 ; cité par Mathieu Touzeil-Divina, « Des autorisations d'absence de service pour motif religieux », *AJCT*, 2021, p. 290.

[4] CE 26 octobre 2012, *Lliboutry*, n° 346648, point 8. Note : M.-C. de Montecler, *AJDA*, 2012, n° 40, p. 2227 ; R. Matta-Duvignau, *AJFP*, 2013, n° 4, p. 195.

L'autre difficulté est que cela donne aux agents publics croyants des motifs d'absence (qui ne s'accompagne d'aucune retenue sur salaire) dont ne bénéficient pas les non-croyants, à qui sont refusées des absences fondées sur le seul motif de commémorations laïques[1]. En effet, « les autorisations d'absence accordées à l'occasion des principales fêtes religieuses non inscrites au calendrier des fêtes légales ne sont pas décomptées des congés. Elles *s'ajoutent* aux jours de congé. C'est bien pour cela que certains agents dénoncent les "avantages supplémentaires" dont peuvent bénéficier leurs collègues qui se déclarent croyants et pratiquants. »[2] C'est pourquoi on a pu prôner le développement d'autorisation d'absence pour motif laïc, pour *célébrer* des personnages laïcs[3]. Mais une telle proposition soulève deux difficultés : d'une part, d'un point de vue théorique, l'assimilation entre croyances religieuses et laïcité est plus que contestable, ne serait-ce qu'en terme de liberté de culte ; d'autre part, d'un point de vue concret, cela ne règle pas le problème des agents qui, sans être croyants, ne sont pas pour autant des mystiques de la laïcité et ne souhaitent pas *commémorer* des personnages ou des événements laïcs, pour lesquels la dévotion est rarement de mise.

620. La situation particulière des militaires. Par opposition aux agents publics civils, les militaires sont dans une situation très particulière du fait que l'essentiel de leur vie quotidienne se déroule au sein de leur administration. Ils vivent souvent en caserne et leurs supérieurs hiérarchiques disposent d'un certain pouvoir d'organiser, non seulement leurs conditions de travail, mais aussi certains aspects de leurs conditions d'existence. Aussi des mesures particulières visent-elles, non pas uniquement à préserver l'agent d'une incursion de l'administration dans ses convictions, mais aussi à lui assurer des conditions propices à l'exercice de ses obligations religieuses.

---

[1] CE, 3 juin 1988, *Banque de France c/ Barsac*, n° 67791.

[2] Gwénaële Calvès, *Territoires disputés de la laïcité. 44 questions plus ou moins épineuses*, PUF, 2018, p. 122.

[3] « Nous militons en faveur d'une autorisation d'absence de service pour motif laïc : une AASML qui profiterait, de façon égalitaire – et non en équité – aux athées comme aux croyants. Il est effectivement choquant, pensons-nous, que des agents publics dans une République qui se gargarise autant de laïcité soient sanctionnés quand ils désirent célébrer des figures laïques alors qu'ils peuvent être autorisés à s'absenter, tout en étant *a priori* rémunérés et en position d'activité, pour participer à un culte. » (Mathieu Touzeil-Divina, « Des autorisations d'absence de service pour motif religieux », *AJCT*, 2021, p. 290)

Par exemple, l'armée n'admet pas seulement des menus de substitution, mais aussi des menus confessionnels[1], contrairement à ce qu'il en est pour les services de restauration scolaire ou pénitentiaire.

De même, comme pour les usagers *captifs* du service public (v. §706), les militaires peuvent avoir accès à des services d'aumônerie. Bien que l'article 2 de la loi de 1905, qui permet de financer les dépenses d'aumônerie, ne fasse pas mention des aumôneries militaires, celles-ci étaient déjà envisagées par la loi du 20 mai 1874 sur l'aumônerie militaire, qui avait été abrogée et remplacée par la loi – beaucoup plus restrictive – du 8 juillet 1880[2], dont le contenu fut précisé par le décret n° 64-498 du 1er juin 1964 portant règlement d'administration publique relatif aux ministres du culte attachés aux forces armées[3]. En outre, ce service d'aumônerie fonctionne en principe au profit des militaires sans discrimination. C'est pourquoi, si l'article 1er de l'arrêté du 15 juin 2012 portant organisation des aumôneries militaires précise qu'« il est institué, au sein des forces armées, une aumônerie militaire pour l'exercice de chacun des cultes catholique, israélite, protestant et musulman », ne saurait-il être lu comme excluant que les autres cultes bénéficient, par principe, des services d'un aumônier.

II. L'APPLICATION DE L'OBLIGATION DE NEUTRALITÉ RELIGIEUSE AUX SALARIÉS PRIVÉS D'UN SERVICE PUBLIC

621. Un régime juridique libéral, inverse à celui de l'agent public. La situation du salarié de droit privé est en principe l'exact opposé de celle de l'agent public. Alors que ce dernier est tenu à une drastique obligation de neutralité, le salarié privé est en principe affranchi d'une telle obligation. La situation juridique du salarié est

---

[1] « Dans l'armée, la nourriture hallal est assurée. » (Conseil d'État, *Un siècle de laïcité. Rapport public 2004*, La documentation française, coll. Études et documents du Conseil d'État, n° 55, 2004, p. 326)

[2] La loi n'autorisait la présence d'aumôniers qu'« en cas de mobilisation », dans les hôpitaux et pénitenciers militaires et dans les camps éloignés des lieux de culte civils.

[3] V. Xavier Boniface, « L'aumônerie militaire en France, entre Églises et État », *ADR*, vol. 1, 2005, p. 165 ; Xavier Boniface, « Les aumôniers militaires », *De Georges Clémenceau à Jacques Chirac : l'État et la pratique de la loi de séparation*, R. Vandenbussche (dir.), éd. IRHIS, 2008, p. 131.

donc beaucoup plus libérale que celle de l'agent public. Sa liberté d'exprimer et de manifester ses croyances religieuses demeure en principe admise, contrairement à celle de l'agent public.

Des restrictions à la liberté religieuse sont certes possibles, notamment pour assurer le bon ordre dans l'entreprise ou pour imposer au salarié le respect de ses obligations professionnelles[1]. Mais ces restrictions, qui n'interviennent que par exception, doivent alors être proportionnées[2]. Le Conseil d'État a par exemple censuré le règlement intérieur d'une entreprise qui interdisait « les discussions politiques ou religieuses et, d'une manière générale, toute conversation étrangère au service » : il considère que ces dispositions excèdent, « eu égard à l'atteinte qu'elles portent aux droits de la personne, l'étendue des sujétions que l'employeur pouvait édicter en vue d'assurer le bon ordre et la discipline dans l'entreprise ainsi que la bonne exécution de certains travaux exigeant une attention particulière »[3].

622. L'inapplication de principe de la laïcité aux salariés privés. En revanche, s'il est possible de limiter la liberté religieuse du salarié pour tenir compte de diverses exigences liées à ses fonctions ou à la politique marketing et commerciale de l'entreprise[4], la laïcité ne saurait être un principe de limitation de la liberté religieuse du salarié de droit privé. Le principe de laïcité ayant une application limitée aux pouvoirs publics, elle est insusceptible de générer des obligations à l'endroit des salariés de droit privé, qui ne sont en principe astreints à aucune obligation de neutralité, ni à aucune obligation de dissimuler leurs convictions religieuses, tant que celle-ci ne trouble pas le bon fonctionnement de l'entreprise ou les droits et libertés d'autrui. La liberté religieuse est le principe et elle ne peut être écornée que par exception.

---

[1] Cass., soc., 24 mars 1998, n° 95-44.738. Note : J. Savatier, *Dr. soc.*, 1998, p. 614.

[2] Article L. 1121-1 du Code du travail. Article L. 1321-3, 2° du Code du travail.

[3] CE, 25 janvier 1989, *Société industrielle teinture et apprêts (SITA)*, n° 64296. Conclusions : J. de Clausade, *Dr. soc.*, 1990, p. 201.

[4] CJUE, 14 mars 2017, *Samira Achbita c/ G4S Secure Solutions NV*, aff. C-157/15, point 38. Notes : G. Gonzalez, *Revue de l'Union européenne*, 2017, p. 356 ; J.-L. Sauron, *Gaz. pal.*, 2017, n° 15, p. 30 ; J. Colonna et V. Renaux-Personnic, *Gaz. pal.*, 2017, n° 20, p. 57 ; S. Robin-Olivier, *RTD eur.*, 2017, n° 2, p. 229 ; E. Bribosia et I. Rorive, *RTDH*, 2017, n° 112, p. 1017 ; D. Martin, *Dr. soc.*, 2018, n° 4, p. 314 ; G. Calvès, *Dr. soc.*, 2018, n° 4, p. 323 ; J. Mouly, *Dr. soc.*, 2018, n° 4, p. 330 ; H. Nasom-Tissandier, *Dr. soc.*, 2018, n° 4, p. 348 ; J. H. H. Weiler, *RTD eur.*, 2019, n° 1, p. 85 ; S. Hennette-Vauchez, *RTD eur.*, 2019, n° 1, p. 105.

En conséquence, le règlement intérieur de l'entreprise, même si celle-ci exerce une activité d'intérêt général, ne peut restreindre la liberté religieuse des salariés au nom de la laïcité. Tel est l'un des enseignements qui résulte de la fameuse affaire de la crèche *Baby loup*[1]. La crèche de Chanteloup-les-Vignes avait prévu, dans son règlement intérieur, une obligation de neutralité religieuse et de laïcité. Elle avait en conséquence licencié une salariée qui refusait d'ôter son foulard islamique. La légalité du licenciement dépendait donc de la légalité de la clause du règlement intérieur. Un contentieux nourri en résulta et ne nécessita pas moins de cinq décisions de justice, dont une décision de la chambre sociale de la Cour de cassation du 19 mars 2013, puis, suite à la résistance de la Cour d'appel de renvoi, une décision de l'assemblée plénière de la Cour de cassation le 25 juin 2014.

Considérant que, en dépit de sa mission d'intérêt général, la crèche ne pouvait être regardée comme gestionnaire d'un service public, la Cour de cassation rappelle, dans la première décision qu'elle rendit dans cette affaire, que « le principe de laïcité instauré par l'article 1er de la Constitution n'est pas applicable aux salariés des employeurs de droit privé qui ne gèrent pas un service public »[2]. En principe donc, les salariés de droit privé, même s'ils exercent une activité d'intérêt général, ne peuvent jamais être entièrement privés de leur liberté religieuse. En particulier, le port de signes à caractère religieux est en principe autorisé. Et, surtout, la laïcité ne saurait aucunement être invoquée pour fonder une quelconque restriction. La Cour de cassation rappelle en effet que « le principe de laïcité ne prime tout simplement pas pour les salariés de droit privé liés à un employeur de droit privé dont l'activité n'est pas de gérer et/ou d'exploiter un service public mais une simple activité d'intérêt général »[3].

623. L'application exceptionnelle du principe de laïcité aux salariés privés d'un service public. Si le principe de laïcité ne s'impose pas aux salariés de droit privé, il s'applique cependant à eux, par exception, quand l'organisme privé qui les emploie gère un service public. Dans un arrêt rendu le même jour que son premier arrêt *Baby Loup*, la chambre sociale de la Cour de cassation a jugé, à propos de la salariée d'une Caisse primaire d'assurance maladie (organisme privé

---

[1] V. Stéphanie Hennette-Vauchez et Vincent Valentin, *L'affaire Baby Loup ou la nouvelle laïcité*, LGDJ-Lextenso, coll. Exégèses, 2014.

[2] Cass., soc., 19 mars 2013, *Crèche Baby Loup*, n° 11-28.845, préc.

[3] Henri Peschaud, « Laïcité et liberté religieuse public-privé : l'égalité introuvable ? », *LPA*, 2013, n° 127, p. 7.

gérant un service public), que des salariés de droit privé peuvent être soumis au principe de laïcité dès lors que leur employeur est gestionnaire d'un service public. Elle affirme à cette occasion « que les principes de neutralité et de laïcité du service public sont applicables à l'ensemble des services publics, y compris lorsque ceux-ci sont assurés par des organismes de droit privé et que, si les dispositions du code du travail ont vocation à s'appliquer aux agents des caisses primaires d'assurance maladie, ces derniers sont toutefois soumis à des contraintes spécifiques résultant du fait qu'ils participent à une mission de service public, lesquelles leur interdisent notamment de manifester leurs croyances religieuses par des signes extérieurs, en particulier vestimentaires »[1].

Le principe de laïcité dans les entreprises privées ou les associations chargées d'une mission de service public s'applique et s'impose de plein droit à tous leurs salariés sans distinction, voire aux bénévoles d'une association, puisque la Cour de cassation admet ici une approche fonctionnelle (nature de l'activité) et non pas organique (nature de la personne morale gestionnaire) du service public : « en consacrant l'acception matérielle et non organique du service public, il donne une grande extension "professionnelle" au principe de laïcité. »[2] Il en va d'ailleurs de même lorsque le salarié est mis à disposition dans une collectivité publique[3], puisqu'il exercera alors son activité au sein d'un service public.

624. La consécration législative de l'obligation. L'article 1er de la loi n° 2021-1109 confortant les principes de la République du 24 août 2021 (dite loi *séparatisme*) a confirmé cette jurisprudence, en imposant le respect de la laïcité aux salariés de tous les organismes publics ou privés assumant une mission service public, que le service public lui soit confié par la loi ou le règlement ou par un contrat de la commande publique. Le délégataire du service public, y compris s'il s'agit d'une personne morale de droit privé, devra imposer à ses salariés le respect du principe de laïcité. Les salariés doivent ainsi s'abstenir de manifester leurs opinions politiques ou religieuses et traiter de manière égale toutes

---

[1] Cass., soc., 19 mars 2013, *Mme Abibouraguimane c/ CPAM de Seine-Saint-Denis*, n° 12-11.690.

[2] Frédéric Dieu, « Le principe de laïcité n'a pas sa place dans l'entreprise : l'extension très limitée de l'application du principe de laïcité aux salariés de droit privé », *JCP A*, 2013, n° 18, 2131.

[3] Cass., soc., 19 octobre 2022, *Association Mission locale du pays salonais*, n° 21-12.370, préc.

les personnes, dans le respect de leur liberté de conscience et de leur dignité.

Une telle formulation est très largement inspirée de l'article L. 121-2 du Code général de la fonction publique applicable aux agents publics. Il est ainsi manifeste qu'il s'opère une translation des obligations pesant sur les agents publics aux salariés de droit privé, du fait que ces obligations sont inhérentes au service public auquel ils concourent. L'avantage de cette consécration législative est alors de « faciliter la relation des opérateurs économiques en charge de l'exécution de services publics avec leurs salariés. Ils trouveront en effet dans la loi un appui explicite pour actualiser au besoin leur règlement intérieur. »[1]

Concrètement, cette application du principe de laïcité permet d'écarter les articles L. 1121-1 et L. 1321-3 du Code du travail interdisant à l'employeur, y compris à travers le règlement intérieur de l'entreprise, de restreindre les libertés individuelles et collectives des salariés si ce n'est pas justifié par la nature de la tâche à accomplir et proportionné au but recherché.

Compte tenu de l'importance actuelle des externalisations de service public, cette disposition législative conduit à soumettre un nombre important de salariés privés à l'exigence de neutralité religieuse. La loi *séparatisme* impose en effet que les entreprises fassent respecter ce principe de laïcité par « toutes les personnes sur lesquelles [elles exercent] une autorité hiérarchique ou un pouvoir de direction » et, notamment, les salariés de leurs sous-traitants. L'étude d'impact précise néanmoins que la loi exonère du respect de cette obligation de laïcité les « personnes chargées de fonctions dites "support" », notamment « les entreprises fournissant des services aux acheteurs tels le ménage, le gardiennage ou l'accueil du public ». Une exception est néanmoins posée dans le cas où « l'acheteur [de la commande publique] a entendu faire participer l'entreprise considérée à la mission de service public qui lui incombe ». La délimitation du champ d'application de l'obligation est donc relativement floue, l'appréciation de la situation de chaque catégorie de salariés devant s'effectuer au cas par cas. L'étude d'impact concédait d'ailleurs qu'« il n'est pas possible d'évaluer le nombre total de contrats concernés, ni même le nombre de salariés, d'autant que seuls

---

[1] Yvon Goutal et Mehdi Bahouala, « La laïcité dans la commande publique », *AJCT*, 2021, p. 448.

les salariés qui participent à l'exécution du service public sont concernés par cette obligation ».

625. L'application aux salariés d'une fédération sportive et aux personnes sur lesquelles elle exerce une autorité hiérarchique ou un pouvoir de direction. C'est en s'appuyant sur cette disposition législative que le Conseil d'État a pu décider de faire application du principe de neutralité religieuse aux salariés d'une fédération sportive (la Fédération française de football en l'espèce), mais aussi aux « personnes sur lesquelles elle exerce une autorité hiérarchique ou un pouvoir de direction ». Dans la mesure où cette fédération est délégataire d'un service public, il en résulte pour ses salariés l'obligation de respecter une stricte neutralité religieuse, ce qui est désormais une solution bien établie. Mais en visant aussi « les personnes sur lesquelles elle exerce une autorité hiérarchique ou un pouvoir de direction », formule qu'il emprunte à l'article 1er de la loi *séparatisme*, le Conseil d'État inclut dans le champ de cette obligation aussi bien les travailleurs indépendants et les bénévoles qui œuvrent pour la fédération (les arbitres par exemple) que les « personnes que la Fédération sélectionne dans les équipes de France, mises à sa disposition et soumises à son pouvoir de direction pour le temps des manifestations et compétitions auxquelles elles participent à ce titre »[1]. Il est à noter que le juge s'abstient de se référer ici à la traditionnelle distinction des usagers et des agents du service, car il aurait été difficilement justifiable de faire des joueurs des *agents* du service pour leur imposer cette obligation de neutralité ; il semble au contraire établir une catégorie intermédiaire, désignée par le fait que le gestionnaire exerce sur ces personnes une autorité hiérarchique ou un pouvoir de direction qui, sans faire d'eux des agents *stricto sensu*, justifie de leur appliquer certaines des règles applicables aux agents. Il est en outre à relever que l'obligation s'impose durant les matchs et compétitions, mais aussi durant les manifestations qui les entourent, comme les

---

[1] CE, 29 juin 2023, *Association Alliance citoyenne et autres* et *Ligue des droits de l'homme*, n° 458088, 459547 et 463408, point 11. Notes : H. Pauliat, *JCP A*, 2023, n° 29-33, 2242 ; F. de la Morena, *JCP A*, 2023, n° 29-33, 2243 ; M. Maisonneuve, *JCP G*, 2023, n° 35, doctr. 980 ; A. Goin, *AJDA*, 2023, n° 31, p. 1646 ; C. Froger, *AJFP*, 2023, n° 9, p. 453 ; G. Le Chatelier, *AJCT*, 2023, n° 10, p. 586 ; J.-P. Camby et J.-É. Schoettl, *RFDA*, 2023, n° 5, p. 921 ; G. Eveillard, *Dr. Adm.*, 2023, n° 11, comm. 42, p. 34 ; A.-L. Youhnovski Sagon, *Recueil Dalloz*, 2023, n° 38, p. 1995 ; L. Maaziz, *RFDA*, 2023, n° 6, p. 1055 ; M.-O. Peyroux-Sissoko, *RFDA*, 2023, n° 6, p. 1055.

entraînements, les conférences de presse ou encore les temps où le joueur représente l'équipe nationale.

Il en résulte une certaine extension de cette obligation de neutralité religieuse par élargissement de la délimitation du service public assumée par la fédération. Le rapporteur public, en soutenant cette solution, indiquait lui-même qu'elle conduit à « étendre le champ du service public délégué à la FFF au-delà de l'organisation des matchs des équipes de France, pour y inclure ces matchs eux-mêmes. C'est précisément ce que nous vous proposons de juger, car nous pensons pouvoir déduire des règles qui leur sont applicables que lorsqu'ils jouent pour les équipes de France, les joueurs sélectionnés poursuivent effectivement une mission de service public, c'est-à-dire une finalité d'intérêt général orientée vers la cohésion sociale et que les pouvoirs publics ont décidé de satisfaire au moyen de règles exorbitantes du droit commun. »[1] Remodeler le périmètre du service public, au motif notamment que l'équipe nationale représente la Nation et participe à « la construction du sentiment d'appartenance nationale »[2], conduit à admettre que les joueurs de l'équipe de France participent à l'exécution du service pris en charge par la fédération et qu'ils sont soumis au pouvoir de direction de la fédération. Dès lors, « au-delà de l'habillage juridique du raisonnement, il ne s'agi[t] en réalité que d'étendre l'applicabilité du principe aux seuls joueurs pouvant être regardés, si ce n'est en droit au moins en fait, comme les représentants de la Nation. »[3] C'est sur le fondement de ce fragile raisonnement que les joueurs sélectionnés en équipe de France sont soumis en tant que tels à une obligation de neutralité religieuse. Quant à savoir quelles en seront les conséquences pratiques et comment la fédération pourra imposer cette obligation aux joueurs, voilà qui n'est pas évident à déterminer.

---

[1] Clément Malverti, « Conclusions sur CE, 29 juin 2023, *Association Alliance citoyenne et autres*, n° 458088 » (accessibles sur ArianeWeb).

[2] Clément Malverti, « Conclusions sur CE, 29 juin 2023, *Association Alliance citoyenne et autres*, n° 458088 » (accessibles sur ArianeWeb).

[3] Mathieu Maisonneuve, « La sanctuarisation "républicaine" du football français », *JCP G*, 2023, n° 35, doctr. 980.

III. UNE OBLIGATION DE NEUTRALITÉ RELIGIEUSE MODULÉE POUR LES ÉLUS

626. Une grande liberté d'expression des opinions religieuses. Les élus relèvent d'un régime juridique distinct de celui des agents publics. Leur situation n'étant pas identique, ils n'ont pas nécessairement les mêmes obligations qu'eux.

Pour ce qui les concerne, l'obligation de neutralité religieuse est moins nette parce que la nature politique de leurs fonctions justifie une plus grande liberté de parole. « En tant que personnalités politiques par l'intermédiaire desquelles les collectivités territoriales s'administrent librement, les élus locaux, à la différence des agents publics, bénéficient de la liberté d'exprimer leurs opinions, même religieuses. »[1]

En premier lieu, cette liberté vaut évidemment lors du débat électoral qui, par sa nature même, doit laisser aux candidats la possibilité d'échapper au principe de neutralité pour exprimer leurs convictions personnelles. En conséquence, le Conseil d'État a jugé qu'« aucune norme constitutionnelle, et notamment pas le principe de laïcité, n'impose que soient exclues du droit de se porter candidates à des élections des personnes qui entendraient, à l'occasion de cette candidature, faire état de leurs convictions religieuses. »[2] Il est ainsi possible à une candidate d'apparaître avec un voile islamique sur son affiche de campagne.

En protégeant la liberté d'expression, notamment religieuse, de ceux qui briguent les suffrages de leurs compatriotes, c'est aussi – et d'abord – la liberté de choix des électeurs qui est protégée. C'est pourquoi, jusqu'à présent, les propositions législatives destinées à limiter l'expression religieuse des candidats ont été repoussées. « Le processus électoral est ainsi dominé par la recherche, inhérente à la perspective démocratique, de la plus grande liberté possible de choisir celui ou celle qui a vocation à représenter les électeurs dans le cadre de l'exercice du mandat qui pourrait lui être confié. C'est donc assez légitimement que, sous différentes formes, cet impératif de liberté a été opposé à des propositions dont l'adoption, ayant pour objet ou pour

---

[1] Benjamin Lecoq-Pujade, « Loi confortant les principes de la République : nouvelles réflexions sur l'application des principes de neutralité et de laïcité aux élus locaux », *JCP A*, 2021, n° 49, 2367.

[2] CE, 23 décembre 2010, *Association Arab women's solidarity association (AWSA) France*, n° 337899.

effet de limiter l'expression, notamment religieuse, de ceux qui se présentent au choix des électeurs, aurait emporté avec elle une restriction à l'expression de la volonté de ces derniers. »[1]

En second lieu, les élus conservent cette liberté d'expression durant leur mandat. Des conseillers municipaux peuvent porter un signe religieux ou exprimer leurs convictions religieuses durant une réunion du conseil : le maire qui prive un conseiller de son doit de parole parce qu'il porte un signe religieux se rend coupable de discrimination, à moins que le port de ce signe religieux « soit constitutif de troubles à l'ordre public »[2].

627. Une liberté d'expression pouvant être limitée. Cette liberté d'expression de l'élu, si elle est plus grande que celle des agents publics, n'est pas absolue pour autant.

En premier lieu, l'article L. 2122-34-2 du CGCT, issu de l'article 6 de la loi du 24 août 2021, limite la liberté d'expression religieuse des élus municipaux lorsqu'ils agissent au nom de l'État (en vertu notamment du dédoublement fonctionnel dont bénéficient le maire et ses adjoints, à la fois autorité exécutive de la commune et agents de l'État), car ils sont alors assimilés à des agents de l'État : « Pour les attributions qu'ils exercent au nom de l'État, le maire ainsi que les adjoints et les membres du conseil municipal agissant par délégation du maire dans les conditions fixées à l'article L. 2122-18 sont tenus à l'obligation de neutralité et au respect du principe de laïcité. » Toutefois, cette formulation « contient le risque d'une interprétation *a contrario* »[3] : puisque l'article ne mentionne que les fonctions exercées au nom de l'État, on pourrait en déduire qu'il n'est pas nécessaire, pour les élus locaux, de respecter une obligation de neutralité religieuse pour celles qu'ils exercent au nom de la commune. Or, même si les élus ne sont pas astreints à la même obligation de neutralité stricte que les agents publics, ils doivent tout de même respecter le principe de laïcité, y compris dans le cadre des fonctions qu'ils exercent au nom de leur

---

[1] Sylvain Niquège, « Neutralité religieuse et processus électoral : le service public, lointain repère », *RDR*, n° 16, 2023, p. 22.

[2] Cass. crim., 1er septembre 2010, *Brard*, n° 10-80.584. Notes : M. Véron, *Droit pénal*, 2010, n° 12, p. 27 ; S. Detraz, *Recueil Dalloz*, 2010, n° 39, p. 2624 ; E. Dreyer, *JCP G*, 2010, n° 49, p. 2278 ; A. Fitte-Duval, *AJCT*, 2010, p. 125 ; G. Royer, *AJ Pénal*, 2010, n° 11, p. 506 ; Y. Mayaud, *Revue de science criminelle*, 2010, n° 4, p. 853.

[3] Benjamin Lecoq-Pujade, « Loi confortant les principes de la République : nouvelles réflexions sur l'application des principes de neutralité et de laïcité aux élus locaux », *JCP A*, 2021, n° 49, 2367.

collectivité (et pas seulement de leurs attributions qu'ils tiennent de leur qualité de représentant de l'État).

De façon générale en effet, leurs fonctions publiques doivent être assumées en toute neutralité et impartialité[1]. Il est bien certain que les interdictions qui pèsent sur le service public ou sur la commune s'imposent aussi aux élus locaux qui concourent à leur fonctionnement. Ils n'ont par exemple pas le droit d'apposer des signes ou emblèmes religieux dans les emplacements publics ou dans des emplacements publics[2] (v. §449-460), de rejeter une demande d'utilisation d'un local communal au seul motif que cette demande leur est adressée par une association dans le but d'exercer un culte[3] (v. §442-446) ou de faire des différences, dans l'exercice de sa police des funérailles, à raison des convictions religieuses des personnes[4] (v. §519). De même, un maire ne peut, en vertu de son pouvoir de police, interdire à une élue de prendre la parole durant une séance du conseil municipal, en raison de l'insigne religieux qu'elle pote : même si le maire entendait peut-être faire une application normale du pouvoir de police de l'assemblée, il n'est pas suivi par la Cour de cassation, pour qui l'existence d'un tel trouble n'est pas démontrée du seul fait du port d'une croix au sein du conseil municipal, « lieu de débat et de confrontation d'idées »[5].

En réalité, si les fonctions publiques que les élus locaux exercent sont placées, comme pour les agents publics, sous l'empire du principe de laïcité, leur liberté de ton et d'expression demeure bien plus étendue pour toutes leurs activités de nature politique (campagne électorale, débats politiques, échanges au sein de l'assemblée délibérante, etc.). Il est néanmoins vrai que la frontière est parfois malaisée à tracer.

En deuxième lieu, les règlements des deux assemblées parlementaires encadrent à présent l'expression religieuse des parlementaires au sein des hémicycles. L'Assemblée nationale exige des députés une tenue « neutre » et interdit « le port de tout signe religieux ostensible »[6]. Le Sénat est plus restrictif encore puisqu'il engage les sénateurs à exercer « leur mandat dans le respect du principe

---

[1] V. Annie Fitte-Duval, « Neutralité religieuse des élus locaux : une construction largement prétorienne », *AJCT*, 2019, n° 11, p. 491.

[2] Article 28 de la loi du 9 décembre 1905.

[3] CE, 7 mars 2019, *Commune de Valbonne*, n° 417629, préc.

[4] Article L. 2213-9 du Code général des collectivités territoriales.

[5] Cass. crim., 1er septembre 2010, *Brard*, n° 10-80.584, préc.

[6] Article 9, *Instructions générales du Bureau. Règlement de l'Assemblée nationale*, modifié le 9 novembre 2022. Note : V. Mazeau, *RDP*, 2018, n° 3, p. 763.

de laïcité »[1]. Lorsqu'il a contrôlé la résolution introduisant ces précisions dans le règlement de la Chambre haute, le Conseil constitutionnel a néanmoins posé une réserve d'interprétation indiquant que « le règlement du Sénat ne saurait avoir pour objet ou pour effet de porter atteinte à la liberté d'opinion et de vote des sénateurs »[2]. Il en résulte que le règlement du Sénat interdit le prosélytisme religieux, sans priver les sénateurs d'exprimer des opinions religieuses ou, *a fortiori*, des positions motivées par des convictions religieuses. Il ne s'agit donc aucunement d'une application de la neutralité religieuse applicable aux agents publics.

IV. L'INCERTAINE INAPPLICATION DE L'OBLIGATION DE NEUTRALITÉ RELIGIEUSE AUX PERSONNES CONCOURANT AU SERVICE PUBLIC

628. Incertitude liée à la qualification juridique des personnes concourant au service public. Le régime juridique est délicat à identifier pour ce qui concerne les personnes concourant au fonctionnement du service public, car ils ne sont ni des usagers ni des agents publics. En principe en effet, les agents du service public sont soumis à une stricte obligation de neutralité religieuse (v. §604 s.), tandis que les usagers en sont *a priori* affranchis (v. §701 s.). La difficulté résulte du fait que certaines personnes n'entrent que très malaisément dans l'une ou l'autre de ces catégories. Or aucune tierce catégorie ne s'intercale entre celle de l'agent et celle de l'usager. « La loi et la jurisprudence n'ont pas identifié de troisième catégorie "homogène et pertinente" de "collaborateur" ou "participant" occasionnel du service public, qui serait soumise en tant que telle à l'exigence de neutralité religieuse. »[3] D'où la persistance d'incertitudes liées à la situation juridique de ces personnes *inclassables*.

629. Les cas réglés par les textes. Une première solution peut être l'intervention d'un texte, précisant explicitement le régime qui s'applique, en termes de neutralité religieuse, à telle ou telle personne.

[1] Article 91bis, *Instructions générales du Bureau. Règlement du Sénat*.

[2] Cons. const., 5 juillet 2018, *Résolution relative aux obligations déontologiques et à la prévention des conflits d'intérêts des sénateurs*, n° 2018-767 DC, considérant 8. Notes : J.-É. Gicquel, *JCP G*, 2018, n° 30-35, p. 1450 ; P. Billet, *Constitutions*, 2018, n° 2, p. 228.

[3] François-Xavier Bréchot, « Liberté religieuse et audience », *AJDA*, 2018, p. 1595.

Il en est ainsi pour les avocats. Des incertitudes peuvent en effet affecter leur qualification juridique vis-à-vis du service public. S'ils sont qualifiés « d'auxiliaires de la justice »[1] par les textes, il est clair que « l'avocat n'est pas un agent du service public de la justice, [mais] il reste néanmoins difficile de le considérer comme un simple "usager" du service public »[2]. Cette incertitude rejaillit sur le régime juridique qui s'applique à eux : on ne sait pas trop à quel type d'obligations ils sont soumis sur ce point. Il est néanmoins clair que le règlement intérieur du barreau peut interdire aux avocats de porter, avec la robe, un signe ostensible d'appartenance religieuse ou politique en raison du « but légitime poursuivi, à savoir protéger l'indépendance de l'avocat et assurer le droit à un procès équitable » et « pour témoigner de sa disponibilité à tout justiciable », à condition que cette interdiction soit proportionnée à ce but[3]. En conséquence, et dans un premier temps, certains barreaux ont inscrit dans leur règlement intérieur l'interdiction de porter, avec la robe d'avocat, tout signe manifestant une appartenance religieuse (selon la formule de l'article P33 du règlement du barreau de Paris). Le Conseil national de l'ordre a, par sa décision n° 2023-001 du 7 septembre 2023, ajouté un article 1.3 bis au règlement intérieur national de la profession d'avocat intitulé « port du costume de la profession » : le dernier alinéa de l'article indique explicitement que « l'avocat ne porte aucun signe distinctif avec sa robe », règle qui trouve un fondement législatif dans l'article 3 de la loi n° 71-1130 du 31 décembre 1971.

630. Les situations que les textes ne régissent pas. La solution est plus délicate à dégager lorsque les textes ne tranchent pas expressément la question. Dans cette hypothèse, et bien que la jurisprudence comporte encore beaucoup d'incertitudes, il est sans doute nécessaire de différencier deux situations : celle où les personnes étrangères au service public interviennent pour prendre en charge des tâches annexes à ce service ; celles, au contraire, où la personne prend directement part à la réalisation du service public lui-même. Là encore, c'est la proximité

[1] Article 3 de la loi n° 71-1130 du 31 décembre 1971 portant réforme de certaines professions judiciaires et juridiques.

[2] Baptiste Bonnet et Julie Ferron, « Le port de signes religieux par les avocats », *JCP G*, 2018, n° 27, étude 781, p. 1327.

[3] Cass., 1e civ., 2 mars 2022, n° 20-20.185. Notes : D. Plau, *Gaz. pal.*, 2022, n° 12, p. 21 ; C. Caseau-Roche, *JCP G*, 2022, n° 9, doctr. 1277 ; X. Bioy, *AJDA*, 2022, p. 1056 ; T. Wickers, *Recueil Dalloz*, 2023, p. 87.

avec le service public qui semble justifier de moduler l'obligation de neutralité religieuse.

631. Les personnes intervenant pour des tâches annexes au service public. L'arrêt *Syndicat national pénitentiaire FO-Direction*[1] permet de délimiter le champ d'application de l'obligation de neutralité religieuse lorsque des personnes collaborent à la réalisation de tâches annexes au service public. L'arrêt concernait les membres de congrégations (des religieuses ici) apportant leurs concours à des établissements pénitentiaires pour des tâches relevant, non de la surveillance des détenus, mais de fonctions complémentaires de soutien : l'arrêt précise bien qu'il est « exclu des tâches susceptibles d'être confiées aux sœurs de la congrégation contractante celles qui sont assurées par "les fonctionnaires de l'établissement" », ce qui les relègue bien aux tâches annexes.

Dans ce cas, le Conseil d'État n'impose pas à ces personnes le respect d'une neutralité aussi stricte que celle qui s'impose aux agents publics. Il juge cependant que l'intervention de ces religieuses doit s'effectuer sans prosélytisme : « eu égard à [l'objet de la rémunération de ces tâches], et dès lors que l'intervention des membres de la congrégation est exclusive de tout prosélytisme, il ne saurait être […] soutenu que serait transgressé le principe de laïcité ou celui de neutralité du service public ». Finalement, le Conseil d'État ne prohibe pas la manifestation de leur foi par les sœurs, puisque leur tenue vestimentaire et leur comportement en font affichage. Il la limite simplement en interdisant un « prosélytisme actif »[2].

Il en est bien certainement de même pour les aumôniers présents dans les prisons, les écoles, les hôpitaux ou au sein de l'armée. De par leurs fonctions (qui est, elle aussi, annexe au service public pénitentiaire, scolaire, etc.), il ne saurait leur être fait grief de manifester leur croyance religieuse ou d'exprimer leurs convictions personnelles. Mais il semble en revanche que tout prosélytisme *actif* leur soit interdit, c'est-à-dire qu'il leur est sans doute impossible d'« aller à la rencontre des [usagers] sans avoir été sollicité au préalable par ces derni[er]s. Le

---

[1] CE, 27 juillet 2001, n° 215550 et 220980. V. aussi CE, 29 mai 2002, *Syndicat national pénitentiaire FO-Direction*, n° 235806.

[2] Antony Taillefait, « Accompagnement des sorties scolaires par les parents d'élèves et port du voile religieux », *Dr. Adm.*, 2012, n° 2, comm. 16.

manquement à cette obligation s'apparente à une violation du principe de laïcité. »[1]

632. Les personnes prenant part aux missions du service public. La situation est moins simple à cerner pour les personnes qui, sans être en permanence agents du service public, concourent ponctuellement à sa réalisation.

La question se pose par exemple à propos des jurés des Cours d'assises, pour lesquels des incertitudes persistent[2].

Mais elle a surtout été médiatisée au sujet des parents accompagnant bénévolement les sorties scolaires. Savoir si les parents accompagnant les sorties scolaires sont soumis à la laïcité impose de déterminer s'ils doivent être assimilés à des agents du service public (auquel cas la neutralité s'imposerait à eux) ou s'ils sont tiers ou usagers par rapport au service (ils ne seraient alors pas astreints à l'obligation de neutralité). Or les juges du fond ont retenu des solutions diverses[3].

633. La première solution : soumettre les parents accompagnateurs à la laïcité. La première solution fut celle du Tribunal administratif (TA) de Montreuil en 2011[4]. Le tribunal était saisi d'un recours contre le règlement d'une école élémentaire de Montreuil, qui disposait que « les parents volontaires pour accompagner les sorties scolaires doivent respecter dans leur tenue et leurs propos la neutralité de l'école laïque ». Selon le requérant, cette disposition méconnaissait l'article 9 de la CESDH. Conformément aux conclusions du rapporteur public[5], le tribunal a rejeté le recours en

---

[1] Caroline Bugnon, « L'application du principe de laïcité au sein des établissements pénitentiaires », *RDP*, 2019, n° 4, p. 913.

[2] V. Valérie Dervieux, « La laïcité dans l'institution judiciaire », *Cah. Justice*, 2018, p. 415 ; François-Xavier Bréchot, « Liberté religieuse et audience », *AJDA*, 2018, p. 1595.

[3] Pour une synthèse de ces controverses, v. Marc Doray, « Neutralité religieuse et sorties scolaires : le cas des accompagnateurs bénévoles », *RFDA*, 2021, p. 1031.

[4] TA Montreuil, 22 novembre 2011, *Sylvie Osman*, n° 1012015. Conclusions : V. Restino, *JCP A*, 2011, n° 49, 2384. Notes : A. Taillefait, *Dr. Adm.*, 2012, comm. 16 ; A.-L. Girard, *Recueil Dalloz*, 2012, p. 72 ; S. Hennette-Vauchez, *AJDA*, 2012, p. 163.

[5] « Les sorties scolaires, qui correspondent aux enseignements et sont effectuées, en tout ou partie, sur du temps scolaire à l'extérieur de l'école, constituent une activité du service de l'enseignement public. [...] Lorsque des parents d'élèves accompagnent des sorties scolaires pour assurer l'encadrement des élèves, ils apportent donc leur concours au fonctionnement du service de l'enseignement public. [...] Ainsi, les personnes, qui, sans être des agents publics, apportent leur concours au fonctionnement du service public, sont tenues de respecter, dans le cadre du service, les principes de laïcité et de neutralité. » (Virginie Restino, « Portée des principes de

considérant « qu'il résulte des textes constitutionnels et législatifs que le principe de liberté de conscience ainsi que celui de la laïcité de l'État et de neutralité des services publics s'appliquent à l'ensemble de ceux-ci ; que les parents d'élèves volontaires pour accompagner les sorties scolaires participent, dans ce cadre, au service public de l'éducation ; [...] que si les parents d'élèves participant au service public d'éducation bénéficient de la liberté de conscience qui interdit toute discrimination fondée sur leur religion ou sur leurs opinions, le principe de neutralité de l'école laïque fait obstacle à ce qu'ils manifestent, dans le cadre de l'accompagnement d'une sortie scolaire, par leur tenue ou par leurs propos, leurs convictions religieuses, politiques ou philosophiques. »

Créant ainsi la catégorie des participants au service public, le TA les a soumis à une obligation de neutralité assez stricte, comparable à celle des agents publics. Il allait donc plus loin que l'arrêt *Syndicat national pénitentiaire FO-Direction* de 2001, qui interdisait seulement aux religieuses apportant leur concours au service public pénitentiaire tout prosélytisme actif. Le tribunal imposait ici une obligation de respecter pleinement le principe de laïcité aux parents, en admettant que le règlement intérieur d'une école puisse leur imposer d'ôter tout signe religieux. Certes, contrairement à l'arrêt de 2001, les tâches ne sont pas ici annexes au service public, mais correspondent à la mission de l'enseignant ; le TA indique bien que « les parents d'élèves volontaires pour accompagner les sorties scolaires participent, dans ce cadre, au service public de l'éducation ». Si ce critère n'est pas illogique, le renforcement de l'obligation est déroutant si l'on considère le fait que, d'une part, les sœurs étaient rémunérées alors que les parents étaient bénévoles et, d'autre part, que les sœurs intervenaient régulièrement contrairement aux parents qui n'interviennent que très ponctuellement.

Sans reprendre la catégorie de « participants » au service public posée par le jugement du TA de Montreuil, la circulaire n° 2012-056 du 27 mars 2012 (dite circulaire Chatel) invite les règlements intérieurs des écoles à demander aux parents de s'abstenir de manifester leurs convictions religieuses « lorsqu'ils accompagnent les élèves lors des sorties et voyages scolaires ». Elle s'inscrit donc dans la droite ligne de ce jugement.

634. La deuxième solution : exonérer les parents accompagnateurs du respect de la laïcité. La position du TA de

---

laïcité et de neutralité à l'égard des parents d'élèves accompagnant les sorties scolaires. Conclusions sur TA Montreuil, 22 nov. 2011 », *JCP A*, 2011, n° 49, 2384)

Montreuil a été contredite par le Conseil d'État, dans une *Étude adoptée par l'assemblée générale à la demande du Défenseur des droits* en date du 19 décembre 2013. Dans cette étude non dénuée d'« ambiguïtés »[1], le Conseil d'État réfute l'existence d'une catégorie de *participants au service public*, qui ne seraient ni des usagers ni des agents publics. « Entre l'agent et l'usager, la loi et la jurisprudence n'ont pas identifié de troisième catégorie de "collaborateurs" ou "participants", qui serait soumise, en tant que telle, à l'exigence de neutralité religieuse. » (p. 20) Le Conseil a au contraire considéré « les parents d'élèves comme des usagers » (p. 31) et il rappelle que « l'usager du service public n'est pas soumis à l'exigence de neutralité religieuse » (p. 29). En conséquence, l'exigence de neutralité religieuse ne s'impose pas aux parents d'élèves, à moins que « des restrictions à la liberté de manifester des opinions religieuses [...] résulte[nt] soit de textes particuliers, soit de considérations liées à l'ordre public ou au bon fonctionnement du service » (p. 32). Il faut en effet souligner qu'il n'existe pas un droit des parents d'élèves à accompagner leurs enfants en sortie scolaire.

Plus curieusement, et c'est là que se niche l'ambiguïté, le Conseil d'État indique cependant que l'administration peut « recommander [aux parents] de s'abstenir de manifester leur appartenance ou leurs croyances religieuses » (p. 34). Toute la question est alors de déterminer la valeur juridique de cette *recommandation*, qui ne semble être que du « droit mou »[2].

Suite à cette étude du Conseil d'État, le TA de Nice a, en 2015, annulé la décision d'une école élémentaire de la même ville qui refusait à une mère de famille d'accompagner une sortie scolaire en conservant son voile. Le tribunal retient la solution donnée par le Conseil d'État en 2013. Il juge que « les parents d'élèves autorisés à accompagner une sortie scolaire à laquelle participe leur enfant doivent être regardés, comme les élèves, comme des usagers du service public de l'éducation. Par suite, les restrictions à la liberté de manifester leurs opinions religieuses ne peuvent résulter que de textes particuliers ou de considérations liées à l'ordre public ou au bon fonctionnement du service. »[3] Assimilés à des usagers, les parents d'élèves ne sont donc

---

[1] Olivia Bui-Xuan, « Les ambiguïtés de l'étude du Conseil d'État relative à la neutralité religieuse dans les services publics », *AJDA*, 2014, p. 249.

[2] Hélène Pauliat, « La réponse du Conseil d'État au Défenseur des droits : il n'existe pas de "participants au service public" », *JCP A*, 2014, n° 1-2, 2005.

[3] TA Nice, 9 juin 2015, *Mme D.*, n° 1305386. Conclusions : J.-M. Laso, *JCP A*, 2015, n° 29, 2236. Note : C. Brice-Delajoux, *AJDA*, 2015, p. 1933.

pas soumis à l'obligation de neutralité et ne peuvent voir leur liberté religieuse restreinte qu'en cas de nécessités liées à l'ordre public ou au bon fonctionnement du service.

Faire des parents d'élèves des usagers du service public scolaire aurait pu conduire à les soumettre à la loi du 15 mars 2004, qui interdit aux élèves, usagers du service public, de porter des signes manifestant ostensiblement leur appartenance religieuse. Mais la circulaire du 18 mai 2004 prise pour l'application de cette loi a rappelé que « la loi ne concerne pas les parents d'élèves ».

635. La troisième solution : distinguer selon la tâche accomplie par les parents d'élèves. Enfin, une troisième position a été adoptée par la Cour administrative d'appel (CAA) de Lyon. La question était ici un peu différente des cas précédents, puisqu'il ne s'agissait pas de sorties scolaires, mais d'activités effectuées en classe par les parents avec les enseignants. Saisi en première instance, le TA de Lyon, après avoir rappelé que l'ordre public et le bon fonctionnement du service public peuvent justifier de recommander aux parents d'élèves participant à des déplacements ou à des activités scolaires de s'abstenir de manifester leur foi, avait tranché en faveur de la décision prise par le recteur d'académie, qui conditionnait la participation aux activités scolaires des parents à une tenue neutre ne témoignant d'aucune appartenance religieuse[1].

Appelée à se prononcer sur ce jugement, la CAA de Lyon s'est appuyée sur la nécessaire neutralité des programmes et des enseignants et sur la liberté de conscience des élèves, qu'elle tire du Code de l'éducation, pour affirmer que les parents participant à des activités scolaires doivent respecter la laïcité[2]. Cette obligation est toutefois restreinte aux activités qui se déroulent à l'intérieur des classes, à l'occasion de laquelle les parents exercent des fonctions similaires à celles des enseignants (ateliers lecture, enseignement informatique, etc.). La Cour précise que ce principe impose que, « quelle que soit la qualité en laquelle elles interviennent, les personnes qui, à l'intérieur des locaux scolaires, participent à des activités assimilables à celles des personnels enseignants, soient astreintes aux mêmes exigences de neutralité ». Il n'est donc pas question d'une interdiction générale, empêchant les mères portant un voile de participer à l'ensemble des

---

[1] TA Lyon, 19 octobre 2017, *Mmes B. et C.*, n° 1505363, points 6 et 8.

[2] CAA Lyon, 23 juillet 2019, n° 17LY04351. Conclusions : S. Deliancourt, *JCP A*, 2019, n° 43-44, 2307. Notes : M. Philip-Gay, *JCP A*, 2019, n° 43-44, 2307 ; P. Villeneuve, *AJCT*, 2019, n° 11, p. 526.

activités scolaires, mais d'une appréciation circonstanciée. Cette appréciation, comme le soulignait le rapporteur public, repose sur un « double critère matériel tiré de la nature des activités exercées par les parents avec les enfants et du lieu d'exercice de celles-ci »[1]. La neutralité s'imposera aux parents d'élève s'ils accomplissent les mêmes tâches qu'un enseignant et s'ils le font dans les locaux de l'établissement car, dans cette circonstance, les parents remplissent la plénitude de la mission de service public dévolue à l'Éducation nationale. *A priori*, si l'activité est une sortie scolaire (qui a, par hypothèse, lieu en dehors des classes), l'obligation de neutralité ne s'impose pas. En l'espèce, comme les activités avaient lieu en classe, l'interdiction était justifiée.

636. Conclusion sur la situation des personnes prenant part au service public. S'agissant des parents accompagnateurs des sorties scolaires et, plus généralement, des bénévoles concourant à la réalisation des missions de service public, la réponse est donc incertaine en raison de cet « empilement normatif protéiforme et dissonant »[2]. Des propositions de loi viennent régulièrement proposer de régler la question législativement. Ce fut par exemple le cas de la proposition de loi n° 320 pour une école de la liberté, de l'égalité des chances et de la laïcité déposée par le sénateur Max Brisson le 8 février 2023. Son article 10 entendait imposer l'interdiction de porter des signes religieux ostensibles « aux personnes qui participent, y compris lors des sorties scolaires, aux activités liées à l'enseignement ». Mais en l'état actuel du droit aucune solution ne paraît absolument certaine et incontestable, ce qui laisse planer une certaine insécurité juridique sur cette situation.

---

[1] Samuel Deliancourt, « Conclusions sur CAA Lyon, 23 juillet 2019 », *JCP A*, 2019, n° 43-44, 2307.

[2] Marc Doray, « Neutralité religieuse et sorties scolaires : le cas des accompagnateurs bénévoles », *RFDA*, 2021, p. 1031.

CHAPITRE 7
LA SITUATION DES USAGERS DES SERVICES PUBLICS

701. Laïcité du service public et liberté religieuse des usagers. En principe, les usagers du service public possèdent une pleine liberté religieuse. N'étant nullement agents du service public, au fonctionnement duquel ils ne participent pas, ils *se contentent* de bénéficier des prestations qu'il fournit. Le principe de laïcité attaché au service public ne leur est donc pas applicable et ne leur impose en principe aucune obligation. L'individu-usager jouit bien sûr d'une pleine liberté de conscience, mais il peut aussi extérioriser librement sa foi, sous réserve de ne pas troubler l'ordre public ni le bon fonctionnement du service.

Au contraire, dans la mesure où le service public avec lequel les usagers sont en relation doit quant à lui respecter une parfaite neutralité religieuse, la laïcité permet de conforter leur liberté religieuse, puisqu'elle les assure qu'ils ne seront pas discriminés par le service public du fait de leur foi. La laïcité du service public assure les usagers que leur religion ne sera pas source d'avantages ou de désavantages dans l'octroi des prestations délivrées par le service (I).

Pourtant, à rebours de la tradition établie depuis 1905, une tendance de fond voudrait que la liberté de religion des usagers puisse aussi être réduite au nom même de la laïcité, ce que certains auteurs ont de ce fait pu qualifier de « nouvelle laïcité »[1]. De fréquentes propositions de loi invitent ainsi le législateur à faire évoluer le droit en ce sens[2]. Si une telle idée est globalement repoussée par le droit français, il y a néanmoins un cas où la laïcité justifie une restriction à la liberté des individus de manifester leurs convictions religieuses : c'est celui des élèves des écoles, collèges et lycées publics. Depuis 2004, ces derniers sont en effet astreints, au nom de la laïcité, à une obligation de discrétion religieuse, qui leur interdit de manifester ostensiblement leur

---

[1] Stéphanie Hennette-Vauchez et Vincent Valentin, *L'affaire Baby Loup ou la nouvelle laïcité*, LGDJ-Lextenso, coll. Exégèses, 2014.

[2] Par exemple : Assemblée nationale, proposition de loi constitutionnelle n° 3874 du 24 juin 2016 visant à étendre le principe de laïcité aux entreprises privées et aux usagers du service public par M. Éric Ciotti et 19 autres députés.

appartenance religieuse par le port d'un signe distinctif. Pour ces usagers-là, la laïcité produit, à titre exceptionnel, des obligations (II).

I. LA LIBERTÉ RELIGIEUSE DE L'USAGER DES SERVICES PUBLICS

Les principales composantes de la liberté religieuse sont reconnues aux usagers des services publics : il en est bien entendu ainsi de la liberté de conscience (v. §504-506), mais aussi de la liberté d'extérioriser sa foi (A) et de la liberté de culte (B).

A. LA LIBERTÉ D'EXTÉRIORISER SA FOI

702. Un régime juridique libéral. Les usagers des services publics sont en principe libres d'exprimer leurs convictions religieuses. Ils bénéficient en particulier d'une pleine liberté d'arborer des signes religieux, sans que le gestionnaire du service public ou ses agents puissent se fonder sur cette circonstance pour adopter des décisions favorables ou défavorables à leur endroit.

En principe, et « en dépit de certains propos ou décisions contraires liés à une profonde méconnaissance du principe de laïcité »[1], la laïcité n'impose donc aux usagers du service aucune obligation de neutralité religieuse. Ainsi un justiciable n'est-il pas tenu de se présenter à l'audience sans signe religieux[2]. De même, l'étudiant qui poursuit ses études dans un établissement d'enseignement supérieur peut porter une tenue confessionnelle ou un signe manifestant son appartenance à une religion : en tant qu'usager d'un service public (l'enseignement supérieur), il est autorisé à faire état de ses croyances religieuses au nom de la liberté d'information et d'expression conférée aux étudiants par l'article L. 811-1 du Code de l'éducation[3].

La Cour européenne des droits de l'homme (CEDH) retient une conception identique de la protection de la liberté des usagers des services publics. Si elle admet que « dans des établissements publics, [...] le respect de la neutralité [...] peut primer sur l'exercice libre du

---

[1] Claire Brice-Delajoux, « Du nouveau sur le front du statut des mères voilées accompagnatrices de sorties scolaires », *AJDA*, 2015, n° 349, p. 1933.

[2] CA Versailles, 18e ch., 2 mai 2018, n° 17/04172. Note : V. Dervieux, *Cah. justice*, 2018, p. 415.

[3] CE, 28 juillet 2017, *Boutaleb*, n° 390740, préc.

droit de manifester sa religion »[1], elle retient toutefois de cette possibilité une conception sévère, afin de ménager une large place à la liberté de l'usager de se vêtir conformément à ses croyances religieuses. Elle n'a pour l'instant admis une possible restriction qu'au sein des écoles publiques[2] et des universités publiques[3] (v. §719). Elle considère à l'inverse que le justiciable qui se présente devant le tribunal avec un signe religieux ne peut être sanctionné pour ce motif[4]. Il en résulte que l'exclusion d'une salle d'audience d'une citoyenne, ne représentant pas l'État dans l'exercice d'une fonction publique, au motif qu'elle refusait d'ôter son « hijab » a constitué une restriction injustifiée à l'exercice du droit de manifester sa religion, dans la mesure où l'intéressée s'est comportée dans la salle d'audience de façon respectueuse et ne constituait pas une menace pour le bon déroulement du procès[5]. La liberté des usagers du service public est donc protégée par la CEDH dans des termes très proches du droit français.

703. Une liberté qui n'est pas absolue. Si la liberté de manifester et d'exprimer sa foi reste le principe, elle peut, par exception, faire l'objet de restrictions.

Il convient de préciser sans attendre que la laïcité n'est point la source de ces restrictions. La laïcité qui innerve les services publics n'est en principe pas de nature à restreindre la liberté dont disposent les usagers. Il n'y a que les élèves des établissements publics qui, par exception législative, se voient imposer des obligations au nom même de la laïcité (v. §709-719).

D'autres fondements que la laïcité peuvent en revanche justifier de restreindre la liberté religieuse des usagers des services publics.

En premier lieu, cette liberté peut faire l'objet de restriction pour assurer le bon fonctionnement du service public et pour garantir les

---

[1] CEDH, 23 février 2010, *Ahmet Arslan c/ Turquie*, n° 41135/98, §49, préc.

[2] CEDH, 24 janvier 2006, *Köse c/ Turquie*, n° 26625/02. CEDH, 4 décembre 2008, *Dogru c/ France* et *Kervanci c/ France*, n° 270558/05 et n° 31645/04. Notes : P. Raibault, *Dr. Adm.*, 2009, n° 1, p. 27 ; É. Pouliquen, *Revue Lamy droit civil*, 2009, n° 58, p. 45 ; J.-P. Marguénaud, *RTD civ.*, 2009, p. 285 ; L. Burgogne-Larsen, *Constitutions*, 2010, p. 73. CEDH, 30 juin 2009, *Bayrak c/ France*, n° 14308/08.

[3] CEDH, 10 novembre 2005, *Leyla Sahin c/ Turquie*, n° 44774/98. Notes : G. Gonzalez, *AJDA*, 2006, n° 6, p. 315 ; B. Chélini-Pont et E. Tawil, *ADR*, vol. 2, 2006-2007, t. 2, p. 607.

[4] CEDH, 5 décembre 2017, *Hamidovic c/ Bosnie-Herzégovine*, n° 57792/15, préc.

[5] CEDH, 18 septembre 2018, *Lachiri c/ Belgique*, n° 3413/09. Notes : C. Berlaud, *Gaz. pal.*, 2018, n° 32, p. 44 ; A.-M. Leroyer, *RTD civ.*, 2018, n° 4, p. 867 ; X. Delgrange et D. Koussens, *RTDH*, 2019, n° 118, p. 447.

droits des autres personnes (agents ou usagers). Il en résulte par exemple que, si les étudiants disposent en principe de la pleine liberté de manifester et d'exprimer leur foi dans le cadre de leurs études, cette liberté ne les autorise pas à exercer des pressions sur les autres membres de la communauté universitaire, à avoir un comportement ostentatoire ou propagandiste ou encore à perturber les activités d'enseignement et de recherche ou le bon fonctionnement du service public en général, autant de motifs qui peuvent justifier de restreindre leur liberté ou de sanctionner son usage abusif[1].

De même, dans un contexte tout différent, l'arrêt *Association Alliance citoyenne et autres*[2] a admis que les licenciés d'une fédération sportive, « qui ne sont pas légalement tenus au respect du principe de neutralité du service public », peuvent se voir interdire par le règlement de la fédération de porter une tenue manifestant leurs convictions religieuses, comme un hijab, « si cela est nécessaire au bon fonctionnement du service public ou à la protection des droits et libertés d'autrui, et adapté et proportionné à ces objectifs » (point 12). En l'espèce, l'article 1er des statuts de la Fédération française de football interdisait « tout port de signe ou tenue manifestant ostensiblement une appartenance politique, philosophique, religieuse ou syndicale ». Le Conseil d'État a d'abord indiqué que l'interdiction ne valait que dans les « lieux et temps des matchs » organisés par la fédération (point 14), à l'exclusion, par exemple, de la vie interne des clubs et des entraînements. Le Conseil a ainsi limité le champ d'application de la mesure dans le temps et l'espace. Puis, contrairement à ce que lui proposait son rapporteur public pour qui la fédération n'établissait pas la réalité des risques que le port de telles tenues pourrait générer, le Conseil d'État juge l'interdiction légale. Selon lui, elle vise à assurer le « bon déroulement [des rencontres sportives] en prévenant notamment tout affrontement ou confrontation sans lien avec le sport » et, du fait de son cantonnement aux temps et lieux de match, la mesure est « adaptée et proportionnée » à cette fin (point 14).

Là encore, ce n'est pas la laïcité qui motive l'interdiction, mais bien la nécessité d'assurer le bon déroulement du service public. D'ailleurs, le juge refuse de déclarer les signes religieux incompatibles par nature avec le service public, contrairement à ce que la Ligue du droit

---

[1] CE, 26 juillet 1996, *Université de Lille II*, n° 170106. Note : C. Durand-Prinborgne, *RFDA*, 1997, n° 1, p. 151.

[2] CE, 29 juin 2023, *Association Alliance citoyenne et autres* et *Ligue des droits de l'homme*, n° 458088, 459547 et 463408, préc.

international des femmes lui demandait (elle jugeait le hijab contraire à l'égalité entre hommes et femmes et au principe de la dignité humaine). Il n'en demeure pas moins que c'est « la première fois que le Conseil d'État regarde comme légale une restriction rédigée de manière aussi large [...] au droit des usagers du service public d'exprimer leurs convictions. Si cette éventualité a toujours été en germe dans la jurisprudence *Kherouaa*, elle se réalise de manière inédite dans un cas où aucun risque tangible n'a été documenté par l'autorité organisant le service public. »[1] Certes, l'interdiction est limitée aux lieux et temps des compétitions sportives, ce qui en fait une interdiction circonscrite. Mais en réalité, comme le relève le professeur Gweltaz Eveillard, « cette prétendue limite constitue l'intégralité du service public sportif, et l'objet des réglementations de ce dernier ne peut évidemment aller au-delà »[2], en prohibant par exemple l'expression religieuse dans les clubs, qui sont des personnes morales de droit privé.

En deuxième lieu, les exigences d'ordre public peuvent légitimer des restrictions à la liberté religieuse des usagers des services publics. En détention, le port d'un signe religieux est en principe interdit dans les lieux à usage collectif, hormis la salle de culte[3], pour des motifs de sécurité, car des vêtements trop amples permettraient de dissimuler des objets et pourraient nuire à la sécurité des agents ou des codétenus[4]. Les conditions d'hygiène peuvent également justifier d'encadrer la tenue de certains usagers, comme dans les piscines municipales, y compris si cela nuit à leur liberté de se vêtir conformément à leur foi. De même, pour éviter tout risque de fraude, la délivrance de titres d'identité peut justifier que l'usager soit contraint, très ponctuellement, d'ôter un voile ou un turban (v. §513).

C'est encore la santé publique qui peut justifier de méconnaître les convictions religieuses des usagers. C'est ce qu'illustre le contentieux du refus de soin. La première hypothèse est celle où certains croyants refusent que leur enfant subisse certains soins (comme une transfusion sanguine) même si sa vie est en danger. Sur ce terrain, si la décision revient en principe aux parents, l'article L. 1111-4, alinéa 9 du Code de la santé publique autorise tout de même le médecin à passer outre cette

---

[1] Alexis Goin, « La main de Dieu », *AJDA*, 2023, n° 31, p. 1646.

[2] Gweltaz Eveillard, « La légalité de l'interdiction de toute forme d'expression religieuse lors des matchs de football », *Dr. Adm.*, 2023, n° 11, comm. 42, p. 39.

[3] Article R. 351-4 du Code pénitentiaire.

[4] V. Gwénaële Calvès, *Territoires disputés de la laïcité. 44 questions plus ou moins épineuses*, PUF, 2018, p. 136-138.

décision pour délivrer à l'enfant « les soins indispensables » lorsque le refus de soin du titulaire de l'autorité parentale « risque d'entraîner des conséquences graves pour la santé du mineur ». Dans cette hypothèse, « le médecin se voit conférer un pouvoir exorbitant puisqu'il s'agit là d'un véritable transfert de l'autorité parentale en faveur du corps médical »[1]. L'agent public peut ainsi méconnaître sciemment la décision des parents, y compris si elle est fondée sur leur foi, au nom de la santé publique[2]. Dans une seconde hypothèse, celle où le patient est majeur, le médecin doit certes en principe respecter sa volonté[3], que celle-ci repose sur une motivation religieuse ou non. Néanmoins, si des médecins opère une transfusion sanguine à un témoin de Jéhovah contre son gré, le Conseil d'État a indiqué que, même si « le droit pour le patient majeur de donner son consentement à un traitement médical revêt le caractère d'une liberté fondamentale », les médecins n'ont pas porté atteinte à ce droit « en ne s'écartant des instructions médicales écrites dont [le patient] était porteur lors de son accident que par des actes indispensables à sa survie et proportionnés à son état, alors qu'il était hors d'état d'exprimer sa volonté »[4]. Là encore, la santé publique peut justifier de méconnaître la liberté de religion des patients.

En troisième lieu, il faut rappeler que le principe de liberté religieuse des usagers du service public ne leur permet pas de revendiquer des

---

[1] Amanda Dubuis, « La préservation de la santé de l'enfant face à la liberté religieuse des titulaires de l'exercice de l'autorité parentale », *Les cahiers de droit de la santé du sud-est*, 2010, n° 13, p. 92.

[2] Se prononçant sur le dispositif réglementaire qui était antérieur à la loi n° 2002-303 du 4 mars 2002 prévoyant cette disposition législative mais qui permettait également au médecin de passer outre l'avis des parents pour opérer une intervention sur un enfant en cas d'urgence, le Conseil d'État avait jugé que ces dispositions n'excédaient pas les limitations qui peuvent être apportées, « eu égard aux intérêts de la santé publique, aux dispositions des articles 8 et 9 de la [CESDH] et de l'article 2 du protocole additionnel n° I à cette convention, relatives au respect de la vie privée et familiale, à la liberté de conscience et de religion et au droit des parents de choisir l'éducation religieuse de leurs enfants » (CE, 3 juillet 1996, *Paturel*, n° 140872).

[3] Article L. 1111-4, alinéa 3 du Code de la santé publique.

[4] CE, 22 mai 2022, *Hôpital d'instruction des armées Sainte-Anne de Toulon*, n° 463713, point 8. Note : X. Bioy, *AJDA*, 2022, n° 29, p. 1693. V. aussi : CE, 26 octobre 2001, *Senanayake*, n° 198546. Conclusions : D. Chavaux, *RFDA*, 2002, n° 1, p. 146. Note : D. de Béchillon, *RFDA*, 2002, n° 1, p. 156 ; M. Deguergue, *AJDA*, 2002, n° 3, p. 259 ; L. Dubouis, *RDSS*, 2002, p. 41. CE, 16 août 2002, *Feuillatey*, n° 249552. Notes : A. Mersch, *JCP A*, 2002, n° 1, p. 26 ; E. Aubin, *Dr. Adm.*, 2002, n° 11, p. 29 ; E. Putmann, *RJPF*, 2002, n° 11, p. 11 ; P. Mistretta, *JCP G*, 2002, n° 48, p. 2125 ; J. Hauser, *RTD. Civ.*, 2002, n° 4, p. 781 ; S. Mouton, *Droit de la famille*, 2003, n° 1, p. 34 ; C. Clément, *LPA*, 2003, n° 61, p. 4 ; B. Pitcho, *JCP E*, 2003, n° 15, p. 36.

avantages ou des exemptions d'obligations au nom de leur religion[1], notamment si de tels passe-droits portaient atteinte à l'ordre public ou nuisaient au bon fonctionnement du service[2] (v. §316).

Mais dans toutes ces hypothèses où la liberté des usagers est restreinte, ce n'est jamais la laïcité qui justifie ces restrictions. Toutefois, ces différents exemples attestent que, même si la laïcité n'est pas applicable aux usagers des services publics, les impératifs justifiant de restreindre leur liberté peuvent leur imposer des obligations proches de celles qui pèsent sur les agents publics.

704. Une liberté renforcée par la laïcité du service public. Non contente de ne pas entraver la liberté d'exprimer et de manifester sa foi dans les services publics, la laïcité est au contraire un renfort de cette liberté (v. §5 ; §410-411 ; §510-511).

D'une part, en vertu de la laïcité, les gestionnaires des services publics doivent observer une stricte obligation de neutralité religieuse. Cette obligation « ne permet pas la complaisance du service public à l'égard d'une idéologie particulière ; il lui interdit la lutte contre l'une ou l'autre de celles qui sont répandues dans ce qu'on n'appelait pas encore, au temps de la laïcité naissante, la société civile. »[3] En imposant l'indifférence religieuse des gestionnaires du service public vis-à-vis des convictions spirituelles des personnes, la laïcité protège la liberté de choix religieuse des citoyens, quelle que soit leurs opinions. Chaque usager peut ainsi retenir les convictions qui lui paraissent les meilleures pour régler son existence, sans en être dissuadé par le service public et sans être brimé ou subir des pressions en raison de ce choix. Sa liberté de religion est protégée contre toute espèce de doctrine officielle. Cela apparaît avec évidence dans la détermination des programmes scolaires et dans le comportement des personnels des établissements scolaires : les uns et les autres doivent être neutres notamment pour protéger la liberté de conscience des élèves, ainsi que les libres choix éducatifs des parents (v. §404-408). La laïcité du service public est gage de liberté.

D'autre part, leur devoir d'impartialité religieuse exclut que les services publics privent arbitrairement un usager des prestations qu'il

---

[1] Cons. const., 19 novembre 2004, *Traité établissant une constitution pour l'Europe*, n° 2004-505 DC, considérant 18, préc.

[2] CE, ass., 14 avril 1995, *Koen*, n° 125148, préc. CE, 21 juin 2022, *Commune de Grenoble*, n° 464648, point 8, préc.

[3] Jean Rivero, « Laïcité scolaire et signes d'appartenance religieuse. L'avis de l'Assemblée générale du Conseil d'État en date du 27 novembre 1989 », *RFDA*, 1990, n° 1, p. 1.

fournit aux autres, en raison de la foi réelle ou supposée de l'usager. Le principe de neutralité (pas seulement religieuse) apparaît dès lors comme un élément de l'égalité devant le service public. La neutralité « est une condition de l'effectivité du principe d'égalité, car elle garantit l'absence de différenciation »[1]. Effectivement, les usagers doivent tous être traités de la même façon par un service public neutre et impartial, c'est-à-dire indifférent aux croyances ou opinions des usagers, lesquelles ne doivent avoir aucune incidence sur les relations entre le service et ses usagers, tous traités de manière équivalente. La laïcité du service public est gage d'égalité.

B. LA LIBERTÉ DE CULTE DES USAGERS

705. Favoriser la liberté de culte des usagers *captifs* du service public. Outre la possibilité reconnue à l'usager d'exprimer sa foi dans le respect des exigences de l'ordre public et du bon fonctionnement du service public, se pose aussi la question de leur liberté de culte. Cette question soulève bien entendu des difficultés plus grandes que la liberté d'exprimer sa foi, dans la mesure où il n'est pas seulement demandé au service public un comportement passif (accepter les manifestations de la foi sans discriminer les usagers), mais aussi un comportement actif, qui est de concilier l'organisation et le fonctionnement du service avec les prescriptions cultuelles des différents croyants.

De façon générale, et comme pour les agents publics, l'administration veille à présent, tout en assurant le bon fonctionnement des services publics, à favoriser la liberté de culte de leurs usagers.

L'enjeu est particulièrement important pour les publics dits « *captifs* »[2], c'est-à-dire pour les usagers du service public qui dépendent de l'administration dans l'organisation de leur existence ou d'une part significative de celle-ci et ne peuvent donc exercer leur culte qu'avec le concours actif de l'administration. Tel est le cas des détenus des établissements pénitentiaires, des élèves internes, des personnes internés dans un établissement de santé ou des patients hospitalisés. Pour ces derniers par exemple, le Code de la santé publique dispose que « les hospitalisés doivent être mis en mesure de participer à l'exercice de leur culte. Ils reçoivent, sur demande de leur part adressée à

---

[1] Benoît Camguilhem, « Ménager l'âne et le bœuf : retour sur la neutralité du service public », *Les annales de droit*, n° 12, 2018, p. 124.

[2] Édouard Geffray, « Loi de 1905 et aides des collectivités publiques aux cultes. Conclusions sur CE, ass. 19 juillet 2011, 5 espèces », *RFDA*, 2011, n° 5, p. 967.

l'administration de l'établissement, la visite du ministre du culte de leur choix. »[1] Identiquement, l'article L. 351-1 du Code pénitentiaire prescrit que « les personnes détenues ont droit à la liberté d'opinion, de conscience et de religion. Elles peuvent exercer le culte de leur choix, selon les conditions adaptées à l'organisation des lieux, sans autres limites que celles imposées par la sécurité et le bon ordre de l'établissement pénitentiaire. » Seuls le bon ordre et la sécurité de la prison justifient ainsi de restreindre la liberté de culte des détenus.

706. Les services d'aumônerie. Évidemment, la première mesure qui garantit la liberté de culte de ces usagers *captifs* est l'existence d'aumôneries, qui manifestent bien le « mariage de raison »[2] entre la laïcité de l'État et la liberté religieuse.

En permettant le financement des dépenses d'aumônerie, l'article 2 de la loi de 1905 rappelle cette exigence (v. §421). Mais si l'article 2 préserve l'existence des aumôneries publiques malgré la séparation des Églises et de l'État, ces aumôneries lui préexistent bien. Une telle possibilité existe même de longue date[3]. Pour les établissements d'enseignement publics par exemple, des aumôneries existaient depuis la création des lycées napoléoniens en 1802, mais cette possibilité avait aussi été rappelée lors de la laïcisation de l'École publique. L'article 5 de la loi sur l'enseignement secondaire des jeunes filles du 22 décembre 1880 dispose que « l'enseignement religieux sera donné sur la demande des parents, par les ministres des différents cultes, dans l'intérieur des établissements, en dehors des heures de classe ». Le décret du 24 décembre 1881 généralise d'ailleurs ce droit reconnu aux parents d'élève[4]. Aujourd'hui, l'article L. 141-2, alinéa 2 du Code de l'éducation dispose que « l'État prend toutes dispositions utiles pour assurer aux élèves de l'enseignement public la liberté des cultes et de l'instruction religieuse ».

En conséquence, les services d'aumônerie sont des dispositifs établis au profit des publics captifs des établissements publics, justifiés par la

---

[1] Article R. 1112-46 du Code de la santé publique.

[2] Pauline Vidal-Delplanque, *L'aumônerie républicaine. La conciliation moderne des principes de laïcité de l'État et de liberté de conscience des individus*, thèse, Lille II, 1998, t. I, p. 209.

[3] V., pour les aumôneries hospitalières, Christophe Eoche-Duval, « Les aumôniers d'hôpitaux, "enfants" de la loi de 1905 ? », *RDP*, 2021, n° 3, p. 723.

[4] Son article 1er dispose que « dans les établissements publics d'instruction secondaire, le vœu des pères de famille sera toujours consulté et suivi en ce qui concerne la participation de leurs enfants à l'enseignement et aux exercices religieux. »

liberté de culte proclamée à l'article 1er de la loi de 1905 et prévus explicitement par l'article 2. En conséquence, sont illégales des circulaires ministérielles prévoyant la suppression générale et absolue de la pratique du culte dans les établissements hospitaliers[1] ou des services d'aumônerie dans des établissements scolaires[2].

Le fondement libéral de cette création de services d'aumônerie justifie qu'elle se fasse sans discrimination[3]. Aussi le juge impose-t-il à l'administration pénitentiaire d'agréer les ministres du culte nécessaires à l'exercice de leur culte par tous les détenus, « la seule facilitation des visites de droit commun de représentants du culte ne [pouvant] satisfaire à ces obligations » ; seules peuvent y faire obstacle « des exigences de sécurité et de bon ordre de l'établissement » ; mais le « faible nombre de pratiquants » d'un culte ne justifie aucunement le refus de l'administration d'agréer un aumônier (pour un témoin de Jéhovah en l'espèce)[4].

L'institution d'aumôneries dans ces services publics particuliers fait toutefois l'objet d'évolutions différentes selon les services publics.

Il a eu plutôt tendance à gagner en importance au sein des prisons. Désormais, l'article R. 352-8 du Code pénitentiaire précise que « les personnes détenues peuvent s'entretenir, à leur demande, aussi souvent que nécessaire, avec les aumôniers de leur confession. Aucune mesure ni sanction ne peut entraver cette faculté. »[5] Il en résulte par exemple que la sanction de cellule disciplinaire, si elle « emporte pendant toute sa durée la suspension de l'accès aux activités, notamment aux activités à caractère cultuel », ne peut supprimer le droit du détenu de rencontrer un aumônier[6].

---

[1] CE, ass, 6 juin 1947, *Union catholique des hommes du diocèse de Versailles*, n° 81278, *Lebon* p. 250.

[2] CE, ass., 1er avril 1949, *Chaveneau* et *Comité catholique des parents des élèves des lycées et collèges de Seine-et-Oise*, n° 88854 et n° 94772, *Lebon* p. 161 et 164, 2 espèces. Conclusions : F. Gazier, *Recueil Dalloz*, 1949, jurisprudence, p. 531. Note : L. Rolland, *Recueil Dalloz*, 1949, jurisprudence, p. 535.

[3] V. Serge Slama, « La "laïcité pénitentiaire" au prisme du contentieux administratif fondé sur la liberté religieuse en détention », *RDR*, n° 12, 2021, p. 143.

[4] CE, 16 octobre 2013, *Garde des Sceaux, ministre de la Justice c/ Fuentes et autres*, n° 351115, préc.

[5] Article R. 352-8 du Code pénitentiaire.

[6] CE, 11 juin 2014, *M. B.*, n° 365237.

Inversement, ce droit a eu plutôt tendance à se restreindre au sein des établissements scolaires[1]. Hormis le fait qu'une aumônerie ne peut être constituée dans un établissement primaire[2] en raison du fait que, depuis la loi du 28 mars 1882, il est prévu que l'école primaire vaque un jour par semaine afin de permettre le catéchisme hors des heures et locaux scolaires, sa création dans le second degré est maintenant conditionnée. Alors que la loi du 22 décembre 1880 et le décret du 24 décembre 1881 faisaient de la création d'une aumônerie un droit des parents, leur volonté ne suffit plus que si l'établissement secondaire comprend un internat[3] : l'aumônerie n'est indispensable que pour assurer l'exercice effectif de la liberté religieuse des internes, les élèves externes pouvant pratiquer leur culte lorsqu'ils quittent l'établissement[4]. Il a ainsi été adjoint une condition qui n'existait pas en 1880-1881 : l'établissement scolaire doit comprendre un internat pour que la présence de l'aumônerie soit un droit. À l'inverse, en l'absence d'internat, la création d'une aumônerie n'est pas de droit et la demande des parents est appréciée par le recteur d'académie[5].

Certains auteurs rattachent en outre l'existence d'émission de télévision sur les chaînes publiques à l'organisation d'aumôneries dans les lieux clos, puisque ces émissions permettent aux personnes ne pouvant quitter leur domicile d'avoir accès au culte de leur choix. « Pensant aux personnes empêchées de quitter leur domicile – pour des raisons d'âge, de handicap, de maladie – pour se rendre dans un lieu de culte, le service public a choisi d'arbitrer en faveur du respect de la liberté de conscience et du libre exercice des cultes contre la stricte séparation. »[6]

707. Permettre la prière des publics *captifs*. Semblablement, le service public doit veiller à ce que ces mêmes publics *captifs* puissent pratiquer leur culte aussi largement que possible. Les détenus ont par exemple le droit de recevoir et conserver « les objets de pratique

[1] V. Jean Rivero, « Les aumôneries de l'enseignement public », *Recueil Dalloz*, 1960, chr. XIV, p. 79 ; Alain Texier, « Les aumôneries de l'enseignement secondaire : incertitude d'une institution », *RDP*, 1984, n° 1, not. p. 132-149.

[2] Article R. 141-1 du Code de l'éducation.

[3] Article R. 141-2 du Code de l'éducation.

[4] CE, ass., 1er avril 1949, *Chaveneau* et *Comité catholique des parents des élèves des lycées et collèges de Seine-et-Oise*, n° 88854 et n° 94772, *Lebon* p. 161 et 164, 2 espèces, préc.

[5] Article R. 141-4 du Code de l'éducation.

[6] Patrick Weil, *De la laïcité en France*, Grasset, 2021, p. 88.

religieuse et les livres nécessaires à leur vie spirituelle »[1], obligation étant donc faite à l'administration de leur laisser obtenir et conserver ces objets et ouvrages. Mais plus encore que ce type de tolérance, l'administration a même, à cet égard, l'obligation positive de tout faire pour favoriser la pratique religieuse de ses usagers *captifs*. Le Conseil d'État l'a énoncé dès 1955 : « dans les établissements hospitaliers, les autorités préposées à la gestion de ces établissements sont tenues non seulement de ne pas mettre obstacle à l'exercice de leur culte par les malades ou les vieillards pensionnaires desdits établissements, mais encore de prendre les mesures indispensables pour permettre à ceux-ci de vaquer, dans l'enceinte même de ces établissements, aux pratiques de leur culte, lorsqu'en raison de leur état de santé ou des prescriptions des règlements en vigueur ils sont hors d'état de sortir »[2].

Les contraintes pesant sur les services publics peuvent néanmoins justifier un encadrement ou une limitation de cette liberté de culte, qui ne doit pas troubler ou désorganiser le service. Dans sa décision de 1955, le Conseil d'État ajoutait immédiatement que l'obligation qu'il posait devait « se concilier tant avec les exigences du service hospitalier qu'avec les possibilités dont celui-ci dispose »[3]. C'est pourquoi, par exemple, des enfants en séjour de vacances dans une station de sports d'hiver peuvent se voir interdits de prier dans leur chambre si une des salles du centre d'accueil est réservée à cet effet ; et ils peuvent même être sanctionnés si, en contrevenant délibérément à cette consigne, ils s'obstinent à plusieurs reprises à prier dans leur chambre, en reléguant dans le couloir leur camarade qui ne partage pas leur foi. Le juge refuse, en de telles circonstances, de caractériser une atteinte à la liberté de culte[4].

708. L'aménagement du service public et les autorisations d'absence des usagers. Comme pour les agents publics (v. §619), il peut également être tenu compte de certaines contraintes de nature religieuse pour aménager le fonctionnement du service public.

La question des menus des cantines scolaires et pénitentiaires a déjà été traitée (v. §319-321).

Mais l'aménagement peut aussi concerner les heures d'ouverture et de fonctionnement du service et les autorisations d'absence délivrées aux usagers, notamment pour des motifs religieux. La question s'est

---

[1] Article R. 352-9 du Code pénitentiaire.
[2] CE, sect., 28 janvier 1955, *Sieurs Aubrun et Villechenoux*, n° 20684, *Lebon* p. 50.
[3] CE, sect., 28 janvier 1955, *Sieurs Aubrun et Villechenoux*, n° 20684, *Lebon* p. 50.
[4] CAA Lyon, 18 avril 2013, *M. et Mme B.*, n° 12LY01888.

bien entendu posée à propos des heures d'enseignement auxquelles sont astreints les élèves et étudiants. Certes les demandes d'absence systématique ou prolongée doivent être refusées parce qu'elles troublent la scolarité de l'élève : ainsi un élève ne peut-il être absent tous les samedis matins au nom de ses convictions religieuses[1]. En revanche, les circulaires ministérielles incitent les services publics scolaires et universitaires à accorder « des autorisations d'absence [...] pour les grandes fêtes religieuses qui ne coïncident pas avec un jour de congé et dont les dates sont rappelées chaque année par une instruction publiée au Bulletin officiel de l'éducation nationale ». De surcroît, « l'institution scolaire et universitaire, de son côté, doit prendre les dispositions nécessaires pour qu'aucun examen ni aucune épreuve importante ne soient organisés le jour de ces grandes fêtes religieuses »[2]. L'autorisation d'absence est ainsi un moyen d'aménager le service public aux impératifs religieux des élèves et étudiants.

Toutefois, conformément au traitement que le droit français réserve à la question des accommodements raisonnables (v. §315-316 ; §323), cette tolérance administrative doit être compatible avec l'intérêt général servi par le service public et, donc, avec le bon fonctionnement de ce service public. Il en est ainsi dans l'enseignement comme dans les autres services publics. Un tel principe a par exemple été rappelé par le Conseil d'État en 2011, lorsqu'a été porté devant lui le règlement des halles et marché de la ville de Paris, qui imposait aux commerçants installés dans le marché Riquet d'ouvrir leur échoppe le samedi. Cette réglementation ayant été contestée par des commerçants de confession juive, ces derniers avaient été mis en demeure sous peine de sanctions administratives de rouvrir leur commerce les samedis. Ceux-ci réclamaient donc un aménagement de la réglementation afin de préserver leur liberté de culte. Sur le fondement de l'article 10 de la DDHC, de l'article 9 de la CESDH et de l'article 1er de la loi du 9 décembre 1905, le Conseil d'État considère que le règlement municipal des halles et marchés, « même s'il ne prévoit aucune possibilité expresse de dérogation, [ne saurait] avoir pour objet ni avoir légalement pour effet d'interdire à des titulaires d'emplacements de vente qui en font la demande de bénéficier individuellement des autorisations de

[1] CE, ass., 14 avril 1995, *Koen*, n° 125148, préc.

[2] Circulaire du 18 mai 2004 relative à la mise en œuvre de la loi n° 2004-228 du 15 mars 2004 encadrant, en application du principe de laïcité, le port de signes ou de tenues manifestant une appartenance religieuse dans les écoles, collèges et lycées publics, point 2.4.

fermeture nécessaires au respect d'une pratique religieuse ou à l'exercice d'un culte, dans la mesure où ces dérogations sont compatibles avec le bon fonctionnement du marché, notamment au regard de l'objectif de continuité de ce fonctionnement »[1]. Le Conseil d'État juge ainsi que si l'autorisation d'absence ne saurait être exclue par principe, elle doit être appréciée au cas par cas au regard de la continuité et du bon fonctionnement du service public. En l'espèce, le refus opposé par la mairie aux demandes de dérogation faites par les requérants se justifiait par le fait que, selon le commissaire du gouvernement, les boutiques des requérants « contribuaient sans doute pour beaucoup à l'animation du marché », si bien que « leur fermeture, chaque week-end et pour la totalité du samedi, devenait problématique »[2]. Le Conseil d'État relève en effet qu'une telle dérogation au règlement des marchés pourrait entraîner la fermeture d'un tiers des commerces, ce qui apporterait une atteinte excessive au bon fonctionnement du service public.

La question des autorisations d'absence des médecins devant comparaître devant la section disciplinaire du Conseil national de l'Ordre des médecins fournit de précieux enseignements sur la possibilité d'octroyer aux usagers (du service public de la justice ici) des autorisations d'absence. D'une part, l'usager demandant une autorisation d'absence doit établir que son refus troublerait gravement sa liberté de culte : le médecin mis en cause qui demande à ce que l'audience, qui doit se tenir un dimanche, soit différée doit justifier « de circonstances particulières démontrant qu'une telle pratique aurait conduit à le priver du droit de manifester sa religion »[3]. D'autre part, la demande ne doit pas être purement dilatoire, ce qu'elle peut être si, compte tenu de son caractère tardif, « elle avait pour seul but de différer l'examen de l'affaire et l'exécution de la sanction disciplinaire

---

[1] CE, 23 décembre 2011, *Halfon*, n° 323309. Conclusions : F. Aladjidi, *RJEP*, n° 701, 2012, comm. 52, p. 32. Notes : B. Poujade, *BJCL*, 2012, n° 1, p. 31 ; G. Orsoni, *RTD Com.*, 2012, n° 2, p. 301 ; M.-C. Rouault, *Revue Lamy des collectivités locales*, 2012, p. 47 ; T. Fleury, *Dr. Adm.*, 2012, n° 3, p. 45 ; G. Clamour, *Revue Lamy de la concurrence*, 2012, n° 31, p. 66 ; C. Marliac, *AJDA*, 2012, n° 15, p. 833 ; É. Péchillon, *AJCT*, 2012, n° 6, p. 328 ; F. Dieu, *JCP A*, 2012, n° 35, 2281, p. 29.

[2] Frédéric Aladjidi, « Combinaison de la police des halles et des marchés avec la liberté religieuse. Conclusions sur CE, 23 déc. 2011, *Halfon* », *RJEP*, n° 701, 2012, comm. 52, p. 32.

[3] CE, 23 février 2000, *Exposito*, n° 198931.

éventuellement encourue » ; refuser, pour ce motif, de reporter l'audience ne constitue pas une atteinte à la liberté de culte de l'usager[1].

En définitive, la laïcité du service public apporte d'évidentes garanties à la liberté religieuse des usagers, du fait qu'elle exclut l'adoption à leur encontre de mesures défavorables indûment fondées sur leur religion. Mais de surcroît, la laïcité-neutralité permet au service public de prendre en considération les besoins religieux des usagers, du moment, bien sûr, que l'intérêt du service demeure prioritaire et que les aménagements concédés sont admis en toute impartialité. Cela renvoie à la question, longtemps évoquée précédemment, de l'autonomie des pouvoirs publics vis-à-vis des revendications religieuses des usagers (v. §314 s.). Il n'y a en réalité qu'une situation où la laïcité entrave la liberté religieuse des usagers : c'est celle qui est réservée aux élèves des établissements publics scolaires.

II. L'OBLIGATION DE DISCRÉTION PESANT SUR LES ÉLÈVES DES ÉTABLISSEMENTS PUBLICS AU NOM DE LA LAÏCITÉ

709. La situation des élèves. La tradition de libéralisme à l'égard des usagers, qui s'appliquait aux élèves comme aux autres (A), a pourtant été remise en cause, pour ce qui les concerne, par la loi n° 2004-228 du 15 mars 2004 encadrant, en application du principe de laïcité, le port de signes ou de tenues manifestant une appartenance religieuse dans les écoles, collèges et lycées publics (B).

A. LA SOLUTION ANTÉRIEURE À LA LOI DU 15 MARS 2004 : L'APPLICATION DE LA TRADITION LIBÉRALE

710. L'avis du Conseil d'État du 27 novembre 1989. Jusqu'à la loi du 15 mars 2004, le droit positif, et notamment la jurisprudence du Conseil d'État qui donnait le *la* en la matière, avait maintenu l'application de la conception libérale de la laïcité à l'école. Les usagers du service public scolaire, c'est-à-dire les élèves, étaient soumis au même régime que les autres usagers : ils étaient en droit d'arborer un signe religieux, tant que ce signe n'était pas source de troubles à l'ordre public ou au bon fonctionnement de l'établissement scolaire.

---

[1] CE, 29 janvier 2001, *Bensabat*, n° 192128.

Tel était bien le sens de l'avis que rendit le Conseil d'État le 27 novembre 1989[1]. Cet avis fut rendu à la demande du ministre de l'Éducation nationale, Lionel Jospin, en raison de l'*affaire du collège de Creil*, où trois jeunes collégiennes refusèrent d'ôter leur voile comme le leur intimait le proviseur et furent donc exclues de l'établissement. Pour répondre aux interrogations du ministre, le Conseil d'État formule un raisonnement en trois étapes.

Premièrement, il affirme « que l'enseignement [doit être] dispensé dans le respect, d'une part, de cette neutralité par les programmes et par les enseignants et, d'autre part, de la liberté de conscience des élèves ». Le Conseil en déduit que la liberté des élèves leur permet « d'exprimer et de manifester leurs croyances religieuses à l'intérieur des établissements scolaires, dans le respect du pluralisme et de la liberté d'autrui, et sans qu'il soit porté atteinte aux activités d'enseignement, au contenu des programmes et à l'obligation d'assiduité. Son exercice peut être limité, dans la mesure où il ferait obstacle à l'accomplissement des missions dévolues par le législateur au service public de l'éducation. » (point I.2) Le Conseil rappelle ce faisant la conception traditionnelle de la liberté religieuse des usagers du service public, qui n'a pour limite que des exigences d'intérêt général et d'ordre public.

Deuxièmement, le Conseil tire les conséquences de ces principes pour ce qui est du port des signes religieux. Le principe est certes que « le port de signe d'appartenance religieuse n'est pas, par lui-même, incompatible avec le principe de laïcité ». Néanmoins, « cette liberté ne saurait permettre aux élèves d'arborer des signes d'appartenance religieuse qui, par leur nature, par les conditions dans lesquelles ils seraient portés individuellement ou collectivement, ou par leur caractère ostentatoire ou revendicatif, constitueraient un acte de pression, de provocation, de prosélytisme ou de propagande, porteraient atteinte à la dignité ou à la liberté de l'élève ou d'autres membres de la communauté éducative, compromettraient leur santé ou leur sécurité, perturberaient le déroulement des activités d'enseignement et le rôle éducatif des enseignants, enfin troubleraient l'ordre dans l'établissement ou le fonctionnement normal du service public. » (point I.2) En d'autres termes, si les élèves sont par principe libres de manifester publiquement leurs croyances, notamment par le port d'un signe ou d'une tenue religieux, il reste possible d'interdire un signe religieux dont le port constituerait « un acte de pression, de provocation,

[1] CE, ass., avis, 27 novembre 1989, n° 346893, préc.

de prosélytisme ou de propagande », compromettrait la dignité, la liberté, la santé ou la sécurité de l'élève ou des autres personnes ou troublerait l'ordre ou le fonctionnement normal de l'établissement. Là encore, le Conseil ne fait guère preuve d'innovation par rapport aux règles communes applicables aux usagers des services publics.

Troisièmement, le Conseil d'État admet que le règlement intérieur puisse régir le port des signes religieux (point II). Il revient donc aux autorités compétentes de régler les problèmes au cas par cas, par application de la grille de lecture qu'il a posée (point III).

Un tel état du droit fut confirmé au contentieux, en 1992, par l'arrêt *Kherouaa*[1], qui annulait le règlement intérieur d'un établissement scolaire au motif qu'il instituait « une interdiction générale et absolue » du port des signes religieux, mesure disproportionnée méconnaissant la liberté d'expression des élèves.

711. Une solution difficile à appliquer concrètement. L'avantage de cette solution était de rappeler les principes juridiques classiques et d'en faire une présentation pédagogique, insistant sur le principe de liberté et énumérant un certain nombre d'hypothèses où cette liberté pouvait être légalement restreinte. Si l'interdiction générale et absolue était impossible, conformément au droit de la police administrative, les troubles générés par le port d'un signe religieux pouvaient bien évidemment être prévenus par le règlement intérieur ou réprimés par le prononcé de sanctions (pouvant aller jusqu'à l'exclusion de l'élève). Bref, « le point de départ de cet avis est le respect des croyances [...]. Mais ce respect se combine avec les nécessités du service public de l'éducation. Tout est alors affaire d'espèce, conformément aux règles générales en matière de liberté. »[2]

La grille d'analyse juridique délivrée par le Conseil d'État n'en souleva pas moins certains problèmes lors de son application, notamment parce qu'elle permettait à des personnes revendicatives de contourner les règles et de conserver un signe ou une tenue à connotation religieuse, qui était pourtant source de troubles parce qu'il

---

[1] CE, 2 novembre 1992, n° 130394. Conclusions : D. Kessler, *RFDA*, 1993, p. 114. Notes : C. Maugüé et R. Schwartz, *AJDA*, 1992, p. 788 ; G. Koubi, *Recueil Dalloz*, 1993, n° 9, p. 108 ; P. Tedeschi, *JCP G*, 1993, II, 21998 ; S. Hennette-Vauchez, *Les grands arrêts politiques de la jurisprudence administrative*, Thomas Perroud, Jacques Caillosse, Jacques Chevallier et Danièle Lochak (dir.), LGDJ-Lextenso, 2019, p. 460.

[2] Bernard Stirn, « Le Conseil d'État, l'école et la laïcité », *Mouvement du droit public : du droit administratif au droit constitutionnel, du droit français aux autres droits. Mélanges en l'honneur du professeur Franck Moderne*, Dalloz, 2004, p. 412.

s'accompagnait d'attitudes revendicatives (refus d'assister à certains enseignements ou demande de tables séparées à la cantine par exemple).

Aussi, devant la persistance des difficultés, le ministre de l'Éducation nationale voulut préciser aux équipes enseignantes la manière de se comporter face à ce genre de comportements par la circulaire n° 1649 du 20 septembre 1994 (dite circulaire Bayrou). Parce que la présence de signes religieux à l'école pourrait « séparer certains élèves des règles de vie commune de l'école », la circulaire incitait les chefs d'établissement et leur conseil d'administration a inséré dans les règlements intérieurs une interdiction du port de « signes ostentatoires qui constituent en eux-mêmes des éléments de prosélytisme ou de discrimination », tout en tolérant les « signes discrets ». L'annexe de la circulaire comportait une proposition d'article à insérer dans les règlements intérieurs. Cette circulaire renversait ainsi la solution du Conseil d'État en considérant que les signes religieux ostentatoires étaient par eux-mêmes interdits et que, par exception, seuls des signes discrets étaient tolérés. Suite à cette circulaire, de nouvelles exclusions d'élèves refusant d'ôter leur foulard furent prononcées.

712. Une jurisprudence administrative fidèle à l'avis de 1989. Mais le Conseil d'État maintint sa jurisprudence, considérant que cette circulaire n'était qu'interprétative[1]. Il admit certes que les règlements intérieurs puissent prohiber le port de signes d'appartenance religieuse[2], mais à la seule condition qu'ils n'instituent pas une restriction générale et absolue[3]. Il tolérait notamment qu'un règlement interdise le port de tenues incompatibles avec le bon déroulement des cours de sport ou de technologie[4]. Mais le principe devait rester celui de la liberté des élèves.

C'est pourquoi il annula certaines exclusions. Considérant que le foulard islamique par lequel les « élèves en cause entendaient exprimer leurs convictions religieuses ne saurait être regardé comme un signe présentant par sa nature un caractère ostentatoire ou revendicatif, et dont le port constituerait dans tous les cas un acte de pression ou de

---

[1] CE, 10 juillet 1995, *Association "Un Sisyphe"*, n° 162718. Conclusions : R. Schwartz, *AJDA*, 1995, n° 9, p. 644.

[2] CE, 10 mars 1995, *Époux Aoukili*, n° 159981. Note : G. Koubi, *Recueil Dalloz*, 1995, n° 26, p. 365.

[3] CE, 14 mars 1994, *Yilmaz*, n° 145656. Notes : A. de Lajartre, *RDP*, 1995, n° 1, p. 221 ; J.-F. Flauss, *LPA*, 1995, n° 26, p. 23.

[4] CE, 20 octobre 1999, *Ait Ahmad*, n° 181486. Notes : F. de la Morena, *AJDA*, 2000, p. 165 ; G. Guglielmi et G. Koubi, *JCP G*, 2000, n° 19, p. 863.

prosélytisme »[1], le Conseil d'État jugea illégale l'exclusion d'une jeune fille au seul motif qu'elle portait un foulard islamique, alors que son comportement ne troublait aucunement le déroulement de l'enseignement[2]. En revanche, il admit qu'une exclusion puisse sanctionner un prosélytisme ayant troublé l'ordre de l'établissement ou un manque d'assiduité caractérisé par le refus de se rendre au cours de sport[3], car ce n'était plus alors directement le port du signe religieux qui était le motif de la sanction, mais bien le comportement de l'élève.

Mais l'effervescence médiatique ne tarit pas et les polémiques enflèrent. Le voile islamique devint un objet de crispation aussi bien pour la communauté musulmane qui se disait victime de discrimination que pour les zélateurs d'une absolue neutralité scolaire, pour qui le port d'un tel foulard était une mise en cause des valeurs de l'École de la République. Obscurcie par ces controverses, la solution prônée par la jurisprudence administrative, quoique juridiquement logique, présentait une casuistique trop délicate à manier et devint vite inaudible pour les citoyens comme pour les équipes enseignantes. Si bien que le législateur décida d'intervenir en 2004.

B. La situation des élèves des établissements publics scolaires depuis la loi du 15 mars 2004

713. Une nouvelle disposition législative. La solution apportée par le Conseil d'État a fait l'objet d'un « bris de jurisprudence »[4] par la loi n° 2004-228 du 15 mars 2004 encadrant, en application du principe de laïcité, le port de signes ou de tenues manifestant une appartenance religieuse dans les écoles, collèges et lycées publics[5]. Fruit du travail de

---

[1] CE, 27 novembre 1996, *Ligue islamique du Nord, Époux Chabou et autres*, n° 170207 et 170208. Notes : C. Durand-Prinborgne, *RFDA*, 1997, n° 1, p. 151 ; N. Van Tuong, *LPA*, 1997, n° 30, p. 10 ; B. Seiller, *JCP*, 1997, II, 22808.

[2] CE, 20 mai 1996, *Ministre de l'Éducation nationale, de l'Enseignement supérieur et de la Recherche c/ Ali*, n° 170343. Notes : G. Koubi, *AJDA*, 1996, n° 9, p. 709 ; C. Durand-Prinborgne, *RFDA*, 1997, n° 1, p. 151.

[3] CE, 27 novembre 1996, *Époux Wissaadane et Époux Chedouane*, n° 170209. Note : C. Durand-Prinborgne, *RFDA*, 1997, n° 1, p. 151.

[4] Laetitia Janicot, « Les bris de jurisprudence », *AJDA*, 2023, p. 928.

[5] Sur cette loi, v. Claude Durand-Prinborgne, « La loi sur la laïcité, une volonté politique au centre de débats de société », *AJDA*, 2004, p. 704 ; Jamil Sayah, « La laïcité réaffirmée : la loi du 15 mars 2004 », *RDP*, 2006, n° 4, p. 915 ; Henri Bouillon, « Les signes religieux à l'école. La loi du 15 mars 2004 », *Les grandes lois de la Ve République*, Henri Bouillon, Renaud Bueb et Béatrice Lapérou-Scheneider (dir.), éd. Mare & Martin, 2023, p. 359.

la commission Stasi, réunie à la demande du président de la République Jacques Chirac, la loi se condense, pour l'essentiel, dans son premier article, aujourd'hui codifié à l'article L. 141-5-1 du Code de l'éducation : « Dans les écoles, les collèges et les lycées publics, le port de signes ou tenues par lesquels les élèves manifestent ostensiblement une appartenance religieuse est interdit. »

Plusieurs séries de remarques peuvent expliquer cet article.

714. Les établissements visés. Quant à son champ d'application, cette obligation ne s'impose que dans les écoles, collèges et lycées publics. Il faut en déduire que les étudiants des établissements d'enseignement supérieur, même publics, ne sont pas soumis à cette obligation[1]. Semblablement, les écoles, collèges et lycées privés, y compris ceux qui sont sous contrat d'association avec l'État, ne sont pas concernés, même s'ils peuvent introduire dans leur règlement intérieur une clause similaire à l'article L. 141-5-1 du Code de l'éducation, pour encadrer le « mode d'expression ostensible »[2] des convictions religieuses de leurs élèves.

715. Un nouvel usage de la laïcité. En deuxième lieu, la loi déduit pour la première fois du principe de laïcité des obligations à la charge d'usagers du service public : les élèves n'ont plus le droit de porter de signes manifestant ostensiblement leur appartenance religieuse.

Il est en effet indéniable que c'est bien la laïcité qui justifie ici cette restriction à la liberté individuelle. Le titre de la loi précise que l'interdiction d'arborer des signes confessionnaux est posée « en application du principe de laïcité ». Certes, la notion de laïcité ne figure pas dans le contenu du texte et le titre de la loi n'a pas valeur juridique. Il est pourtant indéniable que c'est la laïcité qui sert de fondement à cette interdiction. Les travaux parlementaires précédant l'adoption du texte établissent bien la volonté du législateur de placer cette interdiction sous le patronage de la laïcité[3]. L'article est aujourd'hui présent dans une section du Code de l'éducation consacré à l'application du principe de laïcité en milieu scolaire. Et, lorsqu'il fut saisi d'un recours contre la circulaire Fillon du 18 mai 2004 faisant application de la loi de 2004, le Conseil d'État a confirmé que

---

[1] CE, 26 juillet 1996, *Université de Lille II*, n° 170106, préc.

[2] Cass., 1e civ., 21 juin 2005, *M. et Mme X. c/ Collège privé Charles de Foucauld*, n° 02-19.831. Note : É. Garaud, *RJPF*, 2005, n° 10, p. 10.

[3] V. Henri Bouillon, « Les signes religieux à l'école. La loi n° 2004-228 du 15 mars 2004 », *Les grandes lois de la Ve République*, Henri Bouillon, Renaud Bueb et Béatrice Lapérou-Scheneider (dir.), éd. Mare & Martin, 2023, p. 359.

« l'interdiction édictée par la loi et rappelée par la circulaire attaquée » répond à un « objectif d'intérêt général » qui est d'« assurer le respect du principe de laïcité dans les établissements scolaires publics »[1]. La laïcité fonde bien l'interdiction.

De manière inédite, il est donc déduit de la laïcité une limitation à la liberté religieuse. La loi de 2004 apparaît ainsi comme « le pivot d'une redéfinition du principe de laïcité qu'elle rend opposable non plus seulement aux autorités publiques mais aussi aux personnes privées »[2]. L'objectif de la loi est net et son titre l'indique sans ambages : il s'agit d'appliquer à l'école publique un *principe de laïcité*, conçu comme devant innerver l'intégralité du corps social et non pas seulement les institutions publiques.

716. L'interdiction des signes « ostensibles » : une obligation de discrétion. Quelle obligation pèse alors sur les élèves ?

A priori, la loi est fort claire sur ce point : les élèves des établissements publics du premier et du second degré n'ont plus le droit de porter des signes par lesquels ils manifestent ostensiblement leur foi. « Le législateur affecte donc le port de signes religieux ostensibles d'une présomption de trouble à l'ordre public et au bon fonctionnement du service public. Dès lors, il s'écarte de la tradition du droit laïque issue notamment de la jurisprudence de la IIIe République, selon laquelle les libertés de conscience et des cultes sont premières et ne peuvent être limitées par l'administration qu'en respectant le principe de proportionnalité, ce qui implique un examen attentif de chaque situation factuelle et exclut une mesure générale et abstraite. »[3]

Pourtant, la clarté apparente de l'énoncé laisse perdurer certaines questions.

Tout d'abord, qu'est-ce qu'un signe « ostensible » et qu'implique concrètement ce terme ? Le choix de cet adjectif a été l'objet de nombreuses interrogations, notamment durant les débats

---

[1] CE, 8 octobre 2004, *Union française pour la cohésion nationale*, n° 269077 et 269704. Conclusions : R. Keller, *RFDA*, 2004, p. 977. Notes : E. Tawil, *JCP A*, 2004, n° 45, p. 1412 ; F. Rolin, *AJDA*, 2005, n° 1, p. 43.

[2] Stéphanie Hennette-Vauchez, « CE, 2 novembre 1992, *Kherouaa* », *Les grands arrêts politiques de la jurisprudence administrative*, Thomas Perroud, Jacques Caillosse, Jacques Chevallier et Danièle Lochak (dir.), LGDJ-Lextenso, coll. Les grandes décisions, 2019, p. 462.

[3] Jean-François Amédro, *Le juge administratif et la séparation des Églises et de l'État sous la IIIe République. Un exemple des interactions entre les institutions républicaines et le contrôle juridictionnel de l'administration*, thèse, Paris II, 2011, p. 648.

parlementaires[1]. Alors que le Conseil d'État, à partir de 1989, et la circulaire Bayrou de 1994 prohibaient les signes « ostentatoires », la mission d'information parlementaire présidée par Jean-Louis Debré avait proposé d'interdire « le port visible de tout signe religieux »[2], c'est-à-dire de « tout signe que l'œil peut voir »[3]. Ne prohibant ni les signes « ostentatoires » ni les signes « visibles », la loi retient une troisième option : l'interdiction des signes « ostensibles ». Le débat sémantique est ici cardinal, car il conditionne l'intensité de l'interdiction. Quel changement impliquait ce nouveau vocable ?

D'une part, le terme « ostentatoire » a été repoussé, parce qu'il renvoyait à l'intention de la personne de montrer de manière outrancière, voire revendicative un signe religieux : c'est d'ailleurs cette volonté d'afficher un prosélytisme abusif qui justifiait, dans l'avis du Conseil d'État de 1989, que le signe ou la tenue puisse être interdit s'il troublait l'ordre public. La difficulté de ce terme était de laisser la place à une appréciation subjective, afin de déterminer si cet affichage était outrancier ou non, capable ou non de troubler l'ordre public. Interdire le signe ou la tenue « ostensible » doit rendre l'appréciation plus objective : l'ostensible désigne le fait objectif de donner à voir, même sans intention malveillante. Le terme ostensible est donc *a priori* plus strict qu'ostentatoire en tolérant moins de signes, puisque tout signe *trop montré* est prohibé, alors même que l'élève n'avait aucune mauvaise intention et qu'aucun trouble à l'ordre public n'en est résulté.

D'autre part, l'interdiction de tout signe « visible » n'a pas davantage été retenue. Certes, elle présentait aussi l'avantage d'être objective, davantage sans doute que l'*ostensible*, puisque tout signe qui était vu tombait sous le coup de l'interdiction. Mais le gouvernement avait alors considéré que l'interdiction de tout signe « visible » était trop générale, voire excessive, en ce que tout signe ou toute tenue, même discrète, aurait alors été prohibée. Le gouvernement expliqua alors que cette interdiction risquait d'être contraire à la Constitution ou à la CESDH et, donc, d'être censurée par un juge. Aussi le terme « ostensible » fut-il retenu, de façon à ce que l'interdiction soit moins absolue qu'une interdiction de tout signe visible.

---

[1] V. Henri Bouillon, « Les signes religieux à l'école. La loi n° 2004-228 du 15 mars 2004 », *Les grandes lois de la Ve République*, Henri Bouillon, Renaud Bueb et Béatrice Lapérou-Scheneider (dir.), éd. Mare & Martin, 2023, p. 359.

[2] Mission d'information sur la question du port de signes religieux à l'école, présidée par Jean-Louis Debré, Rapport AN n° 1275, 4 décembre 2003, t. 1, 1e part., p. 10.

[3] *Ibid.*, t. 1, 2e part., p. 37.

En conséquence de ce choix sémantique, la limitation à la liberté religieuse édictée par la loi du 15 mars 2004 n'est pas une stricte obligation de neutralité, qui aurait conduit, comme pour les agents publics (v. §604-610), à l'interdiction de tout signe visible. Il s'agit simplement d'une obligation de discrétion.

Le signe religieux discret, c'est-à-dire « celui que l'on ne peut remarquer qu'avec une particulière attention, ce qui exige une attitude active de la part des autres élèves »[1], est donc autorisé. La circulaire du 18 mai 2004 (dite circulaire Fillon), adoptée pour appliquer la loi de 2004, précise en ce sens : « Les signes et tenues qui sont interdits sont ceux dont le port conduit à se faire immédiatement reconnaître par son appartenance religieuse tels que le voile islamique, quel que soit le nom qu'on lui donne, la kippa ou une croix de dimension manifestement excessive. [...] La loi ne remet pas en cause le droit des élèves de porter des signes religieux discrets. »[2] La question est alors d'apprécier au cas par cas si un signe religieux doit être considéré comme ostensible ou non.

D'ailleurs, de façon révélatrice, le Conseil d'État a remodelé la loi lorsqu'il a dû en faire application. Il a en effet renversé le principe et l'exception, en faisant de la liberté de porter des signes religieux discrets le principe et en n'admettant l'interdiction des signes ostensibles que comme une dérogation à ce principe de liberté[3]. Cette présentation ne change guère les choses d'un point de vue concret, mais elle entend replacer au premier plan la liberté de l'usager du service public plutôt que la restriction – exceptionnelle – apportée par la loi de 2004 et qui se condense bel et bien dans une obligation de discrétion.

717. Les signes et tenues interdits. Même si l'adjectif « ostensible » a soulevé beaucoup de questions dès les travaux préparatoires de la loi, les principales difficultés rencontrées lors de l'application de la loi viennent de la délimitation exacte des signes et tenues exclus de l'enceinte scolaire. En effet, même si l'on dit

---

[1] Frédéric Dieu, « L'école, sanctuaire laïque », *RDP*, 2009, n° 3, p. 685.

[2] Circulaire du 18 mai 2004 relative à la mise en œuvre de la loi n° 2004-228 du 15 mars 2004 encadrant, en application du principe de laïcité, le port de signes ou de tenues manifestant une appartenance religieuse dans les écoles, collèges et lycées publics, point 2.1. Note : O. Dord, *AJDA*, 2004, p. 1523.

[3] CE, 5 décembre 2007, *Singh et autres* et *Ghazal*, n° 285394 et n° 295671, 2 espèces. Conclusions : R. Keller, *RFDA*, 2008, n° 3, p. 529. Notes : J.-L. Pissaloux et L. Minot, *Gaz. pal.*, 2008, n° 221, p. 59 ; F. Dieu, *RDP*, 2009, n° 3, p. 685. CE, 10 juin 2009, *Kervanci*, n° 306833, point 1. CE, réf., 19 mars 2013, *Ministre de l'Éducation nationale c/ Ben Yahiaten*, n° 366749, point 2.

usuellement que ce sont les signes religieux qui sont interdits, ce n'est pas la formule que retient l'article L. 141-5-1 du Code de l'éducation. Celui-ci prohibe « le port de signes ou tenues par lesquels les élèves manifestent ostensiblement une appartenance religieuse ». Cette formulation ne désigne pas exactement la même chose.

Lorsqu'il a dû se prononcer sur la question, le Conseil d'État a indiqué que la loi a prohibé deux types de signes : ceux qui manifestent ostensiblement une appartenance religieuse, comme le voile, le foulard islamique, la kippa ou une grande croix, et ceux qui « ne manifeste[nt] ostensiblement une appartenance religieuse qu'en raison du comportement de l'élève », c'est-à-dire le prosélytisme de l'élève à travers ce signe[1]. On identifierait ainsi des « signes ostensibles par nature » (les premiers) et des « signes religieux ostensibles par destination »[2] (les seconds), qui ne sont des signes à connotation religieuse que parce que l'intéressé ou le contexte les confesse comme tels. Reprenant la distinction faite par la circulaire Fillon, le Conseil d'État semble ainsi admettre que la prohibition faite par la loi frappe à la fois les signes ostensibles (objectivement religieux et affichés plutôt que discrets) et les signes ostentatoires (religieux ou non, mais affichés comme tel).

En conséquence de cette interprétation, il est possible d'interdire les signes ou tenues qui, objectivement profanes, sont détournés de leur usage courant pour se substituer à un signe ou à une tenue de nature religieuse : ainsi du bandana[3] ou du bonnet de laine[4] remplaçant un foulard islamique. Sont également interdits les signes et tenues, même profanes, portés dans le seul but de manifester « une appartenance religieuse ». Une note du ministre de l'Éducation nationale du 31 août 2023 a ainsi proscrit les qamis et abayas, utilisés pour montrer une

---

[1] CE, 5 décembre 2007, *Singh et autres* et *Ghazal*, n° 285394 et n° 295671, 2 espèces, préc. CE, 10 juin 2009, *Kervanci*, n° 306833, point 1. CE, réf., 19 mars 2013, *Ministre de l'Éducation nationale c/ Ben Yahiaten*, n° 366749, point 2. CE, réf., 7 septembre 2023, *Association Action droits des musulmans*, n° 487891, point 4. Notes : H. Pauliat, *JCP A*, 2023, n° 37, act. 546 ; S. Cacioppo et E. Putman, *RJPF*, 2023, n° 10, p. 18 ; B. Beigner, *Recueil Dalloz*, 2023, n° 35, p. 1805 ; L. Houmer, *AJCT*, 2023, n° 12, p. 692. CE, 25 septembre 2023, *Association La voix lycéenne et autres*, n° 487896, point 5. Note : L. Houmer, *AJCT*, 2023, n° 12, p. 692.

[2] Olivier Dord, « Laïcité à l'école : l'obscure clarté de la circulaire Fillon du 18 mai 2004 », *AJDA*, 2004, p. 1523.

[3] CE, 5 décembre 2007, *Ghazal*, n° 295671, préc. CE, réf., 19 mars 2013, *Ministre de l'Éducation nationale c/ Ben Yahiaten*, n° 366749, point 3.

[4] CE, 10 juin 2009, *Kervanci*, n° 306833.

adhésion à une obédience religieuse et à ses traditions. Dans le cadre d'un référé-liberté, le juge administratif a rejeté la demande dirigée contre cette note, au motif que, le port de ces tenues s'inscrivant dans une logique d'affirmation religieuse, la note appliquait correctement la loi du 15 mars 2004[1]. Il a ensuite été contesté, dans le cadre d'un référé-suspension, le fait que le ministre proscrive, de façon générale, de telles tenues, « indépendamment de toute appréciation du comportement des élèves concernés » : mais le Conseil d'État a jugé que le ministre n'a pas excédé sa compétence et n'a pas défini de manière trop imprécise les tenues interdites[2]. Au regard de ces différentes solutions jurisprudentielles, il est clair que l'interprétation du signe religieux est plutôt extensive.

Mais si un signe objectivement profane peut être doté d'une connotation religieuse par l'usage qu'on en a, un signe objectivement religieux peut-il être doté d'une connotation profane s'il ne témoigne d'aucune conviction religieuse ? En d'autres termes, un signe objectivement religieux, mais ne manifestant aucune « appartenance religieuse » est-il autorisé ? Un élève sans conviction religieuse pourrait-il arborer un signe religieux pour des raisons culturelles ou par un effet de mode, comme certains tenants du style dit « gothique » portent par exemple de grandes croix ? Certes, il paraît peu acceptable d'autoriser chez l'un ce que l'on interdit chez l'autre en raison de ses convictions religieuses ; une discrimination religieuse pourrait ici être reprochée à l'administration. Mais la circulaire Fillon indique que la loi « n'interdit pas les accessoires et les tenues qui sont portés communément par des élèves en dehors de toute signification religieuse ». La réponse est donc peu évidente.

Finalement, circonscrire le signe prohibé semble assez délicat. Se référer aux seuls signes religieux n'est pas exact au regard du texte et de la jurisprudence. Pour cerner ces signes interdits, il est préférable de se référer à l'objectif poursuivi par l'interdiction : empêcher un élève d'afficher ostensiblement son « appartenance religieuse », que le signe ou la tenue soit objectivement religieux ou non.

718. La procédure de sanction de l'élève. Quelle procédure doit-elle être suivie à l'encontre d'un élève contrevenant à l'interdiction de porter un signe d'affiliation religieuse ?

---

[1] CE, réf., 7 septembre 2023, *Association Action droits des musulmans*, n° 487891, points 5-6, préc.

[2] CE, 25 septembre 2023, *Association La voix lycéenne et autres*, n° 487896, point 7, préc.

L'article L. 141-5-1, alinéa 2 du Code de l'éducation impose qu'un dialogue soit engagé avec l'élève et ses parents avant tout prononcé d'une sanction. La circulaire Fillon a toutefois entendu préciser que « ce dialogue n'est pas une négociation et ne saurait bien sûr justifier de dérogation à la loi. » C'est une phase pédagogique d'explication de l'interdiction. La phase de dialogue doit notamment établir que l'élève entend délibérément ne pas se conformer à la loi et réitère son refus. La circulaire indique d'ailleurs que « le dialogue devra être poursuivi le temps utile pour garantir que la procédure disciplinaire n'est utilisée que pour sanctionner un refus délibéré de l'élève de se conformer à la loi. » C'est ce refus de respecter la loi qui justifie le prononcé d'une sanction.

Dans la pratique, les établissements scolaires ont tendance, durant la phase de conciliation, à accueillir l'élève dans une salle à part, où il reçoit copie des cours et de ses devoirs corrigés, mais sans être au contact de ses camarades de classe pour éviter des manifestations de solidarité de leur part. Le juge administratif a considéré que ce type de mesure n'est pas disciplinaire, mais permet seulement la mise en œuvre du dialogue préalable à une sanction[1]. Et le juge n'est donc pas fondé a « ordonné la réintégration immédiate de la jeune fille dans sa classe »[2].

Quant à la sanction qui peut résulter de l'obstination de l'élève à conserver son signe religieux, les textes restent muets. Le décret n° 2023-782 du 16 août 2023 relatif au respect des principes de la République pose un principe de compétence liée, en imposant au chef d'établissement le prononcé d'une sanction pour tout « acte portant une atteinte grave aux principes de la République, notamment au principe de laïcité »[3]. Une circulaire ministérielle complète cette disposition en indiquant que « le fait de persister dans un comportement contraire à la loi du 15 mars 2004 ou de réitérer un tel comportement entre pleinement dans cette catégorie et doit donc être sanctionné disciplinairement »[4]. Le prononcé de la sanction est donc obligatoire pour le chef d'établissement lorsque l'élève persiste à arborer un signe religieux. Mais rien n'est dit de la sanction qu'il convient de prononcer. Il semble néanmoins que l'exclusion soit, en dernier recours, la seule solution,

---

[1] CAA Lyon, 6 juillet 2006, *Essakkaki*, n° 05LY01818.

[2] CE, réf., 19 mars 2013, *Ministre de l'Éducation nationale c/ Ben Yahiaten*, n° 366749, point 4.

[3] Article R. 421-10 du Code de l'éducation.

[4] Ministre de l'Éducation nationale, Circulaire n° MENG2323654N relative au respect des valeurs de la République du 31 août 2023.

puisque toute autre sanction, en laissant l'élève fréquenter à nouveau l'établissement, laisserait perdurer la violation de la loi.

719. Une loi jugée conventionnelle. La compatibilité de la loi du 15 mars 2004 à la Convention européenne de sauvegarde des droits de l'homme a pu être questionnée. En 2005, la CEDH a néanmoins affirmé que la prohibition du foulard islamique pour les étudiantes, au nom d'une certaine conception de la laïcité (celle de la Turquie en l'espèce), n'est pas en soi contraire à l'article 9 de la CESDH[1]. En 2008, fidèle à sa jurisprudence, elle a donc admis la conventionnalité de la loi du 15 mars 2004[2].

Plus encore, la CEDH semble avoir aussi accrédité l'interprétation extensive que le Conseil d'État a retenue du signe religieux interdit. En 2009, elle a effectivement indiqué que « les autorités internes ont pu estimer […] que le fait de porter un tel accessoire vestimentaire [un bonnet en lieu et place du foulard islamique] en permanence constituait également la manifestation ostensible d'une appartenance religieuse »[3].

Néanmoins, malgré la compatibilité du droit français avec la jurisprudence européenne, il faut préciser que « la laïcité telle que la conçoit et la promeut la Cour européenne des droits de l'homme, à travers sa jurisprudence relative aux États qui en font un principe constitutionnel, correspond davantage à un projet de société concernant l'ensemble des citoyens qu'au simple devoir de neutralité que devraient s'imposer les pouvoirs publics »[4]. La conception de la laïcité ainsi en jeu n'est donc pas tout à fait identique, ce qui pourrait peut-être laisser place, à l'avenir, à quelques dissensions juridiques quant à son application.

---

[1] CEDH, 10 novembre 2005, *Leyla Sahin c/ Turquie*, n° 44774/98, préc.

[2] CEDH, 4 décembre 2008, *Dogru c/ France* et *Kervanci c/ France*, n° 27058/05 et n° 31645/04, préc.

[3] CEDH, 30 juin 2009, *Tuba Aktas c/ France*, n° 43563/08. Note : G. Gonzalez, *AJDA*, 2009, p. 2077.

[4] Frédéric Dieu, « L'interdiction du port de signes manifestant ostensiblement une appartenance religieuse n'est pas contraire à l'article 9 de la Convention européenne des droits de l'homme. Une solution attendue, des motifs qui surprennent », *JCP A*, 2009, n° 46, 2263.

BIBLIOGRAPHIE SOMMAIRE

BENELBAZ Clément, *Le principe de laïcité en droit public français*, L'Harmattan, coll. Logiques juridiques, 2011.

BRIAND Aristide, *La séparation des Églises et de l'État. Rapport n° 2302 fait au nom de la commission relative à la séparation des Églises et de l'État et à la dénonciation du Concordat*, Chambre des députés, 8e législature, éd. ARD Cornély, 1905.

CALVÈS Gwénaële, *Territoires disputés de la laïcité. 44 questions plus ou moins épineuses*, PUF, 2018.

– *La laïcité*, La découverte, coll. Repères, 2022.

CONSEIL D'ÉTAT, *Un siècle de laïcité. Rapport public 2004*, La documentation française, coll. Études et documents du Conseil d'État, n° 55, 2004 (accessible en ligne).

MESSNER Francis, PRÉLOT Pierre-Henri, WOEHRLING Jean-Marie et RIASSETTO Isabelle (dir.), *Traité de droit français des religions*, LexisNexis, coll. Traités, 2e éd., 2013.

MORANGE Jean, *La laïcité de la République : garantie ou menace pour les libertés ?*, LGDJ-Lextenso, coll. Forum, 2023.

MORENA Frédérique (de la), *Les frontières de la laïcité*, LGDJ-Lextenso, coll. Systèmes, 2016.

NABLI Béligh (dir.), *Laïcité de l'État et État de droit*, Dalloz, coll. Thèmes et commentaires, 2019.

PHILIP-GAY Mathilde, *Droit de la laïcité*, Ellipses, coll. Mise au point, 2016.

POULAT Émile, *Notre laïcité publique*, Berg international éd., 2003.

– *Scruter la loi de 1905. La République française et la religion*, avec la collaboration de Maurice Gelbard, Fayard, coll. Les quarante piliers, 2010.

TAWIL Emmanuel, *Du gallicanisme administratif à la liberté religieuse. Le Conseil d'État et le régime des cultes depuis la loi de 1905*, PUAM, coll. Droit et religions, 2009.

– *Justice et religion. La laïcité à l'épreuve des faits*, PUF, coll. Questions judiciaires, 2016.

INDEX ALPHABÉTIQUE

INDEX DES ARTICLES DE LA LOI DU 9 DÉCEMBRE 1905

TABLE DE JURISPRUDENCE

Arrêts du Conseil d'État

Arrêts des Cours administratives d'appel

Jugements des Tribunaux administratifs

Jurisprudence judiciaire

Décisions du Conseil constitutionnel

Décisions du Tribunal des conflits

Décisions de la Cour européenne des droits de l'homme

Décisions de la Cour de justice de l'Union européenne

TABLE DES MATIÈRES

Structures éditoriales du groupe L'Harmattan

L'Harmattan Italie
Via degli Artisti, 15
10124 Torino
harmattan.italia@gmail.com

L'Harmattan Hongrie
Kossuth l. u. 14-16.
1053 Budapest
harmattan@harmattan.hu

L'Harmattan Sénégal
10 VDN en face Mermoz
BP 45034 Dakar-Fann
senharmattan@gmail.com

L'Harmattan Cameroun
TSINGA/FECAFOOT
BP 11486 Yaoundé
inkoukam@gmail.com

L'Harmattan Burkina Faso
Achille Somé – tengnule@hotmail.fr

L'Harmattan Guinée
Almamya, rue KA 028 OKB Agency
BP 3470 Conakry
harmattanguinee@yahoo.fr

L'Harmattan RDC
185, avenue Nyangwe
Commune de Lingwala – Kinshasa
matangilamusadila@yahoo.fr

L'Harmattan Congo
219, avenue Nelson Mandela
BP 2874 Brazzaville
harmattan.congo@yahoo.fr

L'Harmattan Mali
ACI 2000 - Immeuble Mgr Jean Marie Cisse
Bureau 10
BP 145 Bamako-Mali
mali@harmattan.fr

L'Harmattan Togo
Djidjole – Lomé
Maison Amela
face EPP BATOME
ddamela@aol.com

L'Harmattan Côte d'Ivoire
Résidence Karl – Cité des Arts
Abidjan-Cocody
03 BP 1588 Abidjan
espace_harmattan.ci@hotmail.fr

Nos librairies en France

Librairie internationale
16, rue des Écoles
75005 Paris
librairie.internationale@harmattan.fr
01 40 46 79 11
www.librairieharmattan.com

Librairie des savoirs
21, rue des Écoles
75005 Paris
librairie.sh@harmattan.fr
01 46 34 13 71
www.librairieharmattansh.com

Librairie Le Lucernaire
53, rue Notre-Dame-des-Champs
75006 Paris
librairie@lucernaire.fr
01 42 22 67 13

www.ingramcontent.com/pod-product-compliance
Lightning Source LLC
LaVergne TN
LVHW010018081026
849535LV00016B/678
* 9 7 8 2 3 3 6 4 5 4 0 8 5 *